BEATE FINIS

Wirtschaftliche und außerwirtschaftliche Beweggründe mittelständischer Genossenschaftspioniere des landwirtschaftlichen Bereichs

Schriften zum Genossenschaftswesen und zur Öffentlichen Wirtschaft

Herausgegeben von
Prof. Dr. W. W. Engelhardt, Köln und Prof. Dr. Th. Thiemeyer, Bochum

Band 3

Wirtschaftliche und außerwirtschaftliche Beweggründe mittelständischer Genossenschaftspioniere des landwirtschaftlichen Bereichs

am Beispiel von F. W. Raiffeisen und W. Haas

Zur Integration der Beweggründe in eine empirische Genossenschaftstheorie und in Theorien der Sozial- und Wirtschaftspolitik

Von

Beate Finis

DUNCKER & HUMBLOT / BERLIN

Gedruckt 1980 bei Buchdruckerei Richard Schröter, Berlin 61
Printed in Germany

ISBN 3 428 04759 1

Vorwort

Bei der vorliegenden Arbeit handelt es sich um eine weitere Teilstudie, die im Rahmen eines interdisziplinären Forschungsprogramms zur empirisch-theoretischen Lehre von den Genossenschaften und der diesen verwandten anderen Formen der Kooperation begonnen und durchgeführt wurde. Dies geschah im Rahmen von Untersuchungen des Seminars für Genossenschaftswesen der Universität zu Köln und unterstützt vom Fördererverein des Seminars auf meine Initiative hin und unter meiner Anleitung. Die Studie unterscheidet sich indessen sowohl in der Wahl des Objektbereichs, der allein die mittelständischen Genossenschaften betrifft, als auch in den Fragestellungen und in den zu ihrer Lösung angewandten Methoden weitgehend von den in Band 1 und Band 2 dieser Reihe bereits vorgelegten Arbeiten.

Es geht hier in der Hauptsache um die möglichst sorgfältige und das heißt auch nachprüfbare Erhellung sehr unterschiedlicher Beweggründe im Sinne von „echten Weil-Motiven", wie sie insbesondere von A. Schütz präzisiert wurden, bei zwei der bedeutendsten Genossenschaftspioniere, welche das landwirtschaftliche Genossenschaftswesen im vorigen Jahrhundert hervorgebracht hat und deren Leitbilder bzw. Handlungsentwürfe und Konzeptionen international noch heute von großem Einfluß sind. Zugleich aber — wenn auch deutlich erst in zweiter Linie und in der Darstellung weniger umfassend — ist es der Autorin um einen allgemeinen Beitrag zur Beweggrund- bzw. Motivforschung als Bestandteil wirtschafts- und sozialwissenschaftlicher Theorienbildung überhaupt zu tun. Die diese Thematik betreffenden Teile der Arbeit, die im Zuge der F. W. Raiffeisen und W. Haas geltenden Motivnachweisungen zuerst behandelt werden, stellen vorzugsweise auf Relevanzerwägungen von Beweggrundanalysen für Theorien von den Genossenschaften und Kooperationen einerseits sowie von Theorien von der Sozial-, Wirtschafts- und Gesellschaftspolitik andererseits ab.

Die Studie zeichnet sich dadurch aus, daß in beiden Richtungen neuartige oder doch bislang relativ selten begangene Wege der Forschung beschritten werden. In ersterer Richtung geht es nicht um die bloße Fortsetzung der in der Genossenschaftslehre und in anderen Disziplinen bzw. Teildisziplinen noch heute üblichen — und vielfach auch verdienstvollen — „ideengeschichtlichen" Betrachtungsweisen. Wenn Frau Finis innerhalb des Teiles A ihrer Arbeit auch den ideengeschichtlichen Hintergrund der verschiedenen genossenschaftlichen Teilbewegungen im Anschluß an die besonders durch E. Grünfeld befruchtete und neuerdings unter anderem von H. Faust, R. Maxeiner und H. Tillmann gründlich ausgewertete Literatur skizziert, so folgt sie aber in der Hauptsache eben nicht diesem Vorgehen. Vielmehr versucht sie und leistet sie auch tatsächlich im sehr umfangreichen Teil C der Studie die Analyse der wirtschaftlichen und gleichermaßen der außerwirtschaftlichen Beweggründe der beiden aktivsten und angesehensten deutschen mittelständischen Genossenschaftspioniere des landwirtschaftlichen Bereichs, und zwar anhand spezieller Hypothesenbildungen und deren Testung. Kernpartien ihrer Untersuchung — welche die neueren Kontroversen um die „Methodologische Einheit der Erfahrungswissenschaften“ an Ausführungen, sei es von C. G. Hempel, K. R. Popper und H. Albert, oder von P. G. Winch, W. Dray und G. H. von Wright, zentral berühren — betreffen dabei einerseits die Bedeutung des sog. „Praktischen Syllogismus“ und der „teleologischen Erklärung“, andererseits Möglichkeiten und Grenzen der Anwendung „systematischer Inhaltsanalysen“ und ausgewählter mehr subjektiver Verfahrensweisen für historische Fragestellungen, wie die hier gestellte Forschungsaufgabe.

In der Arbeit steht — mit anderen Worten — an konkreten Fällen die semantische Dimension des Verstehens von Handlungen zur Debatte, wobei Handlungen nach Winch ein Regeln befolgendes und kein kausalgesetzliches Verhalten sind. Ein solches Handeln ist nach von Wright analog der Ziel-Mittel-Relation angemessen nicht kausal, sondern teleologisch zu erklären. In einer solchen Erklärung sind alle diejenigen Sätze enthalten, welche auch im praktischen Schluß formuliert werden, nämlich jeweils zwei Prämissen und die Conclusio. In der teleologischen Erklärung wird nun nach der Conclusio gefragt, was im konkreten Falle unter anderem bedeutet: Aus welchem Grunde tat jemand, z. B. Raiffeisen, etwas? Es wird dabei mit Hilfe der Prämissen eine Begründung gegeben, die natürlich auch bei größter Sorgfalt der Materialaufbereitung und der Argumentation nur vorläufige Geltung beanspruchen kann. Im Anschluß an Winch, Dray und von Wright kann man sagen, daß das gesuchte Verständnis einer Handlung — wie die Eruierung von Beweggründen eines bestimmten Genossenschaftspioniers in einem bestimmten Zeitpunkt — im Auffinden eines praktischen Syllogismus besteht, der, die Einhaltung bestimmter Bedingungen vorausgesetzt, als logisch bindendes Begründungsverfahren anzusehen ist.

Die Prämissen diesbezüglicher praktischer Schlüsse enthalten analog den Ziel-Mittel-Relationen die Überzeugung, daß man, indem man etwas Bestimmtes tut, etwas anderes herbeiführen kann. Die landwirtschaftlichen Genossenschaften stellten in diesem Sinne das von Raiffeisen und Haas — sowie von vielen weniger bekannten oder namenlosen Pionieren — als notwendig erachtete Mittel dar, um ihr Ziel, nämlich die Verbesserung der wirtschaftlichen und außerwirtschaftlichen — in letzterer Beziehung vor allem religiös oder sittlich bestimmten — Lebenslagemerkmale der damaligen Landbevölkerung in Deutschland herbeizuführen. Die Autorin betont dabei zu Recht, daß es für die Korrektheit der teleologischen Erklärung unerheblich ist, ob die Überlegungen der Pioniere bezüglich der Adäquatheit des eingesetzten Mittels zutrafen, was freilich in sehr erheblichem Umfange und besonders bezüglich der wirtschaftlichen Lebenslageverbesserungen der Fall war.

Zur Beschaffung und Prüfung des Prämissenmaterials ist Frau Finis sehr überlegt so vorgegangen, daß sie aus schriftlichen Äußerungen von Zeitgenossen der beiden großen Genossenschaftspioniere sowie aus Veröffentlichungen von später bzw. heute lebenden Biographen, d. h. aus Darlegungen zweiter Hand, Hypothesen über die Beweggründe extrahiert hat. Diese Hypothesen wurden sodann unter Auswertung des von den Pionieren selbst veröffentlichten oder hinterlassenen Datenmaterials — wie ihren Büchern und Aufsätzen, aber auch Denkschriften, Satzungen, Briefen usw. — in teilweiser Anlehnung an Methoden der Inhaltsanalyse und unter Hinzuziehung von Verfahren von mehr subjektiver, gleichwohl streng objektbezogener Art verschiedenen Nachprüfungen unterzogen. Auf diese Weise erfolgte der Nachweis von Motiven, soweit dies beim heutigen Stande der Wissenschaften überhaupt möglich ist. Deren handlungsleitender Einfluß wurde schließlich in einem weiteren Schritt der Forschung im einzelnen verfolgt und weiteren Prüfungen unterworfen. So gelang es, nicht bloß plausibel zu machen, sondern widerlegbar zu begründen, daß die postulierten Beweggründe für die beiden Pioniere Anlässe bildeten, eine Lebenslageverbesserung der damaligen Landbevölkerung in Deutschland dadurch herbeiführen zu wollen, indem sie landwirtschaftliche Förderungsgenossenschaften — nicht Produktivgenossenschaften — gründeten.

In der oben an zweiter Stelle genannten Forschungsrichtung — die gegenüber dem bereits geschilderten Hauptanliegen freilich zurücktritt — bemüht sich die Autorin in den Teilen A und B auch um einen Beitrag zur Lösung grundsätzlicher Probleme der systematischen Integration von Aussagen über Motive in empirische Theorien. Es geht dabei insonderheit um Theorien, wie sie den Genossenschafts- und den Sozialpolitikforscher beschäftigen oder doch — gegebenenfalls zusammen mit anderen Experten — beschäftigen sollten. Frau Finis legt dar, daß die Verlängerung der besonders in theoretischen Wirtschaftspolitikanalysen vielfach üblichen dreigliedrigen Determinanten- bzw. Variablenkette „Ziele-Mittel-Situationen“ nicht nur um das komplexere Glied „Handlungsentwürfe (Utopien)“, sondern eben auch um die Einzelziele und Utopien noch hinterfragende Determinante „Motive (Beweggründe)“ für eine Anzahl empirisch-theoretischer Forschungsvorhaben fruchtbar und insofern zweckmäßig sein dürfte.

Das Urteil von Frau Finis steht hier nicht nur im Einklang mit Positionen, wie sie seit langem G. Myrdal und G. Weisser bezogen haben. Es trifft sich auch mit demjenigen von Wirtschaftssystemanalytikern und insbesondere von neueren Bearbeitern systemvergleichender Studien, die — wie jüngst H.-J. Wagener in seinem Werk „Zur Analyse von Wirtschaftssystemen“ (Springer-Verlag, Berlin/Heidelberg/New York 1979) belegt hat — heute nicht selten entsprechend verfahren. Die Autorin legt eindrucksvoll dar, wie jenseits des mehr oder weniger willkürlich verfügten Ausschlusses motivationaler Grundlagen wirtschaftlichen und gesellschaftlichen Handelns und abseits auch der gegenwärtig recht beliebten — nicht zuletzt bei Genossenschafts- und Sozialpolitikforschern, wie R. Eschenburg, E. Boettcher, H. Sanmann und B. Molitor anzutreffenden — bloß idealtypisch konstruierenden Annahmen über Beweggründe, freilich auch jenseits von letzten Gewißheiten über wirksame Motive, ausreichend begründete Aussagen über Beweggründe mit allgemein theoretischem Belang und bezogen auf herausragende Persönlichkeiten sehr wohl möglich sind.

Die Studie zeichnet sich nach meiner Ansicht durch klare Gedankenführung auf Grund völliger Problembeherrschung, nicht zuletzt aber auch dadurch aus, daß unangemessene Schlußfolgerungen über die zunächst gesicherten Ergebnisse hinaus vermieden werden. Sie zeigt ein logisch korrektes, manchmal etwas umständlich wirkendes, aber der geforderten Beweisführung halber im allgemeinen sinnvolles und systematisch ausgewogenes Vorgehen. Die Autorin leistet in ihrer Arbeit nach modernen Einsichten und Maßstäben etwas, das in einem Teil der Literatur mehr oder weniger vergröbernd als „Interpretationen“ von Anliegen angeboten wird. Die Ergebnisse der Studie dürften über die hier konkret behandelten Gegenstände hinaus auch für die weitere Grundsatzdiskussion der Frage wichtig sein, ob und gegebenenfalls wie Absichten von Handelnden durch Merkmale des Verhaltens und von schriftlichen Verhaltensniederschlägen aus erfaßbar sind. Nicht zuletzt aber ist die Arbeit ein wichtiger Beitrag zu dem großen Thema „Religion und Wirtschaft“, das jedoch anders als etwa bei M. Weber, A. Müller-Armack, D. McClelland oder auch bei D. von Oppen analysiert wurde.

Nach meinem Urteil wurden in der Arbeit eine Anzahl Unklarheiten und Kaschierungen bezüglich der religiösen und wirtschaftlichen Beweggründe des christlichen Sozialreformers Raiffeisen, der sich als „religiöser Sozialist“ verstand und zu Recht als „Gemeinwirtschaftler“ bezeichnet werden kann, ausgeräumt. Man vergleiche in diesem Zusammenhange besonders die Ausführungen von Frau Finis „Zur Hypothese der Dominanz des religiösen Beweggrundes“, ziehe aber auch einen gesonderten Aufsatz von ihr heran, der unter dem Titel „War der Tatchrist Friedrich Wilhelm Raiffeisen ein Gemeinwirtschaftler?“ demnächst in Band 12 des „Archiv für öffentliche und freigemeinnützige Unternehmen. Jahrbuch für nichterwerbswirtschaftliche Betriebe und Organisationen (Nonprofits)“ (Verlag O. Schwartz & Co., Göttingen) veröffentlicht werden wird. Was Haas betrifft, so wurden dessen geistig-sittliche, ökonomische und weitere Absichten wohl erstmalig im Zusammenhang ausführlich dargestellt. Auch wurden gewisse Verzeichnungen ihrer Beziehungen zueinander und ihrer Rangfolge, wie sie für wesentliche Teile der Sekundärliteratur kennzeichnend sind, richtig gestellt.

Die Drucklegung dieser Arbeit wurde mit Mitteln des Vereins zur Förderung der Genossenschaftswissenschaftlichen Forschung an der Universität zu Köln e.V. auf Antrag des geschäftsführenden Vorstands gefördert. Ein weiterer Zuschuß erfolgte durch den Deutschen Raiffeisenverband e.V., Bonn. Beiden Organisationen sei auch an dieser Stelle herzlich für ihre Hilfe gedankt.

W. W. Engelhardt

Inhaltsverzeichnis

Teil C

Abkürzungsverzeichnis

APQ	American Philosophical Quarterly
HdSW	Handwörterbuch der Sozialwissenschaften
KZfSS	Kölner Zeitschrift für Soziologie und Sozialpsychologie
Nat. Mark. Rev.	National Marketing Review
ZfgG	Zeitschrift für das gesamte Genossenschaftswesen
ZfgSt	Zeitschrift für die gesamten Staatswissenschaften
ZfS	Zeitschrift für Soziologie
WiSt	Wirtschaftswissenschaftliches Studium

Einleitung

Die Untersuchung von Beweggründen im Rahmen von Theorien der Sozial- und Wirtschaftspolitik scheint auf den ersten Blick Verwunderung hervorzurufen, weil gerade die Beweggründe aus diesen Theorien und aus den ihnen zugeordneten Zweigen der Sozial- und Wirtschaftsgeschichte bislang systematisch ausgeklammert wurden.

Im Unterschied zu der Ansicht, daß eine Erklärung von Handlungen im Bereich der Sozial- und Wirtschaftspolitik durch Rekurs auf die Logik der Situation in angemessener Weise geleistet werden kann, liegt der vorliegenden Arbeit das Postulat zugrunde, daß außer der Logik der Situation auch die subjektiven Zielansätze des Verhaltens und die ihnen vorgelagerten Beweggründe mitberücksichtigt werden sollten. Damit rückt die Frage nach dem handlungsleitenden Einfluß von Beweggründen in den Mittelpunkt der Untersuchung.

Diese Frage soll nicht nur im Hinblick auf ihre Relevanz für eine Theorie der Sozialpolitik untersucht werden, sondern vor allem im Blick auf die Entwicklung einer empirischen Genossenschaftstheorie im Rahmen von Kooperationsanalysen. Eine Behandlung von genossenschaftstheoretischen Problemen im Zusammenhang von Sozial- und Wirtschaftspolitiklehren kann vor dem Hintergrund der Instrumentalthese, derzufolge Genossenschaften auch als Mittel der Sozial- und Wirtschaftspolitik aufzufassen sind, gerechtfertigt werden.

Die Erörterung der Relevanz von Beweggründen der Genossenschaftspioniere für die Entstehung von Genossenschaften zielt auf eine Erhellung der Voraussetzungen bei der Errichtung von Genossenschaften im 19. Jahrhundert. Im Zusammenhang mit der Frage nach den Entstehungsbedingungen von Genossenschaften wird in der neueren Kooperationsforschung weniger von einem historisch-genetischen Ansatz her argumentiert, als vielmehr der Versuch unternommen, in Anlehnung an die ökonomische Theorie der Politik bzw. die Logik kollektiven Handelns die Entstehung von Genossenschaften als Ergebnis einer rationalen Entscheidung der Wirtschaftssubjekte gemäß der ökonomischen Vorteilhaftigkeit zu erklären. Aber die Vertreter dieses Ansatzes kommen nicht umhin, neben der ökonomischen Vorteilhaftigkeit noch eine weitere Bedingung für die Entstehung von Genossenschaften zu nennen: die Existenz von Gründerpersönlichkeiten.

Für die vorliegende Arbeit ist die Analyse dieser Gründerpersönlichkeiten von zentraler Bedeutung. Es wird die Frage gestellt, was denn die Genossenschaftspioniere zu ihren Handlungen, den Genossenschaftsgründungen, veranlaßt hat. Der Verweis auf die Ziele der Pioniere sowie auf die konkrete historische Situation kann als Antwort nicht befriedigen, denn das Ziel ihrer Handlungen ist von den Beweggründen, die sie zu ihren Handlungen veranlaßten, zu unterscheiden. Beweggründe einerseits, Ziele, Mittel und die Perzeption der Situation andererseits, stehen jedoch nicht unvermittelt nebeneinander, sondern bilden einen interdependenten Zusammenhang, den es genauer zu analysieren gilt, wenn man eine möglichst umfassende Erklärung anstrebt.

Bevor der Versuch unternommen werden kann, die Beweggründe einiger Genossenschaftspioniere näher zu untersuchen, bedarf es der Erörterung mehrerer methodologischer und methodischer Vorfragen. Zu diesen Vorfragen zählt die Diskussion einer adäquaten Erklärungstheorie und eines geeigneten Erklärungsschemas. Diese Thematik ist als Kontroverse um die methodologische Einheit der Erfahrungswissenschaften bekannt geworden und wird hier so weit berücksichtigt, wie es für das vorliegende Thema notwendig erscheint.

Die Ermittlung von Hypothesen über die Beweggründe der Genossenschaftspioniere sowie deren Test und die Überprüfung der Hypothese vom handlungsleitenden Einfluß der Beweggründe werfen einige methodische Schwierigkeiten auf, die im Anschluß an die methodologischen Vorfragen diskutiert werden sollen.

Unter Berücksichtigung der Ergebnisse der in Teil B vorgenommenen Auseinandersetzung mit den methodologischen und methodischen Vorfragen werden im letzten Teil der Arbeit die Beweggründe von mittelständischen Genossenschaftspionieren aus dem landwirtschaftlichen Bereich untersucht. Es handelt sich um den Genossenschaftsgründer Friedrich Wilhelm Raiffeisen und um den Genossenschaftsorganisator Wilhelm Haas.

Teil A. Die Relevanz von Beweggründen für Theorien der Sozial- und Wirtschaftspolitik und für die Genossenschaftstheorie

I. Die Relevanz der Beweggründe der Genossenschaftspioniere für die Entwicklung einer empirischen Genossenschaftstheorie

1. Zur Kooperationsforschung der Münsteraner Schule

a) Genossenschaftstheorie als Theorie individuellen ökonomischen Verhaltens

Genossenschaften sind soziale Organisationen spezifischer Art. *Draheim*[1] spricht in diesem Zusammenhang von der Doppelnatur von Genossenschaften. In ökonomischer Hinsicht sind die Förderungs- und Produktivgenossenschaften Unternehmen, die ein bestimmtes Ziel, nämlich die Mitgliederförderung, verfolgen. In sozialer Hinsicht sind sie ein freiwilliger Zusammenschluß von Individuen, die sich den Grundsätzen der Selbsthilfe, Selbstverwaltung und Selbstverantwortung verpflichtet wissen. Der ökonomische und der soziale Aspekt bedingen sich gegenseitig[2].

Da Genossenschaften Personenvereinigungen darstellen, in denen jedes Mitglied rechtlich und wirtschaftlich selbständig bleibt, werden sie als ein Unterfall von Kooperationen angesehen[3]. Die Kooperationstheorie untersucht das ökonomische Verhalten von Gruppen von Wirtschaftssubjekten.

In neuerer Zeit wurden Zweifel an der Auffassung laut, daß für die Analyse von Genossenschaften die Denkfigur des *homo cooperativus*[4]

---

[1] s. *Draheim*, Georg: Die Genossenschaft als Unternehmenstyp, 2. Aufl., Göttingen 1955, S. 16 ff.

[2] Vgl. *Winter*, Hans-Werner: Genossenschaften und Genossenschaftspolitik, in: Handwörterbuch der Volkswirtschaft, hrsg. v. Werner Glastetter et al., 1977, S. 440 - 458.

[3] Vgl. *Pöhlmann*, Hartmut: Kooperation, in: ebd., S. 694 - 714; *Eschenburg*, Rolf: Ökonomische Theorie der genossenschaftlichen Zusammenarbeit; Schriften zur Kooperationsforschung, A. Studien, Bd. 1, Tübingen 1971, S. 3 bis 12; *Boettcher*, Erik: Kooperation und Demokratie in der Wirtschaft; Schriften zur Kooperationsforschung; A. Studien, Bd. 10, Tübingen 1974, S. 21 - 32.

[4] Zum homo cooperativus siehe: *Draheim*, S. 48; *Seraphim*, Hans-Jürgen: Die genossenschaftliche Gesinnung und das moderne Genossenschaftswesen; Vorträge und Aufsätze des Instituts für Genossenschaftswesen an der Universität Münster, Heft 6, Karlsruhe 1956, S. 44.

zentral sei. Die Vertreter der Münsteraner Schule fassen die Genossenschaftstheorie im Rahmen der Kooperationsanalyse als eine Weiterführung der Theorie individuellen ökonomischen Verhaltens auf und wenden die Denkfigur des *homo oeconomicus* auch auf die Analyse der Genossenschaften an[5]. Die Denkfigur des homo oeconomicus, die kennzeichnend ist für die gesamte Neoklassik, findet ihren Niederschlag in der Formulierung der Nutzen- bzw. Gewinnmaximierungshypothese. Die Wirtschaftssubjekte werden als rational handelnde Individuen gedacht, die sich entsprechend den genannten Prämissen im Wirtschaftsleben verhalten.

In Anwendung dieses, der neoklassischen Tradition verpflichteten Ansatzes kommen die Vertreter der Münsteraner Schule zu dem Ergebnis, daß die Entscheidungen der Wirtschaftssubjekte zum Eintritt in die Genossenschaften von ökonomischen Vorteilhaftigkeitsüberlegungen abhängig sind. Das potentielle Mitglied führt für sich eine Art Kosten-Nutzen-Analyse durch und entscheidet sich nur dann für einen Beitritt zur Genossenschaft, wenn es einen positiven Saldo erwarten darf.

Die Autoren der Münsteraner Schule stützen sich bei der Entwicklung ihrer Auffassungen nicht nur auf die Annahmen der neoklassischen Wirtschaftstheorie, sondern auch auf die Theorieansätze der ökonomischen Theorie der Politik bzw. der Logik kollektiven Handelns im Sinne Olsons[6].

Auf Grund der von ihnen gemachten Annahmen vertreten sie eine *Konflikttheorie* der Genossenschaften und werfen den Vertretern der älteren Genossenschaftstheorie einen harmonietheoretischen Ansatz vor. Im Fall eines situationsbedingten Auseinanderfallens von Eigen- und Kollektivinteresse werden sowohl die Mitglieder als auch das Management — nach den Annahmen des konflikttheoretischen Ansatzes — versuchen, im Eigeninteresse zu handeln. Die *Treuhänder-Hypothese* der älteren Genossenschaftstheorie wird damit abgelehnt. Die Vertreter des konflikttheoretischen Ansatzes messen dem Prinzip der Soli-

---

[5] „Die Kooperationstheorie ist eine Weiterführung der Theorie individuellen ökonomischen Verhaltens und setzt dort an, wo das Handeln eines einzelnen Wirtschaftssubjekts in der Aktion mit mehreren anderen Wirtschaftssubjekten zusammen zu erklären oder zu prognostizieren ist", *Boettcher*, S. 49; s. auch *Eschenburg*, Ökonomische Theorie ..., S. 12 ff.

[6] s. die Ausführungen von: *Engelhardt*, Werner, W.: Genossenschaftstheorie, zit. n. Manuskript 1978, S. 20 ff.; *Boettcher; Eschenburg*, Ökonomische Theorie ...; *Olson*, jr., Mancur: Die Logik kollektiven Handelns, Tübingen 1968; *Downs*, Anthony: Ökonomische Theorie der Demokratie, Tübingen 1968; *Herder-Dorneich*, Philipp: Politisches Modell zur Wirtschaftstheorie. Theorie der Bestimmungsfaktoren finanzwirtschaftlicher Tätigkeit, Freiburg 1959 sowie die Darstellung bei *Mackscheidt*, Klaus: Zur Theorie des optimalen Budgets, Tübingen 1973.

darität für die Funktionsfähigkeit von Genossenschaften keine besondere Bedeutung bei[7].

Aus der Kontroverse, die hier nicht weiter verfolgt werden soll[8], kann für die *Frage nach den Entstehungs- und Entwicklungsbedingungen für Genossenschaften* gefolgert werden, daß beide Ansätze, sowohl die Konflikt- als auch die Treuhänderhypothese, angemessen berücksichtigt werden müssen und darüber hinausgehende Untersuchungen anzustellen sind[9].

b) Zur Leistungsfähigkeit des Ansatzes für die Erklärung der Entstehung von Genossenschaften

Die Vertreter der Münsteraner Schule beschäftigen sich schwerpunktmäßig mit der Entwicklung und der Transformation von Genossenschaften.

Für die *Entwicklung einer empirischen Theorie der Entstehung von Genossenschaften* ist der von ihnen gewählte Ansatz wenig hilfreich[10], denn sie gehen bei ihrer Genossenschaftsanalyse von Großgruppen aus und untersuchen die in diesem Zusammenhang auftretenden Probleme der Entscheidungsfindung und der Möglichkeit der free-rider-Position

[7] s. dazu: *Boettcher*, S. 46 ff.; *Eschenburg*, Ökonomische Theorie ..., S. 100 ff.; s. dagegen: *Neumann*, Manfred: Konflikt- oder Harmonietheorie der Genossenschaften, in: ZfgG, Bd. 23, 1973, S. 46 - 62; *Seraphim*, S. 19 ff.; *Engelhardt*, Werner, W.: Zur Frage der Betrachtungsweisen eines geeigneten Bezugsrahmens der Genossenschaftsforschung, in: ZfgG, Bd. 27, Heft 4, 1977, S. 337 ff.; *Müller*, Julius, Otto: Voraussetzungen und Verfahrensweisen bei der Errichtung von Genossenschaften in Europa vor 1900, Marburger Schriften zum Genossenschaftswesen, Reihe B/Bd. 11, Göttingen 1976, S. 77 ff. sowie: *Müller*, Hans: „Der Genossenschaft liegt nicht der Gedanke zugrunde, daß sich jeder selbst, sondern daß sich eine Mehrzahl von Menschen gegenseitig helfen soll", in: Geschichte der internationalen Genossenschaftsbewegung, Halberstadt 1924, S. 13.

Bezogen auf die Vertretungstheorie im Rahmen einer Analyse der Verbände siehe die Darstellung der Problematik bei: *Herder-Dorneich*, Philipp: Homo organisatoricus, in: Zur Verbandsökonomik, Ansätze einer ökonomischen Theorie der Verbände, hrsg. v. dems., Berlin 1973, S. 13 - 25.

[8] s. hierzu die Auseinandersetzung in der ZfgG zwischen *M. Neumann* und *R. Eschenburg:* Konflikt- oder Harmonietheorie der Genossenschaften — Bemerkungen zur gleichnamigen Kritik Manfred Neumanns, in: ZfgG, Bd. 23, 1973, S. 101 - 114.

[9] s. dazu: *Engelhardt*, Werner, W.: Entscheidungslogische und empirisch-theoretische Kooperationsanalyse, in: WiSt, 7. Jg., Heft 3, März 1978, S. 104 bis 110, insbes. S. 109.

[10] s. *ders.*, ebd.; *ders.*, Geschichte und Grundlagen mittelständischer Genossenschaften als Ansatzpunkte theoretischer Kooperationsanalyse, in: ZfgG, Bd. 26, Heft 4, 1976, S. 285 - 301, bes. S. 291; *ders.*, Genossenschaftstheorie, S. 26 ff.

in ihrer Bedeutung für den Beitritt zu Genossenschaften[11]. Mit diesem Ansatz kann es nicht gelingen, die Entstehungsbedingungen von Genossenschaften im 19. Jahrhundert adäquat zu erfassen, weil sich die Gründung von Genossenschaften faktisch im Bereich von Kleingruppen abspielte[12].

Eschenburg nennt zwei Bedingungen für die Entstehung von Genossenschaften: die ökonomische Vorteilhaftigkeit für das einzelne Mitglied und die Existenz von Gründerpersönlichkeiten, die die Genossenschaften im Hinblick auf Großgruppen organisieren, d. h. sie stellen Grundsätze auf, die durch Zweckrationalität gekennzeichnet und nicht etwa Ausdruck einer spezifischen genossenschaftlichen Gesinnung sind[13]. Gerade für die Entstehung von Genossenschaften im 19. Jahrhundert und zu Beginn des 20. Jahrhunderts scheinen aber obige Annahmen nicht zuzutreffen. Die Genossenschaftspioniere handelten keineswegs rein individualistisch, und sie sahen die Genossenschaften auch nicht als nur zweckrationale, d. h. gesinnungsneutrale Gefüge[14]. Deshalb kann sich die Berücksichtigung der individuellen Zielsetzungen der Genossenschaftspioniere, ihrer Beweggründe und Ideen für eine Analyse der Entstehung von Genossenschaften als fruchtbar erweisen.

Während sich die Vertreter der Münsteraner Kooperationsforschung auf eine Analyse der Logik der Situation beschränken, indem sie genossenschaftliches Handeln nur auf seine wirtschaftlich-rationalen Bedingungen untersuchen[15], erfordert eine empirische Genossenschaftstheorie darüber hinaus die Einbeziehung von Lebenslage-Analysen[16] sowie von personengebundenen Intentionen, zu denen auch die *Beweggründe* der Genossenschaftspioniere zählen[17].

---

[11] Vgl. *Eschenburg,* Die ökonomische Theorie ..., S. 57 ff.; *Boettcher,* S. 59 ff.

[12] s. *Engelhardt,* Geschichte und Grundlagen ..., S. 293.

[13] s. *Eschenburg,* Ökonomische Theorie ..., S. 67 ff.

[14] s. hierzu die Untersuchung von *J. O. Müller* zu den Voraussetzungen und Verfahrensweisen der Genossenschaftsentstehung, S. 75 ff.; auch: *Engelhardt,* Genossenschaftstheorie, S. 27 f.; *ders.,* Geschichte und Grundlagen ..., S. 294 f., S. 299 f.; *ders.,* Zur Frage der Betrachtungsweise ..., S. 347 f.

[15] s. die Kritik an dieser Position bei *dems.,* ebd., S. 339; *ders.,* Geschichte und Grundlagen ..., S. 287; *ders.,* Entscheidungslogische und empirisch-theoretische Kooperationsanalyse, S. 108.

[16] Zur Lebenslageforschung siehe: *Hillen,* Karl, Bernhard: Lebenslageforschung in den Sozialwissenschaften, insbesondere in der Sozialpolitik: dargestellt am Beispiel der Lebenslage von Arbeitnehmern nach einem Arbeitsplatzverlust, Diss. Bochum 1975.

[17] s. hierzu die Dreiteilung des Problemkreises bei der Entwicklung einer Genossenschaftstheorie in: *Engelhardt,* Geschichte und Grundlagen ..., Engelhardt unterteilt hier in die Erforschung der Lebenslagen von potentiell genossenschaftsgeeigneten Gruppen zur Entstehungszeit von Genossenschaften, in eine Analyse der Entwürfe und Konzeptionen von Genossenschaftspionieren sowie in eine Untersuchung der Entwicklung der Genossenschaften im Zeitablauf.

2. Ansatzpunkte zur Erklärung der Entstehung von Genossenschaften

Den oben genannten Anforderungen an eine empirische Genossenschaftstheorie versucht *J. O. Müller* gerecht zu werden. Er untersucht die Entstehung von Genossenschaften in Europa vor 1900 anhand sieben verschiedener Aspekte: „Notlage", „Kooperativneigung", „Genossenschaftskonzeption", „Genossenschaftsgeist", „Genossenschaftspromotoren", „Aufbaustrategien" und „Aufbauorganisationen"[1].

Einen Ansatzpunkt zur Erklärung der Entstehung von Genossenschaften bieten die *sozio-ökonomischen Verhältnisse* zur Zeit der Genossenschaftsgründungen.

Zur Gründung von Genossenschaften reicht aber die Existenz einer bestimmten sozio-ökonomischen Lage nicht aus. Es muß auch Individuen geben, die die Initiative zur Gründung ergreifen. Somit erweist sich auch die *Erörterung der Beweggründe,* aus denen heraus sich die Genossenschaftspioniere veranlaßt fühlten, Genossenschaften zu gründen, als ein weiterer Ansatzpunkt für die Entwicklung einer empirischen Genossenschaftstheorie.

Außer den konkreten Beweggründen der Pioniere scheint auch der *ideengeschichtliche Hintergrund der sozialen Bewegungen* einer Berücksichtigung wert zu sein, weil die Genossenschaftsbewegung auch einen Teil der sozialen Bewegung bildet[2] und insoweit deren Utopien teilt.

a) Sozio-ökonomische Verhältnisse

Die Phase der Genossenschaftsgründungen fiel in eine Zeit umgreifenden sozialen Wandels, in der sich die gesellschaftlichen Strukturen grundlegend veränderten[3].

---

[1] *Müller,* J. O.: Voraussetzungen . . ., S. 75 ff.

[2] Mit der Behauptung, das moderne Genossenschaftswesen sei ein Teil der sozialen Bewegung, setzt sich *Grünfeld* von der seit *von Gierke* vertretenen Auffassung ab, daß alle Formen von Genossenschaften, die im Laufe der menschlichen Entwicklung vorgekommen sind, ein einheitliches Gefüge aufweisen.

Zu der Auseinandersetzung um den Ursprung des modernen Genossenschaftswesens siehe: *Back,* Josef, M.: Genossenschaftsgeschichte, in: Handwörterbuch der BWL — 2 —, 3. Aufl., Stuttgart 1958, Spalte 2191 ff.; *Winter,* S. 440 ff.; *Engelhardt,* Zur Frage der Betrachtungsweisen . . ., S. 341; *ders.,* Genossenschaftstheorie, S. 1 ff.; *Hasselmann,* Erwin: Geschichte der deutschen Konsumgenossenschaften, Frankfurt 1971, S. 8 ff.; *Müller,* J. O.: Voraussetzungen . . ., S. 1 ff.; *Gennes,* Otto: Das deutsche landwirtschaftliche Genossenschaftswesen, in: Die deutsche Wirtschaft und ihre Führer, Bd. 8, Die Genossenschaften, hrsg. v. Kurt Wiedenfeld, Gotha 1925, S. 8 - 10.

[3] s. hierzu auch die vergleichende landesgeschichtliche Untersuchung von *Zorn,* Wolfgang: Sozialer Wandel in Mitteleuropa 1780 - 1840, in: KZfSS, Sonderheft 16 — Soziologie und Sozialgeschichte, hrsg. v. Peter Christian Ludz, Opladen 1973, S. 343 - 356.

Ausgehend von den Ideen der Aufklärung und des Liberalismus kam es zur Ausbildung eines kapitalistischen Wirtschaftssystems[4]. Die Selbstbestimmung der Individuen wurde sowohl durch die Befreiung von staatlicher Bevormundung im Wirtschaftsleben als auch durch die Fortschritte in der Entwicklung von Technik, Industrie und Wissenschaft[5] vorangetrieben. Gemäß der Grundthese des Liberalismus, daß das freie Zusammenwirken der vernunftbegabten Individuen eine allgemeine Harmonie gewährleistet, trachtete man danach, freien Wettbewerb herzustellen und jedem Wirtschaftssubjekt prinzipiell die gleichen Chancen einzuräumen[6].

Eine Voraussetzung zur Erzielung der allgemeinen Harmonie war die Herstellung der persönlichen Freiheit aller Wirtschaftssubjekte. Statt persönlicher Beziehungen sollte das autonome Gesetz des Marktes die soziale Freiheit mit der wirtschaftlichen Harmonie verbinden. Mit der Auflösung der Zünfte erhielten die Handwerker ihre persönliche Freiheit, und die Beschränkungen des Marktzutritts wurden aufgehoben[7]. Die Bauern erlangten Freiheit und Selbstbestimmung durch die Reformen von Stein und Hardenberg[8].

Es zeigte sich jedoch bald, daß mit der Entwicklung einer freien Wettbewerbswirtschaft auch die Tendenz zur Schaffung neuer Unfreiheiten entstand. Industrialisierung[9] und Urbanisierung erwiesen sich nicht nur als Ausdruck von Freiheit und Selbstbestimmung der Individuen, sondern zugleich auch als Beginn wachsender Verelendung und neuer Abhängigkeiten[10].

---

4 Vgl. *Müller*, J. O.: Voraussetzungen ..., S. 6 ff.

5 s. hierzu die problemgeschichtliche Einleitung von *H. P. Dreitzel* zu dem Reader: Sozialer Wandel — Zivilisation und Fortschritt als Kategorien der soziologischen Theorie, 2. Aufl., Neuwied und Berlin 1972, S. 21 ff.

6 Vgl. *Heimann*, Eduard: Soziale Theorie des Kapitalismus — Theorie der Sozialpolitik, Tübingen 1929, S. 1 ff., S. 14: „Die liberale Wirtschaftsharmonie muß also die volle soziale Freiheit mit enthalten."

7 s. Die gewerblichen Warengenossenschaften in der Wirtschaftsentwicklung, in: *100 Jahre deutscher Genossenschaftsverband;* Festschrift zur 100-Jahr-Feier, Wiesbaden o. J., S. 197 ff.

8 Vgl. *Krebs*, Willy: Fr. W. Raiffeisen — Ein Kapitel bäuerlicher Selbsthilfe, 3. Aufl., bearb. v. Bruno Huguenin, Neuwied 1955, S. 9; *Meyerholz*, Heinrich: Raiffeisen-Genossenschaften. Die ländlichen Genossenschaften in der Bundesrepublik Deutschland, Neuwied 1964, S. 9.

9 *Henning*, Friedrich-Wilhelm: Die Industrialisierung in Deutschland 1800 bis 1914, Paderborn 1973.

10 s. *Winter*, S. 440; *100 Jahre deutscher Genossenschaftsverband*, S. 197 bis 200; *Ziegenfuß*, Werner: Die Genossenschaften. Lebendige Soziologie; Schriften und Texte zum Studium der modernen Gesellschaft und der Gesellschaftslehre, Berlin 1948, S. 7.

aa) Zur Anbieterposition

α) Die Lage der Arbeiter

Die Lage auf dem Arbeitsmarkt war gekennzeichnet durch ein *Überangebot* an Arbeitskräften. Die Zahl der Arbeitsanbieter überstieg die gewünschte Nachfrage, so daß sich, den Regeln des Marktes zufolge, ein derart niedriges Lohnniveau einpendelte, das zur Sicherung des Existenzminimums gerade ausreichte.

Mit zunehmender Industrialisierung entstand auch eine *neue Gesellschaftsschicht:* die der *Arbeiter*[11]. Die ständige Zunahme der Zahl der Arbeiter ist auf mehrere Faktoren zurückzuführen: auf eine allgemeine Bevölkerungsvermehrung[12], auf die mit dem Prinzip des Wettbewerbs einhergehenden Folgeprobleme für Handwerker, auf die mit der Bauernbefreiung entstehenden Probleme in der Landwirtschaft sowie auf zunehmende Frauen- und Kinderarbeit.

Da die Löhne der Arbeiter kaum ausreichten, um ihre Familien zu ernähren, gingen auch immer mehr Frauen und Kinder arbeiten. Durch die Mitarbeit von Frauen und Kindern konnte die Lebenslage aber auch nicht dauerhaft verbessert werden. Die arbeitsuchenden Frauen und Kinder verstärkten nämlich das Arbeitskräftepotential und bewirkten damit einen zusätzlichen Druck auf das Lohnniveau.

Die Arbeiter, die unorganisiert als Anbieter ihrer Arbeitskraft am Arbeitsmarkt auftraten, verfügten über keine wirksamen Machtmittel, um ihre wirtschaftliche und soziale Position zu verbessern. Die Arbeitskraft war das einzige Eigentum des Arbeiters, das er am Markt anbieten konnte, um seine Existenz zu sichern[13]. So sah er sich genötigt, auch zu den niedrigen Lohnsätzen zu arbeiten. Auf Grund bestehender Koalitionsverbote waren Zusammenschlüsse zur Verbesserung ihrer Situation nicht möglich.

β) Die Lage der Handwerker

Mit der Einführung der *Gewerbefreiheit* und der *Aufhebung des Zunftzwangs* waren die Marktzutrittsbeschränkungen für die Hand-

---

[11] s. hierzu auch die Abhandlung von *Stearns*, Peter, N.: Die Herausbildung einer sozialen Gesinnung im Frühindustrialismus. Ein Vergleich der Auffassungen französischer, britischer und deutscher Unternehmer, in: KZfSS, Sonderheft 16, S. 320 - 342. Stearns untersucht die Unternehmerpolitik während der frühindustriellen Phase. Er stellt die Hauptzüge der sozialen Gesinnung der Industriellen und deren Ursachen dar und befaßt sich schließlich mit der Herausarbeitung von arbeitspolitischen Vorstellungen in Frankreich.

[12] *Schmid*, Josef: Einführung in die Bevölkerungssoziologie, Hamburg 1976; *Henning*, S. 17 ff.

[13] Vgl. *Heimann*, S. 83 ff.

werker beseitigt worden, so daß die Zahl der miteinander konkurrierenden Handwerker anstieg. Die Handwerker konkurrierten aber nicht nur untereinander, sondern auch mit den neu entstehenden großen Manufakturen.

Viele Handwerksbetriebe mußten aus dem Wettbewerb ausscheiden, weil es ihnen an Kapital mangelte, um ihre Betriebe entsprechend den technischen Neuerungen umzurüsten. Die Industrialisierung bewirkte somit einen teilweisen Niedergang bisheriger Gewerbezweige. Mit der Aufgabe ihrer Handwerksbetriebe gaben die Handwerker auch ihre Selbständigkeit auf und verdingten sich als Lohnarbeiter[14].

Während die Zahl der selbständigen Handwerker immer weiter abnahm, stieg die Zahl der Lohnarbeiter und damit der Lohndruck auf dem Arbeitsmarkt.

γ) Die Lage der Bauern

Neben dem Prozeß der Proletarisierung eines großen Teils der Handwerker führte auch die Landflucht der ländlichen Bevölkerung zum Anstieg des Arbeitsangebots in den Städten.

Die Bauern hatten alsbald ihre durch die *Abschaffung der Feudalverfassung* gewonnene Freiheit und Selbständigkeit wieder verloren. Den wenigsten gelang es, den Übergang von der Naturaltausch- zur Geldwirtschaft zu bewältigen. Statt früher üblicher Zahlungen in Naturalien benötigten sie Geld, und dies um so mehr, je stärker sie von der überseeischen Konkurrenz bedroht wurden und je größer der Fortschritt der landwirtschaftlichen Technik wurde. Eine intensivere Bewirtschaftung der Höfe erforderte vermehrten Kapitaleinsatz[15]. Die Banken aber gewährten den Bauern keinen Personalkredit[16]. Deshalb gelang es privaten Geldverleihern, mit den Bauern Geschäfte zu Wucherbedingungen abzuschließen[17]. Der *Geld-, Vieh-, Waren- und Landwucher* brachte die Bauern um ihre Freiheit und oft um den gesamten Besitz, so daß ihnen die Abwanderung in die Städte als einziger Ausweg blieb[18]. In den Städten vergrößerten sie das entstehende Industrieproletariat, mit der Folge einer weiteren Verstärkung des Lohndrucks.

---

[14] s. *100 Jahre deutscher Genossenschaftsverband*, S. 197 - 200.

[15] Vgl. *Krebs*, Fr. W. Raiffeisen, S. 9 - 11; *Müller*, J. O.: Voraussetzungen ..., S. 44 ff.; *Meyerholz*, S. 10.

[16] s. *Grünfeld*, Ernst: Das Genossenschaftswesen, volkswirtschaftlich und soziologisch betrachtet, Handbuch des Genossenschaftswesens, hrsg. v. Julius Gierke u. Karl Hildebrand, 1. Bd., Halberstadt 1928, S. 230 ff.

[17] s. *Held*, Adolf: Der Wucher auf dem Lande, Leipzig 1887.

[18] Vgl. *Müller*, J. O.: Voraussetzungen ..., S. 45.

bb) *Zur Nachfragerposition*

α) Folgen der Konkurrenzhemmung im Kleinhandel

Es verschlechterte sich nicht nur die Anbieterposition der arbeitenden Bevölkerung als Anbieter von Arbeitskräften einerseits und als Anbieter von Handwerks- und Landwirtschaftsprodukten andererseits, sondern auch ihre Position als Nachfrager nach Gütern des Kleinhandels.

Als Nachfrager nach Gütern waren sie dem Kleinhandel weitgehend ausgeliefert, der noch in vorkapitalistischer Produktionsweise verhaftet war. Die im Vergleich zum Großbetrieb unrationelle Arbeitsmethode zwang die Kleinhändler zu hohem Personaleinsatz und führte zu hohen Kosten. Um die hohen Kosten tragen zu können, wurden die Preise „quasi-monopolistisch“[19] hochgehalten. Die im Kleinhandel zu verzeichnende Konkurrenzhemmung wirkte sich zu Lasten der Verbraucher aus.

Die arbeitende Bevölkerung mußte in ihrer Rolle als Verbraucher nicht nur die überhöhten Preise, sondern auch ein qualitativ minderwertiges Warenangebot hinnehmen. Die Händler verkauften aber nicht nur qualitativ minderwertige Waren, sondern sie übervorteilten die Käufer: das tatsächliche Gewicht der abgegebenen Waren entsprach häufig nicht der angegebenen Menge[20].

β) Das Trucksystem

Die Position der Arbeiter in England beispielsweise wurde durch das *Trucksystem*, das auch in Deutschland, wenn auch in Abwandlungen, hier und dort zur Anwendung kam, zusätzlich verschlechtert.

Die Arbeiter wurden zu einem Teil nicht in Geld entlohnt, sondern in Waren, die sie entweder erst auf dem Markt verkaufen mußten, um von dem Erlös Lebensmittel kaufen zu können, oder die sie gleich gegen Güter ihres Bedarfs eintauschten. Bei den als Lohn erhaltenen Waren handelte es sich in der Regel um Produkte, die die Arbeiter in den Unternehmen selbst herstellten. Diese Produkte konnten sie häufig nicht zum herrschenden Marktpreis absetzen, weil sie sich in einer relativ ungünstigen Marktlage befanden.

Eine andere Variante des Trucksystems bestand darin, daß die Arbeiter ihre Konsumgüter direkt vom Unternehmer gegen überhöhte Preise beziehen mußten[21].

---

19 *Heimann*, S. 65 ff.

20 s. *ders.*, S. 78 ff.

21 s. *Müller*, J. O.: Voraussetzungen . . ., S. 7.

Das Trucksystem wurde zwar 1830/31 verboten, aber vom *Agentensystem* ersetzt. Die Unternehmer schlossen mit den Einzelhändlern Verträge ab. Dies hatte zur Folge, daß die Arbeiter gezwungen waren, in den Läden zu kaufen, die mit dem Unternehmen, in dem sie arbeiteten, vertraglich verbunden waren[22].

cc) Zusammenfassung

Zusammenfassend kann festgestellt werden, daß die durch die Abschaffung der mittelalterlichen Feudalverfassung und der Erbuntertänigkeit auf dem Lande sowie die durch den Abbau des Zunftzwangs und der damit einhergehenden Gewerbefreiheit in den Städten herbeigeführte individuelle Freiheit in Unfreiheit umschlug. Es stellte sich nämlich heraus, daß sich die Folgeprobleme der Industrialisierung, Urbanisierung und Technisierung nicht von selber lösten.

Es entstanden neue Formen wirtschaftlicher Abhängigkeit und sozialer Ungleichheit. Mangelnde soziale Absicherung und Koalitionsverbote, die Ungeübtheit der ländlichen Bevölkerung im Umgang mit der Geldwirtschaft, die sie an Waren-, Geld-, Land- und Viehwucherer auslieferte sowie die Unterlegenheit vieler kleiner Handwerker im Wettbewerb mit der Industrie führten die Verelendung des größten Teils der arbeitenden Bevölkerung herbei.

Die Verelendung kam nicht nur in den schlechten ökonomischen Lebensbedingungen zum Ausdruck. Sie beeinflußte auch die psychische Konstitution der Bevölkerung und führte zu Depressionen, Pessimismus, Alkoholmißbrauch, Lethargie, etc.[23].

Die skizzierte Entwicklung der sozio-ökonomischen Verhältnisse verlief allerdings in den europäischen Staaten gemäß der dort herrschenden spezifischen Bedingungen mit unterschiedlichen Schwerpunkten ab[24].

---

[22] Vgl. Holyoakes Geschichte der Rochdaler Pioniere, deutsch in neuer Bearbeitung von *Robert Schloesser*, Köln 1928, S. 35 ff.

[23] Vgl. *Müller*, J. O.: Voraussetzungen ..., S. 75 f.; *Schürmann*, A.: Die Raiffeisenbewegung in Deutschland 1846 - 1933, in: F. W. Raiffeisen zum Gedächtnis, hrsg. v. der Stiftungsgemeinschaft des Reichsverbandes der deutschen landwirtschaftlichen Genossenschaften — Raiffeisen e. V. in Gemeinschaft mit dem Institut für Genossenschaftswesen an der Johann-Wolfgang-Goethe-Universität Frankfurt, Neuwied 1938, S. 21 f.; *Gennes*, Das deutsche landwirtschaftliche ..., S. 7 f.

[24] s. *Müller*, J. O.: Voraussetzungen ... Müller untersucht die Entwicklung in England, Frankreich und Deutschland.

Stearns zufolge differiert auch die Entwicklung einer sozialen Gesinnung im Frühindustrialismus je nach Nationalität. Siehe dazu seine Ausführungen: S. 320 - 342.

Allgemein kann man jedoch sagen, daß die extreme Notlage, in der sich weite Teile der Bevölkerung befanden, eine Bedingung für die Entstehung von Genossenschaften war.

Für die weitere Analyse soll die sozio-ökonomische Situation als *Randbedingung* bei der Erörterung der Beweggründe der Genossenschaftspioniere berücksichtigt werden. Das Handeln der Pioniere ist vor dem Hintergrund dieser sozio-ökonomischen Situation zu analysieren.

b) Ideengeschichtlicher Hintergrund der Genossenschaftsbewegung

Als Reaktion auf die Folgen von Industrialisierung, Urbanisierung und Technisierung entstanden die *sozialen Bewegungen des 19. Jahrhunderts*[1].

Die Betonung des Sozialgedankens und die Entwicklung neuer Organisationsformen waren eine Antwort auf die Kehrseite des Liberalismus und der Fortschrittsgläubigkeit[2]. Eine dieser Gegenströmungen, die den Individualgedanken mit dem Sozialgedanken durch das Prinzip der gegenseitigen Hilfe, nämlich der Solidarität, verband, war die Genossenschaftsbewegung[3].

Seraphim weist in seiner Abhandlung „Die genossenschaftliche Gesinnung und das moderne Genossenschaftswesen“[4] darauf hin, daß gerade in den Anfängen der Genossenschaftsbewegung außerökonomische Zielsetzungen das ökonomische Ziel der optimalen Bedarfsdeckung beherrschten. Die Pioniere verfolgten mit der Gründung von Genossenschaften nicht nur das Ziel, die ökonomische Lage weiter Teile der Bevölkerung zu verbessern, sondern sie strebten darüber hinaus eine Verbesserung ihrer gesamten sozialen und geistig-psychischen Lage an[5].

Im Hinblick auf die außerökonomischen Zielsetzungen teilte die Genossenschaftsbewegung die *Utopien* der anderen sozialen Bewegun-

---

[1] s. *Heimann*, S. 96 ff.; zur Typologie sozialer Bewegungen siehe *Wilkinson*, Paul: Soziale Bewegungen — von Rousseau bis Castro, München 1974; *Hofmann*, Werner: Ideengeschichte der sozialen Bewegung des 19. und 20. Jahrhunderts, unter Mitwirkung von W. Abendroth, 5., unveränd. Aufl., Berlin—New York 1974.

[2] Vgl. *Dreitzel*, Sozialer Wandel, S. 40 ff.

[3] s. hierzu: *Faust*, Helmut: Geschichte der Genossenschaftsbewegung — Ursprung und Aufbruch der Genossenschaftsbewegung in England, Frankreich und Deutschland sowie ihre weitere Entwicklung im deutschen Sprachraum, 3., überarb. u. stark erw. Aufl., Frankfurt 1977, S. 33 ff.; *Ziegenfuß*, S. 7 ff., S. 118 ff.

[4] *Seraphim*, S. 14 ff.

[5] s. *Hasselmann*, Geschichte . . ., S. 1 ff.

gen[6]. Daher scheint es angebracht, sie als ideengeschichtlichen Hintergrund für die Analyse der Entstehungsbedingungen der Genossenschaften zu berücksichtigen. *Grünfeld* bezeichnet diese Utopien als „geistige Wurzeln". Er untersucht den „Humanitätsgedanken", die „Idee der christlichen Sozialreform" sowie die „Idee der Gemeinwirtschaft"[7]. *Faust* fügt dieser Reihe die „liberale Idee"[8] hinzu.

aa) Der Humanitätsgedanke

α) Die philanthropischen Erziehungsideale

Die soziale Frage geriet unter dem Einfluß der Humanitätsidee primär zu einer Frage der Sittlichkeit und der Erziehung und wurde zum Gegenstand der sogenannten „Schönen Literatur"[9].

Mit der Verbreitung dieses Gedankenguts gelang es, in der Öffentlichkeit die Aufmerksamkeit auf die soziale Frage zu lenken. Darüber hinaus wurden Wohltätigkeitsbestrebungen eingeleitet, die einen unmittelbaren Übergang zu den ersten Versuchen auf genossenschaftlichem Gebiet darstellen[10].

In der Genossenschaftsbewegung hat insbesondere der im Rahmen der Humanitätsidee entwickelte Erziehungsaspekt Eingang gefunden. Der einzelne sollte zu einem für die Gemeinschaft nützlichen Mitglied herangebildet werden.

Derartige philanthropische Vorstellungen teilte auch der Industrielle und Sozialreformer *R. Owen*. Er setzte sich für die Verbesserung des geistig-menschlichen Niveaus der Arbeiter ein. Dieses Ziel suchte er durch Erziehungs- und Bildungsmaßnahmen zu erreichen[11]. Sein Handeln war von einem einseitig milieutheoretischen Standpunkt geleitet, d. h. er war davon überzeugt, daß der Mensch das Produkt seiner Umwelteinflüsse ist[12]. Daher wollte Owen die Umwelt der Arbeiter

---

[6] s. *Grünfeld*, Die geistigen Wurzeln des Genossenschaftswesens, in: Das Genossenschaftswesen, volkswirtschaftlich ..., S. 51 - 97; *ders.*, Die abgeleitete Ideologie des Genossenschaftswesens, in: Genossenschafts-Korrespondenz, hrsg. v. dems., 5. Jg., Nr. 4, Halle 1928, S. 204 - 212; *Müller*, J. O.: Voraussetzungen ...; *Back*, Spalte 2198 ff.

[7] *Grünfeld*, Die geistigen Wurzeln des Genossenschaftswesens, in: Das Genossenschaftswesen, volkswirtschaftlich ..., S. 51 ff.

[8] *Faust*, Geschichte ..., S. 38 ff.

[9] *Grünfeld*, Ernst: Der Humanitätsgedanke als geistige Wurzel des Genossenschaftswesens, in: Genossenschafts-Korrespondenz, hrsg. v. dems., 3. Jg., Nr. 5, Halberstadt 1925, S. 131 - 136.

[10] *Ders.*, ebd., S. 135 f.

[11] s. *Ziegenfuß*, S. 14 ff.; *Zimmerman*, Louis, J.: Geschichte der theoretischen Volkswirtschaftslehre, Köln 1954, S. 91.

[12] s. *Müller*, J. O.: Voraussetzungen ..., S. 13 ff.; *Hofmann*, S. 34 f.; *Engelhardt*, Werner, W.: Robert Owen und die sozialen Reformbestrebungen seit Beginn der Industrialisierung, Bonn 1972, S. 12, S. 38 ff.

ändern, um so sie selbst zu ändern. Er glaubte, die anstehenden politischen Probleme zum großen Teil mit pädagogischen Mitteln lösen zu können. So vertrat er den Gedanken einer allgemeinen Nationalerziehung im Sinne einer institutionellen Reform der Gesellschaft überhaupt[13].

Im Verlauf einer Reise durch Kontinentaleuropa trat Owen mit dem Philanthropen *Fellenberg*, einem Schüler Pestalozzis, in Kontakt.

Der Grundgedanke des Erziehungssystems von Fellenberg war die Schaffung eines „sozial-aristokratischen Berufs". Er gründete in Hofwyl eine Erziehungsanstalt, um das von *Pestalozzi*[14] entwickelte System der Pädagogik zu erproben. In dieser Erziehungsanstalt widmete sich Fellenberg auch der Erziehung der Armen sowie einer allgemeinen Erziehung zum Gemeinschaftsleben. Wie Pestalozzi wollte auch er die Menschen ändern, um auf diese Weise bessere Zustände schaffen zu können. Beider letztes Ziel blieb die Vollendung der Humanität.

β) Exkurs: Der Einfluß der Erziehungsideale auf das politische System und das sozialpolitische Programm des Genossenschaftstheoretikers V. A. Huber

Es scheint gerechtfertigt, die Auffassung, Genossenschaften seien eine Form der tätigen Selbsterziehung, auf die Ideen Pestalozzis zurückzuführen[15]. Für eine Anzahl von Genossenschaftern lassen sich nämlich Beziehungen zu Pestalozzis Schüler Fellenberg nachweisen[16].

Der Einfluß der Erziehungsideale von Pestalozzi und Fellenberg auf Vorläufer und Pioniere der Genossenschaftsbewegung soll im folgenden am Beispiel von *V. A. Huber*, der selbst einige Jahre als Schüler in Hofwyl verbracht hatte[17], verdeutlicht werden. Der Einfluß Fellenbergs auf Huber wird in mehreren Passagen seiner theoretischen Darlegungen deutlich.

Huber gilt als der erste deutsche Theoretiker des Genossenschaftswesens[18]. Er beschäftigte sich mit der Bedeutung der Genossenschaften für den ökonomischen wie auch für den politischen und ethischen Aufbau der Gesellschaft[19].

---

[13] s. *Hofmann*, S. 35.

[14] Zu Pestalozzi siehe insbes. *Faust*, Geschichte ..., S. 63 - 69, „Johann Heinrich Pestalozzi — Urbild eines sozialen Menschen".

[15] s. *Back*, Spalte 2198; *Müller*, J. O.: Voraussetzungen ..., S. 18 f.

[16] s. *Grünfeld*, Der Humanitätsgedanke ..., S. 131 ff.; *Back*, Spalte 2198.

[17] s. *Elvers*, Rudolf: Viktor Aimé Huber. Sein Leben und Wirken, 1. Teil, Bremen 1872.

[18] s. *Hasselmanns* Vorwort zu *Fausts* Buch „Viktor Aimé Huber — Ein Bahnbrecher der Genossenschaftsidee", Hamburg 1952, S. 8; *Ziegenfuß*, S. 58.

[19] s. *ders.*, S. 65; *Paulsen*, Ingwer: Viktor Aimé Huber als Sozialpolitiker, 2. Aufl., Berlin 1956, S. 126.

Ausgangspunkt seiner sozialpolitischen Überlegungen war die Politik[20]. Die Grundlage seiner politischen Anschauung bildete die „ständisch-korporative Gedankenwelt“[21]. Huber war ein „Vertreter des organischen Staatsgedankens der politischen Romantik“[22]. Er bekannte sich zu der Idee der wahren christlichen Monarchie, derzufolge eine Harmonisierung der Interessen des Regenten und des Volkes durch Bezugnahme auf die gemeinsamen Pflichten des Glaubens möglich sein sollte[23].

Sein monarchisches Ideal basierte auf einer aristokratischen Auffassung des königlichen Amtes[24]. In dieser Auffassung zeigte sich der Einfluß Fellenbergs, der im Dienst der Vollendung der Humanität den „sozial-aristokratischen Beruf“ in den Mittelpunkt seiner Erziehungsbemühungen gestellt hatte[25]. Huber selbst hob die Bedeutung der in Hofwyl bei Fellenberg gemachten Erfahrungen für seine späteren Ansichten hervor[26].

Der Einfluß Fellenbergs läßt sich nicht nur aus der Entwicklung des politischen Systems aufzeigen. Er wird auch bei einer näheren Analyse des sozialpolitischen Programms, in dem Huber für die Lösung der sozialen Frage mittels Genossenschaften eintrat, deutlich[27].

Huber unterschied drei Genossenschaftstypen: „die ökonomische, die industrielle und die latente Assoziation[28].“

Die „latente Assoziation“ hielt Huber solange für den angemessenen Genossenschaftstyp, wie die Arbeiter noch nicht in der Lage waren,

[20] s. *ders.*, S. 42.

[21] *Ders.*, S. 42.

[22] *Ders.*, S. 46.

[23] Er glaubte, daß aus der vereinigten Liebe von Fürst und Volk neue Organisationen entstehen können. Siehe dazu *ders.*, S. 36; *Jäger*, Eugen: V. A. Huber, ein Vorkämpfer der sozialen Reform, in seinem Leben und in seinen Bestrebungen, Berlin 1880, S. 44.

[24] Vgl. *Munding*, Karl: Lebens- und Charakterbild V. A. Hubers, in: V. A. Hubers ausgewählte Schriften über Sozialreform und Genossenschaftswesen. In freier Bearbeitung hrsg. v. Dr. K. Munding, Berlin 1894, S. LXXXI.

[25] Vgl. *ders.*, S. XXIX f.

[26] s. *ders.*, S. XXV ff.; *Faust*, Viktor Aimé Huber ..., S. 16 ff.; *Paulsen*, S. 19.

[27] Zur Entwicklung seines sozialpolitischen Programms siehe: *Stier*, Friedel: V. A. Huber und die Genossenschaftsbewegung, in: Vierteljahresschrift für Genossenschaftswesen, hrsg. v. Prof. Dr. Ernst Grünfeld, 7. Jg., Halle a. d. Saale 1929/1930, S. 104 - 121; *ders.*, Viktor Aimé Hubers Auffassung von den sozialpolitischen Problemen seiner Zeit, in: Genossenschafts-Korrespondenz, hrsg. v. Prof. Dr. Ernst Grünfeld, 5. Jg., Halle a. d. Salle, Nr. 2, Juli 1927, S. 73 - 87; Nr. 3, Oktober 1927, S. 154 - 164; *ders.*, V. A. Huber als Schöpfer eines eigenen Lösungsversuchs der sozialen Frage, in: ebd., 6. Jg., Halle a. d. Saale, Nr. 2, Juli 1928, S. 53 - 72; Nr. 3, Oktober 1928, S. 116 - 122; *Ziegenfuß*, S. 60 ff.

[28] *Faust*, Viktor Aimé Huber ..., S. 46 ff.

Genossenschaften auf der Basis solidarischer Selbsthilfe zu errichten und selbständig zu verwalten. In dieser Genossenschaftsform oblag die Führung den besitzenden Klassen, die auch das Betriebskapital aufbrachten. Der „aristokratische Führungsstil" dominierte. In dem Maße, in dem die Arbeiter in der „latenten Assoziation" das lernten, was ihnen bisher zur völligen Selbstverwaltung und Selbständigkeit fehlte, ging diese mit der Erfüllung ihrer pädagogischen Aufgaben entweder in eine „ökonomische" oder in eine „industrielle Assoziation" über[29].

In der Form der „latenten Assoziation" spiegelt sich die Auffassung Fellenbergs vom „sozial-aristokratischen Beruf" wider. Für Huber war die Gründung und Leitung einer Genossenschaft eine eigentlich aristokratische Aufgabe. Die Herausbildung einer Führungsschicht gehörte mit zu den Aufgaben der Genossenschaften. Da Huber Aristokratie nicht als ständische, sondern als volkstümliche Herrschaftsform verstand, konnte er den Angehörigen der Aristokratie die Führung der Genossenschaften anvertrauen, ohne eine Bevormundung der Arbeiter durch die Aristokraten fürchten zu müssen. Die Aristokratie erhielt ihre Existenzberechtigung einzig durch die Erfüllung ihres „sozial-aristokratischen Berufs", durch die Wahrnehmung der Führungsfunktion[30].

Als Huber erkennen mußte, daß die besitzenden Klassen diese Aufgaben nicht übernehmen wollten, wandte er sich an den Staat, der vorbildlich sein sollte[31]. Er versprach sich von der Gründung „latenter Assoziationen" durch den Staat einerseits eine Verbesserung der Lebenslage der Arbeiter und andererseits eine Stabilisierung des politischen Systems. Dieser Auffassung lag die Annahme zugrunde, daß die wirtschaftliche Unabhängigkeit der Arbeiter durch genossenschaftliche Selbsthilfe neben den politischen Rechten eine notwendige Bedingung für die Integration des vierten Standes in das politische System sei[32].

bb) Die christliche Sozialreform

Die Genossenschaftsbewegung weist auch Verbindungen zur christlichen Sozialreform auf.

Bereits in den Ausführungen der *Quäker* zum genossenschaftlichen Zusammenschluß zwecks Überwindung von Ausbeutung und Unterdrückung kamen Gedanken zum Tragen, die sich in der Genossenschaftsbewegung wiederfinden lassen. In dieser Hinsicht zählen *Plock-*

---

29 s. *Paulsen*, S. 141 ff.

30 s. *ders.*, S. 83 ff.; *Munding*, S. CVIII f.

31 s. *Paulsen*, S. 190 ff.

32 s. *ders.*, S. 87 f.

boy und *Bellers* zu den bedeutendsten Quäkern[1]. *H. Müller* bezeichnet Bellers sogar als den „Vater des Genossenschaftsgedankens“[2]. Die von Bellers propagierten Industrieschulen, die man als wirtschaftliche Genossenschaften mit pädagogischem Erziehungsanspruch charakterisieren kann, ähneln den Vorstellungen *Owens* von den Communities.

Owen selbst erwähnte seine geistige Verwandtschaft mit Bellers[3]. Nicht nur er griff die Gedanken Bellers auf, sondern auch der erste Genossenschaftstheoretiker, *W. King*[4].

King, ein christlich gesinnter Sozialreformer, entwickelte die Auffassungen Bellers weiter. Er baute die Genossenschaften einzig und allein auf der Basis gegenseitiger Selbsthilfe auf. So wollte er auf die wohltätige Unterstützung durch die Angehörigen der begüterten Schichten zugunsten der Selbsthilfe als Verwirklichung des Prinzips der Nächstenliebe verzichten.

Die Genossenschaftsbewegung fand auch bei den Chartisten Unterstützung. Ihnen gelang es, Mitglieder der gebildeten Schicht für die Sache der Genossenschaften zu interessieren und die Genossenschaftsbewegung durch ihren Idealismus zu beleben[5].

Zusammenfassend stellt *Grünfeld* fest, daß der sozialethische Gehalt des Christentums nur auf die „britische, proletarische Genossenschaftsbewegung“ einen direkten und permanenten Einfluß nehmen konnte[6].

cc) *Das Ideal der Gemeinwirtschaft*

α) Die Idee einer neuen Wirtschafts- und Gesellschaftsordnung

Der Gemeinschaftsgedanke wurde bereits in der griechischen Philosophie von Platon und Aristoteles entwickelt[1]. Morus, Campanella und Bacon machten ihn zum Gegenstand ihrer utopischen Staatskonzeptionen[2].

---

[1] s. *Müller*, J. O.: Voraussetzungen ..., S. 12 f.; *Faust*, Geschichte ..., S. 44 ff.; *Grünfeld*, Das Genossenschaftswesen, volkswirtschaftlich ..., S. 61 ff.

[2] *Müller*, Hans: Die Geburt der Genossenschaftsidee aus dem Geiste des Quäkertums, in: Genossenschafts-Korrespondenz, hrsg. v. Prof. Dr. Ernst Grünfeld, 3. Jg., Heft 3, Halberstadt 1925, S. 65 - 77, insbes. S. 70.

[3] s. *ders.*, ebd., S. 74 f.; *Schloesser*, Robert: Über die Beziehungen der Quäker zum Genossenschaftswesen, in: Genossenschafts-Korrespondenz, ebd., Heft 4, S. 118 - 125; *Engelhardt*, Robert Owen ..., S. 16.

[4] s. *Müller*, H.: Die Geburt der Genossenschaftsidee, S. 75 f.

[5] Vgl. *Grünfeld*, Das Genossenschaftswesen, volkswirtschaftlich ..., S. 68 f.

[6] *Ders.*, ebd., S. 75.

[1] Vgl. *Faust*, Geschichte ..., S. 38 ff.

[2] Zu den Utopien von Morus, Campanella und Bacon siehe die Darstellung von *Heiss*, Robert: Utopie und Revolution — Ein Beitrag zur Geschichte des fortschrittlichen Denkens, München 1973, S. 15 - 33.

In der neueren Zeit wurde das Ideal der Gemeinwirtschaft, das bis in die Zeit des Urchristentums zurückverfolgt werden kann, in vielfältigen Varianten vertreten[3]. Die eingeschlagenen Wege zur Realisierung des Ideals in Form einer neuen Wirtschafts- und Gesellschaftsordnung verliefen länderspezifisch unterschiedlich. Während in Frankreich die meisten Vertreter des Ideals der Gemeinwirtschaft versuchten, ihre Ideale in Form von Produktivassoziationen unter Beteiligung des Staates zu realisieren, konzentrierten sich die Bemühungen in England auf die auf Selbsthilfe gegründeten Konsumgenossenschaften als Mittel zur Herbeiführung der Gemeinwirtschaft.

Zahlreiche Vertreter gemeinwirtschaftlicher Gedanken räumten dem Klassenkampf bei ihren Überlegungen keine zentrale Stellung ein[4]. Für die Etablierung einer neuen Wirtschafts- und Gesellschaftsordnung wurde zwar auf die Genossenschaften als das wichtigste Mittel hingewiesen[5], es herrschte aber die Einsicht vor, daß dieses Ziel nur durch allmählichen Wandel realisiert werden könnte. Zunächst galt es also, sich auf ein Nahziel zu beschränken.

Die Anhänger des Ideals der Gemeinwirtschaft setzten sich je nach ihrer Interessenlage für die Etablierung von Genossenschaften in unterschiedlichen Wirtschaftszweigen ein, mit dem Ziel, die Lebenslage der in diesen Wirtschaftszweigen arbeitenden Bevölkerungsschichten zu verbessern[6].

Den konsumgenossenschaftlichen Weg zur Etablierung der Gemeinwirtschaft schlug in der mehr mittelständisch und landwirtschaftlich orientierten Genossenschaftsentwicklung in Deutschland *E. Pfeiffer* ein.

β) Exkurs: Zu E. Pfeiffers System des Kooperatismus

Pfeiffer gilt als der eigentliche Begründer der deutschen Konsumgenossenschaften[7].

---

3 s. *Grünfeld*, Das Genossenschaftswesen, volkswirtschaftlich und ..., S. 76 ff.

4 Vgl. *ders.*, ebd., S. 92.

5 Zur neueren Diskussion siehe: *Engelhardt*, Zur Frage der Betrachtungsweisen ..., S. 349 ff.; *ders.*, Die Problematik „mittlerer Ordnungen" und „dritter Wege" der Wirtschafts- und Gesellschaftspolitik in der neueren Diskussion, in: Die Mitarbeit, Zeitschrift für Gesellschafts- und Kulturpolitik, 24. Jg., Heft 2, Juni 1975, S. 97 - 124.

6 Vgl. *Seraphim*, S. 23; *Grünfeld*, Ernst: Das Genossenschaftswesen in der sozialökonomischen Theorie, in: Genossenschafts-Korrespondenz, hrsg. v. dems., 3. Jg., Heft 2, Halberstadt 1925, S. 33 - 53.

7 Vgl. *Faust*, Helmut: Eduard Pfeiffer und die ersten deutschen Konsumgenossenschaften, in: Geschichte ..., 2. Aufl., S. 350, 353; *Hasselmann*, Erwin: Eduard Pfeiffer und seine Bedeutung für die deutsche Konsumgenossenschaftsbewegung, Hamburg 1954, S. 183; *ders.*, Und trug hundertfältige Frucht — Ein Jahrhundert konsumgenossenschaftlicher Selbsthilfe, Stuttgart 1964, Vorwort.

Da ihn nicht nur die materielle Notlage, sondern auch die geistige und psychische Situation der Menschen beschäftigte, kombinierte er in seinem System des „Kooperatismus" politische Demokratie, Sozialreform und geistige Ausbildung[8].

Die theoretische Grundlage der Konsumgenossenschaften bildete sein System des Kooperatismus. Als „*Kooperatismus*" bezeichnete er die von ihm als notwendig angesehene evolutionäre Veränderung der bestehenden Wirtschafts- und Gesellschaftsordnung, die Umwandlung des kapitalistischen Wirtschaftssystems in ein genossenschaftliches. Die theoretische Grundlegung seines Systems erfolgte in dem 1863 erschienenen Buch „Über Genossenschaftswesen"[9]. In diesem Buch kritisierte er die bestehenden Klassenunterschiede und verlangte eine sofortige Reform mit dem Ziel der Harmonisierung der Arbeiter- und Kapitaleignerinteressen[10].

Die Etablierung einer neuen Wirtschafts- und Gesellschaftsordnung blieb für ihn das anzustrebende Fernziel. Er wollte allmählich und auf friedliche Weise die gesamte Wirtschaft auf genossenschaftlicher Basis reorganisieren[11]. Mit den Konsumgenossenschaften machte er den Anfang. Pfeiffer stellte sie in den Mittelpunkt seiner sozialreformatorischen Bewegung[12]. In ihnen sollte sich zunächst die genossenschaftliche Idee bewähren. Den Konsumvereinen wies er die Aufgabe der Akkumulation von Kapital für die Befreiung der Arbeiter zu.

Im Blick auf das Fernziel der transformierten Gesellschaft waren die Konsumgenossenschaften ein Instrument zur Realisierung der genos-

---

[8] s. *ders.*, ebd., S. 16 ff.; *ders.*, Eduard Pfeiffer ..., S. 10 ff.

[9] *Pfeiffer*, Eduard: Über Genossenschaftswesen — Was ist der Arbeiterstand in der heutigen Gesellschaft? — Und was kann er werden?, Leipzig 1863.

[10] s. *Bittel*, Karl: Eduard Pfeiffer und die deutsche Konsumgenossenschaftsbewegung, Schriften des Vereins für Socialpolitik Bd. 151/1, München und Leipzig 1915, S. 2 f.

[11] *Ders.*, ebd., S. 35; auch für Pfeiffer war die Produktivassoziation der Schlußstein der kooperativen Organisation. Siehe dazu: *Bittel*, ebd., S. 24; *Faust*, Eduard Pfeiffer und die ersten deutschen Konsumgenossenschaften, in: Geschichte ...., 2. Aufl., S. 352; *Hasselmann*, Und trug hundertfältige Frucht ..., S. 19.

[12] s. *Bittel*, Eduard Pfeiffer und die ..., S. 3.

In dieser Auffassung liegt der Konflikt mit Schulze-Delitzsch und seinen Anhängern begründet. Siehe hierzu: *Feuerstein*, Franz: Eduard von Pfeiffer. Zum 80. Geburtstag am 23. Nov. 1915, in: Konsumgenossenschaftliche Rundschau, 12. Jg., Nr. 47, Hamburg 1915, S. 814; *Grünfeld*, Das Genossenschaftswesen, volkswirtschaftlich und ..., S. 90, 286; *Bittel*, Karl: Eduard Pfeiffer, in: Internationales Handwörterbuch des Genossenschaftswesens, hrsg. v. Vahan Totomianz, Bd. II, Berlin 1928, S. 687; *Hasselmann*, Erwin: Die genossenschaftliche Selbsthilfe der Verbraucher, 3. Aufl., Hamburg 1958, S. 126.

senschaftlichen Organisation der Produktion[13]. Im Blick auf die damals bestehende Situation dienten sie der Abwendung der sozialen Revolution, denn durch die konsumgenossenschaftliche Tätigkeit wurde die Position der Arbeiter gestärkt[14].

dd) Die liberale Idee

Auch im Liberalismus wurde der Humanitätsgedanke nicht ausgeklammert[1].

Im Liberalismus wurde dem Individuum der Vorrang eingeräumt. Dennoch glaubten die Vertreter des Liberalismus an eine allgemeine Harmonie. Die Verbindung von Liberalismus und allgemeiner Harmonie wurde in der Grundthese deutlich: durch das freie Zusammenspiel vernunftbegabter Individuen ist die allgemeine Harmonie gewährleistet[2].

Während sich in England bereits der Spätklassiker *J. St. Mill* positiv über die Einrichtung von Genossenschaften geäußert hatte[3], wurden in Deutschland die Gedankengänge liberalistischer Prägung insbesondere durch *H. Schulze-Delitzsch* für die Genossenschaftsbewegung fruchtbar gemacht.

Exkurs: Die Genossenschaft als liberale Alternative bei H. Schulze-Delitzsch

Schulze-Delitzsch gilt als der Begründer der gewerblichen Genossenschaften in Deutschland[4].

Er übernahm die liberalen und humanitären Ideen seiner Zeit[5], engagierte sich im „Zentralverein in Preußen für das Wohl der arbeitenden Klassen" und wurde Mitglied des linken Zentrums in der Nationalversammlung von 1848[6].

---

[13] s. *ders.*, ebd., S. 132; *Bittel*, Eduard Pfeiffer und die . . ., S. 14, 35.

[14] *Ders.*, ebd., S. 14, 26, 28; *Hasselmann*, Geschichte . . ., S. 141 ff.

[1] Vgl. *Faust*, Geschichte . . ., 3. Aufl., S. 54 f.

[2] s. *Heimann*, S. 1 ff.

[3] s. *Faust*, Geschichte . . ., 3. Aufl., S. 54.

[4] s. *Dülfer*, Eberhard: Typencharakter und Größenentwicklung der gewerblichen Kreditgenossenschaften (in Westdeutschland), Marburg 1957, S. 12.

[5] s. *Grünfeld*, Ernst: Das Genossenschaftswesen des städtischen Mittelstandes, in: Die deutsche Wirtschaft und Ihre Führer, Bd. 8, Die Genossenschaften, hrsg. v. Kurt Wiedenfeld, S. 168 ff.; *Dülfer*, S. 13 ff.

[6] s. *Heuß*, Theodor: Schulze-Delitzsch — Leistung und Vermächtnis, Frankfurt 1948, S. 12; *Faust*, Helmut: Schulze-Delitzsch und sein genossenschaftliches Werk, Marburg 1949, S. 15, 36, 58; *Albrecht*, Gerhard: Schulze-Delitzschs Leben und Werk, in: Schulze-Delitzsch 1808/1958, Festschrift zur 150. Wiederkehr seines Geburtstages, Wiesbaden 1958, S. 20 ff.; *Grünfeld*, Das Genossenschaftswesen, volkswirtschaftlich und . . ., S. 201, 205.

Er vertrat die liberalen Ideen nicht nur auf politischem, sondern auch auf wirtschaftlichem Gebiet[7]. Dabei zeigte er sich stark von den manchesterlichen Auffassungen Bastiats beeinflußt[8]. Schulze-Delitzsch erblickte im industriellen Fortschritt einen Kulturfortschritt, den es zu erhalten und zu fördern galt[9]. Er hielt die Herstellung einer allgemeinen Harmonie im Wirtschaftsleben durch die Beteiligung aller Wirtschaftssubjekte an den Errungenschaften des technischen Fortschritts für möglich. Dieses Ziel schien ihm aber nur dann erreichbar, wenn sich der Staat jeglicher Eingriffe in den Wirtschaftsablauf enthielt. Seine liberalen Vorstellungen übertrug er auch auf seine Arbeit auf dem Gebiet des Genossenschaftswesens[10].

Schulze-Delitzsch glaubte, durch die Gründung von Genossenschaften, die auf Selbsthilfe beruhen, die allgemeine soziale Frage lösen zu können[11]. Lösung der allgemeinen sozialen Frage bedeutete für ihn Verbesserung der Lebenslage der arbeitenden Schichten insgesamt[12], in materieller und geistig-sittlicher Hinsicht[13]. Ihm schwebte die Etablierung eines „Systems verschiedenartiger Genossenschaften“ vor, dessen Krönung die Produktivgenossenschaften sein sollten[14].

---

[7] s. *Albrecht*, Ge.: Schulze-Delitzschs Leben ..., S. 37.

[8] Vgl. *ders.*, ebd., S. 37; *Finck*, Richard: Das Schulze-Delitzsch'sche Genossenschaftswesen und die modernen genossenschaftlichen Entwicklungstendenzen, Jena 1909, S. 16, S. 81 ff.; *Conze*, Werner: Möglichkeiten und Grenzen der liberalen Arbeiterbewegung in Deutschland. Das Beispiel Schulze-Delitzschs, in: Sitzungsberichte der Heidelberger Akademie der Wissenschaften, Philosophisch-historische Klasse, Heidelberg 1965, 2. Abhandlung, S. 18; *v. Schmoller*, Gustav: Hermann Schulze-Delitzsch, in: Genossenschaftliches Lesebuch. Zeugnisse aus hundert Jahren, zusammengestellt mit einem Vorwort u. mit Einführungen versehen von Helmut Faust, Frankfurt 1967, S. 54.

[9] s. *Heuß*, Schulze-Delitzsch ..., S. 22.

[10] s. *ders.*, ebd., S. 30; *Conze*, S. 15; *100 Jahre deutscher Genossenschaftsverband*, S. 203; *Dülfer*, S. 22; *Albrecht*, Ge.: Schulze-Delitzschs Leben ..., S. 50.

[11] s. *Thorwart*, Friedrich: Hermann Schulze-Delitzschs Schriften und Reden, hrsg. i. A. des Allgemeinen Verbandes der auf Selbsthilfe beruhenden deutschen Erwerbs- und Wirtschaftsgenossenschaften e. V., Bd. V, Berlin 1913, S. 74 f., S. 295 ff., S. 352; *Grünfeld*, Das Genossenschaftswesen des ..., S. 182; *Eulenberg*, Herbert: Schulze-Delitzsch, Festschrift, überreicht in Köln 1927, S. 8; *Albrecht*, Ge.: Schulze-Delitzschs Leben ..., S. 50, 53.

[12] s. dazu *ders.*, ebd., S. 54 f.; *Diederichs*, Erich, H. u. *Menzel*, Bernhard: Die Großhandels- und sonstigen Fachgenossenschaften des gewerblichen Mittelstandes, Wiesbaden 1957, S. 14; *Faust*, Schulze-Delitzsch ..., S. 28; *Thorwart*, S. 70, 186; *Finck*, S. 17; *Grünfeld*, Das Genossenschaftswesen des ..., S. 175; *Heuß*, Schulze-Delitzsch ..., S. 17; *Conze*, S. 14, 17, 19.

[13] s. *Heuß*, Theodor: Schulze-Delitzsch, in: HdSW, Bd. 9, 1956, S. 150; *Thorwart*, S. 121, 187, S. 313, 350; *Grünfeld*, Das Genossenschaftswesen, volkswirtschaftlich ..., S. 196; *Albrecht*, Ge.: Schulze-Delitzschs Leben ..., S. 58 f.

[14] s. *100 Jahre deutscher Genossenschaftsverband*, S. 16, 201, 206; *Faust*, Schulze-Delitzsch ..., S. 31; *Korthaus*, Karl: Zeitbilder aus der Geschichte des deutschen Genossenschaftswesens, Berlin 1927, S. 34; *Finck*, S. 18 f.; *Albrecht*, Ge.: Schulze-Delitzsch Leben ..., S. 66 f.; *Conze*, S. 19; *v. Schmoller*, S. 54.

Allerdings blieben Rückschläge in der genossenschaftlichen Entwicklung, insbesondere der Produktivgenossenschaften, nicht aus[15]. In der Fehleinschätzung von der Möglichkeit der Produktivgenossenschaften als integrativer Bestandteil der modernen Wettbewerbswirtschaft sieht *Conze* einen entscheidenden Grund dafür, warum Schulze-Delitzsch schließlich zum *Mittelstandspolitiker statt zum Arbeiterführer* geworden ist[16]. Zu dieser Entwicklung hat außerdem die Tatsache beigetragen, daß er die ihm aus eigener Anschauung bekannten Nöte der Handwerker[17] als typisch für die sozio-ökonomische Situation der Mitglieder der gesamten „handarbeitenden Klassen"[18] ansah, so daß er faktisch die soziale Frage als Handwerker-, d. h. als Mittelstandsfrage behandelte[19].

Schulze-Delitzsch wollte mit seinem Selbsthilfeprogramm keine Veränderung der Wirtschafts- und Gesellschaftsstruktur herbeiführen, sondern er beabsichtigte, die verschiedenen Selbsthilfeorganisationen in das marktwirtschaftliche System zu integrieren[20].

Heuß[21] spricht von einer „Zwitterstellung", die Schulze-Delitzsch in der Gesinnungswelt des wirtschaftlichen Liberalismus einnahm. Die Nutzbarmachung des technischen Fortschritts für die unteren Gesellschaftsschichten durch die Anwendung von Selbsthilfe entsprach den Vorstellungen des wirtschaftlichen Liberalismus[22]. Die Auswüchse des Liberalismus suchte er durch die Gründung von Genossenschaften zu beseitigen und „echte Wettbewerbsverhältnisse" herzustellen. Indem sich die wirtschaftlich Schwachen solidarisierten und in Selbsthilfeunternehmungen organisierten, könnte es ihnen gelingen, die Übermacht des Kapitals zu brechen[23]. Es ging ihm also nicht darum, das Kapital zu zerschlagen, sondern im Gegenteil, es auch für die unteren Gesellschaftsschichten nutzbar zu machen[24].

---

[15] s. *Korthaus*, S. 55; *100 Jahre deutscher Genossenschaftsverband*, S. 207; *Thorwart*, S. 122 f.

[16] *Conze*, S. 19; *Grünfeld*, Das Genossenschaftswesen des ..., S. 182.

[17] s. *Ziegenfuß*, S. 69, 73; *Korthaus*, S. 45; *Heuß*, Schulze-Delitzsch ..., S. 16; *Faust*, Schulze-Delitzsch ..., S. 7.

[18] Zur Bedeutung des Begriffs „Arbeiter" im 19. Jahrhundert siehe die Ausführungen von *Conze*, S. 7 ff.

[19] s. *v. Schmoller*, S. 48; *Hasselmann*, Geschichte ..., S. 90 - 99; *Conze*, S. 14 ff.; *Albrecht*, Ge.: Schulze-Delitzschs Leben ..., S. 76.

[20] s. *Engelhardt*, Werner, W.: Zum 150. Geburtstag von Schulze-Delitzsch, in: Archiv für öffentliche und freigemeinwirtschaftliche Unternehmungen, IV. Bd., Göttingen 1958, S. 256; *Diederichs u. Menzel*, S. 18.

[21] *Heuß*, Schulze-Delitzsch ..., S. 21 f.

[22] s. *Dülfer*, S. 26 f.

[23] s. *Albrecht*, Ge.: Schulze-Delitzschs Leben ..., S. 47 f.

[24] s. *Ziegenfuß*, S. 71 f.

Da seiner Meinung nach bisher alle sozialen Systeme an dem Problem der Polarität der berechtigten Selbstbehauptung des Individuums und an den Ansprüchen der Gesamtheit gegenüber diesem gescheitert sind, wollte er das legitime Eigeninteresse des einzelnen in einen größeren Rahmen einbinden[25]. Die gesellschaftliche und wirtschaftliche Organisationsform, die diese Integration von Individual- und Kollektivinteresse leisten konnte, war für Schulze-Delitzsch die Genossenschaft[26], deren Mitglieder auf freiwilliger Basis zusammentreten und in Selbstverantwortung tätig werden sollten.

Mit der Propagierung von Genossenschaften als adäquatem Mittel zur Lösung der allgemeinen sozialen Frage wandte er sich sowohl gegen Vertreter sozialistischer Lehren als auch gegen reaktionäre Bestrebungen im Sinne einer Abschaffung der Gewerbefreiheit und Wiedereinführung des Zunftwesens[27]. Dem Prinzip sozialistischer Gestaltung, dem der staatlichen Versorgung und dem der Hilfeleistung im Wege der Wohltätigkeit setzte er sein Prinzip der Selbsthilfe in Genossenschaften als *liberale Alternative* entgegen[28].

ee) Exkurs: Zu den verschiedenen Idealen der Rochdaler Pioniere

Der Einfluß der unterschiedlichen sozialen Bewegungen auf die Genossenschaftsbewegung wird bei einer näheren Betrachtung der Genossenschaftsgründungen und -arbeit der Rochdaler Pioniere besonders deutlich. Die Rochdaler Weber hatten sich 1844 entschlossen, die Lage der Wollweber in England durch Selbsthilfe auf dem Wege der Kooperation zu verbessern, nachdem weder durch Verhandlungen mit den Produzenten noch durch Streiks der Arbeiter eine Verbesserung der Lebensbedingungen herbeigeführt werden konnte[1].

---

[25] s. *Albrecht,* Ge.: Die soziale Funktion des Genossenschaftswesens, Berlin 1965, S. 31; *Heuß,* Schulze-Delitzsch ..., S. 27.

[26] s. *Dülfer,* S. 24 f.; *Albrecht,* Ge.: Schulze-Delitzschs Leben ..., S. 45 f.; *Reinhardt,* Rudolf: Schulze-Delitzsch als Gestalter des Genossenschaftsrechts, in: Schulze-Delitzsch 1808/1958, Festschrift zur 150. Wiederkehr seines Geburtstages, S. 90.

[27] s. *Bernstein,* A.: Schulze-Delitzschs Leben und Wirken, 4. Aufl., Berlin o. J. (1. Aufl. 1879), S. 96 f., S. 118 ff.; *Finck,* S. 9; *Korthaus,* S. 42; *Dülfer,* S. 23; *Thorwart,* S. 189 ff.; *Böhmert,* Viktor: Schulze-Delitzsch als Arbeiterfreund und Sozialreformer, in: Der Arbeiterfreund, Zeitschrift des Central-Vereins für das Wohl der arbeitenden Klassen, hrsg. v. Viktor Böhmert in Verbindung mit Rudolf Gneist, XXI. Jg., Berlin 1883, S. 177 ff.; *Heuß,* Theodor: Hermann Schulze: Mehr als ein Stück deutsches 19. Jahrhundert, in: Raiffeisenrundschau, 25. Jg., 1973, S. 137 - 139; *ders.,* Schulze-Delitzsch ..., S. 18 ff.

[28] *Ders.,* ebd., S. 30; *Albrecht,* Ge.: Schulze-Delitzschs Leben ..., S. 53.

[1] Vgl. *Faust,* Geschichte ..., 2. Aufl., S. 92; zur Genossenschaftsgründung und Eröffnung des Genossenschaftsladens in der Krötengasse siehe die Darstellung von *G. J. Holyoake,* in: *R. Schloesser,* Holyoakes Geschichte der Rochdaler Pioniere, S. 57 ff., S. 162 ff., S. 187.

Die Rochdaler Pioniere zeigten sich von den ideellen Strömungen der Zeit in unterschiedlichem Maße beeinflußt. Von *Charles Howarth*, der zusammen mit *J. Daly* die Statuten schrieb und dem eine führende Rolle in der Genossenschaftsarbeit zugeschrieben wird, weiß man zu berichten, daß er in der gewerkschaftlichen und sozialistischen Bewegung tätig war[2]. 1833 gründete er zusammen mit *F. O. Connor* einen „cooperative shop". Allerdings brach diese Genossenschaft 1835 wieder zusammen. 1843 diskutierte er die Genossenschaft als das einzig adäquate Mittel, um den Arbeitern zu helfen, unter dem Titel: „Die besten Mittel, das allgemeine Wahlrecht zu erhalten[3]."

Ursprünglich war er ein Anhänger der *Chartisten-Bewegung*, einer Bewegung, die die politischen Rechte für die Bevölkerung forderte. Die Chartisten waren für die Genossenschaftsbewegung insofern von Bedeutung als es ihnen gelang, das „soziale Gewissen wachzurütteln"[4], wovon die Genossenschaftsbewegung dann profitierte. *Faust* hält das genossenschaftliche Prinzip der Demokratie für ein Ergebnis der Einflußnahme der Chartisten[5].

Howarth war außerdem Schüler Owens und hatte an der Errichtung Owenscher Gemeinschaften mitgearbeitet[6]. Auf den Einfluß Owens auf die Genossenschaftspioniere weist unter anderen *Schloesser* hin. Er stützt seine Hypothese, indem er auf einige Parallelen in den Vorstellungen Owens und der Rochdaler Pioniere aufmerksam macht: „1. Propagierung des Gemeinschaftsgedankens, 2. Postulat der Profitbeseitigung, 3. Besserung der Verhältnisse, 4. Betonung der Bedeutung von Erziehung und Bildung und 5. Siedlungsgenossenschafts-Gedanke[7]."

Während sich die Pioniere mit Owens Gedankengut auseinandersetzten und sich davon beeinflussen ließen, lehnte Owen die Gründung von Konsumgenossenschaften ab[8].

Daly und *Smithies* gelten als die Mitverfasser der Satzung[9]. *Holyoake* beschreibt Smithies als großen Idealisten und Ermunterer[10].

---

[2] s. *Totomianz*, Vahan *u. Würgler*, A.: Rochdaler Pioniere und ihre Taten, in: Internationales Handwörterbuch des Genossenschaftswesens, Bd. II, hrsg. v. Vahan Totomianz, Berlin 1928, S. 751; *Schloesser*, Holyoakes Geschichte . . ., S. 171 f.

[3] *Ders.*, ebd., S. 149.

[4] *Ders.*, ebd., S. 27 ff.

[5] Vgl. *Faust*, Geschichte . . ., 2. Aufl., S. 99.

[6] s. *Schloesser*, Holyoakes Geschichte . . ., S. 277.

[7] *Ders.*, ebd., S. 18; siehe auch: *Cole*, G. D. H.: Die britische Genossenschaftsbewegung, Köln 1954, S. 34 ff.; *Potter-Webb*, Beatrice: Die britische Genossenschaftsbewegung, hrsg. v. Lujo Brentano, Leipzig 1893, S. 10 ff.

[8] s. *Schloesser*, Holyoakes Geschichte . . ., S. 19; *Hasselmann*, Erwin: Die Anfänge der Konsumgenossenschaftsbewegung in Großbritannien, in: Geschichte . . ., S. 16.

Als Anhänger Owens zählte er zu den Hauptträgern der Rochdaler Genossenschaft. Er setzte sich insbesondere für die Rechte der Arbeiter ein. So wollte er zum Beispiel den Arbeitern das Recht auf den Gewinn ihrer Arbeit sichern.

Außerdem kannte Smithies auch die konsumgenossenschaftlichen Ansichten des Sozialreformers W. King. Für die Hypothese, daß Kings Gedanken von den Pionieren aufgegriffen wurden, spricht der Umstand, daß Smithies ein Exemplar der ersten Genossenschaftszeitung der Welt besaß, die von King in der Zeit von 1828 - 1830 unter der Bezeichnung „Co-operator" herausgegeben wurde[11]. King hatte 1827 in Brighton eine Konsumgenossenschaft gegründet, die den Rochdaler Pionieren möglicherweise als Vorbild gedient hat[12]. Es wird sogar die Ansicht vertreten, daß King unter Umständen sogar den entscheidenden Einfluß auf die Rochdaler ausgeübt hat[13]. Die Pioniere realisierten Kings Selbsthilfe-Idee, indem sie die notwendigen praktischen Voraussetzungen schufen[14].

Smithies und *Cooper* bemühten sich sehr um das sittliche Niveau im Genossenschaftsleben. Cooper setzte sich für die Beachtung des Grundsatzes der Gerechtigkeit und für die Freiheit des Genossenschaftswesens ein[15]. Er wertete die sittliche Leistung der Genossenschaft höher als die pekuniären Vorteile[16]. Man zählt ihn zu den geistigen Führern der Rochdaler Genossenschaft[17]. Im Rahmen seiner genossenschaftlichen Arbeit setzte er sich für die Interessen der Arbeiter ein, indem er ebenfalls ihre Gewinnbeteiligung propagierte[18].

Obwohl die Genossenschaftspraktiker unterschiedlichen religiösen Gruppen und verschiedenen politischen Parteien zugehörten, verfolgten sie doch alle dasselbe Ziel: Verbesserung der sozialen Lage durch

---

9 Vgl. *Faust*, Geschichte ..., 2. Aufl., S. 94.

10 s. *Schloesser*, Holyoakes Geschichte ..., S. 283 ff.

11 *Ders.*, ebd., S. 23 f.; *Hasselmann*, Geschichte ..., S. 17.

12 Vgl. *Faust*, Geschichte ..., 2. Aufl., S. 95.

13 Hasselmann berichtet, daß Mercer behauptet, King hätte möglicherweise den entscheidenden Einfluß auf die Rochdaler ausgeübt: *Hasselmann*, Geschichte ..., S. 18.

14 s. *Müller*, J. O.: Voraussetzungen ..., S. 20 f.; *Schloesser*, Holyoakes Geschichte ..., S. 276; *Hasselmann*, Die genossenschaftliche Selbsthilfe ..., S. 7; *ders.*, Die Rochdaler Grundsätze im Wandel der Zeit. Veröffentlichungen der deutschen Genossenschaftskasse, Zentralbank der Genossenschaften, Bd. 4, Frankfurt 1968, S. 9.

15 s. *Schloesser*, Holyoakes Geschichte ..., S. 288.

16 s. *ders.*, ebd., S. 281.

17 s. *Müller*, J. O.: Voraussetzungen ..., S. 21.

18 Vgl. *Totomianz* u. *Würgler*, S. 751.

eine Reorganisation der Produktions- und Distributionsverhältnisse[19]. Unabhängig von den individuellen gedanklichen Anregungen und Beweggründen verband die Pioniere der Gedanke eines gesellschaftlichen Neuaufbaus der Wirtschaft[20].

Die Emanzipation der Arbeit stand ihnen als Endziel vor Augen[21]. In der Zielformulierung der ersten Satzung wird der Einfluß Owens und der Chartisten deutlich[22]. Es war das Ziel der Genossenschaft, Einrichtungen für das materielle Wohl und die Verbesserung der sozialen und wirtschaftlichen Lage der Mitglieder dadurch zu schaffen, daß ein ausreichend großer Fonds geschaffen wurde, bestehend aus Anteilen von je einem Pfund, um sechs Vorhaben, die eine weitgehende Veränderung der bestehenden Gesellschaftsordnung bedeuteten, durchzuführen: „Einrichtung eines Ladens für den Verkauf von Lebensmitteln, Bau oder Kauf von Wohnungen für die Mitglieder, Inangriffnahme geeigneter Produktion zur Beschäftigung von Arbeitslosen und niedrig entlohnten Mitgliedern, Errichtung einer sich selbst genügenden Heimatkolonie und Unterstützung anderer, worin Produktion, Distribution, Erziehung und Verwaltung gemeinschaftlich geregelt werden sollten, Errichtung eines Temperenzhotels in einem Gesellschaftshaus zur Förderung der Mäßigkeit[23].“

Die Gründung des Genossenschaftsladens sollte nur der erste Schritt auf dem Wege zur genossenschaftlichen Produktion sein[24]. Obwohl sich die Rochdaler Pioniere Owens Zielen verpflichtet wußten und produktivgenossenschaftliche Ideale vertraten, entwickelte sich ihre Genossenschaft doch zu einer *Verbrauchergenossenschaft*[25].

Mittels der Genossenschaftsgründung wollten sie aber nicht nur die materiellen Verhältnisse der Arbeiter verbessern, sondern zugleich Einfluß auf ihre geistig-sittliche Entwicklung nehmen. Sie bemühten sich um eine Erhöhung des Bildungsstandes der Arbeiter und um

---

[19] *Holyoake* spricht davon, daß die Pioniere ungeachtet ihrer geistigen Herkunft jenen Sozialismus vertraten, der die Verbesserung der sozialen Lage durch Anbahnung neuer Produktions- und Verteilungsverhältnisse, durch Ehrlichkeit im Handel und durch Gerechtigkeit bei der Verteilung des Überschusses anstrebte. Vgl. *Schloesser*, Holyoakes Geschichte . . ., S. 277.

[20] s. *Ziegenfuß*, S. 33.

[21] s. *Hasselmann*, Die genossenschaftliche Selbsthilfe . . ., S. 5; *ders.*, Geschichte . . ., S. 139; *Schloesser*, Holyoakes Geschichte . . ., S. 67, 277, 291.

[22] s. *Cassau*, Theodor: Die Konsumvereinsbewegung in Großbritannien, Schriften des Vereins für Socialpolitik, Bd. 150/1, München u. Leipzig 1915, S. 18.

[23] *Staudinger*, Franz: Die Konsumgenossenschaft, Leipzig 1908, S. 45.

[24] *Hasselmann*, Geschichte . . ., S. 17; *Webb*, Sidney u. Beatrice: Die Genossenschaftsbewegung der Konsumenten, Halberstadt 1924, S. 1.

[25] *Hasselmann*, Geschichte . . ., S. 20.

die Sozialisation gemeinschaftsfördernden Verhaltens[26]. Die Pioniere versuchten auch auf das Ausgabeverhalten der Genossenschaftsmitglieder einzuwirken, indem sie sie das Sparen lehrten[27].

Die Pioniere hatten alle dasselbe Ziel, während ihre Beweggründe individuell differierten. Die Beweggründe sind insofern von Bedeutung, als sie die Pioniere zu ihren Zielvorstellungen führten. Die gemeinsame Zielvorstellung ermöglichte dann die Konstituierung der Gruppe. Im Verlauf des Interaktionsprozesses in der Gruppe wurde schließlich ein Konsens hinsichtlich der Mittelwahl gefunden: Gründung von Genossenschaften. Die Unterschiedlichkeit der Beweggründe spiegelte sich in ihren unterschiedlichen Vorstellungen über das adäquate Mittel zur Zielverwirklichung wider. Nachdem sich die Gruppe auf Grund des einheitlichen Ziels konstituiert hatte, wurden verschiedene alternative Mittel, wie z. B. die Erringung des allgemeinen Wahlrechts oder Alkoholabstinenz, diskutiert und schließlich ein Konsens hinsichtlich Genossenschaftsgründungen als adäquates Mittel hergestellt.

Am Beispiel der Rochdaler Pioniere konnte deutlich gemacht werden, daß unterschiedliche soziale Bewegungen für die Genossenschaftsentwicklung bedeutsam gewesen sind.

Für eine Analyse der Beweggründe der Genossenschaftspioniere kommt eine Untersuchung der Pioniere als Gruppe allerdings nicht in Betracht, weil Beweggründe prinzipiell nur individuell zurechenbar sind.

ff) Zusammenfassung

Die vorgenannten Utopien der sozialen Bewegungen, die auch in die Genossenschaftsbewegung Eingang gefunden haben, wurden dargestellt, um das geistige Klima zur Zeit der Genossenschaftsgründungen im 19. Jahrhundert zu skizzieren.

Der ideengeschichtliche Hintergrund bildet neben der Analyse der sozio-ökonomischen Verhältnisse einen weiteren Ansatzpunkt zur Erklärung der Entstehung von Genossenschaften. Es reicht aber nicht aus, bei der Erklärung der Entstehung von Genossenschaften nur auf den ideengeschichtlichen Hintergrund Bezug zu nehmen und zu untersuchen, welche geistigen Strömungen sich auf die Entwicklung der Genossenschaftsbewegung ausgewirkt haben, denn die Gründungen von Genossenschaften sind menschliche Handlungen. Um die Handlung „Gründung von Genossenschaften“ erklären zu können, bedarf es einer

---

[26] *Ziegenfuß*, S. 42 f.; *Faust*, Geschichte ..., S. 97, 102; *Schloesser*, Holyoakes Geschichte ..., S. 85 f., S. 119, 141, 236 f.

[27] *Ders.*, ebd., S. 77, 115, 259, 267; *Hasselmann*, Geschichte ..., S. 9, 11.

Klärung der Beweggründe des Handelnden. Es scheint somit notwendig, noch hinter die Analyse von sozialen Bewegungen zurückzugehen, und zwar auf die Ebene der konkreten Beweggründe der Genossenschaftspioniere.

c) Zu den Beweggründen der Genossenschaftspioniere

aa) Terminologische Abgrenzungen

α) Zum Begriff „Motiv"

In der Umgangssprache wird zwischen der Verwendung des Begriffs *„Motiv"* und des Begriffs *„Beweggrund"* nicht differenziert. „Motiv" und „Beweggrund" erscheinen vielmehr als synonyme Ausdrücke. Man spricht von „Motiven" als „treibender Kraft" oder „Beweggrund"[1].

Bevor eine Abgrenzung der Begriffe voneinander vorgenommen wird, soll der Begriff „Motiv" inhaltlich näher bestimmt werden.

Die inhaltliche Bestimmung des Begriffs „Motiv" erfolgt in der wissenschaftlichen Diskussion nicht einheitlich[2]. Motive werden auf seelische Wirkkräfte zurückgeführt, wie etwa auf Triebe, Affekte, Instinkte etc. Dabei nimmt man allerdings keine kausale Beziehung zwischen Motiven einerseits und Trieben, Affekten, Instinkten etc. andererseits an. Vielmehr verwendet man den Ausdruck „Motiv" als generelle Bezeichnung dieser seelischen Wirkkräfte, als Oberbegriff.

Der *Trieb* unterscheidet sich vom *Affekt* insbesondere durch seine autogene Entstehung[3], während Affekte primär als Reaktionen auf äußeres Geschehen auftreten. Bedürfnisse hingegen werden als Resultat der Motive angesehen, als „Ergebnis der affektiv-triebhaften Dynamik"[4].

---

[1] Vgl. *Wiswede*, Günter: Motivforschung. Eine Analyse ihrer Erkenntnisgrenzen, Nürnberg 1962, S. 11.

[2] s. *ders.*, ebd., S. 12 ff.; *Kunz*, G.: Motivforschung, in: Wörterbuch der Soziologie, hrsg. v. Wilhelm Bernsdorf, 2., neubearb. u. erw. Aufl., Stuttgart 1969, S. 721 - 724; *Thomae*, Hans: Die Motivation menschlichen Handelns, hrsg. v. dems., Neue Wissenschaftliche Bibliothek 4 — Psychologie, Köln—Berlin 1965, Einführung, S. 13 - 31; *ders.*, Der Begriff des „Antriebes", in: ebd., S. 48 - 51; *Lindworsky*, Johannes: Zur Klärung des Begriffs „Motiv", in: ebd., S. 37 - 39; *Gruhle*, Hans, W.: Ursache, Grund, Motiv, Auslösung, in: ebd., S. 40 - 47.

[3] Vgl. *Wiswede*, Motivforschung, S. 20; *Jakobi*, Ute *et al.*: Triebmodelle der Aggression, in: Zur Aggression verdammt? Ein Überblick über die Psychologie der Aggression, hrsg. v. Herbert Selg, 4., überarb. u. erw. Aufl., Stuttgart—Berlin—Köln—Mainz 1975, S. 37 f., 53.

[4] *Wiswede*, Motivforschung, S. 23; s. auch *Hondrich*, Karl, Otto: Bedürfnisorientierungen und soziale Konflikte. Zur theoretischen Begründung eines

Die genannten Motive werden auch als vorbereitende Motive bezeichnet, weil sie nur einen Teilaspekt des gesamten Motivationsprozesses kennzeichnen. Diejenigen Motive, die die Handlung auslösen, d. h. die zur Befriedigung des entstanden Bedürfnisses führen, nennt man auslösenden Motive[5].

Abschließend sei betont, daß Motive hypothetische Konstrukte sind, Verhaltensdispositionen und nicht aktualisiertes Verhalten. Der gesamte Motivationsprozeß hingegen stellt jene aktivierten Motive im Entwicklungsverlauf dar[6].

Nach *Wiswede* haben Motive einen „dynamischen, retrospektiven, objektiven und teleologischen Charakter"[7]. Insbesondere der teleologische Charakter läßt es angezeigt erscheinen, Motive einem mehr rationalen Bereich des Verhaltens zuzuordnen. Je weiter sich eine Handlungsabsicht konkretisiert hat, um so höher wird der Anteil rationalen Verhaltens sein.

β) Motive und Beweggründe

Man kann Motive nicht nur hinsichtlich ihres Auftretens im Verlauf des gesamten Motivationsprozesses in vorbereitende und auslösende Motive differenzieren, sondern auch hinsichtlich ihrer Beziehung zum Handlungsentwurf.

In Anlehnung an *A. Schütz*[8] wird im folgenden zwischen *„Um-zu-Motiven"*, *„unechten Weil-Motiven"* und *„echten Weil-Motiven"* unterschieden. Mithilfe dieser Unterscheidung kann der Begriff „Beweggrund" spezifiziert und gegen den Begriff „Motiv" abgegrenzt werden.

Eine Handlungserklärung durch Verweis auf ein „Um-zu" läßt erkennen, daß die Handlung selbst nur ein Mittel im Sinnzusammenhang eines Entwurfs darstellt. Um-zu-Sätze thematisieren das in der Zukunft liegende, noch nicht erfüllte Handlungsziel.

Forschungsprogramms, in: ZfS, 2. Jg., Heft 3, Juli 1973, S. 263 - 281; ferner *Maslow*, Abraham: Motivation and personality, 2nd ed., New York 1970 sowie die Kritik an seiner Motivationstheorie bei *Neuberger*, Otto: Theorien der Arbeitszufriedenheit, Stuttgart—Berlin—Köln—Mainz 1974, S. 102 - 109; *Bruggemann, Agnes et al.*: Arbeitszufriedenheit, Bern—Stuttgart—Wien 1975, S. 20 - 29.

[5] s. *Wiswede*, Motivforschung, S. 25.

[6] *Ders.*, Motivation und Verbraucherverhalten. Grundlagen der Motivforschung, 2., neubearb. Aufl., München—Basel 1973, S. 131 ff.; *Rüttinger et al.*, Motivation wirtschaftlichen Verhaltens, Stuttgart—Berlin—Köln—Mainz 1974, S. 14.

[7] *Wiswede*, Motivforschung, S. 12.

[8] *Schütz*, Alfred: Der sinnhafte Aufbau der sozialen Welt. Eine Einleitung in die verstehende Soziologie, Frankfurt 1974, S. 115 - 130.

Gerät dagegen der in der Vergangenheit liegende Entwurf in den Blick, handelt es sich bei der Handlungserklärung um einen unechten Weil-Satz, der Um-zu-Sätzen logisch äquivalent ist. Sprachlich besteht die Möglichkeit, jeden unechten Weil-Satz in einen Um-zu-Satz zu transformieren. Der Unterschied zwischen beiden Sätzen besteht lediglich in einem unterschiedlichen Sinnbezug des Handelns: im Fall des unechten Weil-Satzes handelt es sich um einen Rückbezug auf den vorhergegangenen Entwurf, im Fall des Um-zu-Satzes um eine Art Vorgriff auf die durch das Handeln zu verwirklichende Handlung. Das „Um-zu-Motiv" erklärt ausgehend vom Entwurf die Konstitution der Handlung. Es motiviert auf Grund des konstituierten Entwurfs die sich konstituierende Handlung.

Im Unterschied hierzu erklärt das „echte Weil-Motiv" aus vorvergangenen Erlebnissen die Konstitution des Entwurfs selbst. „Echte Weil-Motive sind hingegen diejenigen vorvergangenen Erlebnisse des Handelnden, welchen er sich nach vollzogener Handlung (oder nach vollzogenen Anfangsphasen des Handelns) modo plusquamperfecti zuwendet und die für ihn dadurch in einem Sinnzusammenhang stehen, daß er in einem nomothetischen Blickstrahl auf die motivierenden und motivierten Erlebnisse (Entwürfe ... d. V.) als eine phasenweise konstituierte Synthesis hinzublicken vermag[9]." Die Angabe „echter Weil-Motive" begründet also die Konstituierung des Handlungsentwurfs selbst. Diese „echten Weil-Motive" werden im folgenden „Beweggründe" genannt. Mit der Frage nach den Beweggründen für ein Handeln ist gerade die Angabe der „echten Weil-Motive" gemeint. Man möchte wissen, was den Handelnden zur Konstituierung seines Handlungsentwurfs veranlaßte. Die Antwort auf diese Frage, die Angabe „echter Weil-Motive", ist unabhängig vom Sinn des Handelns. Der Sinn des Handelns, nämlich die Bezogenheit auf den Entwurf, die Ziel-Mittel-Relation, ergibt sich durch Verweis auf das „Um-zu-Motiv". Der Verweis auf das „Um-zu" kann also die Frage nach den Beweggründen nicht mitbeantworten.

Die Vieldeutigkeit des Begriffs „Motiv" läßt es angezeigt erscheinen, auf die Verwendung des Begriffs in der vorliegenden Arbeit zu verzichten. Statt dessen wurde der Begriff „Beweggrund" eingeführt, der definitionsgemäß die „echten Weil-Motive" des Handelnden bezeichnet.

Durch die Wahl der Begriffe „Beweggrund" einerseits und „Ziel" oder „Sinn" der Handlung andererseits kann die bei der Verwendung des Begriffs „Motiv" auftretende Gefahr einer Konfundierung der Bedeutungsinhalte vermieden werden.

---

[9] *Ders.*, ebd., S. 127.

γ) Beweggründe und Handlungsentwürfe

aa) Arten von Handlungsentwürfen

Die Beweggründe sind dem eigentlichen Handlungsentwurf vorgelagert. Der Handlungsentwurf selbst kann hinsichtlich seines Ausarbeitungsgrades sowie seines Geltungsanspruchs untersucht werden.

Zu den Handlungsentwürfen zählt eine Vielzahl von Erscheinungsformen, die unter dem Begriff „Utopie" subsumiert werden können[10]. Utopien bilden nach *Engelhardt*[11] die geistig-psychischen Ausgangspunkte individuellen Handelns. Sie erheben keinen Anspruch auf objektive Gültigkeit, sondern bringen vielmehr subjektiv Gewünschtes zum Ausdruck. Utopien als Leit- oder Weltbilder sind weder ein Unterfall von Ganzheiten[12] noch sind sie mit ideologischen Aussagen identisch[13]. Sie sind Ansätze sinnorientierten Handelns, die bestehende Handlungsalternativen selegieren und auf diese Weise die Handlung in die subjektiv als gewünscht angesehene Richtung lenken[14].

Von den selektionierenden, nur subjektive Gültigkeit beanspruchenden Utopien, die zukünftige Handlungen antizipieren, sind die Ideologien abzugrenzen. Ideologien erheben Anspruch auf objektive Gültigkeit. Sie unterscheiden sich aber nicht nur hinsichtlich ihres Geltungsanspruchs, sondern auch hinsichtlich ihres Ausarbeitungsgrades von den Utopien[15]. Sie sind ähnlich systematisch ausgearbeitet wie eine weitere Form von Handlungsentwürfen, wie die Konzeptionen.

Konzeptionen lassen sich als Ziel- oder Ziel-Mittel-Systeme mehr oder weniger rationaler Art charakterisieren. Sie unterscheiden sich von Ideologien dadurch, daß sie keine Aussagen über objektiv Endgültiges darstellen. Von den Utopien scheidet sie eine nicht nur subjektive Perspektive[16].

---

10 s. *Engelhardt,* Werner, W.: Utopien im Verhältnis zu Ideologien und politischen Konzeptionen, in: Die Mitarbeit, 22. Jg., Göttingen 1973, S. 108 ff.

11 *Ders.,* ebd.

12 Gegen die undifferenzierte Subsumierung aller Utopievarianten unter den Begriff des Ganzheitsdenkens bei *Popper,* Karl, R.: Das Elend des Historizismus, 3., verb. Aufl., Tübingen 1971, S. 51 ff. wendet sich *Engelhardt,* Werner, W.: Politische Ökonomie und Utopie II, hrsg. v. Georg Lührs et al., Berlin 1975/76, S. 219 ff.; *ders.,* Utopien als Problem der Sozial- und Wirtschaftswissenschaften, in: ZfgSt, 125. Bd., 1969, S. 671 ff.

13 s. *ders.,* ebd., S. 688; *ders.,* Utopien im Verhältnis zu ..., S. 108 ff.; *Helberger,* Christof: Marxismus als Methode. Wissenschaftstheoretische Untersuchungen zur Methode der marxistischen politischen Ökonomie, Frankfurt 1974, S. 87 f.

14 Vgl. *Engelhardt,* Utopien als Problem ..., S. 661 ff.; *ders.,* Utopien im Verhältnis zu ..., S. 112 f.

15 s. *ders.,* ebd., S. 119 ff.

16 s. *ders.,* ebd., S. 121 ff.

ββ) *Die Beziehung zwischen Beweggründen und individuellen Utopien*

Für die Erklärung der Entstehung von Genossenschaften im 19. Jahrhundert gewinnt gerade die subjektive Perspektive, wie sie in Utopien zum Ausdruck kommt, an Bedeutung, denn die individuellen Utopien der Genossenschaftspioniere üben in Form von Leit- oder Weltbildern eine selegierende Funktion im Blick auf Handlungsalternativen aus[17].

Sie enthalten Vorstellungen des Genossenschaftspioniers über einen von ihm gewünschten Sollzustand sowie Vorschläge zu dessen Realisierung. Eine Analyse der individuellen Utopien vermag daher Aufschluß über die, wenn auch nur vage formulierten, Ziele und Mittel sowie deren Beziehung zueinander zu geben. In Kenntnis der individuellen Utopien kann man die Handlung „Gründung von Genossenschaften" in einen Sinnzusammenhang einordnen, weil die Utopie als Handlungsentwurf Antwort auf das „Um-zu-Motiv", auf die Frage nach dem Sinn oder Ziel der Handlung gibt.

Darüber hinaus scheint es erforderlich, auch die Konstituierung des Handlungsentwurfs selbst zu überprüfen, d. h. herauszufinden, was denn die Pioniere überhaupt zur Entwicklung ihrer Utopie veranlaßte. Die Konstituierung des Handlungsentwurfs ist selbst bereits das Ergebnis eines Selektionsprozesses. Dieser Selektionsprozeß wird von den Beweggründen gesteuert.

Eine möglichst detaillierte Handlungserklärung erfordert daher nicht nur eine Analyse der individuellen Utopien und der in ihnen enthaltenen Ziel-Mittel-Beziehungen, sondern darüber hinaus auch eine Erörterung der Beweggründe, die die Ziel-Mittel-Relation vorselegieren.

bb) *Die Hypothese vom handlungsleitenden Einfluß der Beweggründe der Genossenschaftspioniere*

Mit der Hypothese vom handlungsleitenden Einfluß der Beweggründe der Genossenschaftspioniere soll die Auffassung zum Ausdruck gebracht werden, daß Beweggründe für die Erklärung der Handlungen der Pioniere von konstitutiver Bedeutung sind.

Wie oben bereits ausgeführt wurde, kann mittels der Beweggründe die Konstituierung des Handlungsentwurfs selbst geklärt werden, denn die Auswahl eines Handlungsentwurfs aus der Vielzahl der möglichen Entwürfe wird durch die Beweggründe gesteuert. Auswahl eines Handlungsentwurfs bedeutet aber Auswahl bestimmter Ziele, Mittel und

---

[17] s. *ders.*, Genossenschaftstheorie, S. 32 f.

Ziel-Mittel-Relationen. Die Beweggründe nehmen somit Einfluß auf die im Handlungsentwurf projizierte Handlung.

Die Erklärung einer konkreten Handlung durch Rekurs auf den Handlungsentwurf stellt die Handlung als Mittel in den Sinnzusammenhang des Entwurfs, d. h. sie erklärt das „Um-zu" der Handlung, das mit der Handlung angestrebte Ziel. Das Ziel der Handlung sowie die Handlung selbst sind aber ihrerseits von den Beweggründen beeinflußt. So hatte die Gründung von Genossenschaften als erklärungsbedürftiger Tatbestand den Sinn oder das Ziel, die Lebenslage der erfaßten Bevölkerungsgruppen zu verbessern. Von diesem Sinn oder Ziel der Handlung ist der Beweggrund zu unterscheiden, der den Handelnden zu der Handlung „Gründung von Genossenschaften" veranlaßte[18]. Ziel und Beweggrund einer Handlung sind nur in den Fällen identisch, in denen die Ausführung einer bestimmten Handlung als solche ohne Bezugnahme auf andere Ziele, Bedürfnisse u. a. zum Beweggrund der Handlung wird.

Für die Erklärung der Entstehung von Genossenschaften bedeutet die Hypothese vom handlungsleitenden Einfluß der Beweggründe, daß die Gründung von Genossenschaften nicht nur abhängig ist vom Vorliegen bestimmter sozio-ökonomischer Bedingungen und individueller Handlungsentwürfe, sondern daß darüber hinaus die den Handlungsentwürfen vorgelagerten Beweggründe für die Handlungserklärung von Bedeutung sind, weil sie mit Aufschluß darüber geben können, warum sich die Pioniere zum Handeln entschlossen haben. Mit der Kenntnis des Handlungsentwurfs, d. h. der Ziel-Mittel-Vorstellungen ist die Frage, warum denn die Genossenschaftspioniere überhaupt gehandelt haben, nicht mitbeantwortet, denn in den meisten Fällen sind Beweggrund und Ziel eben nicht identisch.

II. Die Relevanz der Beweggründe für Theorien der Sozial- und Wirtschaftspolitik

Die Hypothese vom handlungsleitenden Einfluß der Beweggründe scheint nicht nur für die Entwicklung einer empirischen Genossenschaftstheorie im Rahmen der Kooperationsanalyse relevant zu sein, sondern auch für das sie umgreifende Gebiet der theoretischen Auseinandersetzung mit der Sozial- und Wirtschaftspolitik.

Dieser Auffassung liegt die Annahme zugrunde, daß man Genossenschaften nicht nur als eigenständige soziale Gefüge auffassen und im Rahmen einer speziellen Genossenschaftstheorie argumentativ erörtern

---

[18] Vgl. *Münch*, Richard: Theorie sozialer Systeme. Eine Einführung in die Grundbegriffe, Grundannahmen und logische Struktur, Opladen 1976, S. 13 ff. sowie die Literaturangaben zur analytischen Handlungstheorie.

kann, sondern daß man ihnen auch eine instrumentelle Funktion in der Sozial- und Wirtschaftspolitik zuweisen kann[1]. Im letzteren Sinne stellen Genossenschaften Mittel dar, um bestimmte Ziele der Sozial- und Wirtschaftspolitik realisieren zu helfen. Diese Instrumentalthese wird insbesondere von *Thiemeyer*[2] vertreten.

Nachdem oben zugunsten einer Berücksichtigung von Beweggründen für die Entwicklung der Genossenschaftstheorie argumentiert wurde, erhebt sich die Frage, ob man auch in der Lehre von der Sozialpolitik Beweggründe, aus denen heraus Sozialpolitik betrieben wird, neben einer Untersuchung ihrer Ziele und Mittel, wie sie in sozialpolitischen Konzeptionen zum Ausdruck kommen, berücksichtigen sollte. Im folgenden soll also die Bedeutung der Hypothese vom handlungsleitenden Einfluß der Beweggründe für den Gegenstandsbereich der Sozial- und Wirtschaftspolitik diskutiert werden, indem der Frage nachgegangen wird, ob Beweggründe einen konstituierenden Bestandteil des Objektbereichs der genannten Disziplinen bilden.

1. Die Konstitution des Objektbereichs der Theorie der Sozialpolitik: Ausklammerung der Beweggründe

a) Zur Nicht-Identität von Beweggrund und Ziel

Für eine Ausklammerung der Beweggründe aus der wissenschaftlichen Sozialpolitik auf Grund der Nicht-Identität von Beweggrund und Ziel spricht sich *Sanmann*[3] aus. So erklärt er, daß eine wissenschaftliche Sozialpolitik erst dann an Klarheit gewinnt, wenn man erkennt, daß die Ziele, nicht aber die Motivationen der Träger sozialpolitischer Maßnahmen zu ihrem Erkenntnisgegenstand gehören. Auch *Molitor*[4] knüpft an die Unterscheidung zwischen Motiv und gesell-

[1] Vgl. *Engelhardt*, Werner, W.: Sind Genossenschaften gemeinwirtschaftliche Unternehmen?, in: Schriftenreihe Gemeinwirtschaft, Nr. 29, August 1977/April 1978, S. 25 ff., 44 ff.; *Thiemeyer*, Theo: Gemeinwirtschaftlichkeit als Ordnungsprinzip. Grundlegung einer Theorie gemeinnütziger Unternehmen, Volkswirtschaftliche Schriften, Heft 146, Berlin 1970.

[2] *Ders.*, ebd.; *ders.*, Wirtschaftslehre öffentlicher Betriebe, Hamburg 1975, bes. S. 28.

[3] s. *Sanmann*, Horst: Sozialpolitik, in: Kompendium der Volkswirtschaftslehre, hrsg. v. Werner Ehrlicher et al., Bd. 2, 3. neubearb. Aufl., Göttingen 1972, S. 190 ff.

[4] *Molitor*, Bruno: Was ist Sozialpolitik?, in: Hamburger Jahrbuch für Wirtschafts- und Gesellschaftspolitik, 17. Jahr, Tübingen 1972, S. 196 f.: „Kurz, das Motiv, aus dem heraus es zur Sozialpolitik kommt, ist eines (Interesse aus ...), das Ziel jedoch, in dem die tatsächlichen Maßnahmen konvergieren, ein anderes (Interesse an ...). Und sich an letzteres zu halten, macht die Theorie erst operational, z. B. für eine Erfolgswürdigung der politischen Maßnahmen, und auch ‚objektiv': Die Analyse wird unabhängig von Einstellungen gegenüber der Sozialpolitik."

schaftlichem Zweck von Handlungen an und kommt zu dem Schluß, daß eine Theorie der Sozialpolitik erst dann operational und objektiv, d. h. unabhängig von Einstellungen gegenüber der Sozialpolitik, wird, wenn man sich bei der Analyse auf die Zielebene, nicht aber auf die Ebene der Beweggründe, konzentriert. Die Motivation wird als innerer Antrieb zugunsten der Diskussion der Ziele als Programmsituationen ausgeklammert[5].

Nicht nur in der Lehre von der Sozialpolitik, sondern auch in den übrigen Disziplinen der Wirtschaftswissenschaften und der zugeordneten Zweige der Wirtschafts- und Sozialgeschichte wird gerade auf die Nicht-Identität von Beweggrund und Ziel Bezug genommen, um den Erkenntnisgegenstand der angesprochenen Disziplinen zu konstituieren. Weithin abstrahiert man bewußt von der Ebene der Beweggründe und beschränkt sich auf eine Analyse der Ziel-Mittel-Beziehung unter Berücksichtigung der jeweiligen konkreten historischen Situation sowie einer Diskussion der vorhergesehenen und unvorhergesehenen Folgen von Handlungen[6].

Da es eine Vielzahl heterogener Beweggründe gibt, aus denen heraus es zu ein und demselben Ziel kommen kann, werden Beweggründe für ungeeignet erachtet, als ein systembildendes Prinzip für eine wissenschaftliche Politik zu fungieren und deshalb ausgeklammert[7]. Mit der Eliminierung personaler Verhaltenselemente[8] verkürzt sich die Analyse auf die Ebene der Ziele, der Mittel und der Situationen.

b) Die Ziel-Mittel-Situations-Analyse

Auf der Zielebene geht es um die Interpretation der Ziele. In diesem Zusammenhang wird nicht selten die Frage nach der wissenschaftlichen Begründbarkeit von Zielen gestellt[9]. Die Beantwortung dieser Frage

---

[5] Vgl. *Sanmann,* Sozialpolitik, S. 190 f.

[6] Zur Kritik an dieser Auffassung vom Gegenstand der Sozialpolitiklehre siehe auch: *Engelhardt,* Werner, W.: Ansatzpunkte systematischer Sozialpolitiklehre, in: Zeitschrift f. Sozialreform, 24. Jg., 1978, S. 201 ff. Zur Frage der Folgen von Handlungen siehe: *Merton,* Robert, K.: Die unvorhergesehenen Folgen zielgerichteter sozialer Handlung, in: Sozialer Wandel, hrsg. v. Hans Peter Dreitzel, S. 170 - 182; *Münch,* Theorie sozialer Systeme, S. 14 f.

[7] s. *Sanmann,* Horst: Leitbilder und Zielsysteme der praktischen Sozialpolitik als Problem der wissenschaftlichen Sozialpolitik, in: Leitbilder und Zielsysteme der Sozialpolitik, hrsg. v. dems., Berlin 1973, S. 66; *Molitor,* Was ist Sozialpolitik?, S. 196.

[8] s. dagegen *Engelhardt,* Werner, W.: Leitbilder und Zielsysteme in der Politik: Grundsätzliche Aspekte, in: Leitbilder und Zielsysteme in der Sozialpolitik, hrsg. v. Horst Sanmann, S. 9; *ders.,* Möglichkeiten einer Wissenschaft von der Sozialpolitik, in: ZfgSt, 130. Bd., 1974, S. 549 ff.

[9] s. *Molitor,* Bruno: Bausteine einer Theorie der Sozialpolitik. Überblick über die Problemstellungen anhand neuerer Veröffentlichungen, in: Ham-

ist vom jeweiligen Wissenschaftsverständnis abhängig. Bereits *Max Weber* hat hinreichend deutlich ausgeführt, daß Ziele als Vorstellungen über gewünschte Lagen wissenschaftlich nicht begründbar sind[10]. Sie lassen sich aber mit Hilfe einer werturteilsfreien Wissenschaft interpretieren[11]. Da die Entscheidung für bestimmte Ziele wissenschaftlicher Begründung nicht fähig ist, müssen die Ziele oder Leitbilder[12] dem gesellschaftlichen Prozeß entnommen werden. Die so vorgefundenen Ziele werden als oberste Normen eingeführt. Für die wissenschaftliche Untersuchung stellen sie Daten dar. Mit Hilfe wissenschaftlicher Methoden kann dann, ausgehend von den Daten, die Trias: Lage, Maßnahme, Ziel[13] untersucht und auf diese Weise ein Beitrag für die Entscheidungsfindung im Bereich der Praxis erzielt werden[14].

Mittels sorgfältiger Lageanalysen können die Realisierungsmöglichkeiten der gesetzten Ziele genauer untersucht werden. Die Analyse

---

burger Jahrbuch für Wirtschafts- und Gesellschaftspolitik, 2. Jahr, 1957, S. 156; *Engelhardt*, Werner, W.: Theorie der Sozialpolitik, in: Handwörterbuch der Volkswirtschaft, hrsg. v. Werner Glastetter et al. 1977, S. 1186.

[10] Vgl. *Weber*, Max: Vom inneren Beruf zur Wissenschaft, in: Max Weber, Soziologie — Universalgeschichtliche Analysen — Politik, hrsg. u. erl. v. Johannes Winckelmann, 5., überarb. Aufl., Stuttgart 1973, S. 311 - 339; *ders.*, Der Sinn der „Wertfreiheit" der Sozialwissenschaften, ebd., S. 263 - 310; *ders.*, Die „Objektivität" sozialwissenschaftlicher Erkenntnis, ebd., S. 186 - 262.

s. auch *Albert*, Hans: Wissenschaft und Verantwortung, in: Plädoyer für kritischen Rationalismus 3. Aufl., München 1971, S. 76 - 105; *ders.*, Erkenntnis und Entscheidung, in: Traktat über kritische Vernunft, 2., unv. Auflage, Tübingen 1969, S. 54 ff.; *ders.*, Theorie und Praxis, in: Werturteilsstreit, hrsg. v. dems. u. Ernst Topitsch, Darmstadt 1971, S. 200 ff.; *ders.*, Marktsoziologie und Entscheidungslogik, Neuwied u. Berlin 1967; *König*, René: Einige Überlegungen zur Frage der „Werturteilsfreiheit" bei Max Weber, in: Werturteilsstreit, hrsg. v. Hans Albert und Ernst Topitsch, S. 150 bis 188; *Schluchter*, Wolfgang: Wertfreiheit und Verantwortungsethik. Zum Verhältnis von Wissenschaft und Politik bei Max Weber, Tübingen 1971, S. 18 - 34.

[11] Zu den verschiedenen möglichen Interpretationsverfahren s. *Lompe*, Klaus: Wissenschaftliche Beratung der Politik. Ein Beitrag zur Theorie anwendender Sozialwissenschaften, Wissenschaft und Gesellschaft — 2, Göttingen 1966, S. 120 ff.: Als Interpretationsverfahren kommen infrage: Situationslogik als empirisch erklärende oder entscheidungslogische Interpretation oder die Rückführung von Zielvorstellungen auf zugrundeliegende unmittelbare Grundanliegen mittels der von Nelson entwickelten „regressiven Methode". Zu ersterem siehe *Popper*, Karl, R.: Objektive Erkenntnis. Ein evolutionärer Entwurf, Hamburg 1973, S. 199 ff.

Zu letzterem siehe die zahlreichen Abhandlungen *G. Weissers*, die in der Literaturliste von *Thorhild Stelzig* aufgeführt sind. Die Autorin vermittelt in ihrem Artikel: „Gerhard Weissers Konzept einer normativen Sozialwissenschaft", in: KZfSS, Sonderheft 19, hrsg. v. Christian v. Ferber u. Franz-Xaver Kaufmann, Opladen 1977, S. 260 - 289 einen Einblick in Weissers Argumentation.

[12] *Sanmann*, Leitbilder und Zielsysteme ..., S. 61 ff.

[13] *Ders.*, ebd., S. 67 ff.

[14] s. *Albert*, Wissenschaft und Verantwortung, S. 98 f.

der konkreten historischen Situation kann ihrerseits selbst zu neuen Zielausdeutungen beitragen. In Kenntnis der Situation lassen sich dann alternative Mittel diskutieren, die eine Zielerreichung möglich erscheinen lassen. Dabei handelt es sich nicht um eine isolierte Ziel-Mittel-Betrachtung dergestalt, daß lediglich untersucht wird, ob der Mitteleinsatz M auch die Zielerreichung Z zur Folge hat. Es werden nicht nur die beabsichtigten Handlungsfolgen untersucht, sondern auch die potentiellen, nicht beabsichtigten Folgen. So versucht man mittels einer Analyse der Nebenwirkungen Antwort auf die Frage zu erhalten, in welchem Ausmaß und auf welche Weise der Mitteleinsatz M zur Zielerreichung Z auch noch andere gewünschte und/oder unerwünschte Ziele tangiert[15].

2. Die Ausklammerung von Beweggründen als Voraussetzung für eine objektive Theorie der Sozialpolitik

Vertreter der oben umrissenen Position sehen also die Aufgabe einer wissenschaftlichen Politik in der Interpretation vorgegebener Ziele und in der Analyse der zu ihrer Einlösung erforderlichen Mittel unter Berücksichtigung der potentiellen Nebenwirkungen und der jeweiligen konkreten historischen Situation. Der Erkenntnisgegenstand einer wissenschaftlichen Sozialpolitik erweist sich als durch die Trias: Ziel-Mittel-Lage konstituiert. Dadurch, daß Beweggründe nicht zum Erkenntnisgegenstand zählen, wird eine objektive Theorie der Sozialpolitik möglich, d. h. eine Theorie, die von Einstellungen gegenüber der Sozialpolitik unabhängig ist. Molitor gelangt zu dieser Auffassung als einer Schlußfolgerung aus der Nicht-Identität von Beweggrund und Ziel.

Bevor eine zu Molitors Schlußfolgerung konträre vorgestellt und diskutiert wird, sei eine Bemerkung zu seiner Argumentation angeführt. Molitors Ausführungen scheinen insofern nicht stichhaltig, als er möglicherweise einer Verwechselung von Sprachebenen unterliegt. Es ist nicht einzusehen, warum die Berücksichtigung von Beweggründen, aus denen heraus es zur Sozialpolitik kommt, die Objektivität einer Theorie der Sozialpolitik beeinträchtigt. Die Berücksichtigung von Beweggründen als Teilgegenstand einer wissenschaftlichen Disziplin „Sozialpolitik" erfolgt nämlich auf der Ebene des Objektbereichs. Beweggründe als Gegenstand wissenschaftlicher Verhandlung müssen nicht präskriptive Aussagen über die Disziplin zur Folge haben. Wenn man beispielsweise der Frage nachgeht, aus welchen Beweggründen heraus es zur Sozialpolitik gekommen ist, sind die in diesem Zusammenhang aufgestellten Aussagesysteme sehr wohl in einer deskriptiven Sprache abfaßbar. Eine Theorie der Sozialpolitik, die auch auf Beweg-

---

15 s. *Molitor*, Was ist Sozialpolitik?, S. 197.

gründe Bezug nimmt, kann aus diesem Grund genauso Objektivität beanspruchen wie eine Theorie, die die Beweggründe explizit ausklammert; denn die Objektivität einer Theorie hängt nicht von der Auswahl des Gegenstandsbereichs ab, sondern von dem *Geltungsmodus der verwendeten Objektsprache*. Unter Verwendung einer deskriptiven Objektsprache können Beweggründe als Teilgegenstand des Objektbereichs wissenschaftlicher Sozialpolitik untersucht und mit ihrer Hilfe auch eine Theorie der Sozialpolitik entwickelt werden[1].

Molitors Schlußfolgerung aus der Nicht-Identität von Beweggrund und Ziel beruht somit auf einer Konfundierung zweier Ebenen, der Ebene des Objektbereichs und der Ebene der Objektsprache[2].

3. Beweggründe als konstituierender Bestandteil des Objektbereichs der Theorie der Sozialpolitik

a) Die Beweggrund-Ziel-Mittel-Situations-Analyse

Aus der Nicht-Identität von Beweggrund und Ziel kann aber auch eine Schlußfolgerung gezogen werden, die der Auffassung Molitors und ähnlich urteilender Autoren diametral entgegensteht. Hier soll die Auffassung diskutiert werden, daß gerade auf Grund dieser Nicht-Identität die Beweggründe nicht ausgeschlossen werden sollten. Die Argumentation zugunsten dieser Position wird im folgenden auf zwei

---

1 *G. Weisser* weist auf die Notwendigkeit hin, die Erkenntnisse aus den sozialwissenschaftlichen Grunddisziplinen bei der Entwicklung der Sozialpolitiklehre zu berücksichtigen. s. *ders.*, Sozialpolitik, in: Wörterbuch der Soziologie, hrsg. v. Wilhelm Bernsdorf, S. 1039 - 1048; *Engelhardt*, Ansatzpunkte systematischer Sozialpolitiklehre; *Hondrich*, Karl, Otto: Soziologische Theorieansätze und ihre Relevanz für die Sozialpolitik. Der bedürfnistheoretische Ansatz, in: KZfSS, Sonderheft 19, Soziologie und Sozialpolitik, hrsg. v. Christian von Ferber und Franz-Xaver Kaufmann, Opladen 1977, S. 213 bis 231; *Widmaier*, Hans Peter: Zur Theorie der Durchsetzbarkeit sozialer Bedürfnisse, ebd., S. 438 - 462; *Albrecht*, Günter: Vorüberlegungen zu einer „Theorie sozialer Probleme", ebd., S. 143 - 185; *Haferkamp*, Hans: Von der alltagsweltlichen zur sozialwissenschaftlichen Begründung der Soziologie sozialer Probleme und sozialer Kontrolle. Entwicklung, Stand und Perspektive eines Forschungsansatzes, ebd., S. 186 - 212.

2 Die Konfundierung bei *Molitor* ist um so erstaunlicher, da gerade er auf diesen Fehler in K. Schillers Argumentation hinweist und ausführt, daß Unterschiede im Forschungsgegenstand kein prinzipiell abweichendes Aussagesystem erfordern. Vgl. *Molitor*, Bruno: Theorie der Wirtschaftspolitik und Werturteil, in: Werturteilsstreit, hrsg. v. Hans Albert und Ernst Topitsch, S. 261 ff.

Zum Problem der Konfundierung der verschiedenen Ebenen s. auch: *Albert*, Hans: Wertfreiheit als methodisches Prinzip. Zur Frage der Notwendigkeit einer normativen Sozialwissenschaft, in: Logik der Sozialwissenschaften, hrsg. v. Ernst Topitsch, Neue Wissenschaftliche Bibliothek 6 — Soziologie, 8. Aufl., Köln 1972, S. 181 - 210, bes. S. 183 - 186; *ders.*, Theorie und Praxis, S. 200 ff.

Ebenen geführt: auf der *Ebene des Objektbereich* und auf der *Ebene der Wertbasis*.

Die Verfechter der Position, die eine Ausklammerung der Beweggründe aus dem Objektbereich der Sozialpolitik befürworten, lassen unbeachtet, daß die Beweggründe, aus denen heraus es zur Zielfindung und -formulierung kam, nicht nur diese Zielwahl beeinflussen, sondern auch bei der Selektion der Mittel eine Rolle spielen. Gerade diese Einflüsse werden bei der Untersuchung ausgespart, wenn lediglich eine Ziel-Mittel-Situations-Analyse durchgeführt wird. Außerdem ist davon auszugehen, daß auch die Perzeption der Situation von den Beweggründen mitbeeinflußt und gelenkt wird. Die subjektive Situationseinschätzung des Handelnden ist nicht nur abhängig von der objektiv vorfindbaren Lage, sondern eben auch von der Wahrnehmung durch den Handelnden[1], die ihrerseits von den Beweggründen mitbeeinflußt wird. Das gesinnungsethische Handeln im Sinne Max Webers kann als ein Fall interpretiert werden, in dem die Perzeption der Situation total von der individuellen Utopie gelenkt wird, die ihrerseits durch die Beweggründe vorselegiert wurde[2].

Wenn die Beweggründe nicht nur Einfluß auf die Zielebene, sondern auch auf die Mittel- und die Lageebene nehmen, scheint eine Ausklammerung der Beweggründe aus der Diskussion der vorgenannten Zusammenhänge bedenklich.

b) Beweggründe als unabhängige, abhängige und intervenierende Variable

Schematisch läßt sich die Interdependenz der Zusammenhänge wie folgt skizzieren: (Siehe Skizze auf S. 65).

Der Beweggrund kann sowohl Einfluß auf die Ziele wie auf die Mittel und die Situationsperzeption nehmen. Die Adäquanz der Mittel richtet sich demnach nicht nur nach dem verfolgten Ziel und der jeweiligen konkreten Lage. So ist es denkbar, daß ein Wandel in den Beweggründen eine Revision der Mittelwahl erforderlich macht, ohne daß sich das Ziel verändert. Konkurrierende Beweggründe können eine Zieländerung oder -uminterpretation zur Folge haben, so daß das ehemals adäquate Mittel sowohl mit dem neu aufgetretenen Beweggrund als auch mit dem neuen Ziel inkompatibel ist. Die Inkompatibilität

---

1 Auf die besondere Bedeutung der subjektiven Situationseinschätzung weist *Bayer*, Klaus, hin: Sprechen und Situation. Methodologische Vorüberlegungen zu einer Theorie der sprachlichen Interaktion mit bes. Berücksichtigung des Sit.begriffs Diss. 1974.

2 Zur Unterscheidung von „Gesinnungsethik" und „Verantwortungsethik" s. *Weber*, Max: Der Beruf zur Politik, in: Max Weber, Soziologie — Universalgeschichtliche Analysen — Politik, S. 167 - 185; *Schluchter*, S. 26 ff.

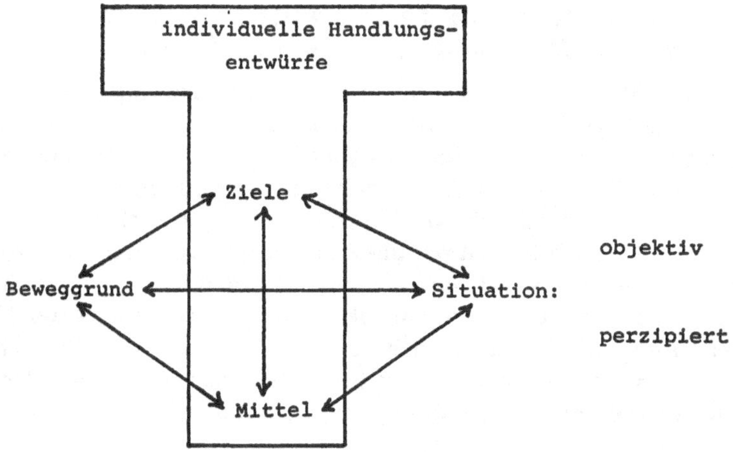

zwischen Beweggrund und Mittel kann durch eine erneute Mittelwahl aufgehoben werden. Schließlich ist der Fall denkbar, daß Veränderungen in den Beweggründen Veränderungen in der Situationsperzeption nach sich ziehen, die ihrerseits zu Anpassungsprozessen auf der Ziel- und/oder Mittelebene führen können.

Außer einer Variation der Beweggründe können auch Schwierigkeiten bei der Anwendung der gewählten Mittel Anlaß zu ihrer Modifizierung geben — beispielsweise hervorgerufen durch Veränderungen der objektiven Situation. Möglicherweise entsteht aus den praktischen Schwierigkeiten auf Grund veränderter objektiver Situationen bei der Anwendung neuer Mittel ein Wandel in den Beweggründen, so daß die Suche nach einem neuen Mittel, eventuell auch nach einem neuen Ziel, notwendig wird.

Da jedes Element in diesem *interdependenten Zusammenhang* sowohl als unabhängige als auch als abhängige und überdies als intervenierende Variable fungieren kann, ergibt sich eine Vielzahl möglicher Beziehungen zwischen den Elementen. Die Ausklammerung eines dieser Elemente, nämlich der Beweggründe, reduziert zwar die Komplexität der Beziehungen. Die Komplexitätsreduktion gelingt aber nur zu Lasten detaillierterer Erkenntnisse. So bleiben Interdependenzbeziehungen verborgen, die wesentlich zur Klärung des Ziel-Mittel-Situations-Verhältnisses beitragen können.

4. Die Relevanz der Beweggründe für die Wertbasis

a) Zum Zweck-Mittel-Denken

Die Eliminierung der Beweggründe zeitigt auch Konsequenzen auf der Ebene der Wertbasis. Die Ausklammerung der Beweggründe kann nämlich zu einer Verzerrung der Sichtweise beitragen, die sich unter anderem in der Auffassung der „Wertneutralität der Mittel“ äußert.

Wenn die Auswahl der Mittel nicht nur von dem angestrebten Ziel und der konkreten Situation abhängt, sondern auch von den zugrundeliegenden Beweggründen, scheint es fraglich, die Mittel als wertneutral zu denken und das Zweck-Mittel-Schema dementsprechend zu interpretieren. *Myrdal* beschreibt die Grundidee dieses Systematisierungsprinzips folgendermaßen: Durch die Aufspaltung von Handlungsabläufen in Mittel — Ziel — Situation scheint es möglich, die Wertsetzung auf die Ebene der Ziele zu beschränken und auf der Ebene der Mittel und der Situation wissenschaftlich zu argumentieren. Die Wertsetzung der Mittel erweist sich somit als indirekt. Sie kommt auf dem Umweg über die wertbetonten Ziele, die mit ihnen verwirklicht werden sollen, zustande[1].

De facto sind die Mittel aber nicht wertindifferent. Daher entfällt auch die Möglichkeit, das Zweck-Mittel-Schema zu einer abstrakten, aber objektiven Eingrenzung des Blickfeldes für eine intensive finale Analyse zu verwenden[2]. Myrdal weist darauf hin, daß auch in der wissenschaftlichen Diskussion des Ziel-Mittel-Verhältnisses eine Beschränkung der Wertproblematik allein auf die Zielebene deshalb nicht gelingen kann, weil die Wertsetzung an jedes einzelne Element innerhalb sämtlicher möglicher Verlaufsalternativen, die miteinander verglichen werden sollen, anknüpft[3]. Geht man jedoch davon aus, daß auch den Mitteln Wertcharakter zukommt, kann das zur Verhandlung stehende Problem selbst dann nicht mehr endgültig gelöst werden, wenn die Zwecksetzung gegeben ist; denn man ist dann dazu gezwungen, für jeden einzelnen Schritt im Argument Hypothesen zu konstruieren. Die hier beschriebene Schwierigkeit ist eine dem Systematisierungsprinzip des Zweck-Mittel-Schemas inhärente.

Will man in der praktischen Analyse auf dieses Denkschema nicht verzichten, kommt man um ein aprioristisches Element nicht herum[4]; denn in der Tat geht man schon auf einer relativ abstrakten Ebene auf Grund eines bestimmten Interesses dazu über, eine Vielzahl möglicher Verlaufsalternativen von vornherein als irrelevant auszuschalten. Bevor die eigentliche Analyse beginnt wird das Blickfeld schon

---

[1] s. *Myrdal*, Gunnar: Das Zweck-Mittel-Denken in der Nationalökonomie, in: Das Wertproblem in der Sozialwissenschaft — Schriftenreihe des Forschungsinstituts der Friedrich-Ebert-Stiftung, Hannover 1965, S. 213 ff.

[2] Vgl. *ders.*, S. 220.

[3] s. *ders.*, S. 218; *Albert*, Theorie und Praxis, S. 217 ff.; *ders.*, Anhang: Das Wertproblem in den Sozialwissenschaften, in: Marktsoziologie und Entscheidungslogik, S. 138 f.; *Molitor*, Theorie der Wirtschaftspolitik und Werturteil, S. 278 f.

[4] s. *Myrdal*, S. 231.

eingeschränkt, um überhaupt eine Ziel-Mittel-Analyse durchführen zu können. Diese Selektion liegt jenseits des Argumentierens innerhalb des Zweck-Mittel-Schemas.

b) Die Selektionsfunktion der Beweggründe

Die vor und während der Anwendung des Zweck-Mittel-Schemas stattfindenden Selektionsprozesse lassen sich anhand einer Erörterung der Relevanz der Beweggründe für die Wertbasis verdeutlichen. Wie bereits weiter oben ausgeführt wurde, können Beweggründe auf jedes einzelne Element im Diskussionszusammenhang Einfluß nehmen, nicht nur auf die Ziele, sondern auch auf die Auswahl der Mittel und die Perzeption der Situation. Einflußnahme der Beweggründe auf die Mittel und die Perzeption der Situation bedeutet nun aber gerade eine Selektion der möglichen Verlaufsalternativen anhand der Beweggründe. Der Selektionsprozeß richtet sich einmal auf die Phase vor Anwendung des Zweck-Mittel-Schemas, d. h. es werden von vornherein eine Anzahl von Verlaufsalternativen als in bezug auf die grundlegenden Beweggründe als irrelevant ausgeschieden. Darüber hinaus weist die explizite Berücksichtigung der Interdependenzen zwischen Beweggründen, Zielen, Mitteln und Situationsperzeption auf die dem Zweck-Mittel-Schema inhärente Schwierigkeit hin, daß, weil die Mittel wertmäßig nicht indifferent sind, d. h. auch sie von den Beweggründen beeinflußt sind, es selbst bei gegebener Zielsetzung keine endgültige Lösung gibt.

Die Ausklammerung der Beweggründe aus der Diskussion kann mit dazu beitragen, daß die sich vollziehenden Selektionsprozesse unbemerkt bleiben, daß das Ergebnis der Diskussion der Ziel-Mittel-Situations-Relation als das einzig mögliche erscheint, wenn man die beabsichtigten und unbeabsichtigten Folgen der angestrebten Handlung mit einbezieht. In der Verschleierung der sich auf diese Weise vollziehenden Selektionsprozesse und deren Folgen für die wissenschaftliche Diskussion des Zweck-Mittel-Schemas liegt die Gefahr der erzielten Komplexitätsreduktion durch Eliminierung der Beweggründe für den Bereich der Wertbasis.

5. Ergebnis

Zusammenfassend sei festgestellt, daß gerade auf Grund der Nicht-Identität von Beweggrund und Ziel die Aufnahme der Beweggründe in den Gegenstandsbereich der Wirtschafts- und Sozialpolitik und der zugeordneten Zweige der Wirtschafts- und Sozialgeschichte befürwortet wird. Wenn den Beweggründen ein handlungsleitender Einfluß zukommt, scheint es angemessen, diesen auch bei der Analyse von Handlungen zu berücksichtigen. Gerade weil man die Beweggründe nicht mit den Zielen von Handlungen identifizieren kann, reicht eine Analyse der Ziel-Mittel-Situations-Relation nicht aus, um die Handlungen detailliert zu erklären und eine umfassende Theorie der Sozialpolitik aufzustellen. Durch eine explizite Berücksichtigung von Beweggründen werden einerseits detailliertere Erkenntnisse im Objektbereich ermöglicht und andererseits wird zur Bewußtmachung stillschweigend vorgenommener Voraussetzungen im Bereich der Wertbasis beigetragen. Die Beachtung der Beweggründe erweist sich insofern für die wissenschaftliche Auseinandersetzung mit dem Objektbereich der Sozialpolitik als fruchtbar, als sie das Augenmerk auf die aller Wissenschaft vorausgehenden Selektionsprozesse richtet und auf die inhärenten Schwächen des Zweck-Mittel-Schemas aufmerksam macht.

Entgegen der Ansicht Molitors bedeutet die Berücksichtigung der Beweggründe nicht den Verzicht auf eine objektive Theorie der Sozialpolitik; denn Aussagen über Beweggründe als Teilgegenstand des Objektbereichs der Sozialpolitik sind in deskriptiver Sprache möglich und damit auch prinzipiell intersubjektiv nachprüfbar. Die Objektivität der Theorie wird auch dann nicht tangiert, wenn man die Relevanz der Beweggründe für die Wertbasis diskutiert. Für die Wertbasis kommt den Beweggründen die Funktion eines Relevanzfilters zu[1]. Während Beweggründe als Teilgegenstand des Objektbereichs der wissenschaftlichen Sozialpolitik mit dazu beitragen können, eine Theorie der Sozialpolitik zu entwickeln, indem sie erklären, warum es zur Sozialpolitik kommt, und damit die Ziel-Mittel-Situations-Analyse erweitern, kann die Beachtung der Beweggründe im Bereich der Wertbasis die Relevanzentscheidungen der Forscher für ihre Ziel-Mittel-Situations-Analyse erhellen helfen. In beiden Funktionen beeinträchtigt eine Analyse und explizite Berücksichtigung der Beweggründe die Objektivität einer Theorie der Sozialpolitik nicht; denn die Objektivität einer Theorie ist kein Problem der Wertbasis oder des Objektbereichs, sondern ein objektsprachliches Problem.

---

[1] Vgl. *Albert,* Wertfreiheit als methodisches Prinzip, S. 188 - 191; *Mayntz,* Renate: Soziologie in der Eremitage?, in: Logik der Sozialwissenschaften, hrsg. v. Ernst Topitsch, Köln 1972, S. 532 - 539.

Teil B. Methodologische und methodische Vorüberlegungen zur Überprüfung der Hypothese vom handlungsleitenden Einfluß der Beweggründe

I. Methodologische Erörterungen

1. Die Kontroverse um die methodologische Einheit der Erfahrungswissenschaften

a) Erklären und Verstehen

Die Hypothese vom handlungsleitenden Einfluß der Beweggründe verweist auf die Bedeutung der Analyse der Beweggründe für die Erklärung von Handlungen. Bevor die Analyse erfolgen kann, bedarf es der Erörterung einiger methodologischer und methodischer Vorfragen.

Der Versuch aufzuzeigen, auf welche Beweggründe die Gründungen von Genossenschaften zurückzuführen sind, kann als eine Rekonstruktion von Handlungen im Lichte der Beweggründe und Intentionen der Handelnden beschrieben werden. Nun stellt sich die Frage, ob derartige Rekonstruktionen Handlungserklärungen nach dem Schema nomologischer Verhaltensgesetze nebst Randbedingungen darstellen oder das Verstehen der Handlung durch die Suche nach Begründungen. An dieser Stelle scheint die *Kontroverse „Erklären versus Verstehen“* Platz zu greifen. Im folgenden soll erörtert werden, ob es sich hierbei wirklich dichotomisch um zwei Typen wissenschaftlicher Erkenntnis handelt.

Die *Dichotomisierung dieser Frage* entstand im 19. Jahrhundert als Reaktion auf den Alleingültigkeitsanspruch der positiven Naturwissenschaften. Sie richtete sich gegen den methodologischen Monismus, das Ideal der mathematischen Physik und die Unterordnung individueller Sachverhalte unter allgemeine Gesetze. Die Vertreter der Geisteswissenschaften traten für die Etablierung einer eigenen Methode ein, die sie *„Verstehen“* nannten[1]. Ihr Erkenntnisprogramm war gekennzeich-

[1] *Dilthey* wies den Geisteswissenschaften die Methode des Verstehens als eigenes hermeneutisches Begründungsverfahren zu, womit Natur- und Geisteswissenschaften unterschiedlichen methodologischen Regeln folgen sollten. s. *Dilthey,* Wilhelm: Entstehung der Hermeneutik — Gesammelte Werke, Bd. 5, Stuttgart 1967.

net durch die Trennung von Natur und Geschichte[2]. Dieser Trennung entsprach eine Dichotomisierung der Erkenntnisweisen. Den Naturwissenschaften ordneten sie das Erklären zu und den Geisteswissenschaften das Verstehen. Mit Hilfe der Methode des Verstehens sollte im Unterschied zum Erklären individualisierend verfahren werden. Von der Methode des Verstehens versprach man sich die Ermittlung von Ganzheitswissen und Wesenserkenntnis[3]. Man behauptete, daß es die Geisteswissenschaften mit einer ganz anderen Art der Erfahrung zu tun hätten, nämlich nicht mit äußerer Sinneserfahrung, sondern mit innerer Sinnerfahrung[4]. Mit der Ablehnung der naturwissenschaftlichen Methode für die Analyse der geschichtlich-gesellschaftlichen Wirklichkeit begründeten sie zugleich den Primat für das Verstehen: „Das Verstehen ist das vollkommenste Erkennen, das uns menschlicherweise möglich ist[5].“ In Abgrenzung zur naturwissenschaftlichen Methode hebt *Seidenfuß*[6] die intuitive Deutung realer Sachverhalte als Charakteristikum der verstehenden Erkenntnisweise hervor. Verstehen wird hier also als eine Form von *Einfühlung* verstanden[7]. Die *psychologische Dimension* des Verstehens betont auch *Simmel*[8].

Mit Verstehen kann aber auch *Intentionalität* gemeint sein, d. h. das Verstehen von Zielen oder Absichten eines Handelnden, das Verstehen von Institutionen oder der Bedeutung von Zeichen und Symbolen. Es handelt sich nicht um die psychologische, sondern um die *semantische Dimension* des Verstehens. Diese semantische Dimension wurde von *Winch*[9] aufgegriffen und weiterdiskutiert. Winchs These ist, daß

---

[2] s. dazu: *Albert*, Hans: Hermeneutik und Realwissenschaft. Die Sinnproblematik und die Frage der theoretischen Erkenntnis, in: Plädoyer für kritischen Rationalismus, S. 106 ff.

[3] s. *Sombart*, Werner: Sinnverstehen — Sachverstehen — Seelverstehen, in: Verstehende Soziologie, Grundzüge und Entwicklungstendenzen, hrsg. v. Walter L. Bühl, München 1972, S. 171 - 187.

[4] s. *Albert*, Hans: Theorie, Verstehen und Geschichte. Zur Kritik des methodologischen Autonomieanspruchs in den sogenannten Geisteswissenschaften, in: Zeitschrift für allgemeine Wissenschaftstheorie, Bd. 1, 1970, S. 7 ff., wiederabgedruckt in: *ders.*, Konstruktion und Kritik. Aufsätze zur Philosophie des kritischen Rationalismus, Hamburg 1972, S. 195 - 220.

[5] *Droysen*, Johann, G.: Vorlesungen über Enzyklopädie und Methodologie der Geschichte, 4. Aufl., München 1960, S. 26.

[6] *Seidenfuß*, Helmut, St.: Inwieweit ist die verstehende Methode für die Konjunkturdiagnose nützlich oder unerläßlich?, vervielfältigter Beitrag zur Arbeitstagung des Vereins für Socialpolitik, Garmisch 1961, S. 6 ff.

[7] Vgl. *v. Wright*, Georg Henrik: Erklären und Verstehen, Frankfurt 1974, S. 18 ff.; *Albert*, Hans: Sinn und Wirklichkeit, in: Traktat über kritische Vernunft, 2., unveränd. Aufl., Tübingen 1969, S. 131 ff.

[8] *Simmel*, Georg: Vom Wesen des historischen Verstehens, Berlin 1918.

[9] *Winch*, Peter: Die Idee der Sozialwissenschaft und ihr Verhältnis zur Philosophie, Frankfurt 1966; *ders.*, Understanding a primitive society, in: APQ I, 1964, S. 307 - 324; s. dazu auch die Darstellung der Position Winchs

soziales Verhalten ein Regeln befolgendes und kein kausalgesetzliches Verhalten darstellt. Er versucht nachzuweisen, daß die eigentliche Verbindung zwischen Handlungen begrifflicher Natur ist und daß die Beschreibung von Handlungen unlösbar mit dem Verstehen von Handlungen als Handlungen verknüpft ist. Diese Auffassung weist dem Verstehen nicht lediglich die Funktion eines heuristischen Hilfsmittels zu[10], wie es zahlreiche Vertreter der methodologischen Einheit der Erfahrungswissenschaften tun, die zu dem Ergebnis kommen, daß Verstehen eine Vorstufe, eine notwendige Voraussetzung des Erklärens sei[11]. Die letztgenannte Vorstellung von der Beziehung zwischen Erklären und Verstehen gerät allerdings angesichts des Umstandes, daß Erklären seinerseits auf Verstehen zielt[12], in Schwierigkeiten. Die Alternative Erklären oder Verstehen scheint also falsch gestellt.

Ausgehend von der Annahme der Vielschichtigkeit oder Mehrdimensionalität der Wirklichkeit geht der Autonomieanspruch des Verstehens gegenüber dem Erklären dann verloren, wenn man sich vom Verstehen nicht mehr eine wie auch immer geartete Wesenseinsicht ver-

---

und deren Kritik bei: *Ryan*, Alan: Die Philosophie der Sozialwissenschaften, München 1973, S. 162 ff.; *Jarvie*, J. C.: Die Logik der Gesellschaft. Über den Zusammenhang von Denken und sozialem Wandel, München 1974, S. 71 - 114; *Gellner*, Ernest: Der neue Idealismus — Ursache und Sinn in den Sozialwissenschaften, in: Theorie und Realität, hrsg. v. Hans Albert, 2. veränd. Aufl., Tübingen 1972, S. 87 - 112; *Milligan*, David: Philosophie und die Sozialwissenschaften, in: Gründe und Ursachen gesellschaftlichen Handelns, hrsg. v. Jürgen Ritsert, Frankfurt 1975, S. 129 - 151, bes. S. 143 ff.; *Albert*, Sinn und Wirklichkeit, S. 146 ff.

10 „Sich nur auf das Verstehen als einen in psychologischer Hinsicht nützlichen ersten Schritt zu einem wissenschaftlichen Verständnis der Ereignisse zu verlassen, heißt, den entscheidenden Gesichtspunkt zu verfehlen. Denn worauf es hier ankommt, ist die Tatsache, daß das richtige Erfassen der zu verstehenden Ereignisse mit Notwendigkeit vom Verständnis der Regeln abhängt, die sie erst zu Ereignissen auf dem betreffenden Gebiet macht", *Ryan*, S. 186.

11 s. dazu *Gomperz*, Heinrich: Über Sinn und Sinngebilde, Verstehen und Erklären, Tübingen 1929; *Abel*, Theodore: The operation called Verstehen, in: Readings in the philosophy of science, hrsg. v. Herbert Feigl u. May Brodbeck, New York 1953, S. 677 ff.; *Stegmüller*, Wolfgang: Wissenschaftliche Erklärung und Begründung. Probleme und Resultate der Wissenschaftstheorie und analytischen Philosophie, Bd. 1, Berlin—Heidelberg 1969, S. 358; *Watkins*, J. W. N.: Idealtypen und historische Erklärung, in: Theorie und Realität, hrsg. v. Hans Albert, S. 351; *Diemer*, Alwin: Die Trias Beschreiben, Erklären, Verstehen in historischem und systematischem Zusammenhang, in: Der Methoden- und Theorienpluralismus in den Wissenschaften, Meisenheim am Glan 1971, S. 5 - 25; *Albert*, Hans: Ökonomischer Essentialismus; Der moderne Methodenstreit und die Grenzen des Methodenpluralismus, in: Marktsoziologie und Entscheidungslogik, S. 281 - 316, bes. S. 292.

12 s. dazu *Pannenberg*, Wolfhart: Wissenschaftstheorie und Theologie, Frankfurt 1973, S. 140; *Ricoeur*, Paul: Der Text als Modell: hermeneutisches Verstehen, in: Verstehende Soziologie, Grundzüge und Entwicklungstendenzen, hrsg. v. Walter L. Bühl, S. 253 - 283.

spricht, sondern das Verstehen als das Auffinden eines identischen Sinns in bestimmten Interaktionszusammenhängen begreift[13].

Bereits *Max Weber*, der Befürworter einer verstehenden Soziologie, faßte Verstehen oder Erklären nicht dichotomisch auf, sondern suchte beides zu verbinden[14]. Auch für *Albert*, der das Verstehen nicht lediglich in die Heuristik verweisen will[15], stellt sich das Verhältnis von Erklären und Verstehen nicht als Alternative dar, weil beide Begriffe unterschiedlichen Ebenen zugehören[16]. Er bestreitet nicht die Eigenarten des Objektbereichs der Geisteswissenschaften und der dadurch bedingten Notwendigkeit der Entwicklung spezieller Techniken[17]. Allerdings sieht er keinen prinzipiellen methodologischen Unterschied zwischen Geistes- und Naturwissenschaften. So wenig Verstehen als innere Sinnerfahrung eine Alternative zur äußeren Wahrnehmung ist[18], so wenig ist das Verstehen auch eine Alternative zur naturwissenschaftlichen Erklärung. Vielmehr hält Albert das Verstehen selbst für einen erklärungsbedürftigen Tatbestand. Er betont die Bedeutung, die das Verstehen von Sinnzusammenhängen für die Geisteswissenschaften hat[19], aber er behandelt die Sinnproblematik im Rahmen eines naturalistischen Erkenntnisprogramms. Er unternimmt den Versuch, das Verstehen deduktiv-nomologischer Argumentation zu unterstellen, indem er das „Erklären des Verstehens“ als naturalistische Alternative postuliert und Ansatzpunkte für eine nomologische Untersuchung diskutiert[20]. Auf diese Weise glaubt er, die methodologische Einheit der

---

13 s. dazu die Einleitung von *Bühl*, Walter, L. zu dem Reader „Verstehende Soziologie“, Die alte und neue verstehende Soziologie, S. 7 - 76.

14 *Weber* forderte eine Verbindung von Sinn- und Kausaladäquanz für die kausale Deutung typischen Handelns. s. dazu: *Weber*, Max: Über einige Kategorien der Verstehenden Soziologie, in: Max Weber, Soziologie — Universalgeschichtliche Analysen — Politik, hrsg. u. erläut. v. Johannes Winckelmann, S. 97 - 150; *ders.*, Wirtschaft und Gesellschaft. Grundriß der verstehenden Soziologie, besorgt v. Johannes Winckelmann, 5., revid. Aufl., Studienausgabe, Tübingen 1972, S. 1 - 11.

15 s. *Albert*, Hermeneutik und Realwissenschaft, S. 130.

16 s. *ders.*, Theorien in den Sozialwissenschaften, in: Theorie und Realität, S. 15. Ähnlich argumentiert *Cunningham*, der drei Arten des Verstehens unterscheidet: Verstehen als Identifizierung eines Sachverhalts bestimmter Art, als dessen Erklärung und als subjektives Gefühl, das sich nach einer solchen Erklärung einstellt: *Cunningham*, Frank: Bemerkungen über das Verstehen in den Sozialwissenschaften, in: Theorie und Realität, hrsg. v. Hans Albert, S. 227 - 233.

17 s. *Albert*, Theorie, Verstehen und Geschichte, S. 200 ff.

18 Vgl. *Bühler*, Karl: Die Krise der Psychologie, 3. Aufl., Stuttgart 1965, *ders.*, Sprachtheorie. Die Darstellungsfunktion der Sprache, 2. Aufl., Stuttgart 1965.

19 s. *Albert*, Theorie, Verstehen und Geschichte, S. 200 ff.; s. auch die Darlegungen von *Bühl* zu verstehenden Soziologie.

20 s. *Albert*, Hermeneutik und Realwissenschaft, S. 124 ff.; *ders.*, Sinn und Wirklichkeit, S. 154 f.; *ders.*, Theorie, Verstehen und Geschichte, S. 200 ff.

Erfahrungswissenschaften sichern zu können. Dieser Versuch kann freilich bestimmte Grenzen nicht überwinden. Es mag Albert zwar gelingen, den Verstehensvorgang deduktiv-nomologisch zu erklären. Damit sagt er aber nur etwas über den Verstehensvorgang aus, er kann aber nicht das Verstehen durch das Erklären ersetzen[21].

Die Auffassung, daß Verstehen und Erklären keine Alternativen sind, vertritt auch *von Wright*. Er kommt aber im Unterschied zu Albert nicht zu dem Ergebnis, daß sich das Verstehen auf deduktiv-nomologisches Erklären reduzieren läßt, weil das Verstehen selbst auf einem Gesetzeswissen beruht. Vielmehr macht er den intentionalen oder nicht-intentionalen Charakter des Erklärungsgegenstandes zum Unterscheidungskriterium zwischen zwei Typen des Verstehens und des Erklärens[22].

Seiner Argumentation liegt die Vorstellung zugrunde, daß man Kausalvorgänge in der Natur von „Kausalvorgängen" im Bereich menschlicher Handlungen als zwei völlig verschiedene Dinge auseinanderhalten muß[23]. Im Gegensatz zu Vorgängen in der Natur zeichnet sich menschliches Handeln durch Intentionalität aus und beinhaltet eine Ziel-Mittel-Relation, die nicht kausal, sondern teleologisch angemessen erklärt wird. Er unterscheidet somit *zwei Erklärungstypen:* den *kausalen* und den *teleologischen*. Die Angemessenheit ihrer Anwendung wird als abhängig von dem Erklärungsgegenstand gesehen. Ist das Explanandum ein handlungsähnliches Verhalten, plädiert er für die Anwendung des teleologischen Erklärungstyps. Handelt es sich bei dem Explanandum um ein intentionalistisch nicht interpretiertes Verhalten, d. h. um eine Bewegung bzw. den Zustand eines Körpers, dann hält er eine kausale Erklärung für angebracht[24].

Korrespondierend zu den zwei Erklärungstypen entwickelt v. Wright *zwei Typen des Verstehens*. Eine Voraussetzung für jede Erklärung ist eine Beschreibung ihres Gegenstandes. Damit ist für jeden Erklärungstyp Verstehen im Sinne von „was etwas ist" eine Vorbedingung[25]. Dem Unterschied zwischen dem kausalen und dem teleologischen Erklärungstyp entspricht nun auch ein Unterschied im Verstehen. Während Verstehen bei der kausalen Erklärung „von welcher Art es ist" meint, bedeutet Verstehen für die teleologische Erklärung „was es bedeutet oder anzeigt"[26].

---

[21] s. *Pannenberg*, S. 138.

[22] s. *v. Wright*, S. 122 ff.

[23] *Ders.*, S. 145.

[24] *ders.*, S. 111 ff.

[25] *Ders.*, S. 124; s. auch *Albert*, Hermeneutik und Realwissenschaft, S. 140.

[26] s. *v. Wright*, S. 124.

Mit seinem Ansatz löst von Wright die traditionelle Dichotomie zwischen Erklären und Verstehen auf, knüpft aber insofern an sie an als er sich gegen den methodologischen Monismus wendet[27].

b) Das subsumtionstheoretische Schema der Erklärung und seine Anwendbarkeit:

aa) auf kausale Erklärungstypen

Die Debatte um die methodologische Einheit der Erfahrungswissenschaften wird im deutschen Sprachbereich unter dem Thema „Erklären versus Verstehen" geführt. Sie kann aber auch als Teilgegenstand der angelsächsischen *„reason-causes"-Kontroverse* identifiziert werden[1]. In beiden Auseinandersetzungen spielt die Frage, ob intentionale Erklärungen ihrer Struktur nach kausale Erklärungen sind oder nicht, eine bedeutende Rolle[2].

Diejenigen, die die Auffassung vertreten, daß sich intentionale Erklärungen ihrer Struktur nach und grundsätzlich von naturwissenschaftlich-kausalen Erklärungen unterscheiden, werden als Anti-Kausalisten, Intentionalisten oder Mentalisten bezeichnet, während diejenigen, die einen derartigen Unterschied negieren, Kausalisten, Naturalisten oder Objektivisten genannt werden[3].

Wie schon die Vertreter der Geisteswissenschaften im 19. Jahrhundert, wenden sich die Intentionalisten gegen den methodologischen Monismus, gegen das naturwissenschaftliche Methodenideal und die ausschließliche Verwendung kausalanalytischer Erklärungstheorie[4].

Dagegen argumentieren die Befürworter der methodologischen Einheit der Erfahrungswissenschaften, indem sie behaupten, daß grundsätzlich alle Erklärungstypen dem subsumtionstheoretischen Schema unterliegen, mithin von deduktiv-nomologischer Struktur sind[5]. Dies

---

27 Auch *Cunningham* spricht von verschiedenen Weisen des Verstehens, die man auseinanderhalten muß, um nicht Erklären und Verstehen als Alternativen zu mißdeuten. Seine Folgerungen unterscheiden sich jedoch grundsätzlich von denen *von Wrights*, weil er seiner Argumentation ebenso wie *Albert* die methodologische Einheit der Erfahrungswissenschaften zugrunde legt. s. *Cunningham*, S. 227 - 233.

1 Vgl. *Beckermann*, Ansgar: Handeln und Handlungserklärungen, in: Analytische Handlungstheorie, Bd. 2, Handlungserklärungen, hrsg. v. dems., Frankfurt 1977, S. 8.

2 s. *ders.*, S. 7; *Ritsert*, Jürgen: Handlungsgründe und Verhaltensursachen, in: Gründe und Ursachen gesellschaftlichen Handelns, hrsg. v. dems., S. 1 ff.

3 s. *ders.*, ebd., S. 5 f.; *Beckermann*, S. 17 ff.; *Brodbeck*, May: Meaning and action, in: Readings in the philosophy of the social sciences, hrsg. v. ders., 6. Aufl., London 1971, S. 58 - 78.

4 s. *Ritsert*, Handlungsgründe und Verhaltensursachen, S. 37.

gelte nicht nur für kausale Erklärungen in den Naturwissenschaften, sondern auch für die Erklärungen menschlicher Handlungen. Für die Erklärung menschlichen Verhaltens wird ein Sonderfall der deduktiven Analyse kausaler Erklärung herangezogen: die *Logik der Situation*[6]. Situationale Logik ist die Erklärung menschlichen Verhaltens als eines Versuchs, mit begrenzten Mitteln bestimmte Ziele zu erreichen[7]. Die situationale Logik als eine hypothetisch-deduktive Methode anzusehen, bedeutet, alles Erklären menschlichen Verhaltens deduktiv zu explizieren und somit die methodologische Einheit der Erfahrungswissenschaften zu postulieren[8]. Dieser Auffassung entspricht die Behauptung, daß auch Erklärungen menschlichen Handelns durch Rekurs auf Gründe wie teleologische Erklärungen[9], grundangebende Erklärungen[10], rationale Erklärungen[11] und/oder essentielle Erklärungen[12] letztlich in die

---

[5] So z. B. *Popper*, Karl R.: Logik der Forschung, 3. verm. Aufl., Tübingen 1969; *Hempel*, C. G. u. *Oppenheim*, P.: Studies in the logic of explanation, in: Philosophy of science, Bd. 15, 1948; *Hempel*, C. G.: Wissenschaftliche und historische Erklärung, in: Theorie und Realität, hrsg. v. Hans Albert, S. 237 bis 261; *ders.*, Aspects of scientific explanation, in: Aspects of scientific explanation and other essays in the philosophy of science, The free press, New York 1966, S. 331 ff.; *Watkins*, Idealtypen und historische Erklärung, S. 331 - 356; *Gean*, William G.: Gründe und Ursachen, in: Analytische Handlungstheorie, Bd. 2, hrsg. v. Ansgar Beckermann, S. 195 - 220; *Brandt*, Richard u. *Kim*, Jaegwon: Wünsche als Erklärungen von Handlungen, in: ebd., S. 259 bis 274; *Churchland*, Paul M.: Der logische Status von Handlungserklärungen, in: ebd., S. 304 - 330; *Davidson*, Donald: Handlungen, Gründe und Ursachen, in: Gründe und Ursachen gesellschaftlichen Handelns, hrsg. v. Jürgen Ritsert, S. 108 - 128; *Jarvie*, S. 21 ff.; sowie die bereits zitierten Aufsätze von *Hans Albert* zu diesem Problemkreis.

[6] Die Bezeichnung „Logik der Situation" stammt von Popper, s. *Popper*, Karl, R.: Das Elend des Historizismus, 3., verbess. Aufl., Tübingen 1971; *ders.*, Die offene Gesellschaft und ihre Feinde, Teil II, Falsche Propheten, Bern 1957/1958, S. 122 f.; *ders.*, *Objektive Erkenntnis*, S. 199 ff. Albert sieht in Max Webers Verfahrensweise bereits einen Vorläufer der Popperschen „Situationslogik", *Albert*, Hermeneutik und Realwissenschaft, S. 139, Anm. 71.

[7] s. hierzu die explizitere Darstellung als bei Popper von *Jarvie*, S. 21 ff.; *Robbins*, Lionell: An essay on the nature and significance of economic science, 2. Aufl., Neudruck 1962.

[8] s. *Jarvie*, S. 23, 37, 43; *Ryan*, S. 146 f.

[9] Zur Struktur teleologischer Erklärungen siehe insbes. *von Wright*.

[10] Siehe die Darstellung bei *Taylor*, Daniel, M.: Gründe, in: Gründe und Ursachen gesellschaftlichen Handelns, hrsg. v. Jürgen Ritsert, S. 52 - 72; *Toulmin*, Stephen: Gründe und Ursachen, in: ebd., S. 73 - 107; *Beck*, Lewis, W.: Bewußte und unbewußte Motive, in: ebd., S. 165 - 195; *Peters*, Richard, S.: Typen der Erklärung in psychologischen Erklärungen, in: Analytische Handlungstheorie, Bd. 2, hrsg. v. Ansgar Beckermann, S. 106 - 119.

[11] Zu rationalen Erklärungen siehe insbes. *Dray*, William: Laws and explanation in history, Oxford 1957; Kap. V, Abschnitt 1 - 5 findet sich auch als Übersetzung in: Analytische Handlungstheorie, Bd. 2, hrsg. v. Ansgar Beckermann, S. 275 - 303.

[12] Zur Darstellung essentieller Handlungserklärungen siehe *Levison, A. B.* u. *Thalberg*, J.: Essentielle und kausale Handlungserklärungen, in: Gründe und Ursachen gesellschaftlichen Handelns, hrsg. v. Jürgen Ritsert, S. 152 bis 164.

deduktiv-nomologische Form transformierbar sind und dem subsumtionstheoretischen Schema der Erklärung entsprechen.

von Wright weist diese Behauptung zurück. Er bezweifelt sogar, daß tatsächlich alle Kausalerklärungen dem genannten Schema entsprechen. Desweiteren stellt er die Frage, ob das subsumtionstheoretische Schema auch dann zu gültigen Erklärungen führen kann, wenn die involvierten allgemeinen Gesetze keine Kausalgesetze sind[13]. Eine Berücksichtigung der *verschiedenen Verwendungsweisen von „Ursache"* scheint für die Erörterung der aufgeworfenen Probleme relevant[14].

Das *subsumtionstheoretische Schema der Erklärung* stellt eine Präzisierung des Humeschen Kausalitätsbegriffs dar[15]. Der Humeschen Auffassung von „Ursache" liegen zwei zentrale Annahmen zugrunde: die Kontingenzannahme und die Regularitätsannahme. Demzufolge basiert die Vorstellung von Ursache und Wirkung auf der Erfahrung regelmäßiger Verbindung kontingenter Ereignisse. Das Eintreten des früheren Ereignisses ist sowohl eine notwendige als auch eine hinreichende Bedingung für das Eintreten des späteren Ereignisses. Die Gültigkeit der Erklärung hängt von der Gültigkeit der angenommenen gesetzmäßigen Verbindung zwischen Ursache und Wirkung ab.

Nun stellt aber die Humesche Auffassung von Kausalität und damit von Ursache-Wirkungsbeziehungen nur eine der möglichen Verwendungsweisen des Begriffs „Ursache" dar, und zwar die, die in Kausalerklärungen, die dem subsumtionstheoretischen Schema der Erklärung entsprechen, verwendet wird. Es gibt aber noch andere Verwendungsweisen von „Ursache", die von dem subsumtionstheoretischen Schema nicht erfaßt werden. Diese Überlegungen führen von Wright zu der Annahme, daß es auch Kausalerklärungen gibt, die dem Schema nicht entsprechen[16]. Er führt seine Argumentation mit Hilfe von *Bedingungsrelationen*, weil sie eine differenziertere Darstellung der auf-

---

[13] Vgl. *v. Wright*, S. 27 ff.

[14] *Mac Intyre* unterscheidet drei verschiedene Bedeutungen von „Ursache": Ursache im Sinne der Humeschen Kausalität, Ursache als Mittel, um ein anderes Ereignis hervorzubringen und Ursache als notwendige, aber nicht notwendigerweise hinreichende Bedingung. s. hierzu: *Mac Intyre*, Alasdair, C.: Was dem Handeln vorhergeht, in: Analytische Handlungstheorie, Bd. 2, hrsg. v. Ansgar Beckermann, S. 173 - 175.

[15] *v. Wright*, S. 44 f.; S. 45: „Wenn man betont, daß das Gesetzesschema nur dann einen Erklärungswert besitzt, wenn die in ihm enthaltenen Gesetze (nichtlogische) gesetzmäßige Verknüpfungen ausdrücken, dann würde dies auf die Behauptung hinauslaufen, daß eine Erklärung nach dem Gesetzesschema und eine Kausalerklärung im wesentlichen dasselbe sind. Und dies wiederum würde die mit dem Hempelschen Modell der Erklärung verknüpften Probleme unmittelbar in eine moderne Form des Problems der Kausalität verwandeln." s. auch *Ritsert*, Handlungsgründe und Verhaltensursachen, S. 6 ff.

[16] s. *v. Wright*, S. 27 ff.

geworfenen Probleme erlauben, die nicht möglich wäre, wenn nur von „Ursache“ und „Wirkung“ die Rede wäre[17]. Er kommt zu dem Ergebnis, daß es nicht nur eine Art von Kausalerklärung gibt, sondern daß es verschiedene Typen gibt, je nach dem von welcher Art die involvierte Bedingungsrelation ist[18].

von Wright unterscheidet *kausale Erklärungen des „Warum — notwendig“ Typs*, für die hinreichende Bedingungen wesentlich sind (Hempelsche Kausalerklärungen) und *Erklärungen vom „Wie — möglich“ Typ*, für die notwendige Bedingungen charakteristisch sind. Bei letzterem handelt es sich um *Erklärungen quasi-teleologischer Art* mit kausalem Charakter. Es ist dieser kausale Charakter, der quasi-teleologische Erklärungen von teleologischen Erklärungen unterscheidet. Die Kausalität quasi-teleologischer Erklärungen kommt darin zum Ausdruck, daß ihre Wahrheit ebenso wie bei kausalen Erklärungen von der Wahrheit gesetzmäßiger Verknüpfungen abhängt. Beispiele für quasi-teleologische Erklärungen sind Erklärungen zielgerichteten Verhaltens in der Biologie[19].

Der Anspruch universeller Gültigkeit des subsumtionstheoretischen Schemas erweist sich durch obige Diskussion quasi-teleologischer Erklärungen als bedenklich. Eine hiervon zu unterscheidende und bereits aufgeworfene Frage ist die, ob das Erklärungsschema auch dann anwendbar ist, wenn die in der Erklärung involvierten Gesetze keine Kausalgesetze sind.

bb) auf den teleologischen Erklärungstyp

Im Unterschied zu den kausalen und quasi-teleologischen Erklärungstypen, bei denen die Gültigkeit der Erklärung von der Wahrheit gesetzmäßiger Verknüpfungen abhängt, trifft dies für den teleologischen und den quasi-kausalen Erklärungstyp nicht zu[20].

von Wright hält die Anwendung des teleologischen Erklärungstyps dann für angemessen, wenn das Explanandum der Erklärung ein zielintendiertes Verhalten ist. Ein zielintendiertes Verhalten unterscheidet sich von zielgerichtetem Verhalten insofern, als dem Verhalten die Absicht zugrunde gelegt wird, bestimmte Ziele zu verfolgen[21].

---

17 *Ders.*, S. 44 ff.

18 *Ders.*, S. 59 ff.

19 *Ders.*, S. 63; auch *Nagel* sieht die funktionalen Analysen in der Biologie als der kausalen Erklärung folgend an. Siehe hierzu *Nagel*, Ernest: Probleme der Begriffs- und Theoriebildung in den Sozialwissenschaften, in: Theorie und Realität, hrsg. v. Hans Albert, S. 68 ff.

20 s. *v. Wright*, S. 84; zu seiner Verhandlung quasi-kausaler Erklärungen siehe S. 122 ff.

21 *Ders.*, S. 28, 63.

Die Erklärung zielintendierten Verhaltens nimmt Bezug auf die Gründe, aus denen heraus es zu dem zielintendierten Verhalten kam. Die *Handlungsgründe* erscheinen somit als Ursache der Handlung. Ursachen im Sinne von Handlungsgründen, wie sie in *teleologischen Erklärungen intentionalen Handelns* zum Tragen kommen, unterscheiden sich jedoch grundlegend von Ursachen im Bereich der Natur. Auch hier ist es erforderlich, die verschiedenen Verwendungsweisen von „Ursache“ zu beachten[22]. So unterscheidet von Wright einen kausalen Ursachenbegriff, der einen willentlich handelnden Eingriff zur Grundlage hat, einen Begriff von Ursache im Sinne einer Veränderung der Bedingungen, unter denen gesetzte Ziele verfolgt werden dürfen und einen Verursachungsbegriff im Sinne von Handlungsgründen. Letzterer wird zur Erklärung zielintendierten Verhaltens herangezogen.

Zwischen dem Handlungsgrund und der Handlung besteht eine Beziehung notwendiger Bedingtheit[23].

Wenn ein Handelnder seine Handlung erklärt, indem er auf die Gründe hinweist, die ihn zu dieser Handlung veranlaßten, d. h. daß er im Hinblick auf seine Gründe es für notwendig hielt, diese Handlung zu vollziehen, bleibt die Erklärung auch dann noch korrekt, wenn er sich hinsichtlich seiner Annahme über die Relation der notwendigen Bedingtheit geirrt hat. Die Gültigkeit der teleologischen Erklärung hängt im Unterschied zur Gültigkeit der kausalen Erklärung nicht von der Wahrheit gesetzmäßiger Verknüpfungen ab. Die in teleologischen Erklärungen involvierte gesetzmäßige Verknüpfung ist im Unterschied zu der in kausalen Erklärungen keine empirisch-kausale.

Sofern kausale und teleologische Erklärungen ihre Struktur nach tatsächlich unterschiedlich sind, kann das subsumtionstheoretische Schema der Erklärung, das eine kontingente Beziehung zwischen lo-

---

[22] *von Wright* zeigt, welcher Begriff von „Verursachung“ für die Gesellschaftswissenschaften adäquat ist und weist auf die Folgen einer nicht weiter hinterfragten Methodologie für den Verwendungszusammenhang von Forschung hin. Siehe hierzu die Arbeit von *Schneider*, Hans, J.: Die Bedeutung von Grundlagenfragen für die Wissenschaftssoziologie. Zu Georg Henrik von Wrights „Erklären und Verstehen“, in: Seminar: Angewandte Sozialforschung, Frankfurt 1976, S. 456 - 465; S. 465: „Diese Skizze hat zu dem Resultat geführt, daß mindestens drei Typen von Verursachung voneinander zu unterscheiden sind. Entsprechend ergeben sich für den Sozialwissenschaftler, was die Verwertung seiner Erkenntnisse angeht, mindestens drei Weisen eingreifend tätig zu sein: als nach Kausalgesetzen arbeitender „Manipulator“ von Verhalten, als Aufklärer handelnder Subjekte und als kritischer Reformator sozialer Institutionen. Hier sollte gezeigt werden, wie wissenschaftstheoretische Begriffsanalysen dem Wissenschaftssoziologen helfen können zu erkennen, wenn die Wahl dieser Rollen naiv geschieht, als fraglose Übernahme geltender Methodologien.“

[23] s. *v. Wright*, S. 83.

gisch voneinander unabhängigen Relaten einer Erklärung erfordert, auch keine universelle Gültigkeit beanspruchen.

c) Praktischer Syllogismus und teleologische Erklärung

Die Rede von Ursachen im Bereich intentionalen Handelns meint die Frage nach den Gründen, aus denen heraus ein Handelnder etwas tut. Der praktischen Begründung kommt für das Verstehen und Erklären von Handlungen große Bedeutung zu. Die praktische Begründung von Handlungen, die einer teleologischen Erklärung zugänglich sind, stellt ein eigenes Begründungsverfahren dar und wird als Alternative zum subsumtionstheoretischen Schema gesehen. von Wright stellt folgende These auf: das, was das subsumtionstheoretische Schema für Kausalerklärungen und Erklärungen in den Naturwissenschaften ist, stellt der praktische Syllogismus für teleologische Erklärungen und Erklärungen in den Geschichts- und Sozialwissenschaften dar[1].

Die Beziehung des praktischen Syllogismus zur teleologischen Erklärung läßt sich derart charakterisieren, daß das Schema des praktischen Schlusses das Schema einer „auf den Kopf gestellten" teleologischen Erklärung darstellt[2].

aa) Das Explanandum einer teleologischen Erklärung

Das Explanandum einer teleologischen Erklärung ist ein handlungsähnliches Verhalten, das einen inneren und einen äußeren Aspekt aufweist[3].

Gerade die Existenz des *inneren Aspekts* unterscheidet ein zielintendiertes von einem nur zielgerichteten Verhalten. Für die Erklärung eines bestimmten Verhaltens ist es von Bedeutung, *wie* es beschrieben und damit als Handlung verstanden wird[4]. Die Handlung ist intentional unter einer bestimmten Beschreibung. Um teleologisch erklärbar zu werden, muß das Verhalten zuerst intentionalistisch verstanden sein[5]. Die Intention zählt zum inneren Aspekt der Handlung.

Der *äußere Aspekt* kann in einen unmittelbaren äußeren Aspekt und einen entfernteren äußeren Aspekt untergliedert werden. Der unmittelbare äußere Aspekt ist eine Muskeltätigkeit, während der entferntere äußere Aspekt ein Ereignis ist, für das die Muskeltätigkeit

---

1 *Ders.*, S. 36 f.

2 *Ders.*, S. 93.

3 *Ders.*, S. 85 ff.

4 *Ders.*, S. 113 - 116; S. 122 ff.

5 *Ders.*, S. 70, 86 f.

kausal verantwortlich ist. Für eine teleologische Erklärung ist nur das Verhalten relevant, das sowohl einen inneren wie einen äußeren Aspekt aufweist. Vollzugshandlungen sind Handlungen, die alle genannten Elemente enthalten.

Zur Phase des äußeren Aspekts zählt das Ergebnis der Handlung, auch Ursache der Wirkungen der Handlung genannt. Das Ergebnis der Handlung kommt dadurch zustande, daß der Handelnde etwas tut. Damit besteht zwischen der Handlung und ihrem Ergebnis ein innerer, logischer Zusammenhang. Das Ergebnis der Handlung ist ein wesentlicher Teil der Handlung selbst[6].

Außer dieser Phase des äußeren Aspekts der Handlung, die wesentlich mit der Handlung selbst verknüpft ist, gehören noch andere Phasen zum äußeren Aspekt der Handlung, die dadurch gekennzeichnet sind, daß sie nicht wesentlich mit der Handlung als deren Ergebnis verknüpft sind: das kausale Antecedens des Ergebnisses der Handlung und die Wirkungen des Ergebnisses der Handlung, auch Folgen genannt. „Das, was getan wurde, ist das Ergebnis der Handlung, das, was herbeigeführt wurde, ist die Folge der Handlung[7].“

Die Einheit der verschiedenen Phasen des äußeren Aspekts beruht nicht auf ihrer kausalen Verbindung, sondern auf der Subsumtion der einzelnen Phasen unter die gleiche Intention.

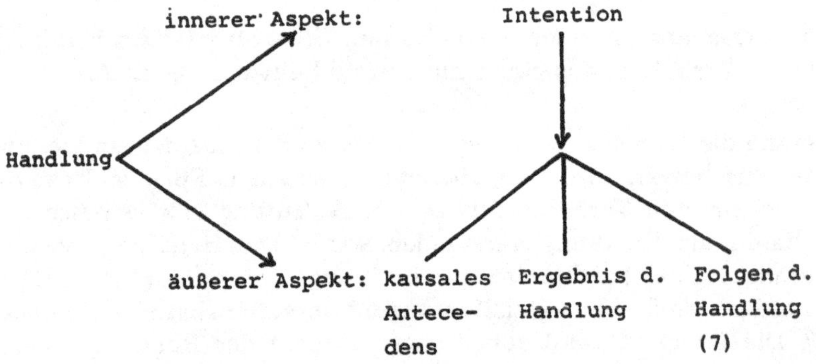

Nachdem ein bestimmtes Verhalten intentionalistisch verstanden worden ist, d. h. daß es intentional unter einer bestimmten Beschreibung ist, kann es teleologisch erklärt werden. Um die Handlung erklären zu können, muß es möglich sein, auf ein entfernteres Objekt der Intention hinweisen zu können, das nicht bereits in der Handlung

[6] *Ders.*, S. 69.

[7] Das Ergebnis der Handlung ist innerhalb des äußeren Aspekts der Handlung verschiebbar. Diese Verschiebung entspricht der Subsumtion der Handlung unter verschiedenen Beschreibungen. Vgl. *v. Wright*, S. 70, 87.

selbst enthalten ist[8]. Wenn man ein Verhalten teleologisch erklärt, weist man auf dieses Intentionsobjekt hin[9].

bb) Die formale Darstellung des praktischen Syllogismus

Die Antwort auf die Frage, warum ein Handelnder etwas Bestimmtes tut, lautet häufig: „um *p* zu erreichen." Dabei wird angenommen, daß der Handelnde sein Verhalten für das Erreichen von *p* als kausal relevant ansieht und daß er mit seinem Verhalten das Herbeiführen von *p* intendiert. Für die Korrektheit der Erklärung ist es dabei unwesentlich, ob das Verhalten des Handelnden das Erreichen von *p* überhaupt ermöglicht. „Was der Handelnde *glaubt*, ist hier die einzig relevante Frage[10]."

In der teleologischen Erklärung sind alle die Sätze enthalten, die auch in einem praktischen Schluß formuliert werden, der aus zwei Prämissen und einer Conclusio besteht. In der teleologischen Erklärung wird nach der Conclusio gefragt: „Aus welchem Grund tat A *p*?", und es wird mit Hilfe der Prämissen begründet[11]. Man kann daher sagen, daß das gesuchte Verständnis einer Handlung im Auffinden eines praktischen Syllogismus besteht[12].

Die beiden Prämissen und die Conclusio lassen sich wie folgt formulieren:

(1) Von jetzt an beabsichtigt A, *p* zum Zeitpunkt *t* herbeizuführen.

(2) Von jetzt an glaubt A, daß er *p* zum Zeitpunkt *t* nur dann herbeiführen kann, wenn er *a* nicht später als zum Zeitpunkt *t* tut.

Folglich macht sich A nicht später als zu dem Zeitpunkt daran, *a* zu tun, wo er glaubt, daß der Zeitpunkt *t* gekommen ist — es sei denn, er vergißt diesen Zeitpunkt, oder er wird gehindert[13].

---

[8] *Ders.*, S. 115.

[9] *Ders.*, S. 88.

[10] *Ders.*, S. 94.

[11] *Ders.*, S. 112.

[12] *Ders.*, S. 95 f.; *Schneider*, S. 462; *Davidson*, S. 123; *Gean*, S. 201 f.

[13] Zur Herleitung der gewählten Formulierung des praktischen Syllogismus und deren Implikationen siehe: *v. Wright*, S. 93 - 102. Eine gewisse Analogie zum Schema des praktischen Syllogismus weist *Weissers* Schema über den logischen Aufbau der normsetzenden wirtschaftspolitischen Werturteile auf, das er in seinem Buch „Wirtschaftspolitik als Wissenschaft, Erkenntniskritische Grundfragen der praktischen Nationalökonomie", Stuttgart 1934 auf den Seiten 28 - 37 entwickelt hat.

cc) Die Diskussion der logischen Gültigkeit des praktischen Syllogismus anhand der Beziehung zwischen innerem und äußerem Aspekt von Handlungen

Die Antwort auf die Frage, ob praktische Schlüsse logisch bindend sind oder nicht, scheint mit der Auffassung über die Art der Beziehung zwischen innerem und äußerem Aspekt von Handlungen zu korrelieren. Der Annahme einer *logischen Verbindung* zwischen beiden Aspekten setzen die Vertreter der methodologischen Einheit der Erfahrungswissenschaften die Behauptung einer *kausalen Verbindung* entgegen. Letztere treten für eine generelle Anwendbarkeit kausaler Kategorien auf die Erklärung von Handlungen ein und kommen zu dem Ergebnis, daß der praktische Schluß nur eine verkleidete Form einer mit dem subsumtionstheoretischen Schema der Erklärung übereinstimmende deduktiv-nomologische Erklärung darstellt.

Das Logische-Beziehungs-Argument, das Good-reasons-Argument und die Frage der Verwendung allgemeiner Gesetze spielen in der Kontroverse eine bedeutende Rolle.

α) Das Logische-Beziehungs-Argument

Die Vertreter des Logischen-Beziehungs-Arguments vertreten verschiedene Versionen über die Beziehung zwischen dem inneren und dem äußeren Aspekt von Handlungen.

Es wird argumentiert, daß Gründe deshalb keine Ursachen von Handlungen sein können, weil der Grund oder die Intention, etwas zu tun, mit der Handlung nicht kontingent, sondern logisch verknüpft ist[14]. In diesem Sinn argumentiert auch *Melden,* wenn er sagt, daß Intentionen nicht unabhängig von intendierten Handlungen beschrieben werden können[15]; deshalb können sie auch kein kausales Antecedens des Verhaltens sein. Diese Ansichten blieben nicht unwidersprochen[16]. Auch *von Wright* teilt diese Version der Begründung des Logischen-Beziehungs-Arguments nicht. Er macht als Einwand geltend, daß die logische Abhängigkeit des spezifischen Charakters des Willens

---

[14] „... Es besteht also eine logische Beziehung zwischen der Benennung eines mentalen Zustandes als ‚die Intention, in den Buchladen zu gehen' und der Handlung, dorthin zu gehen, c. p. Das hält uns davon ab, die ‚Intention, in den Buchladen zu gehen' eine Ursache des Gehens zu nennen, denn eine Ursache steht nicht in logischen Beziehungen zu ihren Wirkungen", *Beck,* S. 175, ferner S. 172 ff.

[15] s. *Melden,* Abraham, J.: Freie Handlungen, in: Analytische Handlungstheorie, Bd. 2, hrsg. v. Ansgar Beckermann, S. 129 ff.; S. 147 ff.; S. 152 f.

[16] s. *Brodbeck,* S. 74 f.; *Beckermann,* S. 38 ff.; *Gean,* S. 207 ff.; *Davidson,* S. 118 ff.; *Stoutland,* F.: The logical connection argument, in: APQ 7, 1970, S. 125.

von der Natur seines Objektes durchaus mit dem Umstand kompatibel ist, daß das *Vorkommen* eines derartigen Willensaktes von der Verwirklichung seines Objektes logisch unabhängig ist. Daß aber dennoch zwischen dem inneren und dem äußeren Aspekt der Handlung eine logische Beziehung besteht, versucht von Wright anhand der Verifikationsproblematik praktischer Schlüsse nachzuweisen[17].

Von der Frage, ob Gründe und Intentionen die Ursachen einer Handlung sein können, ist die Frage, ob Handlungen Humesche Ursachen haben können oder nicht, zu unterscheiden.

Einige Autoren vertreten die Auffassung, daß ein und dasselbe Verhalten sowohl kausal als auch teleologisch erklärt werden kann, während andere diese Möglichkeit bestreiten[18]. In diesem Zusammenhang erfolgt auch die Diskussion der *Reduktionsproblematik*, d. h. die Verhandlung des Versuchs, alle Handlungserklärungen auf physikalische Gesetze raum-zeitlicher Körperbewegungen zurückzuführen bis hin zur Neurophysiologie[19]. Die unterschiedlichen Positionen resultieren aus einer unterschiedlichen Auffassung über das Verhältnis zwischen Körperbewegungen, Handlungen, Ursachen und Gründen[20].

β) Das Good-reasons-Argument

Die Hauptthese des Good-reasons-Arguments stellt darauf ab, daß intentionale Erklärungen erklären, indem sie zeigen, daß der Handelnde für sein Handeln *gute Gründe* hatte, d. h. daß es im Blick auf seine Wünsche rational war, so zu handeln, wie er handelte[21].

Zu den entschiedensten Vertretern dieses Arguments gehört *Dray*[22]. Er nennt diesen Typ von Erklärungen *rationale Erklärungen*. Ratio-

[17] Vgl. *v. Wright*, S. 91 ff.

[18] s. hierzu *ders.*, S. 111 ff.; *Waisman*, F.: Language strata, in: Logic and language, sec. series, hrsg. v. A. Flew, Oxford 1961, S. 11 - 31; *Melden*, S. 162 ff.; *Toulmin*, Gründe u. Ursachen, S. 95 ff.; *Hamlyn*, David, W.: Verhalten, in: Analytische Handlungstheorie, Bd. 2, hrsg. v. Ansgar Beckermann, S. 85 - 105.

[19] *Ritsert*, Handlungsgründe und Verhaltensursachen, S. 15; s. auch die Diskussion der Problematik bei *Malcolm*, Norman: Ist der Mechanismus vorstellbar?, in: Analytische Handlungstheorie, Bd. 2, hrsg. v. Ansgar Beckermann, S. 332 - 363; verfolge auch *Becks* Argumentation in seiner Abhandlung „Bewußte und unbewußte Motive“, S. 177 ff. sowie die Auffassung von *Lewis*, David, K. zur Identitätstheorie in: Eine Argumentation für die Identitätstheorie, in: Analytische Handlungstheorie, Bd. 2, hrsg. v. Ansgar Beckermann, S. 398 - 411.

[20] Eine sehr klare Darstellung des Unterschiedes zwischen Körperbewegungen und Verhalten sowie daraus resultierender Konsequenzen für die Anwendung bestimmter Erklärungstypen findet sich in: *Hamlyn*, S. 85 - 105.

[21] s. dazu *Taylor*, S. 52 - 72; *Ryan*, S. 153 ff.; *Dray*, William: Der Sinn von Handlungen, in: Analytische Handlungstheorie, Bd. 2, S. 275 - 303.

[22] *Ders.*, ebd.

nale Erklärungen zeichnen sich dadurch aus, daß sie den Sinn dessen, was getan wurde, enthüllen. Sie können als Versuch interpretiert werden, eine Art logisches Gleichgewicht herzustellen, in dem die Handlung und die Überlegung zueinander passen, weil ein Bedürfnis nach Erklärung genau dann entsteht, wenn dieses Gleichgewicht gestört ist[23]. Ähnlich verläuft *Meldens* Argumentation: Die Feststellung der Intention ermöglicht es, das Geschehen als sinnvoll zu begreifen, indem sie ein Muster enthüllt, das für den, der die Frage stellte „Warum tust Du ...?" nicht ohne weiteres erkennbar war. Eine derartige Frage sucht also nicht nach einer Kausalerklärung für das was geschieht[24].

Auch *Davidson* vertritt die Auffassung, daß die Angabe von Handlungsgründen die Handlung neu beschreibt, ihr einen Platz in einem Muster zuweist und auf diese Weise die Handlung erklärt. Im Unterschied zu Dray u. a. hält er allerdings Rationalisierungen für eine Spezies von Kausalerklärungen und versucht dies mit Hilfe seines Konzepts eines kausalanalytisch zu verstehenden „Primärgrundes" von Handlungen zu entwickeln[25].

Der Versuch, Handlungen durch Rekurs auf Gründe zu erklären, impliziert die Annahme, daß der Handelnde fähig ist, die für sein Handeln relevanten „Beweggründe, Zwecke und Bedeutungszusammenhänge zu erfassen"[26]. Im Unterschied zu einem bloßen Sich-Verhalten muß er mit seinem Verhalten einen bestimmten Sinn verbinden[27] und in der Lage sein, sein planvolles Verhalten[28] sprachlich zu rechtfertigen[29]. Ein wie auch immer geartetes Kriterium der Rationalität grenzt also Verhalten von Handeln ab und ermöglicht die Erklärung von Handlungen durch Rekurs auf Gründe, andererseits setzt es die Handlungserklärungen dem Rationalisierungsvorwurf aus[30].

---

[23] *Ders.*, ebd., S. 283.

[24] s. *Melden*, S. 160 ff.; *Peters*, S. 106 - 119.

[25] Die Erklärungen, bei denen die Handlung durch Angabe der Gründe erläutert wird, die der Akteur selbst für sein Handeln angibt, nennt Davidson Rationalisierungen. Zu seinem Konzept s. *Davidson*, S. 108 - 128; insbes. S. 144 ff.

[26] *Rüegg*, Walter: Soziologie, Funkkolleg 6, Frankfurt 1969, S. 85.

[27] s. *Weber*, Wirtschaft und Gesellschaft, S. 1 - 11.

[28] s. *Schütz*, Alfred: The social world and the theory of social action, in: Collected papers, Vol. 2, Den Haag 1964, S. 11.

[29] In der Möglichkeit sprachlicher Rechtfertigung sieht Kant das Charakteristikum der Vernunft; vgl. *Kant*, Immanuel: Kritik der reinen Vernunft, Bd. 2, Frankfurt 1974, S. 544; s. auch *Peters*, S. 117.

[30] s. *Hempel*, Wissenschaftliche und historische Erklärungen, S. 259; *Mackenroth*, Gerhard: Sinn und Ausdruck in der sozialen Formenwelt, Meisenheim am Glan 1952, S. 172 ff.

Man kann nämlich nicht von vornherein ausschließen, daß der Handelnde, wenn er zur Rechtfertigung seiner Handlungen aufgefordert wird, nicht die tatsächlichen Gründe angibt, sondern „kognitive Konstrukte, die akzeptabler sind als die wirkliche Motivation"[31]. Ähnlich argumentiert *Pareto*[32], der dem Menschen einen Hang zur Rationalisierung zuschreibt. Er meint, daß das Verhalten wesentlich mehr von psychischen Zuständen als von Vernunftgründen beeinflußt wird, auf die sich die Individuen beziehen. Für den Fall, daß der Handelnde als Grund für seine Handlung einen bestimmten Zweck nennt, spricht *Mackenroth*[33] sogar von einer doppelten Rationalisierung, weil seiner Auffassung zufolge schon das Motivieren an sich einen Rationalisierungsvorgang darstellt und darüber hinaus nun auch noch das Motiv rationalisiert wird, indem es als ein bestimmter Zweck vorgestellt wird.

Außer der Möglichkeit, daß der Handelnde bewußt andere Gründe angibt, um sein Handeln zu rechtfertigen und damit seine Umwelt über seine tatsächlichen Gründe zu täuschen, muß auch der Fall berücksichtigt werden, daß sich der Handelnde selbst über seine tatsächlichen Gründe täuscht[34]. Es erweist sich somit als erforderlich zwischen *seinem* Grund und *dem* Grund für eine bestimmte Handlung zu unterscheiden. Während *sein* Grund impliziert, daß sich der Handelnde seines Ziels bewußt ist, impliziert *der* Grund, warum er so handelte, dies nicht[35].

Obwohl der Handelnde hinsichtlich seiner Gründe einer Selbsttäuschung unterliegen oder er bewußt andere als seine tatsächlichen Gründe als Rechtfertigung für seine Handlung heranziehen kann, ist es angezeigt, sich auf seine Erklärung als eine mögliche Handlungserklärung einzulassen. Als Alternative wäre der Versuch zu werten, die tatsächlichen, vielleicht *unbewußten Gründe* zur Handlungserklärung heranzuziehen. Bei einem derartigen Versuch stößt man allerdings auf das Problem, daß der gegenwärtige Stand der diesbezüglichen Forschungstechniken noch nicht entwickelt genug ist, um methodologisch abgesicherte Möglichkeiten zur Aufdeckung unbewußter Gründe

---

31 *Argyle*, Michael: Soziale Interaktion, hrsg. v. Carl Friedrich Graumann, Köln 1972, S. 41.

32 Siehe hierzu insbes. *Paretos* Unterscheidung von logischen und nichtlogischen Handlungen in: Vilfredo Paretos System der allgemeinen Soziologie. Einleitung, Texte und Anmerkungen von *Gottfried Eisermann*, Stuttgart 1962, S. 64 ff.; *Vilfredo Pareto*, Allgemeine Soziologie. Ausgewählt, eingeleitet und übersetzt von *Brinkmann*, Carl, Tübingen 1955, S. 25 ff.; *Aron*, Raymond: Hauptströmungen soziologischen Denkens, 2. Bd., Köln 1971, S. 97 ff.

33 Vgl. *Mackenroth*, S. 176.

34 s. *Taylor*, Gründe, S. 62.

35 s. *Peters*, S. 108 ff.; *Gean*, S. 198 f.

zur Verfügung zu stellen[36]. Auch der Weg über einen *Diskurs*, in den der Handelnde mit anderen und insbesondere mit einem Handlungstheoretiker eintreten kann, um die seiner Handlung zugrundeliegenden Gründe rational zu rekonstruieren, bietet keine Gewähr für die Erkenntnis der tatsächlichen Gründe[37].

Die Vertreter des Good-reasons-Arguments gehen ihrerseits davon aus, daß, wenn man eine Handlung als zweckgerichtet ansieht — unabhängig davon wie bewußt sie überlegt wurde — man dann auch eine Überlegung für sie rekonstruieren kann[38]. Da es das Ziel der rationalen Erklärung ist, aufzuzeigen, daß das, was getan wurde, das war, was bei den gegebenen Gründen zu tun war, enthält sie stets ein Element der Beurteilung. Derartige Erklärungen sollen nämlich die Frage mitbeantworten helfen, inwieweit die zur Diskussion stehende Handlung angemessen war. Damit ist zugleich die Frage nach dem anzuwendenden *Rationalitätskriterium* gestellt. Da die Eigenschaft „rational" selbst schon Element einer präskriptiven Sprache ist, scheint die Hypothese plausibel, daß die Kriterien für Rationalität und ihre Anwendungsmodalitäten gruppenspezifisch unterschiedlich bestimmt werden[39], so daß auch die rekonstruierten Handlungserklärungen gruppenspezifisch variieren können.

γ) Zur Anwendbarkeit allgemeiner Gesetze

Im Zusammenhang mit dem Logischen-Beziehungs-Argument und dem Good-reasons-Argument läßt sich auch die Frage nach der Anwendbarkeit allgemeiner Gesetze bei der Erklärung von Handlungen erörtern[40].

---

[36] s. *Bayer*, S. 77 ff.; *Popper*, Karl, R.: Die offene Gesellschaft und ihre Feinde, Bd. II, Falsche Propheten, 4. Aufl., München 1975, S. 264; *Beck*, S. 165 bis 195.

[37] Zu den Möglichkeiten eines Diskurses siehe: *Habermas*, Jürgen: Vorbereitende Bemerkungen zu einer Theorie der kommunikativen Kompetenz, in: ders. / N. Luhmann, Theorie der Gesellschaft oder Sozialtechnologie — Was leistet die Systemforschung?, Frankfurt 1974, S. 101 - 141; *ders.*, Erkenntnis und Interesse, Frankfurt 1973, S. 279 ff.; *ders.*, Theorie und Praxis, 4. Aufl., Frankfurt 1971, S. 23 ff.

[38] s. *Dray*, Der Sinn ..., S. 280 ff.

[39] s. *Bayer*, S. 59 f.

[40] Im folgenden wird nicht unterschieden nach strikt allgemeinen Gesetzen, die in deduktiv-nomologischen Erklärungen verwendet werden und nach statistischen Gesetzen, die in probabilistisch-nomologischen Erklärungen zur Anwendung kommen. Letztere sind Behauptungen, daß bei Vorliegen bestimmter Bedingungen gewisse Ereignisse mit statistischer Wahrscheinlichkeit eintreten werden. Siehe hierzu: *Hempel*, Wissenschaftliche und historische Erklärung, S. 238 ff.; *Opp*, Karl-Dieter: Methodologie der Sozialwissenschaften. Einführung in Probleme ihrer Theoriebildung, Hamburg 1970, S. 29 ff.; *Reichenbach*, Hans: Die logischen Grundlagen des Wahrschein-

Mit der Postulierung rationaler Erklärungen als eigenständigem Erklärungstyp beansprucht *Dray* einen *sui-generis-Charakter geschichtswissenschaftlicher Erklärungen,* der darauf beruht, daß in den historischen Erklärungen allgemeine Gesetze gar nicht zur Anwendung kommen[41]. Damit widerspricht er sowohl der Meinung von *Hempel* als auch von *Popper* und *Albert*[42].

Hempel sieht in der Komplexität und dem hohen Grad an Unbekanntheit allgemeiner historischer Gesetze den Grund dafür, daß sich die meisten historischen Erklärungen auf Erklärungsskizzen beschränken[43]. Popper erklärt die fehlende Explikation allgemeiner Gesetze in historischen Erklärungen durch ihre Trivialität[44].

Dray hält die Anwendung des subsumtionstheoretischen Schemas der Erklärung in den Fällen für irreführend, in denen es um den Sinn einer Handlung geht. Um den Sinn einer Handlung festzustellen, greift man auf Handlungsgründe zurück. Diese Handlungsgründe besitzen eine bestimmte Art von Allgemeinheit oder Universalität. Nach Dray begeht man aber einen entscheidenden Fehler, wenn man die Universalität von Gründen nicht von der Allgemeinheit eines empirisch bestätigten Gesetzes unterscheidet. Das in rationalen Erklärungen enthaltene „implizite" Gesetz ist daher kein empirisches Gesetz, sondern ein Prinzip des Handelns[45].

Zur Erhärtung der Hypothese, daß Erklärungen durch Gründe keinen kausalen Charakter haben können, weil sie keine Verallgemeine-

---

lichkeitsbegriffs, in: Erkenntnisprobleme der Naturwissenschaften — Texte zur Einführung in die Philosophie der Wissenschaft, hrsg. v. Lorenz Krüger, Neue Wissenschaftliche Bibliothek — 38, Philosophie, Köln 1970, S. 174 - 192; *Carnap,* Rudolf: Statistische und induktive Wahrscheinlichkeit, in: ebd., S. 195 - 204; *ders.,* Induktive Logik und Wissenschaft, in: ebd., S. 205 - 212.

[41] *Dray* schlägt unter Vorbehalten ein „Modell der kontinuierlichen Reihen" vor, in: Laws and explanation in history, S. 164 ff.; *ders.,* „Explaining what", in history, in: Readings in the philosophy of the social sciences, hrsg. v. May Brodbeck, S. 343 - 348.

Zu den unterschiedlichen Positionen in dieser Frage siehe: *Weingartner,* R. H.: The quarrel about historical explanation, in: ebd., S. 349 - 362; *Danto,* Arthur, C.: Analytische Philosophie der Geschichte, Frankfurt 1974, insbes. Kap. X, Historische Erklärung: Das Problem der allgemeinen Gesetze, S. 321 bis 371; *Kraft,* Viktor: Geschichtsforschung als strenge Wissenschaft, in: Logik der Sozialwissenschaften, hrsg. v. Ernst Topitsch, S. 72 - 82; *Goldstein,* Leon, J.: Daten und Ereignisse in der Geschichte, in: Theorie und Realität, hrsg. v. Hans Albert, S. 263 - 288; *ders.,* Theorien in der Geschichtsforschung, ebd., S. 289 - 315.

[42] Vgl. *Albert,* Hermeneutik und Realwissenschaft, S. 145 f.

[43] s. *Hempel,* Wissenschaftliche und historische Erklärungen, S. 244 ff.

[44] s. *Popper,* Das Elend des Historizismus, S. 112 ff.; *ders.,* Naturgesetze und theoretische Systeme, in: Theorie und Realität, hrsg. v. Hans Albert, S. 53.

[45] s. *Dray,* Der Sinn ..., S. 290 ff.

rungen in dem Sinne enthalten, daß unter denselben Umständen immer dieselben Ereignisse eintreten, werden verschiedene Argumente vorgebracht. So behauptet beispielsweise *Cohen*[46], daß häufig für Erklärungen durch Gründe keine entsprechenden Verallgemeinerungen angegeben werden können, weil die Erklärungen nicht implizit allgemein seien. *Hart* und *Honoré*[47] stützen obige Behauptung, indem sie darauf hinweisen, daß Erklärungen durch Gründe nicht durch Fälle falsifiziert werden können, in denen dieselben Umstände nicht zu denselben Resultaten führen. Gean[48] versucht diese Argumente zu entkräften, indem er betont, daß Verallgemeinerungen auch zur Stützung und Schwächung von Erklärungen durch Gründe herangezogen werden und daß diese Verallgemeinerungen Verallgemeinerungen über ähnliche Fälle implizieren. Ähnlich argumentiert *Mac Intyre*[49]. Allerdings sollte dabei nicht übersehen werden, daß diese Gleichförmigkeiten und Regelmäßigkeiten des Verhaltens — wie bereits Dray angemerkt hat — keine kausalen Gesetze im Sinne Humescher Verursachung sind[50].

dd) Die Diskussion der logischen Gültigkeit des praktischen Syllogismus anhand der Verifikationsproblematik

Den praktischen Syllogismus als logisch bindend anzusehen, impliziert die Befürwortung der Existenz einer logischen Verbindung zwischen innerem und äußerem Aspekt der Handlung. Die im folgenden zu erörternde Hypothese lautet, daß die Gültigkeit teleologischer Erklärungen nicht auf der Gültigkeit allgemeiner Gesetze beruht und daß der praktische Syllogismus das für teleologische Erklärungen adäquate und eigenständige Erklärungsschema ist.

von Wright zeigt, daß sich die in den Prämissen des praktischen Schlusses genannten Sachverhalte nicht als Kausalursachen der Conclusio auffassen lassen. Aus diesem Grund handelt es sich bei dem praktischen Syllogismus auch nicht um eine Kausalerklärung[51]. Die Beziehung zwischen Intention und Kognition auf der einen Seite und dem Verhalten auf der anderen Seite wird als logische gesehen. Dies versucht von Wright dadurch zu zeigen, daß er nachweist, daß die Prämissen nicht ohne Conclusio verifiziert werden können und umgekehrt, daß die Conclusio nicht ohne Rückgriff auf die Prämissen verifiziert

[46] Vgl. *Cohen*, M. F.: Motives, causal necessity, and moral accountability, in: Australasian Journal of philosophy, 42, 1964, S. 322 - 334.

[47] Vgl. *Hart*, H. L. A. u. *Honoré*, A. M.: Causation in law, Oxford 1959.

[48] Vgl. *Gean*, S. 213 ff.

[49] Vgl. *Mac Intyre*, S. 189 f.

[50] s. dazu auch: *v. Wright*, S. 133 ff.

[51] s. dazu auch: *Schneider*, S. 462.

werden kann[52]. Wenn sich teleologische Erklärungen auf kausale reduzieren ließen, müßte es logisch möglich sein, die Wahrheit der Prämissen zu verifizieren ohne die Conclusio zu verifizieren und umgekehrt. Prämissen und Conclusio müßten voneinander logisch unabhängig sein[53]. Nach *Malcolm* ist die erste Prämisse einer teleologischen Erklärung keine kontingente Aussage. Durch die ceteris-paribus-Klausel „wenn es keine Störfaktoren gibt" wird die universale Prämisse der Erklärung durch Zwecke, Absichten, Gründe etc. zu einem apriorischen Prinzip und nicht zu einem kontingenten Gesetz[54].

Die Befürworter der methodologischen Einheit der Erfahrungswissenschaften dagegen behaupten eine kausale Verbindung zwischen Intention und Kognition einerseits und dem Verhalten andererseits. M. a. W. sie behaupten, daß auch in teleologischen Erklärungen ein allgemeines Gesetz involviert ist, so daß die Prämissen des praktischen Schlusses das Antecedens und die Conclusio das Konsequenz dieses Gesetzes darstellen, mithin sich der praktische Schluß in das subsumtionstheoretische Schema der Erklärung transformieren läßt[55].

α) Verifikation der Conclusio

Ist die Verbindung zwischen Prämissen und Conclusio empirisch (kausal) oder ist sie begrifflich (logisch)? Da Prämissen und Conclusio selbst kontingent sind, d. h. empirische und nicht logisch wahre oder falsche Sätze sind, muß es möglich sein, sie auf Basis empirischer Beobachtungen und Tests zu überprüfen. Damit stellt sich die Frage nach der Art und Weise, wie man feststellen kann, ob die Aussagen auch faktisch stimmen, die angebotene Erklärung also zutrifft.

Um die Conclusio zu verifizieren, muß man nachweisen, daß sich A darangemacht hat, etwas zu tun. Die Feststellung, daß das Ergebnis eingetreten ist, reicht dazu nicht aus; denn der vorliegende Zustand kann auch das Ergebnis einer anderen Handlung gewesen sein, die entweder nicht von A ausgeführt wurde oder aber möglicherweise von

---

52 Vgl. *v. Wright*, S. 94 ff.

53 Zum deduktiven Begriff der Erklärung siehe: *Ryan*, S. 63 ff.

54 *Malcolm*, S. 339: „Das teleologische Prinzip ist kein Naturgesetz, sondern eine begriffliche Wahrheit." Malcolm erörtert in seiner Abhandlung die logische Struktur von teleologischen und neurophysiologischen Erklärungen. Er kommt zu dem Ergebnis, daß sich teleologische Erklärungen nicht auf neurophysiologische reduzieren lassen; s. S. 332 ff.

Zur Bedeutung der c. p.-Klausel für die Anwendung der Ethik siehe: *Neumann*, Lothar, F.: Die Bedeutung der kritischen Ethik für die Sozialwissenschaften, Vortragsmanuskript 1977, S. 10 f.

55 Vgl. *Churchland*, S. 304 ff.; *Beckermann*, S. 48 - 54; *Brandt* u. *Kim*, S. 259 ff.; *Nagel*, S. 76 ff., insbes. S. 80; *Hempel*, Wissenschaftliche und historische Erklärungen, S. 254 ff.; *ders.*, Aspects of scientific explanation, S. 469 ff.

A irrtümlich getan oder gar gegen seinen Willen getan wurde. Worauf es für die Verifikation der Conclusio ankommt, ist zu zeigen, daß das, was geschieht, etwas ist, was A intentional tut. Das bedeutet, nachzuweisen, daß in dem Handelnden eine gewisse Intention und kognitive Einstellung hinsichtlich einer Zweck-Mittel-Relation vorhanden ist. Damit verschiebt sich die Last der Verifikation der Conclusio auf die der Prämissen des praktischen Schlusses.

β) Verifikation der Prämissen

Verifikation der Prämissen bedeutet zweierlei: zum einen gilt es den Nachweis zu führen, daß A von einem bestimmten Zeitpunkt an eine bestimmte Absicht hat und zum anderen, daß A den Vollzug einer anderen Handlung für die Erreichung des Intentions-Objekts für notwendig hält.

Zu diesem Zweck diskutiert von Wright verschiedene Möglichkeiten, Absichten von Handelnden und ihre Ansichten über die notwendigen Mittel zur Realisierung ihrer Ziele auf direktem Weg festzustellen[56]. Ein derartiger Verifikationsversuch beruht auf Analogien und normalerweise verläßlichen Annahmen und bleibt daher zirkulär. Auch der direkte Weg über die Befragung[57] entgeht dem Zirkel nicht[58]. Alle Versuche, den Satz: „A beabsichtigt p herbeizuführen" isoliert als empirischen Satz zu verifizieren, schlagen fehl, weil man auf Sätze gleicher Struktur zurückkommt, um ihn zu verifizieren.

γ) Die Wahrheit des Logischen-Beziehungs-Arguments

Der Versuch, Prämissen und Conclusio praktischer Schlüsse unabhängig voneinander zu verifizieren, führt zu dem Ergebnis, daß der innere und der äußere Aspekt einer Handlung *logisch* miteinander verknüpft sind in dem Sinne, daß zwischen der Verifikation der Prämissen und der Conclusio praktischer Schlüsse eine Beziehung wechselseitiger Abhängigkeit besteht. Die Verifikation der Conclusio setzt die Verifikation von Prämissen voraus, aus denen logisch folgt, daß das Verhalten unter der in der Conclusio gegebenen Beschreibung intentional war. Da ein logischer Schluß dadurch gekennzeichnet ist, daß die Wahrheit der Conclusio aus der Wahrheit der Prämissen folgt, kann man nicht die Prämissen bejahen und die Conclusio verneinen, d. h. die Korrektheit der dem beobachteten Verhalten gegebenen Beschreibung negieren. Andererseits setzt die Verifikation der Prämissen

---

[56] s. *v. Wright*, S. 105 ff.

[57] Zum Problem der Bedeutung von Eigenaussagen siehe: *Beck*, S. 165 bis 195; *Levison u. Thalberg*, S. 163 ff.; *Ryan*, S. 27 f.

[58] s. *v. Wright*, S. 106.

voraus, daß ein bestimmtes Verhalten als intentional unter einer Beschreibung identifiziert werden kann, die diesem Verhalten durch die Prämissen gegeben wurde[59].

Dadurch, daß das Verhalten in einem Kontext von Zielen und kognitiven Elementen gesehen wird, bekommt es seinen intentionalen Charakter. Genau dieser Vorgang wird in der Konstruktion eines praktischen Schlusses geleistet. Daher setzt auch jede teleologische Erklärung voraus, daß das Verhalten, bevor es erklärt werden kann, erst intentionalistisch verstanden sein muß[60]. Die teleologische Erklärung geht von einer geschehenen Handlung aus und konstruiert zu ihr die Prämissen. Das Explanandum „Handlung" läßt also nicht nur eine teleologische Erklärung zu, sondern mehrere[61]. Das angewendete Schlußverfahren ist jedoch immer dasselbe. Die Entscheidung, welche der Prämissen aus der Anzahl möglicher Prämissen für eine gegebene Conclusio akzeptiert wird, ist eine Frage der materialen Korrektheit der vorgeschlagenen Handlungserklärung und ist von der hier diskutierten formalen Korrektheit einer angebotenen Handlungserklärung zu unterscheiden.

Trotz der Wahrheit des Logischen-Beziehungs-Arguments folgt aus der Wahrheit der Prämissen des praktischen Schlusses nicht mit logischer Notwendigkeit ein bestimmtes Verhalten. Der praktische Syllogismus ist kein logischer Beweis, sondern ein praktisches Begründungsverfahren, d. h., er konstruiert zu einer vorliegenden Handlung eine Begründung. Für den Fall, daß eine Handlung bereits vorliegt und zu ihrer Erklärung eine praktische Argumentation erfolgt, handelt es sich um eine logisch schlüssige Argumentation[62].

d) Ergebnisse

Ein Ergebnis aus der oben in einigen Zügen aufgezeigten Debatte um die methodologische Einheit der Erfahrungswissenschaften bildet die Auffassung, daß die Wahl eines Erklärungstyps abhängig ist von dem Erklärungsgegenstand.

Als ein zentraler Gegenstand der Kontroverse konnte die Frage, ob alle Erklärungstypen dem subsumtionstheoretischen Schema der Erklärung entsprechen, identifiziert werden. von Wright konnte zeigen, daß noch nicht einmal alle kausalen Erklärungen diesem Schema entsprechen, so daß der Anspruch universeller Gültigkeit in Frage gestellt werden mußte. Als alternatives Erklärungsschema, das für teleologi-

---

59 Vgl. *ders.*, S. 109.

60 *Ders.*, S. 113, 115, 122 ff.

61 Siehe hierzu die Ausführungen von: *Davidson*, S. 123.

62 Vgl. *v. Wright*, S. 110.

sche Erklärungen von Handlungen geeignet ist, wurde der praktische Syllogismus vorgestellt. Der praktische Syllogismus stellt eine auf den Kopf gestellte teleologische Erklärung dar.

Teleologische Erklärungen erweisen sich in den Fällen als der angemessene Erklärungstyp, in denen das Explanandum ein handlungsähnliches Verhalten ist, das sowohl einen inneren wie auch einen äußeren Aspekt aufweist. Ein Verhalten, dem entweder der innere (reine Reflexhandlungen) oder der äußere Aspekt (geistige Akte) fehlt, kann mittels teleologischer Erklärung nicht adäquat erklärt werden. Auch intentionale Handlungen, die aus zweckfreien Wahlen resultieren oder normorientiert erfolgen, lassen sich nicht als Ergebnis eines praktischen Schlusses teleologisch erklären[1].

Im Unterschied zu kausalen Erklärungen ist in teleologischen Erklärungen kein allgemeines Gesetz involviert, so daß das subsumtionstheoretische Schema auf teleologische Erklärungen nicht anwendbar ist. Statt dessen wird der praktische Syllogismus angewendet, der für die Fälle, in denen eine Handlung vorliegt, eine praktische Begründung als logisch schlüssige Argumentation liefert.

Die Hypothese, daß intentionalistisches Handeln nicht kausal, sondern teleologisch adäquat erklärt wird, impliziert nicht die Behauptung, daß Handlungen nicht kausal beeinflußt werden können. Was behauptet wird, ist, daß der kausale Erklärungstyp für die Erklärung menschlicher Handlungen, die intentionalistisch verstehbar sind, nicht angemessen ist[2]. Da sich kausale Erklärungen in struktureller Hinsicht von teleologischen grundlegend unterscheiden, kann auch das für kausale Erklärungen zutreffende subsumtionstheoretische Schema der Erklärung für teleologische Erklärungen nicht adäquat sein.

2. Die Relevanz der Ergebnisse für die Diskussion der Beweggründe der Genossenschaftspioniere

a) Die Gründung von Genossenschaften als Explanandum einer teleologischen Erklärung

Im folgenden soll auf die Konsequenzen eingegangen werden, die sich aus der obigen Diskussion für das vorliegende Thema ergeben.

Das zur Verhandlung stehende Explanandum ist die Genossenschaftsgründung durch die Pioniere. Es wird gefragt, aus welchem Grund die Pioniere Genossenschaften gegründet haben. Die Gründung von Genossenschaften stellt ein *handlungs-ähnliches Verhalten* dar, das sowohl einen inneren als auch einen äußeren Aspekt aufweist. Zum inneren

---

1 *Ders.*, S. 95 f., 133 ff.

2 *Ders.*, S. 93.

Aspekt zählen Intentionen und Beweggründe und zum äußeren Aspekt kausales Antecedens, Ergebnis der Handlung und ihre Folgen. Das Ergebnis der Handlung „Gründung von Genossenschaften" ist die Genossenschaftsgründung. Das Ergebnis der Handlung ist also mit der Handlung begrifflich verbunden. Davon zu unterscheiden sind die Phasen des äußeren Aspekts der Handlung, die nicht wesentlich (begrifflich) mit der Handlung verknüpft sind, wie beispielsweise ihre Folgen.

Als eine Folge des Ergebnisses der Handlung „Genossenschaftsgründung" kann die Lebenslageverbesserung der Bevölkerung angesehen werden; denn sie wurde dadurch herbeigeführt, daß etwas anderes getan wurde, nämlich Genossenschaften gegründet. Hier wird die Unterscheidung zwischen der Fähigkeit etwas zu tun und der Fähigkeit etwas herbeizuführen relevant. Die Folgen der Handlung werden auch Wirkungen der Handlung genannt, und die Ursachen dieser Wirkungen sind das Ergebnis der Handlung.

Die teleologische Erklärung geht von einer vorliegenden Handlung, der gegründeten Genossenschaft, aus. Sie setzt am Ergebnis einer Handlung an und fragt, warum es zu dieser Handlung gekommen ist. Die Antwort verweist auf die Folgen der Handlung: um etwas Bestimmtes zu erreichen, im hier betrachteten Fall, um die Lebenslage der Bevölkerung zu verbessern. Das in der teleologischen Erklärung enthaltene Frage-Antwort-Schema nimmt Bezug auf obige Unterscheidung zwischen Fähigkeiten. Dadurch, daß die Pioniere etwas Bestimmtes taten, nämlich Genossenschaften gründeten, führten sie etwas anderes, eine Verbesserung der Lebenslage, herbei. Die Argumentation enthält zwei Unterstellungen:

erstens, daß die Pioniere das Ergebnis ihrer Handlung für die Folgen der Handlung für kausal relevant hielten, d. h., daß sie glaubten, durch die Genossenschaftsgründungen eine Lebenslageverbesserung herbeiführen zu können und

zweitens, daß die Pioniere mit ihrem Verhalten, der Gründung von Genossenschaften, auf die Herbeiführung einer Lebenslageverbesserung der Bevölkerung abzielten.

Genau diese Überlegungen werden in einem praktischen Schluß formuliert.

b) Erweiterung des Schemas des praktischen Syllogismus durch die explizite Berücksichtigung von Beweggründen

Die Prämissen des praktischen Schlusses enthalten die Ziel-Mittel-Relation, die Überzeugung, daß dadurch, daß man etwas Bestimmtes tut, man etwas anderes herbeiführen kann. Die Genossenschaften stellten das von den Pionieren als notwendig erachtete Mittel dar, um ihr Ziel, die Verbesserung der Lebenslage der Bevölkerung, herbeizuführen. Es bleibt zu beachten, daß es für die Korrektheit der Erklärung unerheblich ist, ob ihre Überlegungen bezüglich der Adäquatheit der Mittel zutreffen. Das in der Conclusio formulierte und erklärungsbedürftige Verhalten wird auch dann korrekt erklärt, wenn die Mittelwahl das Ziel nicht herbeiführt; denn das einzig Entscheidende ist, was der Handelnde *glaubt*.

Während in der zweiten Prämisse die Ziel-Mittel-Relation thematisiert wird, wird in der ersten Prämisse auf die Intention Bezug genommen. von Wright berücksichtigt in dem von ihm vorgestellten Schema des praktischen Schlusses die Beweggründe nicht explizit. Er weist allerdings darauf hin, daß für die „Verursachung" von Handlungen noch andere geistige Begriffe, wie Entscheidungen, Motive, Wünsche, Gründe, Bedürfnisse etc., relevant sind[1]. Somit zählen auch *Beweggründe* zum inneren Aspekt von Handlungen, und auch sie müssen in eine Darstellung dessen, wie sich der innere Aspekt einer Handlung auf den äußeren Aspekt bezieht, eingefügt werden. Daher soll das Schema entsprechend erweitert werden. An den Erfordernissen für die formale Gültigkeit ändert sich durch diese Erweiterung nichts.

Der Schluß kann in allgemeiner Form wie folgt formuliert werden:

(1) Auf Grund des Beweggrundes X beabsichtigt A von jetzt an p zum Zeitpunkt t herbeizuführen.

(2) Von jetzt an glaubt A, daß er p zum Zeitpunkt t nur dann herbeiführen kann, wenn er a mit den Merkmalen $a_{x1} \ldots a_{xn}$ nicht später als zum Zeitpunkt t' tut.

Folglich macht sich A nicht später als zu dem Zeitpunkt daran, a mit den Merkmalen $a_{x1} \ldots a_{xn}$ zu tun, wo er glaubt, daß der Zeitpunkt t' gekommen ist — es sei denn, er vergißt diesen Zeitpunkt, oder er wird gehindert.

aa) Die formale Korrektheit der Handlungserklärung

Eine Verifizierung der Conclusio impliziert die Frage: Wie weist man nach, daß sich A daran macht, a mit den Merkmalen $a_{x1} \ldots a_{xn}$ zu tun? Man muß dazu zeigen, daß sich der Genossenschaftspionier A darangemacht hat, Genossenschaften mit bestimmten Merkmalen zu gründen. Es ist allerdings nicht hinreichend den äußeren Aspekt der Handlung und/oder seine kausalen Wirkungen zu verifizieren, d. h. zu zeigen, daß er tatsächlich Genossenschaften gegründet hat und/oder

[1] *Ders.*, S. 93.

daß eine Lebenslageverbesserung eingetreten ist. Man muß auch den intentionalen Charakter seines Tuns und damit den handlungsleitenden Einfluß des Beweggrundes *X* nachweisen, d. h. zeigen, daß in dem Genossenschaftspionier *A* ein bestimmter Beweggrund *X* und eine kognitive Einstellung bezüglich einer Ziel-Mittel-Relation vorhanden ist. Damit verschiebt sich die Last der Verifikation der Conclusio in die der Prämissen.

Wie weist man nach, daß *A* auf Grund *X* beabsichtigt *Z* herbeizuführen und daß er den Vollzug einer anderen Handlung *a*, die Gründung von Genossenschaften, für die Erreichung des Objekts seiner Intention für notwendig hielt? M. a. W., wie weist man den handlungsleitenden Einfluß von Beweggründen nach? Wie weist man nach, daß *A* für die Realisierung der Ziel-Mittel-Relation den Beweggrund *X* hatte? Eine derartige Verifikation der Prämissen setzt ihrerseits voraus, daß die zu erklärende Handlung *a* mit den Merkmalen $a_{x1} \ldots a_{xn}$ als intentional unter einer Beschreibung identifiziert werden kann, die der Handlung eben durch diese Prämissen gegeben wurde. Somit ergibt sich eine Beziehung wechselseitiger Abhängigkeit zwischen der Verifikation der Prämissen und der Verifikation der Conclusio eines praktischen Schlusses.

Da die Handlung *a*, die Gründung von Genossenschaften, vorliegt, kann zu ihrer Erklärung auch eine logisch schlüssige Argumentation nach obigem Schema konstruiert werden.

bb) Die materiale Korrektheit der Handlungserklärung

Die materiale Korrektheit der Handlungserklärung ist abhängig von der Entscheidung, welche aus den alternativen Mengen von Prämissen für eine gegebene Conclusio akzeptiert werden sollen.

Als eine Entscheidungshilfe sollen die in der Literatur über die Genossenschaftspioniere enthaltenen Hypothesen herangezogen werden. Aus der Literatur von Zeitgenossen der Pioniere sowie heute lebender Biographen können Hypothesen über die Beweggründe extrahiert und anhand des von den Pionieren hinterlassenen Datenmaterials in Anlehnung an die Methode der Inhaltsanalyse einer Überprüfung unterzogen werden. Die in diesem Zusammenhang auftretenden Zuverlässigkeits- und Gültigkeitsprobleme sollen in Verbindung mit Methodenfragen im Anschluß an diesen Abschnitt untersucht werden.

Auf diese Weise können Beweggründe postuliert werden, deren handlungsleitender Einfluß in einem weiteren Schritt nachgewiesen werden muß, d. h., man muß versuchen aufzuzeigen, daß der postulierte Beweggrund *X* für den Genossenschaftspionier *A* ein Anlaß war, eine Lebenslageverbesserung dadurch herbeiführen zu wollen, daß er eine Genossenschaft mit bestimmten Merkmalen gründete. Die Problematik der Überprüfung des handlungsleitenden Einflusses von Beweggründen ist Gegenstand eines weiter unten folgenden Abschnitts.

cc) Ergebnis

Mit Hilfe des erweiterten Schemas des praktischen Syllogismus ist es nicht nur möglich, die Handlungen der Genossenschaftspioniere teleologisch im Rahmen ihrer Handlungsentwürfe zu erklären, sondern darüber hinaus werden auch die Beweggründe mit berücksichtigt, die die Konstituierung der Handlungsentwürfe beeinflußt haben. Die Rede vom handlungsleitenden Einfluß der Beweggründe besagt nämlich, daß das „Um-zu" der Handlung, das in der teleologischen Erklärung zum Ausdruck kommt, von Beweggründen beeinflußt wird, die vor dem eigentlichen Handlungsentwurf liegen und in der Ausgestaltung des Handlungsentwurfs wirksam werden. Dadurch, daß sie den inneren Aspekt der Handlung näher qualifizieren, tragen Beweggründe zu einer detaillierteren Handlungserklärung bei.

II. Zur methodischen Vorgehensweise

1. Ermittlung von Hypothesen über Beweggründe der Genossenschaftspioniere

a) Methodische Schwierigkeiten bei der Ermittlung von Beweggründen

Bei dem Versuch, eine material korrekte Handlungserklärung im Rahmen des um die Beweggründe erweiterten Schemas des praktischen Syllogismus zu geben, stößt man auf methodische Schwierigkeiten bei der Ermittlung von Beweggründen.

Prinzipiell kommen für die Feststellung von Beweggründen alle Forschungstechniken in Frage, die in den Sozialwissenschaften entwickelt worden sind, weil die Techniken normalerweise weder an bestimmte Theorien noch an bestimmte Problembereiche gebunden sind[1]. Eine mögliche Forschungstechnik stellt die *Befragung* dar[2].

---

[1] Vgl. *Wiswede:* Motivation und Verbraucherverhalten, S. 15.

Ein eindrucksvolles Beispiel für die Anwendung verschiedener Verfahren der experimentellen Psychologie, der Psychoanalyse sowie der Inhaltsanalyse auf die Untersuchung und Quantifizierung des Leistungsmotivs als einer entscheidenden Ursache für wirtschaftliches Wachstum bietet: *Mc Clelland*, David, C.: Die Leistungsgesellschaft, hrsg. v. Ingeborg Y. Wendt u. Gerd Fleischmann, Stuttgart—Berlin—Köln—Mainz 1966.

[2] Zur Technik der Befragung siehe: *Scheuch*, Erwin, K.: Das Interview in der Sozialforschung, in: Handbuch der empirischen Sozialforschung, Bd. 2,

Beweggründe lassen sich ermitteln, indem der Handelnde beispielsweise in Form eines offenen Interviews befragt wird. Dabei treten Probleme im Hinblick auf die Gültigkeit der Aussagen der Probanden auf, die sich allerdings nicht nur für die Befragung stellen, sondern für alle Techniken, die primär mit den Aussagen der Probanden arbeiten. Bereits 1935 machte *Lazarsfeld* in seinem Aufsatz „The art asking why in marketing research"[3] auf Fragen der Mitteilungswilligkeit und der Mitteilungsfähigkeit aufmerksam. Er wies darauf hin, daß die Befragten häufig keinen Aufschluß über ihre Beweggründe geben, weil sie es — aus welchen Gründen auch immer — nicht wollen, oder weil sie ihre eigenen Beweggründe selbst nicht genau kennen und verbalisieren können. Im ersten Fall geben sie oft sogenannte Scheinmotive an, während sie im letzten Fall Motive angeben, an die sie unter Umständen selbst glauben. Diese Motive werden als Kulissenmotive bezeichnet.

Wenn man also versucht Beweggründe zu ermitteln, indem man sich auf die Aussagen der Handelnden bzw. der Befragten selbst stützt, besteht die Gefahr, daß man — wie im Fall der Angabe von Scheinmotiven — bewußt getäuscht wird, oder man erhält Pseudoerklärungen, die auf Selbsttäuschung der Befragten beruhen. Zur Entwicklung von Rationalisierungs- und Rechtfertigungsstrategien für die Erklärung von Handlungen sind bereits einige Ausführungen im Zusammenhang mit der Diskussion des Good-reasons-Arguments gemacht worden[4]. Die Angabe von Schein- oder Kulissenmotiven muß aber nicht in jedem Fall auf der Absicht bewußter Täuschung oder unbewußter Selbsttäuschung beruhen, sondern kann auch Ausdruck einer veränderten Perspektive sein[5]. Da der Handelnde im Laufe der Zeit seine Perspek-

---

Grundlegende Methoden und Techniken der empirischen Sozialforschung, 1. Teil, hrsg. v. René König, 3. Aufl., Stuttgart 1973, S. 66 - 190; Einführung in die Methoden der empirischen Soziologie, hrsg. *v. Renate Mayntz et al.*, 2. Aufl. Opladen 1971, S. 103 - 121; *Kunz*, G.: Interview, in: Wörterbuch der Soziologie, S. 498 - 514; *Hopf*, Christel: Die Pseudo-Exploration-Überlegungen zur Technik qualitativer Interviews in der Sozialforschung, in: ZfS, 7. Jg., Heft 2, 1978, S. 97 - 115.

[3] *Lazarsfeld*, Paul, F.: The art of asking why in marketing research, in: Nat. Mark. Rev. 1, 1935.

[4] Vgl. dazu den Abschnitt B I 1. β des vorliegenden Textes, sowie die dort angegebenen Literaturstellen.

[5] *Berger*, Peter, L.: Lebenslauf und Lebensläufe oder: Vergangenheit nach Maß und von der Stange, in: Symbolische Interaktion. Arbeiten zu einer reflexiven Soziologie, hrsg. v. Heinz Steinert, Stuttgart 1973, S. 201 f.:

„Das ‚wirkliche' Verständnis der eigenen Vergangenheit ist eine Sache des jeweiligen Gesichtspunktes. Und Gesichtspunkte, Blickwinkel, Ansichten verändern sich. ‚Wahrheit' und ‚Wirklichkeit' in diesem Sinne sind also nicht nur abhängig von der Landkarte, sondern auch von den Jahr- und Tagzeiten, und die ‚Einsicht' von heute wird zur ‚Rationalisierung' von morgen — und umgekehrt."

tiven verändert und seine Definitionen der Situation[6] variiert, kann man nicht unbedingt davon ausgehen, daß er auf jeden Fall am besten weiß, welche Beweggründe er zu einem bestimmten Zeitpunkt gehabt hat.

Eingedenk der genannten Schwierigkeiten, auf die die direkten Verfahren der empirischen Sozialforschung bei dem Versuch der Ermittlung von Beweggründen stießen, wandte man sich in der Motivforschung[7] einem *„qualitativen Ansatz"* zu. Die Vertreter des qualitativen Ansatzes behaupten, daß die indirekten Verfahren der Psychologie besser zur Ermittlung der „wahren" Beweggründe geeignet sind[8]. Dem Ansatz liegt die Annahme zugrunde, daß die wahren Beweggründe „in der Tiefe", im Unbewußten liegen[9]. Mit der Ergründung dieses Unbewußten beschäftigen sich die zahlreichen Richtungen der *tiefenpsychologischen Forschung,* wie etwa die Psychoanalyse, die Individualpsychologie und die komplexe Psychologie[10]. Mit dem tiefenpsychologischen Beweisverfahren wird das Ziel verfolgt, ein zeitweilig Unbewußtes wieder bewußt zu machen[11]. Neben der Verifikation der psychoanalytischen Annahmen durch den Behandlungserfolg oder durch Berücksichtigung und Anwendung weiterer Annahmen der Tiefenpsychologie — wie etwa der Symboldeutung — wird zunehmend auch eine experimentelle Bestätigung der tiefenpsychologischen Betrachtungsweise gesucht[12].

---

6 Über die Definition der Situation im Rahmen von Verhaltensdokumenten wie Einzelfallstudien, Lebensberichte oder psychoanalytische Beichten siehe die Bemerkung von *Thomas,* William, J. u. *Thomas,* Dorothy, S. in: Symbolische Interaktion, ebd., S. 333 - 335.

7 Vgl. *Kunz,* Motivforschung, S. 721 - 724.

8 Vgl. *Wiswede,* Motivation und Verbraucherverhalten, S. 11.

9 Vgl. *Hofstätter,* Peter, R.: Einführung in die Tiefenpsychologie, Wien 1948, S. 28.

In diesem Sinne hält auch Mc Clelland freie Assoziationen u. a. Phantasieprodukte für die Analyse des Leistungsmotivs für aufschlußreicher als eine direkte Analyse des beobachtbaren Verhaltens: „Nur die Äußerungen der Phantasie geben Aufschluß über die wahren ‚inneren Belange' eines Menschen bei seiner Arbeit", *Mc Clelland,* S. 85.

10 *Hofstätter,* Peter R.: Psychologie, Fischer-Lexikon, Bd. 16, verfaßt und herausgegeben v. dems., 1957, S. 294 - 299; *Elhardt,* Siegfried: Tiefenpsychologie. Eine Einführung, 4. Aufl., Stuttgart—Berlin—Köln—Mainz 1975; *Freud,* Sigmund: Gesammelte Schriften, Leipzig—Wien—Zürich 1924; *Abraham,* Karl: Schriften zur Theorie und Anwendung der Psychoanalyse. Eine Auswahl, hrsg. v. Johannes Cremerius, Frankfurt 1972; *Adler,* Alfred: Praxis und Theorie der Individualpsychologie, München 1925; *Jung,* Carl, G.: Die Beziehung zwischen dem Ich und dem Unbewußten, Zürich 1933; *ders.,* Psychologischen Typen, Zürich 1921; *ders.,* Über psychische Energetik und das Wesen der Träume, Zürich 1948.

11 s. *Hofstätter,* Einführung . . ., S. 9 ff.

12 s. *ders.,* S. 17.

Auf eine intensive Auseinandersetzung mit dem tiefenpsychologischen Beweisverfahren und der Frage, inwiefern eine experimentelle Bestätigung mittels Hypnose, bedingtem Reflex und unerledigter Handlung[13] als gelungen angesehen werden kann sowie auf methodologische Erörterungen soll hier unter Hinweis auf die einschlägige Literatur verzichtet werden[14].

Für die Annahme, daß die Aufdeckung unbewußter Beweggründe auf methodologisch gesichertem Wege bisher noch nicht möglich ist, spricht die Vielfalt der bestehenden tiefenpsychologischen Richtungen[15], die trotz bestehender Gemeinsamkeiten doch auch bedeutende Unterschiede aufweisen[16]. Auf Grund der offensichtlichen methodologischen Unzulänglichkeiten der tiefenpsychologischen Beweisverfahren führt der Rekurs auf diese Technik zur Ermittlung der Beweggründe auch nicht zu gesicherten Ergebnissen. Im Unterschied zu den direkten Verfahren der empirischen Sozialforschung besteht bei der Anwendung etwa der Psychoanalyse in besonderem Maße die Gefahr der Manipulierung durch den Analytiker. Es kann nämlich nicht ausgeschlossen werden, daß der Analytiker den Verlauf des psychoanalytischen Gesprächs in seinem Sinne manipuliert, indem er beispielsweise Äußerungen des Probanden, die seinen Auffassungen zuwider laufen, einfach als das Ergebnis einer Verdrängung interpretiert[17].

b) Besondere Probleme bei der Ermittlung von Beweggründen der Genossenschaftspioniere

Zusätzlich zu den oben genannten prinzipiellen Schwierigkeiten beim Versuch der Ermittlung von Beweggründen taucht im Zusammenhang

---

13 s. *ders.*, S. 18 ff.

14 Zur Kritik an den psychoanalytischen Theorien siehe: *Skinner*, B. F.: Kritik psychoanalytischer Begriffe und Theorien, in: Logik der Sozialwissenschaften, hrsg. v. Ernst Topitsch, S. 454 - 463; *Toulmin*, Stephen: The logical status of psycho-analysis, in: Philosophy and analysis, hrsg. v. Mac Donald, Oxford 1954, S. 132 - 139; *Rosenkötter*, Lutz: Über Kriterien der Wissenschaftlichkeit in der Psychoanalyse, in: Psyche, XXIII. Jg., Heft 3, Stuttgart 1969, S. 161 - 169; zur Replik auf diesen Aufsatz siehe *Hoffmann*, S. O.: Über den logischen Status der psychoanalytischen Theorie — Ist es nützlich, die Psychonalyse als „historische“ Wissenschaft zu betrachten?, in: Psyche, XXIII. Jg., Heft 11, S. 838 - 841; *Perrez*, Meinrad: Bedarf die psychoanalytische Theorie eigener Kriterien der Wissenschaftlichkeit?, in: ebd., S. 842 - 849; siehe die Erwiderung von *Rosenkötter*, Lutz: Zu den Diskussionsbeiträgen von S. O. Hoffmann und M. Perrez, in: ebd., S. 850 - 853.

15 Vgl. *Bayer*, S. 78.

16 s. *Hofstätter*, Psychologie, S. 294 ff.; *Haseloff*, Otto, W.: Zur Soziologie psychoanalytischen Wissens, in: KZfSS, 14. Jg., Köln—Opladen 1962, S. 39 - 58.

17 *Popper* diskutiert diese Problematik im Zusammenhang mit der Darstellung der Wissenssoziologie unter dem Stichwort „doppelt verschanzter Dogmatismus“ in: *Popper*, Die offene Gesellschaft und ihre Feinde, Bd. 2, S. 260 ff.

mit der Untersuchung der Beweggründe der Genossenschaftspioniere ein weiteres Problem auf. Da es sich um die Untersuchung von Beweggründen bereits seit längerer Zeit verstorbener Persönlichkeiten handelt, sind die Möglichkeiten der Datenerhebung für die Erstellung und Überprüfung von Hypothesen über deren Beweggründe begrenzt. Das bedeutet, daß alle die Verfahren ausscheiden, die eine Interaktion zwischen Forscher und Pionier verlangen. Verfahren wie Interview, Beobachtung, Einstellungsmessung u. a. Methoden der empirischen Sozialforschung, die man zur Ermittlung und Überprüfung des handlungsleitenden Einflusses von Beweggründen heranziehen könnte — eingedenk der oben erörterten Einschränkungen —, können nicht angewendet werden. Im vorliegenden Fall befindet man sich also in einer ähnlichen Situation wie der Historiker, weil man zur Ermittlung der Beweggründe der Genossenschaftspioniere die Pioniere keiner direkten Kontrolle mehr unterziehen kann. Aussagen über das soziale und mentale Leben können häufig nur von solchen Zeugnissen hergeleitet werden, die heute noch erhalten sind. Zu diesen Zeugnissen zählen Autobiographien, Briefe, Zeitungsberichte, Biographien, Berichte sozialer Agenturen etc.[18].

Für die Beschäftigung mit dem Untersuchungsgegenstand „Beweggründe verstorbener Persönlichkeiten“ scheint auf Grund seiner Charakteristika die Berücksichtigung sowohl der Vorgehensweise der *empirischen Sozialforscher* als auch der Vorgehensweise der *Historiker* angebracht[19].

---

[18] s. *Gottschalk*, Louis: The historian and the historical document, in: The use of personal documents in history, anthropology, and sociology, hrsg. v. Louis Gottschalk et al., New York 1947, S. 16; *Atteslander*, Peter: Dokumentenanalyse, in: Methoden der empirischen Sozialforschung, 4. erw. Aufl., Berlin—New York 1975, S. 62 ff.

[19] Zum Verhältnis von Soziologie und Geschichte auf theoretischer und methodologischer Ebene siehe die Ausführungen von:

Lipset, Seymour, M.: Bemerkungen zum Verhältnis von Soziologie und Geschichtswissenschaft, in: Logik der Sozialwissenschaften, hrsg. v. Ernst Topitsch, S. 477 - 488; *ders.*, Geschichte und Soziologie, in: Geschichte und Soziologie, hrsg. v. Hans-Ulrich Wehler, Neue Wissenschaftliche Bibliothek 53 — Geschichte, Köln 1976, S. 132 - 156; Einleitung von *Wehler*, Hans-Ulrich, in: Geschichte und Soziologie, ebd., S. 11 - 34; *Elias*, Norbert: Soziologie und Geschichtswissenschaft, in: ebd., S. 53 - 77; *Cahnman*, Werner, J. *u. Boskoff*, Alvin: Soziologie und Geschichte, in: ebd., S. 157 - 183; *Freyer*, Hans: Soziologie und Geschichtswissenschaft, in: ebd., S. 78 - 84; *Mills*, C. Wright: Vom Nutzen der Geschichte für die Sozialwissenschaften, in: ebd., S. 85 - 96; *Schieder*, Theodor: Unterschiede zwischen historischer und sozialwissenschaftlicher Methode, in: ebd., S. 283 - 304; *Dreitzel*, Hans Peter: Theorielose Geschichte und geschichtslose Soziologie, in: ebd., S. 37 - 52; *ders.*, Nachwort: Über die historische Methode in der Soziologie, in: Sozialer Wandel, S. 439 bis 469; *Eisermann*, Gottfried: Soziologie und Geschichte, in: Handbuch der empirischen Sozialforschung, Bd. 4, hrsg. v. René König, S. 340 - 404; *Wüstemeyer*, Manfred: Sozialgeschichte und Soziologie als soziologische Geschichte. Zur Raum-Zeit-Lehre der „Annales“, in: KZfSS, Sonderheft 16, S. 566 - 583;

Um die Beweggründe der Pioniere zu ermitteln, bleibt die Möglichkeit, direkt auf das von den Pionieren hinterlassene Datenmaterial in Form von Autobiographien, Briefen etc. zu rekurrieren oder auf Veröffentlichungen von Personen, die sich mit dem Leben und Werk der Pioniere in Biographien oder anderen Büchern und Aufsätzen beschäftigt haben, Bezug zu nehmen oder beide Quellen zu kombinieren. Von letzterer Möglichkeit soll in der vorliegenden Arbeit Gebrauch gemacht werden. In einem ersten Schritt werden die Abhandlungen über die Pioniere auf implizit und/oder explizit formulierte Hypothesen über die Beweggründe der Genossenschaftspioniere hin untersucht und in Kenntnis der Abhandlungen eventuell zusätzliche Hypothesen aufgestellt. Die ermittelten Hypothesen bedürfen ihrerseits einer Überprüfung. Diese Überprüfung soll in einem zweiten Schritt anhand des Datenmaterials, das die Pioniere hinterlassen haben, erfolgen.

c) Extrahierung von Hypothesen über Beweggründe der Genossenschaftspioniere aus second-hand-Material

aa) Second-hand-Material als wissenschaftlich fundierte Aussagen

Da die Ermittlung von Hypothesen über Beweggründe der Genossenschaftspioniere unter Zuhilfenahme von Ausführungen, die in der Genossenschaftsliteratur über die Pioniere gemacht wurden, erfolgen soll, ist eine intensivere Beschäftigung mit derartigen Ausführungen geboten. In diesem Zusammenhang soll der Frage nachgegangen werden, ob und inwieweit man sich auf Biographien und andere Abhandlungen über die Pioniere als wissenschaftlich fundierte Aussagen beziehen und sie als Datenmaterial für die Erstellung von Hypothesen über Beweggründe verwenden kann.

α) Zur Selektivität der Wahrnehmung

αα) Die Absicht des Autors

Um die Brauchbarkeit derartiger Dokumente, die im folgenden unter dem Begriff *second-hand-Material* subsumiert werden sollen, für die Erstellung von Hypothesen über die Beweggründe der Genossenschaftspioniere genauer beurteilen zu können, ist es notwendig, sich mit dem Problem der Selektivität der Wahrnehmung[20] auseinanderzusetzen.

Ludz, Peter Christian: Soziologie und Sozialgeschichte: Aspekte und Probleme, in: ebd., S. 9 - 28; *Wehler,* Hans-Ulrich: Soziologie und Geschichte aus der Sicht des Sozialhistorikers, in: ebd., S. 59 - 80.

[20] Vgl. *Vernon,* M. D.: Wahrnehmung und Erfahrung, Köln 1974.

Biographen und andere Autoren verfügen über ein breit gestreutes Material über die sie interessierende Persönlichkeit. Sie verfügen über Aussagen, die sie gemacht hat, kennen vielleicht ihr Handeln in verschiedenen Situationen etc. Dieses Material sammeln und ordnen sie nun im Blick auf die sie interessierende Fragestellung. Die Rekonstruktion einer Persönlichkeit und ihres Werdegangs in einer Biographie oder in einer anderen Abhandlung erfolgt stets unter einer bestimmten *Perspektive*. Auf Grund dieser gewählten Perspektive erscheinen dem Autor einige Ereignisse als relevant und erwähnenswert, andere dagegen als belanglos. Die gewählte Perspektive führt somit zu einer Selektion der Wahrnehmung. Die selektive Wahrnehmung schließt zugleich die Möglichkeit der Verzerrung der Darstellung ein. Der Tatsache, daß die Autoren im Lichte ihrer gewählten Perspektive interpretieren und dadurch die Informationen in eine bestimmte Richtung kanalisieren, muß man bei der Beurteilung der Brauchbarkeit von second-hand-Material über die Genossenschaftspioniere für die Ermittlung von Hypothesen über Beweggründe der Pioniere Rechnung tragen.

Auf Grund der Selektivität der Wahrnehmung und der Wahlmöglichkeit verschiedener Perspektiven ist die Kenntnis der Absicht des Autors ein wichtiges Korrektiv für die Annahme oder Ablehnung derartiger Abhandlungen als wissenschaftlich fundierten Berichten[21]. Die Absicht schlägt sich möglicherweise auch in der Form der Darstellung nieder. Verbindet der Autor mit seiner Arbeit die Absicht einer Analyse der ihn interessierenden Persönlichkeit, wird er sie in einer anderen Form abfassen als wenn es ihm mehr um eine anekdotenhafte Schilderung geht. Um über den Wert einer Biographie als einem wissenschaftlichen Aussagesystem zu befinden, muß daher untersucht werden, ob es sich mehr um anekdotische Erzählungen[22] oder um den ernsthaften Versuch einer Rekonstruktion einer bestimmten Persönlichkeit handelt.

ββ) Das „reality distance" Problem

Die mit der Selektivität der Wahrnehmung einhergehende Gefahr der Verzerrung der Darstellung besteht prinzipiell unabhängig davon, ob der Autor ein Zeitgenosse der Pioniere und Augenzeuge war oder nicht. Handelt es sich um eine Abhandlung von gegenwärtig lebenden Autoren, ergibt sich die zusätzliche Schwierigkeit der Überwindung

[21] s. dazu *Atteslander*, S. 66 ff.

[22] *Bollack*, Jean, weist auf die ausgesprochen anekdotenhafte Biographieschreibung in der antiken griechischen Literatur hin, in: *ders.*, Vom System der Geschichte zur Geschichte der Systeme, in: Geschichte — Ereignis und Erzählung. Poetik und Hermeneutik V, hrsg. v. Reinhart Koselleck u. Wolf-Dieter Stempel, München 1973, S. 11 - 28.

des Zeitintervalls und damit die Gefahr der Interpretation der Persönlichkeit aus der Vergangenheit im Lichte der Gegenwart[23]. Da der Autor von heute keinen unmittelbaren Zugang zum vergangenen Geschehen hat, muß er ihn sich erst durch *Rekonstruktion* erschließen, wobei ihm sein eigenes Denksystem Hilfe und Hindernis zugleich ist. Auf Grund des fundamentalen Unterschieds zwischen dem Sinn, an dem der Handelnde sich orientiert hat, und dem Sinn, den diese Handlungen unter verschiedenen theoretischen Perspektiven aus heutiger Sicht annehmen können, gilt es Verfahren zu entwickeln, die nicht primär auf intuitiver Begabung, Einsicht und dem Erfahrungshorizont von Biographen beruhen[24]. So verweist Wehler auf die Möglichkeiten der Psychoanalyse für die Klärung der Bedeutung eines Ereignisses für ein Individuum[25]. Er fordert: „... wenn schon Biographie, dann auch mit Hilfe der Psychoanalyse[26].“ Ähnlich argumentieren andere Autoren, die Biographen auffordern, sich mit der psychoanalytischen Theorie auseinanderzusetzen. In diesem Zusammenhang ist von ähnlichen Fähigkeiten die Rede, die Analytiker und Biograph benötigen, um Einblick in die betreffende Persönlichkeit zu erhalten. Diese Fähigkeiten werden sowohl als von „emotionaler Resonanz“ als auch von „rationalem Rüstzeug“[27] abhängig gesehen; d. h., sowohl der Analytiker als auch der Biograph muß in der Lage sein, ungehindert an den Gefühlen der von ihm untersuchten Individuen Anteil zu nehmen und seine Schlußfolgerungen strenger rationaler Prüfung zu unterziehen. Ob die Psychoanalyse allerdings tatsächlich zur Lösung des „reality distance“ Problems beitragen kann, dürfte im Blick auf die weiter oben

---

[23] s. dazu die Ausführungen von *Gottschalk*, S. 67 ff.; *Silbermann*, Alphons: Systematische Inhaltsanalyse, in: Handbuch der empirischen Sozialforschung, Bd. 4, hrsg. v. René König, S. 261:

„Jede biographische Darstellung eines bedeutenden Denkers dient dazu, anhand von überlieferten Texten und Aussagen, die Gedankengänge von Einzelwesen zu erläutern und, wenn möglich, in den Rahmen des totalen sozialkulturellen Gefüges, aus dem sie entsprungen sind oder welches sie beeinflußt haben, einzuordnen ... und auch trotz einer seither weit entwickelten vergleichenden Literaturwissenschaft überragt die qualitative Auslegung die quantitative, d. h. es wird auf diese Weise unausbleiblich, daß das Denksystem von Gestern durch das Denksystem von Heute gesehen und analysiert wird.“

[24] s. dazu *Wehler*, Hans-Ulrich: Zum Verhältnis von Geschichtswissenschaft und Psychoanalyse, in: Geschichte und Psychoanalyse, hrsg. v. dems., Köln 1971, S. 9 ff.

[25] *Ders.*, ebd., S. 29.

[26] *Ders.*, ebd., S. 25.

[27] *George*, Alexander, L. *u. George*, Juliette L.: Psychoanalyse und historische Biographie, in: Geschichte und Psychoanalyse, ebd., S. 87; *Rosenkötter* gelangt als Vertreter der psychoanalytischen Theorie zu demselben Ergebnis: „So ist letztlich das Problem des Wissens für den Psychoanalytiker das gleiche wie für den Historiker“, in: Über Kriterien der Wissenschaftlichkeit in der Psychoanalyse, S. 167.

erörterten methodologischen Schwierigkeiten bei der Anwendung des Verfahrens zur Ermittlung von Beweggründen zumindest umstritten sein.

Das mit dem „reality distance" Problem zugleich angesprochene Problem der übereinstimmenden Bedeutung von Ausdrücken stellt sich nicht nur dann, wenn der Autor und die von ihm untersuchte Persönlichkeit unterschiedlichen Zeitepochen angehören, sondern auch dann, wenn sich ihr sozio-kulturelles Umfeld grundlegend unterscheidet — wenn sie z. B. unterschiedlichen Subkulturen angehören. Autoren, die heute über die Persönlichkeiten der Vergangenheit schreiben, denken nicht nur in anderen Kategorien, sondern leben auch in einer veränderten sozio-ökonomischen Situation. Daraus kann allerdings nicht gefolgert werden, daß Augenzeugen und Zeitgenossen in jedem Fall eine angemessenere Interpretation liefern als Autoren einer anderen Zeitepoche.

γγ) Die Informationsquellen

Der Wert der Abhandlungen über die Pioniere als wissenschaftlich fundierte Berichte wird auch von der Verfügbarkeit und Auswertung von Informationsquellen beeinflußt.

Die den Abhandlungen zugrundegelegten Informationsquellen werden nicht nur im Hinblick auf die Absicht des Autors selegiert. Häufig sind Quellen nicht zugänglich, weil sie verschwunden sind oder zum Zeitpunkt der Abfassung der second-hand-Dokumente noch nicht existieren. Präsenz und Auswahl der Quellen beeinflussen den Wert dieser Abhandlungen als wissenschaftliche Berichte. Sind nur wenige Quellen vorhanden, besteht die Gefahr, daß die Hypothesen über bestimmte Persönlichkeiten vage bleiben und ihre Überprüfung mehr auf dem subjektiven Rekonstruktionsvermögen denn auf nachprüfbaren Unterlagen beruht[28].

Der Zeitgenosse und Augenzeuge kann möglicherweise auf Gespräche zurückgreifen, die er mit der betreffenden Persönlichkeit geführt hat. Diese Gespräche kann er neben Autobiographien, Briefen und anderen persönlichen Dokumenten bei der Erstellung seiner Abhandlung berücksichtigen. Dem Autor, der erst nach dem Ableben der Persönlichkeit nach Informationsmaterial sucht, sind diese Interviews höchstens noch aus zweiter Hand zugänglich, nämlich dann, wenn der Zeitgenosse und Augenzeuge als Interviewer seine Gespräche aufgezeichnet hat. Bei der Verwendung derartiger Interviews muß allerdings berücksichtigt werden, daß sie möglicherweise eher Interpre-

---

[28] Zur Historiographie und historischen Methode siehe die Ausführungen von *Gottschalk*, S. 3 ff.

tationen unter einer bestimmten Perspektive darstellen, denn wortgetreue Aufzeichnungen.

Es besteht aber auch die Möglichkeit, daß erst nach dem Tode der Augenzeugen und Zeitgenossen Quellen, d. h. Informationsmaterial. entdeckt werden, die für die Darstellung der Persönlichkeit von Nutzen sind. Autoren von heute, die über Persönlichkeiten von gestern schreiben und sie analysieren, können nicht nur auf zeitgenössische Ausführungen, die als Texte vorliegen, zurückgreifen, sondern auch auf Erkenntnisse, die erst in der darauffolgenden Zeit gewonnen wurden.

β) Normative und explikative Aussagen

Die Autoren beschränken sich häufig nicht darauf, eine Persönlichkeit lediglich unter einer bestimmten von ihnen gewählten Perspektive zu analysieren, sondern sie gehen in aller Regel auch zu einer Bewertung über.

Die Maßstäbe und Ansatzpunkte möglicher Bewertungen differieren unter anderem auch hinsichtlich des Zeitpunktes der Entstehung der Abhandlungen. Der Augenzeuge beurteilt die Persönlichkeit als Zeitgenosse. Er kann sie in Beziehung zu anderen Zeitgenossen oder bereits verstorbenen Persönlichkeiten setzen. Ferner kann er Überlegungen anstellen, welchen Beitrag die von ihm untersuchte Persönlichkeit für die Bewältigung anstehender Probleme leisten könnte. Dazu kann er einige Projektionen entwerfen.

Demgegenüber vermag der in der Gegenwart lebende und schreibende Autor sein Urteil daran auszurichten, welchen Beitrag die Persönlichkeit zur Zukunftsbewältigung faktisch geleistet hat. Er bleibt nicht auf Spekulationen verwiesen, sondern kann anhand des geschichtlichen Verlaufs und der erfolgten Entwicklung Bilanz ziehen. Er verfügt über einen grundsätzlich anderen Standort als der Augenzeuge und Zeitgenosse. Er stellt eine ex-post-Betrachtung an und wird daher möglicherweise zu einem anderen Ergebnis kommen als jener. Er ordnet die Persönlichkeit in einen anderen Gesamtkontext ein, weil er über Erkenntnisse verfügt, die dem Augenzeugen noch nicht zugänglich waren.

Gegen derartige Wertungen und Würdigungen ist prinzipiell nichts einzuwenden. Wenn aber für die second-hand-Dokumente der Anspruch auf Wissenschaftlichkeit erhoben wird, muß gefordert werden, die normativen Aussagen strikt von den explikativen zu trennen. Häufig werden aber beide Aussagearten vermischt[29], so daß die Gefahr besteht, daß Urteile als Tatsachen ausgegeben werden.

[29] Zu den hier angesprochenen Problemen der Werturteile siehe: *Weber*, Die „Objektivität" sozialwissenschaftlicher Erkenntnis, S. 186 - 263;

γ) Ergebnis

Zusammenfassend kann festgestellt werden, daß eine nicht weiter hinterfragte Verwendung von second-hand-Material als wissenschaftlich fundierte Aussage über bestimmte Persönlichkeiten problematisch ist.

Die Skepsis gegenüber derartigen Abhandlungen als wissenschaftlich fundierte Aussagen beruht weniger auf der in ihnen zum Ausdruck gekommenen selektiven Wahrnehmung bestimmter Vorgänge und Merkmale der Persönlichkeit und der dadurch möglichen Informationsverzerrung als auf dem Umstand, daß die Wahl der Perspektive und damit die Lenkung der Aufmerksamkeit auf als relevant erachtete Informationsquellen und -inhalte implizit erfolgt und nicht genauer expliziert wird.

Der Grundtatbestand der selektiven Wahrnehmung als solcher spricht nicht gegen den Anspruch von Wissenschaftlichkeit, geht er doch jeder wissenschaftlichen Tätigkeit voraus[30]. Was bedenklich stimmt, ist die häufig fehlende Explikation der gewählten Perspektive. Die mangelnde Expliziertheit kann sowohl auf der Absicht, die der Autor mit der Abfassung der Abhandlung verfolgt, beruhen als auch darauf, daß selbst ihm die Wahl der Perspektive nicht voll bewußt ist, daß es sich höchstens um einen partiell bewußten Vorgang handelt[31].

Selbst wenn second-hand-Material mit der erklärten Absicht einer ernsthaften Rekonstruktion der betreffenden Persönlichkeit erstellt wird, kommt es häufig vor, daß die Hypothesen als wissenschaftliche Aussagen über die Persönlichkeit und die Bewertung der Persönlichkeit nicht gesondert werden. Die Vermischung dieser beiden Aussagearten läßt erhöhte Vorsicht im Umgang mit second-hand-Material als wissenschaftlich fundierte Aussagen angezeigt erscheinen.

bb) Second-hand-Material und die biographische Methode

Von der Tatsache, daß zahlreiche Biographien und ähnliche Veröffentlichungen über das Leben und Werk bestimmter Persönlichkeiten den Kriterien der Wissenschaftlichkeit nicht voll entsprechen oder von vornherein derartigen Ansprüchen gar nicht genügen wollen,

---

ders., Vom inneren Beruf zur Wissenschaft, S. 311 - 339; *ders.*, Der Sinn der „Wertfreiheit" der Sozialwissenschaften, S. 263 - 310; *Schluchter*, S. 18 ff.; *Albert*, Wissenschaft und Verantwortung, S. 76 - 105; *ders.*, Theorie und Praxis, S. 200 ff.; *ders.*, Wertfreiheit als methodisches Prinzip, S. 181 ff.; *Helberger*, S. 29 ff.

30 s. *Angell*, Robert: A critical review of the development of the personal document method in sociology, in: The use of personal documents in history, anthropology and sociology, S. 177 ff.

31 Vgl. dazu *Berger*, S. 197 - 207, insbes. S. 203.

kann man nicht auf die Unbrauchbarkeit derartiger Dokumente für die Ermittlung von Hypothesen über Beweggründe schließen. Diese Dokumente können sehr wohl nützliches Datenmaterial für die Untersuchung abgeben.

Im Zusammenhang mit der Erörterung von second-hand-Material als wissenschaftlich fundierte Aussagen wurde auf die Notwendigkeit der Berücksichtigung bestimmter Faktoren wie Absicht und Kompetenz des Autors sowie auf Fragen in Verbindung mit der Problematik der Überwindung des Zeitintervalls hingewiesen. Die Historiker haben Regeln für die Beurteilung von Gültigkeit und Zuverlässigkeit von Datenmaterial entwickelt, die sich genau auf diese Faktoren beziehen[32].

Die erste Regel lautet: Je geringer die Zeitspanne zwischen Ereignis und Wiedergabe, um so geeigneter ist das Dokument für historische Zwecke. Seine Brauchbarkeit erhöht sich c. p. außerdem, je ernster die Absicht des Verfassers ist, einen bloßen Bericht zu geben, je geringer die Zahl der Personen ist, für die es gedacht ist und schließlich, je mehr der Autor Experte auf dem Gebiet der Berichterstattung ist[33]. Der Wert einer Biographie als Datenmaterial ist also um so höher, je eher sie allen vier Bedingungen genügt.

Um die bereits weiter oben diskutierte Gefahr der Verzerrung durch selektive Wahrnehmung zu minimieren, kann als Strategie bei der Ermittlung von Hypothesen über Beweggründe von Genossenschaftspionieren vorgeschlagen werden, sich nicht nur auf eine Biographie zu stützen, die möglichst die vier genannten Bedingungen erfüllt, sondern darüber hinaus andere Biographien und weitere persönliche Dokumente, wie Briefe, Autobiographien etc. heranzuziehen.

Eine Methode, die sich mit der Sammlung und Auswertung derartiger persönlicher Dokumente beschäftigt, ist die *biographische Methode*.

Sie gründet theoretisch in der Sozialpsychologie *G. H. Meads*[34], der als einer der frühesten und bedeutendsten Vertreter des symbolischen Interaktionismus gilt.

---

[32] s. *Gottschalk*, S. 16; *Denzin*, Norman, K.: The life history method, in: ders., The research act in sociology. A theoretical introduction to sociological methods, London 1970, S. 246 ff.

[33] *Ders.*, S. 247.

[34] Zur Sozialpsychologie Meads siehe:
Mead, George, H.: Geist, Identität und Gesellschaft aus der Sicht des Sozialbehaviorismus. Mit einer Einleitung und hrsg. v. Charles W. Morris, Frankfurt 1968.
Zur Beziehung von symbolischem Interaktionismus und biographischer Methode siehe:
Becker, Howard, S.: The life history and the scientific mosaic, in: Sociological work — method and substance, Chicago 1970, S. 65 ff.; *Denzin*, S. 220, 256.

Die Vertreter des *symbolischen Interaktionismus* betonen die subjektive Seite sozialer Erfahrung. Sie gehen davon aus, daß das eigene Bewußtsein gleichzeitig mit der gemeinsamen Definition einer Interaktion durch wechselseitige Antizipation der Erwartungen, die sich jeweils in der Rolle des anderen ausdrückt, ausgebildet wird[35]. Die biographische Methode scheint gerade für eine Theorie, die die subjektive Seite sozialer Erfahrung betont, eine geeignete Methodologie zu sein[36]. Die enge Beziehung zwischen dem symbolischen Interaktionismus und der biographischen Methode kommt darin zum Ausdruck, daß die Anwendung der biographischen Methode auf der Annahme beruht, daß die Berichte subjektiver Erfahrungen den Kern soziologischer Daten bilden, mithin liegt also auch der biographischen Methode, ebenso wie dem symbolischen Interaktionismus, die Absicht zugrunde, soziales Handeln aus der Perspektive der beteiligten Personen zu interpretieren. Die biographische Methode stellt mit Hilfe der Sammlung und Auswertung persönlicher Dokumente Material zur Ergründung des Sozialbewußtseins, verschiedener Motivationen und der psychischen Funktionsweisen sozialer Institutionen bereit[37].

In Anlehnung an *G. W. Allport*[38] soll unter *„persönlichem Dokument"* jede über sich selbst berichtende Information einer Person verstanden werden, die absichtlich oder unabsichtlich über Struktur, Dynamik und Funktionieren ihres mentalen Lebens Auskunft gibt. Allport, wie auch andere Autoren, die eine Definition von „persönlichen Dokumenten" vorgeschlagen haben, sehen die Bedeutung der persönlichen Dokumente in der Möglichkeit der Erkenntnis der psychischen Haltungen und Motivationen der interessierenden Personen[39].

Die Regel, je ernster die Absicht des Autors einen bloßen Bericht zu geben, um so valider und zuverlässiger ist das Dokument[40], ist nicht nur anwendbar auf Verfasser, die über eine bestimmte, sie interessierende Persönlichkeit berichten wollen, sondern auch auf die Persönlichkeiten selbst, sofern sie als Autobiographen tätig werden. Allport unterscheidet zwölf mögliche Motive, die den Autobiographen zum

---

35 Vgl. *Mead*, S. 86 ff., S. 113 ff.

36 s. *Denzin*, S. 258.

37 Vgl. *Szczepanski*, Jan: Die biographische Methode, in: Handbuch der empirischen Sozialforschung, Bd. 4, hrsg. v. René König, S. 249.

38 *Allport*, Gordon, W.: The use of personal documents in psychological science, New York 1951, S. XII: "The personal document may be defined as any self-revealing record that intentionally or unintentionally yields information regarding the structure, dynamics, and functioning of the author's mental life."

39 Vgl. *Szczepanski*, S. 233.

40 s. *Denzin*, S. 247; *Gottschalk*, S. 16.

Schreiben seiner Autobiographie veranlassen können[41]. Je nach Motiv ist das Dokument dann mehr oder weniger brauchbar.

Um eine einseitige Interpretation persönlicher Dokumente zu vermeiden, scheint eine *Triangulation* der Verfahrens- und Sichtweisen angebracht[42]; d. h., die Entwicklung und Anwendung von Strategien zur Kombination verschiedener Methoden, Quellen und Perspektiven. Für die Untersuchung der Beweggründe der Genossenschaftspioniere bedeutet dies, daß man sich nicht nur auf ihre Autobiographie stützen soll, sondern daß man möglichst zahlreiche Materialien sammelt und einander gegenüberstellt, wie Briefe, Memoiren, Tagebücher und Aktennotizen[43]. Dadurch, daß in second-hand-Dokumenten diese Materialien in unterschiedlicher Weise und Intensität verwendet wurden, erhält man durch die Analyse verschiedener derartiger Abhandlungen über dieselbe Persönlichkeit ein Angebot alternativer Interpretationsmöglichkeiten, aus denen Hypothesen über die Beweggründe von Genossenschaftspionieren extrahierbar sind. Eine Triangulation der Perspektiven kommt dadurch zustande, daß beispielsweise in Biographien nicht nur die Lebensgeschichte der interessierenden Persönlichkeit wiedergegeben wird, sondern darüber hinaus auch Berichte von Zeitgenossen und anderen Personen aufgenommen werden[44].

In dem Maße, in dem Abhandlungen über die Pioniere auf derartigen Dokumenten aufbauen, stellen sie geeignetes Datenmaterial zur Extrahierung von Hypothesen über die Beweggründe der Genossenschaftspioniere dar.

2. Überprüfung der Hypothesen über Beweggründe der Genossenschaftspioniere anhand persönlicher Dokumente

a) Techniken der Interpretation und Auswertung persönlicher Dokumente

Nachdem anhand von second-hand-Material Hypothesen über die Beweggründe der Genossenschaftspioniere extrahiert wurden, bedürfen diese Hypothesen ihrerseits noch der Überprüfung.

---

[41] s. *Allport*, The use of ..., S. 69 - 74; *Albrecht*, Gü.: Nicht-reaktive Messung und Anwendung historischer Methoden, in: Techniken der empirischen Sozialforschung, Bd. 2, hrsg. v. Jürgen van Koolwijk u. Maria Wieken-Mayser, München 1975, S. 54.

[42] Vgl. *ders.*, Zur Stellung historischer Forschungsmethoden und Nichtreaktiver Methoden im System der empirischen Sozialforschung, in: KZfSS, Sonderheft 16, S. 242 ff.; *Angell*, S. 227; *Denzin*, S. 225, 237 f., 253.

[43] Zur Brauchbarkeit der verschiedenen persönlichen Dokumente siehe: *Gottschalk*, S. 15 ff.; *Albrecht*, Gü.: Zur Stellung historischer Forschungsmethoden ..., S. 269 ff.; *ders.*, Nicht-reaktive Messung ..., S. 50 ff.; *Denzin*, S. 228 ff.

[44] Zu den zentralen Merkmalen von Biographien siehe *Denzin*,. S. 222.

Zahlreiche Möglichkeiten scheiden — wie oben bereits ausgeführt wurde — auf Grund der Besonderheit des Untersuchungsgegenstands von vornherein aus. Der Rückgriff auf second-hand-Material kommt nicht in Frage, weil ja anhand dieser Dokumente die Hypothesen aufgestellt wurden. Es bleibt aber die Möglichkeit, die Hypothesen mit dem von den Pionieren hinterlassenen Datenmaterial zu konfrontieren, d. h. eine direkte Analyse der persönlichen Dokumente vorzunehmen. Zu diesem Zweck sind noch einige Ausführungen über Techniken der Interpretation und Auswertung von persönlichen Dokumenten erforderlich.

Im Rahmen der biographischen Methode differenziert *Szczepanski* für die soziologische Forschung und ihre Perspektiven fünf verschiedene Vorgehensweisen: die konstruktive Methode, die Methode der Exemplifikation, statistische Bearbeitungen, typologische Analyse und die Methode der Inhaltsanalyse[1].

Die *konstruktive Methode* wird angewendet, um den persönlichen Dokumenten mit Hilfe einer allgemeinen Theorie eine bestimmte Interpretation zu geben. Die *Methode der Exemplifikation*, die als eine Abart der Konstruktionsmethode bezeichnet werden kann, besteht in der Begründung bestimmter Hypothesen durch ausgewählte Beispiele aus den persönlichen Dokumenten. Der Forscher sucht in ihnen die Bestätigung seiner eigenen Theorie. Diese Art der Auswertung persönlicher Dokumente erweist sich allerdings für eine Überprüfung der Hypothesen über die Beweggründe der Genossenschaftspioniere als wenig geeignet.

Die *typologische Analyse* kategorisiert und klassifiziert die persönlichen Dokumente mit dem Ziel, bestimmte Typen wie Persönlichkeitstypen, Verhaltenstypen etc. aufzustellen, während es bei den *statistischen Bearbeitungen* um die Feststellung von Abhängigkeitsbeziehungen zwischen verschiedenen Merkmalen der Autobiographen und deren Einstellungen etc. geht.

Eine weitere Möglichkeit der Analyse persönlicher Dokumente besteht in der Anwendung der Methode der *Inhaltsanalyse* auf autobiographisches Material. Ausgehend von der Behauptung, daß die Inhaltsanalyse bei der Analyse von Autobiographien eine strengere Technik für die Prüfung der Einstellungen der Verfasser geben könnte[2], sollen im folgenden einige Bemerkungen über das Verfahren der Inhaltsanalyse und seine Anwendbarkeit auf das zur Diskussion stehende Problem der Überprüfung von Hypothesen über die Beweggründe der Genossenschaftspioniere gemacht werden.

---

[1] Vgl. *Szczepanski*, S. 243 ff.

[2] s. *ders.*, S. 244.

b) Der Rückschluß von sprachlichen auf nicht-sprachliche Phänomene: Die Inhaltsanalyse

aa) Die klassische Methode

Mit Hilfe der Inhaltsanalyse soll von sprachlichem Material auf die betreffenden individuellen und gesellschaftlichen, nicht-sprachlichen Phänomene zurückgeschlossen werden[3]. Eine derartige Charakterisierung der Inhaltsanalyse verweist zugleich auf eines ihrer zentralen Probleme, auf das *Inferenz-Problem*, das weiter unten behandelt wird.

Zunächst sollen verschiedene Varianten der Inhaltsanalyse vorgestellt werden.

Den modernen Methoden der quantitativen Inhaltsanalyse kann nach *Duverger* die klassische Methode gegenüber gestellt werden[4]. Die klassische Methode zeichnet sich durch eine intensive, persönliche Auseinandersetzung mit dem Dokument aus. Das Dokument kann sowohl einer internen als auch einer externen Analyse unterzogen werden[5]. Erstere bezieht sich ausschließlich auf das Dokument selbst, während letztere der Eingliederung des Dokuments in einen weiteren Zusammenhang dient[6].

Weil dem Forscher für die Interpretation des Dokuments ein relativ weiter Spielraum zur Verfügung steht, wird die intersubjektive Überprüfbarkeit außerordentlich erschwert. Um die Intersubjektivität zu gewährleisten, wurden quantitative Methoden der Inhaltsanalyse entwickelt, die die extrem subjektive Betrachtungsweise der klassischen Methode vermeiden wollen.

bb) *Quantitative versus qualitative Inhaltsanalyse*

Berelson definiert für die Inhaltsanalyse als soziologischer Methode vier charakteristische Elemente: Die Inhaltsanalyse muß objektiv,

---

[3] Zum Verfahren der Inhaltsanalyse siehe: Einführung in die Methoden der empirischen Soziologie, hrsg. v. *Renate Mayntz et al.*, S. 151 - 167; *Scheuch*, Erwin K. u. *Roghmann*, K.: Die Inhaltsanalyse, in: Wörterbuch der Soziologie, hrsg. v. Wilhelm Bernsdorf, S. 459 - 463; *Silbermann*, S. 253 - 339; *Atteslander*, S. 62 - 85; *Schrader*, Achim: Content — Analyse, in: Einführung in die empirische Sozialforschung — Ein Leitfaden für die Planung, Durchführung und Bewertung von nicht-experimentellen Forschungsprojekten, 2. Aufl., Stuttgart—Berlin—Köln—Mainz 1973, S. 80 - 84; *Herkner*, Werner: Inhaltsanalyse, in: Techniken der empirischen Sozialforschung, Bd. 3, hrsg. v. Jürgen van Koolwijk u. Maria Wieken-Mayser, München 1974, S. 158 - 191.

[4] Zitiert nach *Atteslander*, S. 76.

[5] Ebd., S. 76 f.; *Gottschalk*, S. 28 ff.;*Denzin*, S. 248 ff.

[6] Während *Duverger* die Festlegung der Bedeutung der internen Analyse zuzuweisen scheint, subsumieren sowohl *Gottschalk* als auch *Denzin* die Bedeutungsproblematik unter die Kategorie externer Kritizismus; vgl. dies., ebd.

systematisch, quantitativ verfahren und den manifesten Inhalt von Mitteilungen beschreiben[7].

Insbesondere die Beschränkung auf den manifesten Inhalt, d. h. die Beschränkung auf Elemente der Syntax und Semantik ist umstritten[8]. Das gleiche gilt für das Postulat strikter Quantifizierung. An diesen beiden Forderungen entzündete sich die Kontroverse um das Verhältnis von quantitativer und qualitativer Inhaltsanalyse[9]. In seiner Kritik an der quantifizierenden Inhaltsanalyse von Berelson fordert *Kracauer* die Berücksichtigung des Kontextes, der latenten Sinnstrukturen und der Bedeutung der Einzelfälle. Beachtung latenter Sinnstrukturen bedeutet eine Aufforderung zum „zwischen den Zeilen lesen". Im Rahmen der Inhaltsanalyse sollen Intentionen beachtet werden, die im Inhalt verborgen liegen[10]. Mit seiner Kritik trifft Kracauer allerdings nicht alle Varianten der Inhaltsanalyse, sondern nur die früheste und einfachste Variante, die *Frequenzanalyse*. Im Verlauf der Frequenzanalyse wird symbolisches Material von wissenschaftlichen Beobachtern klassifiziert. Die Beobachter beurteilen anhand expliziter Zuordnungs- und Verfahrensregeln, welche Teile des Textmaterials unter die Kategorien des Untersuchungsschemas fallen. Man begnügt sich bei der Anwendung der Frequenzanalyse mit der Ermittlung der bloßen Häufigkeitsverteilung[11].

Daneben wurden sogenannte *Valenz- und Intensitätsanalysen* entwickelt, die auf der Basis sprachlichen Materials Einstellungen messen wollen[12].

Eine weitere Variante, die über die einfache Frequenzanalyse hinausgeht, ist die *Kontingenzanalyse*, in deren Verlauf untersucht wird, wie oft ein sprachliches Element im Zusammenhang mit anderen sprachlichen Elementen auftritt, um so die Assoziationsstruktur des Verfassers der Texte zu messen[13].

Ein Vorzug der qualitativen Inhaltsanalyse auch gegenüber den zuletzt genannten Varianten quantitativer Analyse wird darin gesehen, daß die qualitative Inhaltsanalyse nicht nur die pure Häufigkeit

---

[7] s. dazu *Silbermann*, S. 257; *Atteslander*, S. 78 f.; *Herkner*, S. 158 f.

[8] s. *Silbermann*, S. 257.

[9] Von der Auseinandersetzung zwischen Vertretern der quantitativen und der qualitativen Inhaltsanalyse handelt *J. Ritsert* im Rahmen seiner Untersuchung der Inhaltsanalyse als Instrument der Ideologiekritik; *ders.*, Inhaltsanalyse und Ideologiekritik. Ein Versuch über kritische Sozialforschung, Frankfurt 1972, 2. Aufl. 1975, S. 14 ff.

[10] Vgl. *ders.*, ebd., S. 32 ff.

[11] Vgl. *ders.*, ebd., S. 17.

[12] Vgl. Einführung in die Methoden der empirischen Soziologie, hrsg. v. *Renate Mayntz et al.*, S. 161 ff.

[13] Vgl. ebd., S. 164 ff.; *Silbermann*, S. 312 ff.

eines Inhaltsmerkmals ihren Schlußfolgerungen zugrunde legt, sondern außerdem die Tatsache der An- oder Abwesenheit eines bestimmten Inhaltsmerkmals[14]. Schließlich soll sich eine Berücksichtigung von Kontext, Latenz, Singularität und Präsenz als nützlich für die Auswertung der Ergebnisse der Inhaltsanalyse erweisen.

cc) Verfahrensschritte

Für eine systematische Inhaltsanalyse sind folgende Verfahrensschritte notwendig: theoretische Vorbereitung, Bestimmung des relevanten Materials, Operationalisierung, Pretest/Datenerhebung, Auswertung der Daten, Kontrolle auf Zuverlässigkeit und Gültigkeit und Hypothesenprüfung bzw. Interpretation[15].

Im Zuge der theoretischen Vorbereitung muß geklärt werden, ob denn die Inhaltsanalyse auch die für das Forschungsthema geeignete Methode darstellt. Im Anschluß daran wird das zu klärende Problem in die Form einer Hypothese gekleidet, die möglichst präzise formuliert sein muß, damit die Inhaltsanalyse auch sinnvoll angewendet werden kann. Aus der Hypothese ergibt sich meist, aus welchem Universum die relevanten Texte auszuwählen sind. Als nächstes folgt die Operationalisierung der in der Hypothese auftretenden Variablen. Die Operationalisierung umfaßt zum einen die Bestimmung der sprachlichen Einheiten und zum anderen die Entwicklung des inhaltsanalytischen Kategorienschemas zur Klassifikation der Inhalte. Das Kategorienschema wird als das eigentliche Verbindungsstück zwischen den Variablen der Hypothese und den sprachlichen Konfigurationen, die als Indikatoren für sie gelten, bezeichnet. Nach dem Pretest kann mit der Datenerhebung begonnen werden. Die Daten sind sodann auf ihre Richtigkeit und Vollständigkeit hin zu überprüfen. Im Anschluß an Zuverlässigkeits- und Gültigkeitskontrollen kann man dadurch, daß man die ausgewerteten Daten auf die Forschungshypothese bezieht, feststellen, ob sie die Hypothese stützen oder nicht.

dd) Probleme der Gültigkeit und Zuverlässigkeit

Auf das Problem der Kontrolle von Gültigkeit und Zuverlässigkeit des Schlusses von sprachlichen Variablen auf nicht-sprachliche ist schon weiter oben hingewiesen worden[16]. Beim Verfahren der Inhaltsanalyse

---

14 Diese Auffassung vertritt u. a. *A. George*. Siehe hierzu die Ausführungen von *Ritsert*, Inhaltsanalyse ..., S. 24 ff.

15 s. *Silbermann*, S. 314 ff.; *Atteslander*, S. 80 ff.; *Herkner*, S. 170 ff.; Einführung in die Methoden der empirischen Soziologie, hrsg. *v. Renate Mayntz et al.*, S. 154 ff.

16 s. dazu auch *Schrader*, S. 82 ff.

entstehen die genannten Probleme bereits bei der Operationalisierung[17]. Von einer gelungenen Operationalisierung der Variablen und des Kategoriensystems hängt der Wert jeder Inhaltsanalyse ab.

Unter „*Zuverlässigkeit*" versteht man die Reproduktion identischer Untersuchungsergebnisse unter gleichen Bedingungen. Zur Überprüfung der Zuverlässigkeit wurden verschiedene Tests entwickelt. So dient der Grad der Übereinstimmung der Coder bei den einzelnen Auswertungsgängen als Indikator für die Zuverlässigkeit der Inhaltsanalyse[18]. Die Zuverlässigkeit ist zum einen von der Exaktheit der instrumentellen Anweisungen und zum anderen von der Urteilsfähigkeit der Coder abhängig[19].

Die Ermittlung der Gültigkeit ist noch schwieriger als die der Zuverlässigkeit[20]. „*Gültigkeit*" kann eine Inhaltsanalyse dann beanspruchen, wenn der Nachweis gelingt, daß der Forscher die sprachlichen Einheiten so verstanden hat wie sie vom Produzenten gemeint waren, und daß der unterstellte Zusammenhang zwischen dem Auftreten bestimmter sprachlicher Zeichen im Text und einer Absicht, Einstellung, Motivation tatsächlich besteht[21]. Für die Überprüfung der Gültigkeit stehen verschiedene Verfahren zur Verfügung[22].

Die Feststellung der Gültigkeit wäre einfacher, wenn man unterstellen könnte, daß ein bestimmtes Sprachsymbol für Produzent und Analytiker eine identische Bedeutung hat. Sprachliche Symbole unterliegen im Laufe der Zeit einem Bedeutungswandel. Mithin ist es nicht unproblematisch, bestimmte sprachliche Symbole, die ein Autor vergangener Zeiten gebraucht hat, mit der heutigen Bedeutung zu belegen. Der Autor, in diesem Fall der Genossenschaftspionier, gibt in den persönlichen Dokumenten die von ihm subjektiv perzipierte Realität wieder, die dann vom Forscher erneut perzipiert, interpretiert und analysiert wird[23]. Da die Analyse persönlicher Dokumente dieses Problem der übereinstimmenden Bedeutung aufwirft, sollte eigentlich jeder Inhaltsanalyse eine *empirisch-semantische Analyse* vorausgehen, um die tatsächliche Bedeutung sprachlicher Einheiten festzustellen[24].

---

[17] s. *Silbermann*, S. 315.

[18] s. *Herkner*, S. 176.

[19] s. *Ritsert*, Inhaltsanalyse ..., S. 61.

[20] s. *ders.*, ebd., S. 71; *Silbermann*, S. 316.

[21] Vgl. Einführung in die Methoden der empirischen Soziologie, hrsg. v. *Renate Mayntz et al.*, S. 161.

[22] s. ebd., S. 161; *Ritsert*, Inhaltsanalyse ..., S. 71 ff.

[23] s. *Denzin*, S. 247.

[24] Vgl. Einführung in die Methoden der empirischen Soziologie, hrsg. v. *Renate Mayntz et al.*, S. 153; *Silbermann*, S. 311. Das semantische Problem vergrößert sich, wenn die Bedeutung absichtlich verschleiert wird. Siehe hierzu *Gottschalk*, S. 32.

Eng mit dem semantischen Problem ist das Problem verbunden, Verhalten in seinen zeitlichen Umständen zu verstehen und zu interpretieren[25].

Um die tatsächliche Bedeutung sprachlicher Symbole feststellen zu können, ist die Berücksichtigung des situativen Kontextes, in dem der Text produziert wurde, und der objektiven Beschaffenheit der bezeichneten Phänomene angebracht[26].

c) Überprüfung der Hypothesen in Anlehnung an die Methode der Inhaltsanalyse

Die Schlußfolgerungen von festgestellten Inhalten eines Textes auf nicht-sprachliche Variablen können sich unter anderem auf die Absichten, Einstellungen und Werte des Textproduzenten beziehen[27]. Eine Anwendung der Inhaltsanalyse für Zwecke des Tests von Hypothesen über die Beweggründe der Genossenschaftspioniere scheint also prinzipiell möglich.

Da die Inhaltsanalyse ein sehr aufwendiges Verfahren darstellt, diskutiert Silbermann diejenigen Fälle, für die die systematische Inhaltsanalyse eine geeignete Vorgehensweise darstellt. Er hält sie im allgemeinen dann für angebracht, wenn das Untersuchungsmaterial so umfangreich ist, daß eine Stichprobe gezogen werden muß, wenn das Material von einem Team bearbeitet wird und wenn sich der Untersuchungsgegenstand durch räumliche und zeitliche Distanz dem direkten Zugriff des Forschers entzieht, er seine Daten nur aus zweiter Hand beziehen kann[28].

Insbesondere das letztgenannte Argument scheint die Forderung zu stützen, die Inhaltsanalyse im vorliegenden Fall anzuwenden. Wenn dennoch auf ihre Anwendung verzichtet werden soll, bedarf dies einer näheren Begründung.

Der Verzicht läßt sich zunächst mit der Aufwendigkeit des Verfahrens begründen. Die Hauptargumente, die gegen die Durchfüh-

---

[25] *Ders.*, S. 32.

[26] Selbst wenn die Bedeutung gesichert ist, muß noch geprüft werden, ob das Subjekt überhaupt fähig und willens war, die Wahrheit zu sagen. Es müssen die Bedingungen für die Glaubwürdigkeit untersucht sowie eine Bestätigung durch das unabhängige Zeugnis mehrerer Zeugen versucht werden. Die Historiker bezeichnen den Überprüfungsvorgang der Zeugnisse auf Glaubwürdigkeit als Methode des internen Kritizismus. Siehe hierzu *Gottschalk*, S. 35 ff.; *Denzin*, S. 249 ff.

[27] s. *Silbermann*, S. 258; Einführung in die Methoden der empirischen Soziologie, hrsg. v. *Renate Mayntz et al.*, S. 153.

[28] s. *Silbermann*, S. 311, vgl. auch die Anwendung der Inhaltsanalyse bei *Mc Clelland*, S. 80 ff. zur Auswertung von imaginativer Literatur aus verschiedenen Kulturen und Epochen.

rung einer systematischen Inhaltsanalyse sprechen, beziehen sich allerdings auf das weiter oben angesprochene und im Zusammenhang mit Gültigkeits- und Zuverlässigkeitsfragen bereits erörterte *Inferenzproblem*. Zwei Arten von Inferenzen sind zu unterscheiden: zum einen die Inferenz vom untersuchten Material auf dessen Sender und/oder Empfänger und zum anderen die Inferenz vom untersuchten Material auf die Gesamtheit, aus der das Material selegiert wurde[29].

Probleme im Zusammenhang mit der Bestimmung des relevanten Textmaterials treten bei der Auswahl der *Grundgesamtheiten* und der *Stichproben* auf. Da eine Veränderung in den Beweggründen im Zeitablauf nicht ausgeschlossen werden kann, müßte die Stichprobenauswahl so konstruiert werden, daß sie Veränderungen im Zeitablauf Rechnung trägt. Eine einfache Zufallsauswahl könnte gerade dazu führen, daß diese Wandlungsprozesse unerkannt bleiben. Um die Stichprobenauswahl entsprechend zu gestalten, müßte man wissen, zu welchem Zeitpunkt ein Wandel in den Beweggründen eingetreten ist und die Grundgesamtheiten, aus denen dann die Stichprobe gezogen wird, wären entsprechend zu differenzieren. Da aber derartige Hypothesen nicht vorliegen, besteht die Gefahr, daß auf Grund der Auswahl der Grundgesamtheiten und der Stichproben die Wandlungsprozesse gerade nicht erfaßt werden. Ein weiteres Argument gegen die Anwendung der systematischen Inhaltsanalyse im vorliegenden Fall ergibt sich aus der Diskussion der *Gültigkeitsproblematik* der Inhaltsanalyse. Die Gültigkeitsproblematik betrifft die zweite Art der zu beachtenden Inferenzen, den Nachweis, daß das, was gemessen wurde auch tatsächlich das war, was gemessen werden sollte. Da die Inhaltsanalyse auf dem Rückschluß von sprachlichen Variablen auf nicht-sprachliche Phänomene beruht, spricht gegen die Anwendung der systematischen Inhaltsanalyse einerseits der Umstand, daß das Verfahren eben nicht in der Lage ist, dem Bedeutungswandel sprachlicher Symbole vollständig Rechnung zu tragen und andererseits die Tatsache, daß es ebensowenig Regeln enthält, die angeben unter welchen Umständen sich bestimmte Einstellungen, Absichten, Werte etc. in welche sprachliche Form kleiden lassen. Hängt also auch die Gültigkeit der Inhaltsanalyse davon ab, inwiefern man eine identische Bedeutung von sprachlichen Symbolen für Produzent und Forscher berechtigterweise unterstellen kann, bzw. wie man sie herstellen kann, scheint in einer Anzahl von Fällen das weniger aufwendige Verfahren einer sorgfältigen subjektiven Analyse geeignet, die gleichen Ergebnisse zu erzielen[30].

---

[29] Vgl. *Herkner*, S. 183.

[30] *Silbermann*, S. 311:
„Ohne an dieser Stelle erneut auf den Streit um den quantitativen oder

Obschon aus den genannten Gründen auf die Anwendung der systematischen Inhaltsanalyse verzichtet wird, hat ihre Diskussion doch auf einige Probleme aufmerksam gemacht, die bei der Untersuchung von Beweggründen von Persönlichkeiten, die bereits verstorben sind, zu berücksichtigen sind. Insbesondere die Beachtung der aus der Kontroverse quantitative versus qualitative Inhaltsanalyse hervorgegangenen Forderung, bei der Textinterpretation Kontext, Einzelfälle, latente Sinnstrukturen und Präsenz zu berücksichtigen, kann dazu beitragen, einseitig introspektive Deutungen zu verhindern, die sich mehr durch Spekulation und Impressionismus auszeichnen als durch den Versuch einer nachprüfbaren Rekonstruktion der betreffenden Persönlichkeit. Außerdem konnte im Zusammenhang mit der Darstellung der Inhaltsanalyse auf die Probleme der Sicherung von Gültigkeit und Zuverlässigkeit von Textinterpretationen eingegangen werden. Deshalb soll das Verfahren der systematischen Inhaltsanalyse bei der Überprüfung der Hypothesen über die Beweggründe der Genossenschaftspioniere anhand persönlicher Dokumente als Orientierungshilfe dienen, um die subjektive Analyse möglichst nachprüfbar zu gestalten.

3. Darstellung einer Strategie zur Überprüfung des handlungsleitenden Einflusses der Beweggründe der Genossenschaftspioniere

Sollten sich die in Anlehnung an die Methode der Inhaltsanalyse überprüften Hypothesen über die Beweggründe der Genossenschaftspioniere bestätigen, so ist damit nur gesagt, daß man davon ausgehen kann, daß die Pioniere diese Beweggründe wahrscheinlich gehabt haben. Mit Sicherheit kann man dies nicht behaupten, weil auf Grund bisher noch fehlender methodologisch einwandfreier Forschungstechniken zur Erfassung der Beweggründe auf die Aussagen der Handelnden — im vorliegenden Fall auf die Inhalte der persönlichen Dokumente — zurückgegriffen werden muß, die aber auf Grund einer Selbsttäuschung oder der Anwendung von Rationalisierungs- und Rechtfertigungsstrategien eine verzerrte Darstellung der Beweggründe beinhalten können.

Nachdem im vorliegenden Fall die Hypothesen über die Beweggründe der Pioniere durch Rückgriff auf die persönlichen Dokumente überprüft wurden, muß in einem weiteren Schritt der handlungsleitende Einfluß der Beweggründe nachgewiesen werden; d. h. man muß versuchen, einen erweiterten praktischen Schluß für die Handlung

qualitativen Ansatz zu sprechen zu kommen, ist doch festzustellen, daß der Forscher in gewissen Fällen mit einer sorgfältigen subjektiven Analyse die gleichen Ergebnisse erzielen kann wie mit der aufwendigeren Inhaltsanalyse."

„Gründung von Genossenschaften“ zu rekonstruieren. Es geht um den Nachweis, daß der postulierte Beweggrund *X* für den Genossenschaftspionier *A* ein Anlaß war, eine Lebenslageverbesserung dadurch herbeiführen zu wollen, daß er eine Genossenschaft mit bestimmten Merkmalen gründete. Da sich der handlungsleitende Einfluß von Beweggründen nicht zwingend empirisch nachweisen läßt, weil das Vorliegen von bestimmten Beweggründen keine hinreichende Bedingung für das Eintreten bestimmter Handlungen ist[31], benötigt man eine Strategie, die die gegebene Handlungserklärung im Lichte ihrer Beweggründe zumindest plausibel erscheinen läßt.

Die hier angewendete Strategie geht von nachstehenden Überlegungen aus, die eine gewisse äußerliche Ähnlichkeit mit Hempels dispositioneller Handlungserklärung[32] aufweisen:

Sowohl die Zielformulierung *Z* als auch die Mittelwahl *a* wird von dem Beweggrund *X* als wesentlich beeinflußt angesehen.

Für die Beziehung zwischen Beweggrund *X* und Mittel *a* kann folgende Hypothese aufgestellt werden: Der Pionier *A* verleiht dem Mittel *a* eine entsprechend seinem Beweggrund *X* spezifische Ausprägung $a_{x1} \ldots a_{xn}$.

Eine entsprechende Ausprägung des Mittels *a* kann empirisch festgestellt werden; denn das Mittel *a*, die Gründung von Genossenschaften, liegt vor. Anhand der Satzung der Genossenschaften können dann die einzelnen Merkmale der Genossenschaften untersucht werden. Die auf diese Weise identifizierten und ermittelten Merkmale können dem

---

31 Diese Problematik hat sich insbesondere in zahlreichen Untersuchungen über Einstellungen und Einstellungswandel gezeigt, in denen von bestimmten Einstellungen auf ein bestimmtes Verhalten kurz geschlossen wurde und das Phänomen des einstellungskonträren Verhaltens unberücksichtigt blieb. Siehe dazu:

Freedman, Jonathan, L. *et al.*: Social psychology, 2. Aufl., New Jersey 1974; *Allport*, Gordon, W.: Die Natur des Vorurteils, hrsg. u. kommentiert v. Carl Friedrich Graumann, Köln 1971; *Lukasczyk*, K.: Einstellungen, in: Wörterbuch der Soziologie, hrsg. v. Wilhelm Bernsdorf, S. 211 - 215.

32 *Hempel* geht davon aus, daß sich normative Verhaltensprinzipien in Aussagen des dispositionalen Typs transformieren lassen. Die dispositionelle Handlungserklärung enthält neben einer bestimmten dispositionellen Eigenschaft *M* bestimmte Umstände S_3, in denen sich die dispositionale Eigenschaft *M* in einem bestimmten Symptom, nämlich einem bestimmten Verhalten R_3 manifestiert, dessen Auftreten gerade erklärt werden soll. Formal ist dies folgendermaßen darstellbar:

(c_1) *i* was in a situation of kind S_3
(c_2) *i* has the property *M*
(*L*) Any *X* with the property *M* will, in a situation of the kind S_3, behave in manner R_3

(*E*) *i* behaved in manner R_3
vgl. *Hempel*, Aspects of scientific explanation, S. 462.

unterstellten Beweggrund gegenübergestellt werden. Läßt sich zeigen, daß die festgestellten Ausprägungen des Mittels *a* obige Hypothese bestätigen, kann eine derartige Ausprägung als Indikator für eine angemessene Rekonstruktion des praktischen Schlusses angesehen werden. Dies berechtigt mit einiger Plausibilität zu der Behauptung, daß der Beweggrund *X* auf die Handlung *a* einen kausalen Einfluß ausgeübt hat. Mehr als Plausibilität kann für die Behauptung nicht in Anspruch genommen werden, weil erstens Beweggründe nicht zwingend empirisch nachgewiesen werden können und man daher auf die Anwendung von Hilfsstrategien — wie oben dargestellt — angewiesen bleibt, zweitens der praktische Syllogismus kein empirisches Beweis-, sondern ein logisches Begründungsverfahren für den Fall darstellt, daß eine Handlung bereits vorliegt und zu ihrer Erklärung eine praktische Argumentation konstruiert werden soll.

Die Behauptung, daß der Beweggrund *X* auf die Handlung *a* einen kausalen Einfluß ausgeübt hat, darf allerdings nicht so interpretiert werden, daß Beweggründe Handlungen im Humeschen Sinne verursachen. Dies zu behaupten, bedeutet anzunehmen, daß zwischen dem inneren und dem äußeren Aspekt der Handlung ein allgemeines Gesetz involviert ist, dergestalt, daß der innere Aspekt der Handlung, zu dem die Beweggründe zählen, den äußeren Aspekt der Handlung, das, worauf sich die Beweggründe richten, im Humeschen Sinne verursachen. Gegen eine derartige kausale Theorie der Erklärung von intentionalistisch verstehbaren Handlungen wurde bereits weiter oben argumentiert.

4. Zusammenfassung

Zusammenfassend sei festgestellt, daß die Überprüfung der Hypothese vom handlungsleitenden Einfluß der Beweggründe in drei Verfahrensschritten erfolgt.

In einem ersten Schritt müssen die Hypothesen über die Beweggründe der Genossenschaftspioniere ermittelt werden. Die Ermittlung von Hypothesen über Beweggründe weist einige methodische Schwierigkeiten auf. Die Schwierigkeiten liegen zum einen darin begründet, daß sich Beweggründe bislang auf methodologisch einwandfreie Weise noch nicht feststellen lassen, zum anderen ergeben sich zusätzliche Ermittlungsprobleme dadurch, daß es sich um die Erforschung von Beweggründen von Persönlichkeiten handelt, die bereits seit längerer Zeit verstorben sind. In Anbetracht der genannten Probleme wird in der vorliegenden Arbeit auf second-hand-Material, wie Biographien, Aufsätze und ähnliche Abhandlungen über die Genossenschaftspioniere zurückgegriffen, um Hypothesen über die Beweggründe der Pioniere zu formulieren. Diese Hypothesen bedürfen ihrerseits einer Überprüfung. Die Überprüfung bildet den Gegenstand des zweiten Verfahrensschritts.

Nachdem die Hypothesen auf Grund von second-hand-Material ermittelt wurden, sollen sie anhand von first-hand-Daten, den persönlichen Dokumenten der Genossenschaftspioniere, überprüft werden. Ein geeignetes Verfahren zur Interpretation und Auswertung der persönlichen Dokumente ist die Inhaltsanalyse. Mit ihrer Hilfe soll von sprachlichen Phänomenen auf nicht-sprachliche, im vorliegenden Fall auf die Beweggründe der Genossenschaftspioniere, zurückgeschlossen werden. Auf Grund der Inferenzproblematik, d. h. einiger Schwierigkeiten im Bereich der Auswahl des relevanten Textmaterials und der Zuverlässigkeits- und Gültigkeitsproblematik im Hinblick auf die Schlußfolgerungen von den sprachlichen Äußerungen auf nicht-sprachliche Phänomene wird die Inhaltsanalyse im vorliegenden Fall nicht systematisch angewendet, sondern als Orientierungshilfe für eine subjektive Analyse herangezogen, um diese möglichst nachprüfbar zu gestalten.

Die beiden ersten Verfahrensschritte dienen also der Gewinnung und Überprüfung von Hypothesen über Beweggründe der Genossenschaftspioniere. Sollten die Hypothesen bestätigt werden, ist damit aber noch nichts Endgültiges über den handlungsleitenden Einfluß der Beweggründe ausgesagt. Diesen zu überprüfen ist Aufgabe und Gegenstand des dritten Verfahrensschritts. Die Hypothese vom handlungsleitenden Einfluß der Beweggründe läßt sich in Form des erweiterten Schemas des praktischen Syllogismus formulieren: Der Beweggrund *X* war für den Genossenschaftspionier *A* ein Anlaß, eine Lebenslageverbesserung dadurch herbeiführen zu wollen, daß er eine Genossenschaft *a* mit den Merkmalen $a_{x1} \ldots a_{xn}$ gründete. Da man den handlungsleitenden Einfluß des Beweggrundes *X* nicht zwingend empirisch nachweisen kann, weil das Vorliegen des Beweggrundes *X* das Eintreten einer Handlung *a* mit den Merkmalen $a_{x1} \ldots a_{xn}$ nicht notwendigerweise zur Folge haben muß, benötigt man eine Strategie, die die im Rahmen des praktischen Syllogismus gegebene Handlungserklärung im Lichte ihrer Beweggründe zumindest plausibel erscheinen läßt. Die Entwicklung und Anwendung einer derartigen Strategie wird in dem letzten Verfahrensschritt versucht.

Auf Grund der genannten Probleme, die in den drei Untersuchungsabschnitten auftreten, dürfte klar sein, daß die vorliegende Arbeit den eindeutigen empirischen Nachweis des handlungsleitenden Einflusses von Beweggründen schuldig bleiben muß. Nichtsdestoweniger sollte sie als eine Argumentation zugunsten der Berücksichtigung von Beweggründen für die Entwicklung einer empirischen Genossenschaftstheorie verstanden werden. Die Bedeutung der Beweggründe der Genossenschaftspioniere für die Erklärung der Entstehung von Genossenschaften liegt nämlich darin, daß sie den gesamten Handlungsentwurf, der in Form eines praktischen Syllogismus rekonstruiert werden kann, mit beeinflussen. Die vorliegende Arbeit kann daher als ein Versuch gewertet werden, diesen Beeinflussungsprozeß theoretisch zu erhellen und praktisch zu rekonstruieren.

Darüber hinaus kann die vorliegende Untersuchung der Beweggründe der mittelständischen Genossenschaftspioniere des landwirtschaftlichen Bereichs als ein Beitrag zu einer sachlichen Auseinandersetzung mit den Pionieren und zur Erstellung nachprüfbarer Analysen aufgefaßt werden, um so ein Gegengewicht zu den häufig pathetisch überhöhten Darstellungen des Lebens und Wirkens der Genossenschaftspioniere in der Genossenschaftsliteratur zu schaffen.

Teil C. Untersuchung der Beweggründe mittelständischer Genossenschaftspioniere des landwirtschaftlichen Bereichs

I. Die Beweggründe Friedrich Wilhelm Raiffeisens

1. Ermittlung von Hypothesen

a) Darstellung in der Literatur

aa) Raiffeisens Leben und Werk

α) Lebenslauf

F. W. Raiffeisen gilt als der Begründer der ländlichen Genossenschaften[1].

Er wurde 1818 in Hamm an der Sieg geboren[2].

1835 meldete er sich freiwillig bei der Armee, um Berufssoldat zu werden. Ein Augenleiden zwang ihn allerdings 1843 zum Austritt aus der Armee. Daraufhin trat er im selben Jahr in den Verwaltungsdienst ein.

Im Laufe seiner kommunalen Tätigkeit erhielt er wiederholt Gelegenheit, die bedrückende sozio-ökonomische Situation der Landbevölkerung zu studieren. Er sah sich vor allem mit dem aus der Bauernbefreiung und dem Übergang von der Naturaltausch- zur Geldwirtschaft resultierenden Notstand konfrontiert[3]. Land-, Vieh-, Waren-

---

[1] s. *Faust*, Geschichte ..., 2. Aufl., S. 268 ff.; *ders.*, Raiffeisen — Christ und Genossenschaftspionier, in: Der Verbraucher, 11/1968, S. 11; *Gennes*, Das deutsche landwirtschaftliche ..., S. 11 ff.; *Kaiser*, G. W.: Raiffeisen — Abende. Zwiegespräch über die ländlichen Darlehenskassen-Vereine nach dem System Raiffeisen, Neuwied 1891; Der Raiffeisen-Verein. Seine Entstehung und sein Wesen, in: *50 Jahre Raiffeisen 1877 - 1927*, Neuwied 1927, S. 138 - 146 sowie die gesammelten Aufsätze und Vorträge von *Meyenstein*, Adam: Raiffeisen und das deutsche Dorf, i. A. des hessischen Verbandes ländlicher Genossenschaften, hrsg. v. Johannes Fenner, Berlin 1917; *ders.*, Raiffeisens Leben. Vortrag gehalten auf dem Rechnerkursus zu Kassel am 26. Nov. 1902.

[2] Eine detaillierte Darstellung seines Lebenslaufs findet sich bei: *Krebs*, Willy: Aus dem Leben Friedrich Wilhelm Raiffeisens, 2. Aufl., Neuwied 1925; *Seelmann-Eggebert*, Erich, L.: Friedrich Wilhelm Raiffeisen. Sein Lebensgang und sein genossenschaftliches Werk, Stuttgart 1928, S. 34 ff.

[3] Vgl. *Müller*, Friedrich: Die geschichtliche Entwicklung des landwirtschaftlichen Genossenschaftswesens in Deutschland, Diss. Würzburg 1900, S. 18 ff.; *v. Eucken-Addenhausen*, Georg: Die Raiffeisenschen Spar- und Darlehenskassen-Vereine — segensreiche Werkstätten christlicher Nächstenliebe, Raiffeisen-Bücherei, 4. Bd., 6. Aufl., Neuwied o. J.; *Pfarrer Oels*, Raiffeisen, Ein ländlicher Sorgenbrecher und christlich sozialer Segenstifter,

und Geldwucherer brachten die Bauern häufig um ihren gesamten Besitz[4], so daß sie gezwungen waren, ihre Höfe zu verlassen.

Raiffeisen begann seine Verwaltungslaufbahn als Supernumerar bei der Regierung in Koblenz und wurde bereits nach etwa eineinhalbjähriger Ausbildungszeit zum kommissarischen Kreissekretär des Kreises Mayen ernannt[5]. 1845 übernahm er zunächst kommissarisch die Bürgermeisterei Weyerbusch. 1848 wurde ihm die Bürgermeisterei Flammersfeld als neuer Wirkungskreis zugewiesen. 1852 übersiedelte Raiffeisen nach Heddesdorf bei Neuwied, um dort die Bürgermeisterei zu übernehmen.

Aus gesundheitlichen Gründen trat er 1865 in den Ruhestand. Danach widmete er sich bis zu seinem Tode 1888 intensiv der Genossenschaftsarbeit.

β) Vereinsgründungen

Raiffeisen gilt nicht als Theoretiker, sondern als *Praktiker* und *Sozialpolitiker*[6].

Während seiner Tätigkeit als Bürgermeister bemühte er sich insbesondere um den Schulbau sowie um den Wege- und Straßenbau. In seine Amtszeit als Bürgermeister von Weyerbusch fiel die Gründung des sogenannten „*Weyerbuscher Konsumvereins*". Dieser Verein wurde in dem Notjahr 1846/47 von ihm unter Beteiligung der wohlhabenden Einwohner gegründet. Raiffeisens Tätigkeit in diesem Verein deckte

---

Raiffeisen-Bücherei, 6. Bd., 12. Aufl., Neuwied o. J.; *Schürmann*, S. 21 ff.; *Gennes*, Das deutsche landwirtschaftliche ..., S. 7 ff.; *Krebs*, Fr. W. Raiffeisen, S. 9 ff.; *Meyerholz*, S. 9 ff.; *Faust*, Geschichte ..., 2. Aufl., S. 268 ff.

4 Vgl. *Held*, Adolf, Der Wucher auf dem Lande, Leipzig 1887; *Löll*, L.: Die bäuerlichen Darlehnskassen-Vereine nach Raiffeisen und die gewerblichen Kreditvereine nach Schulze-Delitzsch, 1. Aufl. 1878, 2. Aufl., Würzburg 1889, S. 5 ff.; *Schack*, Gerhard: Raiffeisen in Deutschland. Idee, Organisation und gegenwärtiger Stand des ländlichen Genossenschaftswesens im Bundesgebiet, 4., überarbeitete Aufl., Neuwied 1963, S. 10 ff.; *Richter*, Heinrich: Friedrich Wilhelm Raiffeisen und die Entwicklung der Genossenschaftsidee, Diss. Erlangen—Nürnberg 1965, München 1966, S. 71 ff.

5 Raiffeisens Verwaltungslaufbahn wird dargestellt bei: *Seelmann-Eggebert*, S. 36 ff.; *Hönekopp*, Josef: Vom Wohltätigkeitsverein zur Genossenschaft — Ein Bürgermeister wird Genossenschaftsgründer (1845 - 1864), in: Freiheit und Ordnung; Festschrift für Theodor Sonnemann, hrsg. v. Präsidium des deutschen Raiffeisenverbandes, Bonn 1970, S. 81 - 97; *Faßbender*, Martin: F. W. Raiffeisen in seinem Leben, Denken und Wirken im Zusammenhang mit der Gesamtentwicklung des neuzeitlichen Genossenschaftswesens in Deutschland, Berlin 1902, S. 16 ff.; *Krebs*, Willy: Raiffeisens Persönlichkeit und seine Bedeutung für das Landvolk, in: 50 Jahre Raiffeisen, S. 1 ff.

6 *Hönekopp*, Vom Wohltätigkeitsverein ..., S. 81; *Haverkamp*, Jan, R.: Raiffeisen: Vorbild und Auftrag, in: Raiffeisenrundschau, 25. Jg. 1973, S. 422; *Liebermann*, F.: Zeuge Th. Heuss sagt aus über Raiffeisen und Schulze-Delitzsch, in: ebd., S. 91; *Becker*, Georg: Die Idee Raiffeisens, in: F. W. Raiffeisen zum Gedächtnis, S. 139; *Faßbender*, S. 30.

sich weitgehend mit seiner Tätigkeit als Bürgermeister. Es ging im wesentlichen um Notstandsmaßnahmen, die als Arbeitsbeschaffungsprogramme und als Lebensmittelbeschaffungsaktionen ausgestaltet waren[7]. Die freiwillig gebildete Armenkommission nahm Anleihen auf und errichtete eine Bäckerei. Die Armen erhielten das dort gebackene Brot zu einem verbilligten Preis[8]. Die erforderlichen Anleihen wurden zum einen bei den wohlhabenden Schichten gemacht und zum anderen stellte der Staat einen Teil der erforderlichen Geldmittel bereit. Von genossenschaftlicher Selbsthilfe kann in diesem Fall allerdings noch keine Rede sein[9].

Der „Weyerbuscher Konsumverein" wurde mit der Überwindung der größten Not nicht aufgelöst, sondern sein Tätigkeitsfeld wurde auf die Beschaffung von Saatgetreide und -kartoffeln ausgedehnt[10].

Die positiven Erfahrungen, die Raiffeisen in diesem Zusammenhang machen konnte, bestärkten ihn in seinem Entschluß, sich auch weiterhin für die Besserung der Lage der ländlichen Bevölkerung mittels Vereinsgründungen einzusetzen[11]. Als er 1848 nach Flammersfeld versetzt wurde, gründete er dort den *„Flammersfelder Hilfsverein zur Unterstützung unbemittelter Landwirte"*[12]. Zunächst nur als Viehbeschaffungsverein konzipiert, wurde er im Laufe der Zeit zu einer Krediteinrichtung, der späteren Darlehnskasse, umgestaltet — allerdings noch auf Basis der solidarischen Haftung der wohlhabenden Mitglieder.

Auch in seinem nächsten Wirkungskreis in Heddesdorf betrieb Raiffeisen die Gründung eines Vereins. Im Jahre 1854 wurde der *„Heddesdorfer Wohltätigkeitsverein"* gegründet[13]. Die Mitglieder des Vereins waren wohlhabende Bürger, die mittels solidarischer Haftung die Erfüllung nachstehender Aufgaben anstrebten: Erziehung und Fürsorge verwahrloster Kinder, Beschäftigung von Arbeitsscheuen und ehemaligen Sträflingen, Errichtung einer Volksbibliothek, Beschaffung von Vieh und Gewährung von Darlehn.

Während der „Weyerbuscher Konsumverein" primär der Sicherung der unmittelbar bedrohten Existenz der Landbevölkerung diente, sollte

---

[7] Vgl. *Hönekopp*, Vom Wohltätigkeitsverein ..., S. 84 ff.

[8] Vgl. *Schack*, S. 13 f.

[9] Vgl. *Richter*, S. 20 f.

[10] Vgl. *Schack*, S. 14; *Seelmann-Eggebert*, S. 63.

[11] *Ders.*, S. 65; *Lemcke*, Ernst: Die Entwicklung der Raiffeisen-Organisation in der Neuzeit — Ein Beitrag zur Geschichte des deutschen Genossenschaftswesens, Karlsruhe 1913, S. 2.

[12] *Seelmann-Eggebert*, S. 65 ff.; *Richter*, S. 21 ff.; *Hönekopp*, Vom Wohltätigkeitsverein ..., S. 88 ff.

[13] *Ders.*, ebd., S. 90 ff.; *Richter*, S. 23 f.; *Seelmann-Eggebert*, S. 68.

der „Heddesdorfer Wohltätigkeitsverein“ vor allem sozialpflegerische Aufgaben wahrnehmen[14]. Auf Grund der Inkompatibilität der unterschiedlichen Aufgaben mußten die Mitglieder des Vereins nach und nach Aufgaben aus ihrem Programm streichen, so daß zum Schluß nur noch das Darlehnsgeschäft übrig blieb[15]. Aber auch nachdem der Aufgabenbereich auf die Gewährung von Darlehn an Bedürftige reduziert worden war, ging die Vereinsarbeit nicht recht voran. Raiffeisen erkannte, daß die Gründung des Vereins auf wohltätige Fremdhilfe nicht geeignet war, den Bestand des Vereins zu sichern. *Seelmann-Eggebert* kommt zu der Überzeugung, daß Raiffeisen 1863 verfügte, daß alle potentiellen Kreditnehmer auch Mitglieder des Vereins sein bzw. werden müßten[16].

Dieser Behauptung tritt *Buchrucker* mit allem Nachdruck entgegen[17]. Er hält es nicht nur für unwahrscheinlich, daß Raiffeisen die fragliche Bestimmung selbst verfügte, sondern er vertritt darüber hinaus die Hypothese, daß diese Bestimmung eher der Stillegung des Vereins seitens der Mitglieder dienen sollte denn der Erstellung einer genossenschaftlichen Grundlage für die Darlehnsgewährung. Buchrucker stützt seine Hypothese mit dem Hinweis auf die Niederschrift der Verhandlungen im „Heddesdorfer Wohltätigkeitsverein“, aus der sich rein äußerlich ergibt, daß die fragliche Beschlußfassung in unmittelbarem Zusammenhang mit dem Beschluß über die Bewilligung einer Vereinsanleihe von dreitausend Talern steht. Anhand der Niederschriften kann die wachsende Sorge der Mitglieder, die durch die stark zunehmende Darlehnsvergabe bedingt wurde, aufgezeigt und rekonstruiert werden. Zunächst wurde 1860 beschlossen, im Fall einer erneuten Beschlußfassung über weitere Anleihen eine Prüfungskommission einzusetzen. 1861 bestand man darauf, daß jeder Schuldner Vermögensnachweise beibringen muß, insbesondere mußte Grundvermögen als Sicherheit vorhanden sein. Die restriktiven Bestimmungen erreichten im Oktober 1863 ihren Höhepunkt, als man beschloß, daß der soeben bewilligten Anleihe keine weitere mehr folgen solle und daß die Kreditnehmer künftig Mitglieder des Vereins werden müßten. Als Raiffeisen im Jahre 1864 trotzdem eine neue Anleihe in der Generalversammlung beantragte, wurde der Antrag abgelehnt. Die Vereinsmitglieder hatten also tatsächlich eine Kreditsperre verhängt. In diesem

---

14 s. *Buchrucker*, Albert: Die Vor- und Frühgeschichte der Raiffeisenschen Darlehnskassen-Vereine. Zum Gedächtnisse des 50sten Todestages Vater Raiffeisens am 11. März 1937, unveröffentlichtes Manuskript im Besitz des Archivs des deutschen Raiffeisenverbandes, S. 40 ff., insbesondere S. 46 f.

15 Vgl. *Hönekopp*, Vom Wohltätigkeitsverein ..., S. 90.

16 *Seelmann-Eggebert*, S. 79; *Hönekopp*, Vom Wohltätigkeitsverein ..., S. 90.

17 Vgl. *Buchrucker*, S. 63 ff.

Zusammenhang soll Raiffeisen gesagt haben: „Wenn Sie nicht mehr mittun wollen, meine Herren, dann gehe ich hinaus an die Landstraßen und Zäune und hole mir die Blinden und Lahmen[18].“

Buchrucker hält die Verwendung dieses Gleichnisses für den Fall für völlig unverständlich, daß seit dem Oktober 1863 die Blinden und Lahmen, mit denen niemand anderes gemeint sein konnte als die bedürftige Landbevölkerung, bereits Mitglieder des Vereins waren; denn dann hätte Raiffeisen sie zu dem späteren Zeitpunkt nicht mehr holen brauchen. So bliebe es auch unverständlich, warum es dennoch zur Auflösung des Vereins kam und Raiffeisen statt dessen den *„Heddesdorfer Darlehnskassen-Verein“* gründete[19].

Zwischenzeitlich hatte Raiffeisen auch an der Gründung des *„Anhauser Darlehnskassen-Vereins“* mitgewirkt, der 1862 von ihm für das Kirchspiel Anhausen ins Leben gerufen worden war[20].

Der Anhauser Verein gewährte laut *Seelmann-Eggebert* nur Mitgliedern der Genossenschaft Darlehn, ohne daß dies als bindende Vorschrift in die Satzung aufgenommen worden wäre.

Buchrucker widerspricht auch dieser Darstellung Seelmann-Eggeberts[21]. Eine der Satzung widersprechende Verwaltungspraxis hält er schon allein deshalb für unmöglich, weil ein Vertreter des Anhauser Vereins auf die Frage Raiffeisens, woran es läge, daß der Verein so hervorragend arbeite, zur Antwort gab: „Wir haben nur nach den Statuten verfahren und deren Bestimmungen pünktlich befolgt.“ Es ist in der Tat unwahrscheinlich, daß ausgerechnet die Satzungsbestimmungen bezüglich Mitgliedschaft und Darlehnsempfängern nicht beachtet wurden, wo doch gerade die gewissenhafte Beachtung der Satzung von dem Vereinsvertreter als erklärender Faktor für die Wirksamkeit des Vereins herangezogen wurde. Buchrucker hält es für wahrscheinlicher, daß auf Grund des kleinen Vereinsbezirks und der allgemein ärmlichen Verhältnisse auch nicht so vermögende Einwohner als Mitglieder aufgenommen wurden, um die Arbeit des Vereins überhaupt zu ermöglichen. Die nicht so vermögenden Mitglieder nahmen dann ihrerseits auch den Verein in Anspruch, so daß die Betreffenden letztlich Darlehen bekamen, nicht weil, sondern obwohl sie Vereinsmitglieder waren.

---

[18] Dieser Ausspruch wurde von dem Ohrenzeugen *Lehrer Lauff* aus Heddesdorf mitgeteilt und von *Faßbender* in seiner Abhandlung über Raiffeisen abgedruckt. Vgl. *Faßbender*, S. 177.

[19] Zur Gründung des „Heddesdorfer Darlehnskassen-Vereins“ siehe *Buchrucker*, S. 150 ff.; *Richter*, S. 29 ff.; *Seelmann-Eggebert*, S. 88 ff.

[20] Vgl. *Richter*, S. 25 ff.; *Seelmann-Eggebert*, S. 80 ff.

[21] Die detaillierte Auseinandersetzung mit *Seelmann-Eggeberts* Interpretation findet sich in dem unveröffentlichten Manuskript *Buchruckers*, S. 128 ff.

γ) Verbandsorganisation

Während seiner Tätigkeit als Bürgermeister hat sich Raiffeisen also an zahlreichen Vereinsgründungen in führender Rolle beteiligt. Seine dabei gesammelten Erfahrungen veröffentlichte er einige Zeit nach seiner Pensionierung im Jahre 1866 in einem Buch mit dem Titel „Die Darlehnskassen-Vereine als Mittel zur Abhilfe der Noth der ländlichen Bevölkerung sowie auch der städtischen Handwerker und Arbeiter, gestützt auf sechzehnjährige praktische Erfahrung, als Gründer derselben". *Thilmany*, der Generalsekretär des landwirtschaftlichen Vereins für Rheinpreussen, besprach dieses Buch ausführlich in der Zeitschrift des landwirtschaftlichen Vereins und trug mit dazu bei, daß sich auch die landwirtschaftlichen Vereine für die Verbreitung des genossenschaftlichen Gedankenguts von Raiffeisen einsetzten[22]. Thilmanys Artikel „Darlehns-Kassen-Vereine für das platte Land"[23] ist wohl die erste öffentliche Würdigung der Bemühungen Raiffeisens um eine Verbesserung der Lage der ländlichen Bevölkerung[24].

Als Raiffeisen sein Buch in der ersten Auflage veröffentlichte, dachte er noch nicht an den Aufbau einer eigenen Genossenschaftsorganisation. Vielmehr suchte er die Verbindung zu den landwirtschaftlichen Vereinen und zu dem Anwaltschaftsbüro von Schulze-Delitzsch in Potsdam[25].

Zu einer Verbindung mit Schulze-Delitzschs Anwaltschaftsbüro ist es dann allerdings nicht gekommen, während die Zusammenarbeit mit den landwirtschaftlichen Vereinen ein loses Zusammenwirken der einzelnen Darlehnskassen-Vereine ermöglichte. Diese mehr informelle Zusammenarbeit der einzelnen Vereine erschien Raiffeisen jedoch nicht ausreichend. Er entschloß sich zur Errichtung von Zentralstellen, die zum einen die Funktion einer Geldausgleichsstelle übernehmen sollten und zum anderen die zentrale Abwicklung des gemeinsamen Warenbezugs sicherstellen sowie einem allgemeinen Informations- und Beratungsbedürfnis Rechnung tragen sollten. Raiffeisens Bemühungen um eine zentrale Organisation der Genossenschaften waren von zahl-

---

22 Vgl. *Krebs*, Raiffeisens Persönlichkeit und ..., S. 4 f.; *Gennes*, Das deutsche landwirtschaftliche ..., S. 13; *Korthaus*, Karl: Raiffeisen als Begründer der landwirtschaftlichen Genossenschaftsbewegung, in: Zeitbilder aus der Geschichte des deutschen Genossenschaftswesens, Berlin 1927, S. 150; *Zeidler*, Hugo: Geschichte des deutschen Genossenschaftswesens der Neuzeit, Leipzig 1893, S. 130.

23 *Thilmany*, Darlehns-Kassen-Vereine für das platte Land, in: Zeitschrift des landwirtschaftlichen Vereins für Rheinpreussen, Nr. 5, Mai 1866, wörtlicher Abdruck in dem unveröff. Manuskript von *Buchrucker*, S. 227 - 230.

24 Vgl. *Lemcke*, S. 6.

25 Vgl. *Heller*, P.: Generalverband der deutschen Raiffeisengenossenschaften, in: 50 Jahre Raiffeisen 1877 - 1927, S. 11; *Seelmann-Eggebert*, S. 95 f.; *Müller*, F., S. 36 ff.

reichen Fehlschlägen begleitet. Insbesondere der Errichtung der landwirtschaftlichen Zentraldarlehenskasse als Geldausgleichsstelle im Jahre 1876 waren mehrere vergebliche Gründungsversuche vorausgegangen[26]. Außer der landwirtschaftlichen Zentraldarlehenskasse gründete Raiffeisen 1877 einen eigenen Anwaltschaftsverband, der sich der Revision der Genossenschaften und der allgemeinen Verbandsfürsorge widmete[27]. Zunächst gehörte auch der gemeinsame Warenbezug noch zu den Aufgaben des Anwaltschaftsverbandes. Nachdem aber Raiffeisen 1881 die offene Handelsgesellschaft „Raiffeisen und Consorten" gegründet hatte, wurde die Aufgabe des gemeinsamen Warenbezugs aus dem Aufgabenbereich des Anwaltschaftsverbandes ausgegliedert und der Handelsgesellschaft übertragen[28].

Die Raiffeisen-Organisation bestand somit aus drei Zentralstellen: Der *Warenzentrale*, der *Führungszentrale* und der *Geldausgleichsstelle*.

bb) Die Beweggründe Raiffeisens

Im Anschluß an die kurze Darstellung der Vereinsgründungen und Organisierungsbestrebungen Raiffeisens muß nun die Frage gestellt werden, was denn Raiffeisen zu seinem Handeln veranlaßt hatte.

In den vorliegenden Abhandlungen über Raiffeisen betonen die Autoren insbesondere die *christliche Weltanschauung* Raiffeisens[1]. Christentum bedeutete für ihn nicht Passivität und ausschließlichen Jenseitsbezug, sondern aktive Gestaltung der Welt im Sinne christlicher Nächstenliebe, Tatchristentum[2]. Den dogmatischen Unterschieden der verschiedenen christlichen Bekenntnisse maß er keine sonderliche Bedeutung bei[3]. Das soziale Engagement im Sinne christlicher Näch-

---

[26] Vgl. *Schürmann*, S. 27 ff.; *Gennes*, Das deutsche landwirtschaftliche ..., S. 14 ff.; *Krebs*, Fr. W. Raiffeisen ..., S. 26 ff.; *Richter*, S. 42 ff.; *Faust*, Geschichte ..., S. 288 ff.; *Hönekopp*, Josef: 100 Jahre Raiffeisenverband 1877 bis 1977, hrsg. v. Deutscher Raiffeisenverband e. V. Bonn, Neuwied 1977, S. 19 ff., S. 27 ff.

[27] Vgl. *ders.*, ebd., S. 31 ff.; *Heller*, S. 12 ff.; *Gennes*, Das deutsche landwirtschaftliche ..., S. 17; *Richter*, S. 59 ff.

[28] Vgl. *ders.*, S. 63; *Lemcke*, S. 22 f.; *Korthaus*, S. 152 ff.; *Seelmann-Eggebert*, S. 332 ff.

[1] s. *Faust*, Geschichte ..., S. 45 f., S. 268 ff.; *ders.*, Raiffeisen — Christ und Genossenschaftspionier, S. 11 f.; *Ziegenfuß*, S. 82 ff.; *Haverkamp*, S. 422; *Lüthje*, Albert: Der Kern bleibt: Handeln aus dem Glauben, in: Raiffeisenrundschau, 25. Jg., S. 94 f.; *Becker*, Georg: „Heilig" und „christlich", ebd., S. 50; *von Oppen*, Dieter: War denn etwa F. W. Raiffeisen ein „Heiliger"?, ebd., S. 5 ff.; *Meyerholz*, S. 10; *Schack*, S. 12.

[2] Vgl. *Sonnemann*, Theodor: Raiffeisen, F. W., in: Handwörterbuch der Sozialwissenschaften, Bd. 8, hrsg. v. Erwin Beckerath et al., Tübingen 1964, S. 668 - 670; *Seelmann-Eggebert*, S. 44.

[3] s. *Krebs*, Das Leben Fr. W. Raiffeisens, in: F. W. Raiffeisen zum Gedächtnis, S. 94; *Faßbender*, S. 15.

stenliebe war für ihn entscheidend, und er hielt die Genossenschaften für ein geeignetes Betätigungsfeld[4].

In der Literatur wird immer wieder darauf hingewiesen, daß man Raiffeisens Denken und Handeln nur dann adäquat beurteilen kann, wenn man seine tiefe Religiosität nicht aus dem Blick verliert[5]. „Die Motive seines Handelns sind tief in der christlichen Glaubenslehre verwurzelt[6].“

Der Grundstein zu seiner tiefen Religiosität wurde wohl bereits in seinem Elternhaus gelegt[7]. Da sein Vater schon sehr früh verstarb, mußte die Mutter die Erziehung zunächst allein übernehmen. Sie wird als eine sehr fromme Frau geschildert. Eine weitere Sozialisationsinstanz war der Dorfpfarrer Seippel, der Raiffeisen im Anschluß an dessen Schulzeit einige Jahre Privatunterricht erteilte[8]. Kontakte mit der Herrnhuter Brüdergemeinde und einem bei Neuwied gelegenen katholischen Krankenorden sollen ihn in der Folgezeit in seiner christlichen Weltanschauung bestärkt haben[9].

Die knappen Ausführungen über den Ursprung seiner christlichen Weltanschauung sollen an dieser Stelle genügen; denn es geht in der vorliegenden Arbeit weniger um eine Erforschung der Ursprünge von Beweggründen als vielmehr um den Versuch, die Genossenschaftsgründungen Raiffeisens im Lichte seiner Beweggründe zu erklären. In diesem Sinne sollen, anknüpfend an obiges Zitat, die Argumente, mit denen die Autoren der Abhandlungen über Raiffeisen ihre Annahmen stützen, untersucht werden.

Die Autoren stützen ihre Hypothese, daß Raiffeisen auch bei seinen Genossenschaftsgründungen von seiner Auffassung von Christentum beeinflußt war, mit dem Hinweis auf die *doppelte Zielsetzung*, die er seinen Vereinen gab. Noch heute wird in der Literatur über die Priorität des ökonomischen oder des außerökonomischen Anliegens von Raiffeisen diskutiert[10]. Es wird als eine besondere Leistung Raiffeisens

---

[4] Vgl. *Gennes*, Das deutsche landwirtschaftliche ..., S. 11; *Seelmann-Eggebert*, S. 44 ff.; *Krebs*, Fr. W. Raiffeisen ..., S. 34 ff.

[5] *v. Oppen*, S. 6; *Sonnemann*, S. 669; *Richter*, S. 19, 77; *Becker*, G.: Die Idee Raiffeisens, S. 120 f.

[6] *Scherer*, Adolf: Raiffeisen und die soziale Frage, 2. Aufl., Neuwied 1953, S. 10.

[7] Vgl. *Krebs*, Aus dem Leben ...

[8] *Ders.*, ebd.; *Seelmann-Eggebert*, S. 35.

[9] Vgl. *Faust*, Geschichte ..., 2. Aufl., S. 270 f.
Zur Genossenschaftsgründung der Franziskanerbrüder bei Waldbreitbach siehe das von einem *Genossenschaftsmitglied* verfaßte Buch „Die Genossenschaft der Franziskanerbrüder zu St. Josefshaus bei Waldbreitbach“, 1912.

[10] Vgl. *Faust*, Geschichte ..., 2. Aufl., S. 282, 291; *Rasser*, Rudolf: Idealismus und Realismus bei Raiffeisen, in: Freiheit und Ordnung, S. 26; *Seraphim*, S. 21 ff.; *Horlacher*, Hellmut: Die überlieferten Ideale und harte Ökonomie, in: Raiffeisenrundschau, 25. Jg., S. 93.

herausgehoben, daß es ihm gelungen sei, Idealismus und Realismus in für die Genossenschaftsarbeit fruchtbringender Weise kombiniert zu haben[11].

cc) Die Ziele Raiffeisens

α) Die Lösung der sozialen Frage: Verbesserung der geistig-sittlichen und der materiellen Lage der Landbevölkerung, insbesondere der landwirtschaftlichen Bevölkerung

Wie aus dem kurzen Abriß der Tätigkeiten Raiffeisens hervorgeht, widmete er sich schon während seiner Amtszeit als Bürgermeister Vereinsgründungen mit dem Ziel, die Lebenslage der ländlichen Bevölkerung zu verbessern.

Die Verbesserung der Lebenslage sollte aber nicht allein in materieller Hinsicht erfolgen. Raiffeisen verfolgte mit seinen Genossenschaftsgründungen vielmehr eine doppelte Zielsetzung: die Verbesserung der materiellen und der geistig- sittlichen Verhältnisse der ländlichen, insbesondere der landwirtschaftlichen Bevölkerung[1].

Da Raiffeisen von der Interdependenz von geistigem und materiellem Wohl ausging, trachtete er nach einer Verbesserung der materiellen Lage der Landbevölkerung mit dem Ziel ihrer geistig-sittlichen Förderung. Er wollte also die materiellen Verhältnisse bessern, um so überhaupt erst die Möglichkeit zu schaffen, in geistig-sittlicher Hinsicht auf sie einzuwirken. Die Genossenschaften waren ihm nicht Selbstzweck, sondern nur ein Mittel zum Zweck[2].

In diesem Sinne äußerten sich einige Zeitgenossen Raiffeisens, genannt seien Geheimrat Thiel, Geheimer Regierungs- und Schulrat Dr. Schneider, der katholische Pfarrer Gröteken, der Sekretär der Gewerbekammer in Hamburg Nagel und schließlich der Geheime Ökonomierat von Langsdorff[3].

Geheimrat Thiel beschreibt Raiffeisen als Mann von starkem Gottvertrauen und christlicher Nächstenliebe, der sein Hauptziel in der

---

[11] Vgl. *Rasser*, S. 25; *Sonnemann*, S. 669; *Richter*, S. 134; *Seelmann-Eggebert*, S. 46 ff., S. 105, S. 412; *Müller*, Julius, Otto: Utopie und Wirklichkeit der Genossenschaftsidee und des Genossenschaftskonzepts von Raiffeisen. Ihre Bedeutung für die Agrarentwicklung in der Dritten Welt, in: Zeitschrift für ausländische Landwirtschaft, 10. Jg., 1971, S. 134 - 161.

[1] *Lemcke*, S. 33; *Faust*, Geschichte ..., 2. Aufl., S. 287; *Seraphim*, S. 21; *Ziegenfuß*, S. 86; *Horlacher*, S. 93.

[2] Vgl. *Oberhauser*, Josef: Das christliche Prinzip der Solidarität und die Genossenschaftsbewegung des Mittelstandes, Paderborn 1910, S. 42 f.; *Meyerholz*, S. 11.

[3] Die genauen Äußerungen der genannten Persönlichkeiten über Raiffeisen finden sich bei *dems.*, S. 10 f. sowie bei *Faßbender*, S. 28 ff.

sittlichen Besserung aller Menschen sah. Die wirtschaftlichen Aufgaben der Genossenschaften blieben Mittel zum Zweck; denn die Genossenschaft war für Raiffeisen primär eine Schule der sittlichen Vervollkommnung durch die Ertötung der Selbstsucht.

Pfarrer Gröteken meint, daß Raiffeisen die Darlehnskassen-Vereine als Werk christlicher Nächstenliebe ansah. Ferner weist er auf Raiffeisens Überzeugung hin, daß, wer nicht aus höheren Motiven mitarbeite, auf Dauer zur Mitarbeiterschaft untauglich sei.

Nagel schildert Raiffeisen als eine eminent praktische Natur mit lebendigen Glauben im Christentum der Gesinnung und der Tat, der die Vereine nur als Mittel und Grundlage für die Erreichung eines viel höheren Ziels ansah: die Organisation eines brüderlich-christlichen Gemeinschaftslebens.

In ähnlicher Weise äußert sich *Dr. Schneider* aus Schleswig über Raiffeisen: Dem Gemeinwohl und dadurch dem Vaterland und dadurch dem Reich Gottes zu dienen, das war sein Hauptziel.

Der Geheime Ökonomierat *von Langsdorff* legt in seiner Charakterisierung Raiffeisens den Akzent auf dessen sozialpolitische Ansichten. So sagt er, daß Raiffeisen von der Überzeugung getragen war, daß in der genossenschaftlichen Organisation der Landwirte die Zukunft des landwirtschaftlichen Kleinbetriebes, das wirksamste Mittel zu gesunder wirtschaftlicher Entwicklung und, wenn dieselbe auf christlich-religiöser Grundlage aufbaute, zugleich die Lösung der brennend gewordenen sozialen Frage liege[4].

Sowohl seine professionellen Interaktionen mit der ländlichen Bevölkerung als auch seine eigene Sozialisation führen Raiffeisen zu einer Beurteilung der Prozesse sozialen Wandels aus der landwirtschaftlichen Perspektive[5]. Deshalb kann die Gründung von Genossenschaften auch als ein Beitrag zur Lösung der sozialen Frage interpretiert werden[6].

Bei seinem Lösungsversuch der Folgeprobleme der Industrialisierung und damit des technischen Fortschritts ging Raiffeisen nicht von einer Gleichgewichtung der verschiedenen Berufsgruppen aus, sondern er maß der Landbevölkerung im allgemeinen und der landwirtschaftlichen Bevölkerung im speziellen eine besondere Bedeutung bei. Seine Behauptung, daß das gute Bestehen der Gesellschaft und besonders

---

[4] s. *ders.*, S. 50 f.; *Sonnemann*, S. 670.

[5] Vgl. *Seelmann-Eggebert*, S. 402.

[6] Vgl. *Krebs*, Das Leben F. W. Raiffeisens, S. 112; *Becker*, G.: Die Idee Raiffeisens, S. 132 f.; *Müller*, J. O.: Utopie und Wirklichkeit ..., S. 141; *Totomianz*, Vahan: Die Weltanschauung von Friedrich Wilhelm Raiffeisen, in: Konsumgenossenschaftliche Rundschau, 24. Jg., Hamburg 1927, S. 373 f.

des Staates von dem guten Bestehen der ländlichen und hauptsächlich der landwirtschaftlichen Bevölkerung abhängt, impliziert, daß für ihn das Bauerntum und die Landwirtschaft den Kern der Gesellschaft bilden[7]. Die Genossenschaftsgründung trägt daher nicht nur zur Verbesserung der Lebensbedingungen der Landbevölkerung bei, sondern sie wird zugleich eine notwendige Bedingung für die Sicherung der Existenz von Gesellschaft überhaupt. *Richter* spricht in diesem Zusammenhang von physiokratischen Merkmalen in Raiffeisens Denken[8].

β) Raiffeisen als Erzieher des Landvolkes

Die Lösung der sozialen Frage kann Raiffeisens Auffassung zufolge nicht allein durch Maßnahmen auf wirtschaftlichem Gebiet vorangetrieben werden, weil die soziale Frage letztlich eine Frage der Sittlichkeit und der Erziehung ist[9].

Raiffeisen sah die Ursache für die drückende sozio-ökonomische Situation der Bevölkerung in einer zunehmenden *Entchristlichung* der Zeit, in der die Selbstsucht dominiert. Diese *Selbstsucht* suchte er zu regulieren, indem die Menschen im Sinne christlicher Nächstenliebe einander helfen sollten[10]. Er strebte ein vom christlichen Geist der Nächstenliebe getragenes Gemeinschaftsleben an[11]. Er wollte als Erzieher der ländlichen Bevölkerung tätig werden und die sittlichen Kräfte in der Bevölkerung wecken sowie sie in *christlicher Solidarität* vereinigen[12].

Die Mitglieder der wohlhabenden Schichten ersuchte Raiffeisen zum Eintritt in die Genossenschaften, damit sie zum einen ihre Arbeitskraft als Leiter oder Rechner der Genossenschaft unentgeltlich zur Verfügung stellen und zum anderen mit ihrem Vermögen solidarisch haften und so die anfängliche Kapitalbeschaffung für die Genossenschaften erleichtern helfen sollten. Für sie war also der Beitritt zur Genossenschaft mit keinem wirtschaftlichen Vorteil verbunden. Vielmehr sollten sie als Mitarbeiter in der Genossenschaft mit gutem Beispiel vorangehen. Deshalb legte er auf die Auswahl seiner Mitarbeiter besonderes Gewicht[13].

---

[7] Vgl. *Cremer*, Eugen: Die Bestrebungen F. W. Raiffeisens, des „Vaters der ländlichen Genossenschaften" und das Wesen seiner genossenschaftlichen Schöpfungen, Leipzig 1902, S. 5; *Krebs*, Raiffeisens Persönlichkeit ..., S. 7 ff.; *ders.*, Fr. W. Raiffeisen ..., S. 31 ff.; *Oberhauser*, S. 43; *Seelmann-Eggebert*, S. 105; *Richter*, S. 135.

[8] *Ders.*, S. 84.

[9] *Ders.*, S. 136; *Scherer*, S. 9.

[10] Vgl. *Krebs*, F. W. Raiffeisen ..., S. 29 ff.

[11] Vgl. *Faßbender*, S. 45 ff.

[12] Vgl. *Scherer*, S. 13; *Richter*, S. 80.

[13] Vgl. *ders.*, S. 133 ff.; *Müller*, J. O.: Utopie und Wirklichkeit ..., S. 141.

Den Armen sollte die Genossenschaft nicht nur als Mittel zur Linderung ihrer wirtschaftlichen Not dienen. Raiffeisen ging es insbesondere um die Erziehung der Armen zu Fleiß und Sparsamkeit[14]. So verfügte er, daß nur solchen Mitgliedern Darlehn gewährt werden durften, die sich vorher als würdig erwiesen hatten[15].

Die erzieherische Absicht, die Raiffeisen mit der Gründung von Genossenschaften verfolgte, wird besonders in seinen Grundsätzen deutlich[16]. Raiffeisen sah weder Geschäftsanteile noch Dividenden vor, um so die Gewinnsucht von seinen Vereinen fernzuhalten und um ihre Grundlage, die christliche Nächstenliebe, zu betonen[17]. Ebenso verzichtete er — wie bereits oben angeführt — auf eine Bezahlung der Verwaltungsorgane mit Ausnahme des Rechners. Raiffeisen stellte eben bei aller Beachtung kaufmännischer Erfordernisse das Sittliche in den Vordergrund[18]. Auch die eigentliche geschäftliche Tätigkeit sollte sich am Geist christlicher Nächstenliebe orientieren[19]. Unter anderem entzündete sich an dieser Auffassung der sogenannte *Systemstreit* zwischen Raiffeisen auf der einen und Schulze-Delitzsch und Haas auf der anderen Seite[20]. Sowohl Schulze-Delitzsch als auch Haas lehnten es ab, auch die wirtschaftliche Tätigkeit der Genossenschaften religiösen Grundsätzen zu unterwerfen.

dd) Die Mittel Raiffeisens

α) Die Wohltätigkeitsvereine

aa) Die Angehörigen der wohlhabenden Schichten als Mitglieder der Vereine

Betrachtet man das Handeln Raiffeisens im Zeitablauf, stellt man eine *Entwicklung vom Wohltätigkeitsverein zur Genossenschaft* fest[1].

---

[14] s. *Richter*, S. 133.

[15] Vgl. *Becker*, G.: Die Idee Raiffeisens, S. 136 ff.; *Ziegenfuß*, S. 86.

[16] Vgl. *Faust*, Geschichte ..., 2. Aufl., S. 291 ff.; *Richter*, S. 134 f.

[17] s. *Löll*, S. 6 ff.; *Meyerholz*, S. 12 f.; *Becker*, G.: Die Idee Raiffeisens, S. 131; *Zeidler*, S. 121 ff.

[18] s. *Horlacher*, S. 93; *Tillmann*, Hugo: Einer für alle und alle für einen, in: Raiffeisenrundschau, 25. Jg., S. 359 f.

[19] s. *Seelmann-Eggebert*, S. 191.

[20] *Seelmann-Eggebert* unterscheidet den ersten genossenschaftlichen Systemstreit zwischen Raiffeisen und Schulze-Delitzsch und den zweiten genossenschaftlichen Systemstreit zwischen Raiffeisen und Haas. Siehe *ders.*, S. 267 - 313, S. 384 - 399; *Sonnemann*, S. 668; *Faust*, Geschichte ..., S. 291 ff.; *Schack*, S. 16; *Richter*, S. 36 ff., S. 140 ff.; *Korthaus*, S. 144 ff.; *Hönekopp*, 100 Jahre Raiffeisenverband 1877 - 1977, S. 24 ff.; *Löll*, S. 1 ff.

[1] *Schürmann*, S. 23; *Ziegenfuß*, S. 87; *Schack*, S. 14; *Becker*, G.: Die Idee Raiffeisens, S. 121; *Aschhoff*, Gunther: Die beiden großen Männer am Anfang, in: Raiffeisenrundschau, 25. Jg., S. 47.

Seine ersten Gründungen in Weyerbusch, Flammersfeld und 1854 in Heddesdorf sind ausgesprochene Wohltätigkeitsvereine auf der Basis karitativer bzw. staatlicher Fremdhilfe[2].

Allerdings gilt die Gewährung staatlicher Fremdhilfe nur für den „Weyerbuscher Konsumverein", in dem die Angehörigen der wohlhabenden Schichten gänzlich ohne Satzung zusammenarbeiteten. Es handelt sich hier um eine nur lose Vereinigung als Mittel zur Abhilfe der Not[3].

Die anderen Wohltätigkeitsvereine wurden nur von den wohlhabenden Mitgliedern unterhalten. Raiffeisen appellierte an die begüterten Einwohner unter Hinweis auf ihre Christenpflicht und das Gebot der Nächstenliebe, den Wohltätigkeitsvereinen beizutreten und auf diese Weise zur materiellen und geistig-sittlichen Förderung der ländlichen Bevölkerung beizutragen.

Der „Flammersfelder Hilfsverein zur Unterstützung unbemittelter Landwirte" wurde am 16. Februar 1850 von Raiffeisen gegründet, nachdem bereits am 1. Dezember 1849 der Satzungsentwurf fertiggestellt worden war. Die Satzung des Flammersfelder Vereins enthielt schon genaue Bestimmungen über die Bildung und die Verwendung von Gewinn, den Reservefonds, die Aufnahme von Darlehen und den Verkauf von Vieh sowie über den organisatorischen Aufbau[4].

Nach Raiffeisens eigener Zählung ist dieser Verein der erste Verein dieser Art, der von ihm gegründet worden ist[5]. Da Schulze-Delitzsch seinen ersten Vorschußverein erst 1850 in Delitzsch errichtete, ist der Flammersfelder Verein der erste Verein, der die solidarische Haftung einführte und es dadurch der bedürftigen Landbevölkerung ermöglichte, Kredite zu angemessenen Konditionen zu erlangen[6].

Im Juli 1854 gründete Raiffeisen den „Heddesdorfer Wohltätigkeitsverein", dessen Satzung vom Februar 1854 datiert. Die Satzungsbestimmungen sind gegenüber der Flammersfelder Satzung noch ausführlicher und die Bestimmungen über die Gewinnverwendung sind zum größten Teil neu[7]. Außerdem wurde eine Reihe sozialpflegerischer Aufgaben in den Zweckkatalog des Vereins mitaufgenommen, so daß bei diesem Verein der wohltätige Charakter verstärkt zum Ausdruck kam[8].

---

[2] *Gennes,* Das deutsche landwirtschaftliche ..., S. 11 ff.; *Hönekopp,* 100 Jahre Raiffeisenverband 1877 - 1977, S. 15.

[3] *Seelmann-Eggebert,* S. 64; *Buchrucker,* S. 14 ff.

[4] Vgl. *Richter,* S. 21 ff.; *Seelmann-Eggebert,* S. 65 f.

[5] Vgl. *Buchrucker,* S. 36.

[6] Vgl. *ders.,* S. 25 ff.

[7] Vgl. *ders.,* S. 40 ff.

[8] s. *Richter,* S. 24; *Seelmann-Eggebert,* S. 68 f.

Die Mitglieder der genannten Vereine machten sich somit die Nichtmitgliederförderung zur Aufgabe. Allerdings erkannte Raiffeisen frühzeitig, daß die Bestandssicherung der Vereine auf der Basis karitativer Fremdhilfe durch die Angehörigen der wohlhabenden Schichten nur schwer zu erreichen sein würde.

ββ) Die Gemeinden als Mitglieder der Vereine

Raiffeisen mußte erfahren, daß einige Zeit nach seinem Umzug nach Heddesdorf der Flammersfelder Hilfsverein seine Tätigkeit eingestellt hatte. Daraufhin erdachte er einen Plan, um den Dauerbestand der Vereine zu sichern.

Er entwickelte den Plan eines Sparkassen- und Kreditvereins auf Kreisebene[9]. Der Satzungsentwurf, der zwischen 1856 und 1862 entstanden sein muß, ähnelt in vielem den Satzungen von Flammersfeld und Heddesdorf. Der Verein sollte aus Gemeinden gebildet werden, die für die Verbindlichkeiten des Vereins solidarisch haften sollten. Aufgabe der Vereine sollte es sein, die unbemittelten Einwohner der betreffenden Gemeinden zu fördern. Also beruhte auch der geplante Kreisverein auf dem Prinzip wohltätiger Fremdhilfe. Der Unterschied zu den Wohltätigkeitsvereinen von Flammersfeld und Heddesdorf lag allein auf der Ebene der Wohltäter. Statt unbeständiger Individuen sollten stabile Gemeinden Vereinsmitglieder werden[10].

Raiffeisens Bemühungen um die Bestandssicherung der Vereine richteten sich zunächst nicht auf die Substitution von Prinzipien, sondern auf die *Substitution des Wohltäterkreises.* Sein Plan der Errichtung von Kreisvereinen scheiterte allerdings an den Schwierigkeiten, die ihm die königliche Regierung bereitete, und er wandte sich erneut den privaten Vereinen zu — wie die weiteren Gründungen Raiffeisens zeigen.

β) Die Genossenschaften — Die Hilfsbedürftigen als Mitglieder

Die Entwicklung, die der „Heddesdorfer Wohltätigkeitsverein" nahm, zeigte einmal mehr, daß Raiffeisen sein Ziel mit Hilfe von Wohltätigkeitsvereinen auf Dauer nicht erreichen konnte[11].

Der Entschluß zur Umstellung der Vereine von dem bisher angewendeten Wohltätigkeitsprinzip auf das Prinzip der unbedingten Selbsthilfe beruhte zum einen auf seinen praktischen Erfahrungen mit den Wohltätigkeitsvereinen, die er bisher gegründet hatte, zum ande-

---

[9] s. *Buchrucker,* S. 71 ff.

[10] *Ders.,* S. 113.

[11] Vgl. *Faust,* Geschichte ..., 2. Aufl., S. 53, 281; *Becker,* G.: Die Idee Raiffeisens, S. 121; *Aschhoff,* S. 47; *Krebs,* F.W. Raiffeisen ..., S. 19 ff.

ren auf der Kenntnisnahme der Argumentation von Schulze-Delitzsch zugunsten des Prinzips der unbedingten Selbsthilfe[12].

Aus einem Brief Raiffeisens an Schulze-Delitzsch vom 15. Mai 1862 geht hervor, daß er sich mit Schulze-Delitzschs Vorschuß- und Kreditvereinen, insbesondere mit dem in ihnen zur Anwendung gelangten Prinzip der unbedingten Selbsthilfe auseinandergesetzt hatte. Demgegenüber verteidigte Raiffeisen sein eigenes Prinzip[13]. Zunächst hielt er also noch an seinem Prinzip fest. Erst nachdem 1864 eine von ihm beantragte Anleihe von der Generalversammlung des „Heddesdorfer Wohltätigkeitsvereins" nicht mehr genehmigt wurde, entschloß sich Raiffeisen zur Auflösung des alten Vereins und betrieb die Neugründung des „Heddesdorfer Darlehnskassen-Vereins", der auf der Grundlage des Prinzips der unbedingten Selbsthilfe organisiert werden sollte.[14].

Der 1864 gegründete „Heddesdorfer Darlehnskassen-Verein" ist der erste Verein, der die Bestimmung „Vergabe von Darlehen nur an Mitglieder" in seiner Satzung enthält[15]. Die erste auf dem Prinzip unbedingter Selbsthilfe gegründete Genossenschaft ist also der „Heddesdorfer Darlehnskassen-Verein" und nicht, wie von Richter in Anlehnung an Seelmann-Eggebert behauptet, der „Darlehnskassen-Verein für das Kirchspiel Anhausen"[16].

Von den Bestimmungen über Eintrittsgeld, Geschäftsanteile und Dividenden, die die Satzung des „Heddesdorfer Darlehnskassen-Vereins" enthält, hat Raiffeisen später jedoch wieder Abstand genommen, um das Gewinnstreben aus den Genossenschaften fernzuhalten[17]. Er integrierte das Prinzip der Nächstenliebe und das Eigeninteresse in einer neuen Organisationsform, der Genossenschaft, die sich als dauerhaft erweisen sollte[18]. Statt wohltätiger Fremdhilfe ist *Selbsthilfe* zum

---

[12] Vgl. *Richter*, S. 26, 35, 76, 137; *Hönekopp*, 100 Jahre Raiffeisenverband 1877 - 1977, S. 16; *Müller*, J. O.: Utopie und Wirklichkeit ..., S. 139; *Schack*, S. 14 f.; *Seelmann-Eggebert*, S. 70 ff., S. 304 ff.

[13] Vgl. *Buchrucker*, S. 96 ff.

[14] *Ders.*, S. 114 ff.

[15] *Ders.*, S. 150 ff.; *Seelmann-Eggebert*, S. 88 ff.

[16] *Richter* behauptet wie *Seelmann-Eggebert*, daß die Darlehnsnehmer in Anhausen Mitglieder des Vereins sein mußten im Gegensatz zu den Vereinbarungen im Flammersfelder Verein und im Heddesdorfer Wohltätigkeitsverein, obwohl das Prinzip der unbedingten Selbsthilfe in der Anhauser Satzung von 1862 noch nicht enthalten ist. Da sich Richter in seiner Argumentation auf die Ausführungen Seelmann-Eggeberts bezieht, die *Buchrucker* in seinem Manuskript einer detaillierten Kritik unterzogen hat, auf die weiter oben bereits Bezug genommen wurde, sei an dieser Stelle nochmals auf das Manuskript von Buchrucker verwiesen, S. 128 ff. sowie auf die oben in Kürze dargestellte Position Buchruckers zu diesem Problemkreis.

[17] s. *Löll*, S. 9.

[18] s. *Ziegenfuß*, S. 87; *v. Oppen*, S. 7; *Becker*, G.: Um das ländliche Genossenschaftswesen, 1. Aufl., Neuwied 1953, S. 87 ff.

konstituierenden Prinzip geworden. Die Amalgamation christlicher Vorstellungen mit den Grundsätzen des Genossenschaftswesens, die Raiffeisen mit dem Begriff „*christlicher Sozialismus*"[19] kennzeichnete, schlägt sich deutlich in den Raiffeisen-Grundsätzen[20] nieder.

b) Extrahierung von Hypothesen

aa) Formulierung der Hypothesen

Die Hypothesen über die Beweggründe Raiffeisens, die die Autoren von Abhandlungen über Raiffeisen oder seine Zeitgenossen mehr oder minder explizit aufgestellt haben, lassen den Schluß zu, daß er im wesentlichen aus einem Beweggrund gehandelt hat: „Die Motive seines Handelns sind tief in der christlichen Glaubenslehre verwurzelt[1]."

Die Hypothese von der christlichen Weltanschauung Raiffeisens als Beweggrund seines Handelns kann in Anlehnung an den Zeitgenossen Thiel wie folgt formuliert werden:

(1) Ausgehend von starkem Gottvertrauen und christlicher Nächstenliebe setzte sich Raiffeisen die sittliche Besserung aller Menschen zum Ziel, das er auf dem Wege der Genossenschaftsarbeit zu erreichen suchte.

Unter Bezugnahme auf die doppelte Zielsetzung Raiffeisens kann weiterhin formuliert werden:

(2) Raiffeisens christliche Weltanschauung ist ein Beweggrund, der ihn dazu veranlaßte, zuerst auf karitativer Basis ruhende Wohltätigkeitsvereine und später auf dem Prinzip der Selbsthilfe, Selbstverwaltung und Selbstverantwortung aufgebaute Genossenschaften zu gründen, mit dem Ziel der geistig-sittlichen und materiellen Förderung der ländlichen Bevölkerung, insbesondere der landwirtschaftlichen Bevölkerung.

Richter vertritt die Hypothese, daß Raiffeisen über die ökonomische und sittliche Zielsetzung der Vereine als zentrales Anliegen die Hinführung der Menschen zu Gott und seinem Reich gestellt hatte. Diese Hypothese wird durch einen weiteren Zeitgenossen Raiffeisens, Schneider, gestützt, der behauptet, daß es Raiffeisens Hauptziel gewesen sei, dem Reiche Gottes zu dienen, indem er dem Gemeinwohl und dadurch auch dem Staate diente. Man kann daher als weitere Hypothese formulieren:

---

[19] Vgl. *Faust*, Geschichte ..., 2. Aufl., S. 45; *Richter*, S. 15.

[20] *Löll*, S. 6 ff.; *Meyerholz*, S. 12 f.; *Richter*, S. 91 ff.

[1] Vgl. *Scherer*, S. 10.

(3) Die christliche Weltanschauung Raiffeisens ist ein Beweggrund, der ihn veranlaßte, Genossenschaften zu gründen mit dem Ziel, eine religiöse Erneuerung herbeizuführen.

Ein anderer Zeitgenosse Raiffeisens, von Langsdorff, vertritt die Auffassung, daß Raiffeisen in der Gründung von Genossenschaften zugleich ein Mittel sah, um die soziale Frage zu lösen, sofern die Genossenschaften auf christlich-religiöser Grundlage aufgebaut würden. Diese Vermutung kommt in folgender Hypothese zum Ausdruck:

(4) Die christliche Weltanschauung veranlaßte Raiffeisen, die soziale Frage lösen zu wollen, indem er mittels Genossenschaften alle Schichten der Bevölkerung in christlicher Solidarität zu vereinen suchte.

Der Hypothese (4) entspricht auch die von Raiffeisens Zeitgenosse, Nagel, aufgestellte Hypothese nachstehenden Inhalts:

(5) Auf Grund seines lebendigen Glaubens im Christentum der Gesinnung und der Tat beschäftigte sich Raiffeisen mit den Vereinen, um so das Ziel der Organisierung eines brüderlich-christlichen Gemeinschaftslebens zu verwirklichen.

Die in den Hypothesen (4) und (5) angesprochene sozialreformerische Zielsetzung Raiffeisens ist auch Gegenstand einer weiteren Hypothese, die sich allerdings von den vorgenannten Hypothesen durch die Bezugnahme auf einen anderen als den religiösen Beweggrund Raiffeisens unterscheidet:

(6) Die gesellschaftspolitischen Ansichten Raiffeisens von der fundamentalen Bedeutung der Landwirtschaft und des Bauerntums für die Existenz der Gesellschaft, sind ein Beweggrund, der ihn veranlaßte, zum Ziele der Bestandssicherung der Gesellschaft, auf christlich-religiöser Grundlage beruhende Genossenschaften zu gründen.

bb) *Diskussion der Hypothesen*

Im folgenden sollen die einzelnen Hypothesen im Hinblick auf die in ihnen enthaltenen Beweggrund-Ziel-Mittel-Situations-Relationen untersucht und verglichen werden.

Zunächst ist festzustellen, daß alle bis auf eine Hypothese, die Hypothese (6), von einem religiösen Beweggrund Raiffeisens handeln, seinem praktisch verstandenen Christentum. Das Tatchristentum Raiffeisens wird als der zentrale Beweggrund angesehen, der die Konstituierung seines Handlungsentwurfs, der Ziel-Mittel-Relation, mitbestimmt.

Die Hypothesen unterscheiden sich allerdings hinsichtlich eben dieses Handlungsentwurfs. Während in der Hypothese (1) auf ein sittliches Ziel, das Raiffeisen zu erreichen suchte, rekurriert wird, erfolgt in der Hypothese (2) eine Bezugnahme sowohl auf ein sittliches als auch auf ein ökonomisches Ziel. In der Hypothese (3) wird das „Um-zu" der Handlung in einem religiös-ethischen Ziel gesehen und die Hypothesen (4) und (5) nehmen auf sozialreformerische Ziele Raiffeisens, auf die Lösung der sozialen Frage, Bezug.

Richters Auseinandersetzung mit den verschiedenen Zielen Raiffeisens impliziert die Hypothese einer Verschiebung von Zielprioritäten im Zeitablauf. Auf Grund einer Analyse der Schriften Raiffeisens kommt er zu dem Ergebnis, daß erstmals in den Musterstatuten von 1881 die sittliche Zielsetzung der Vereine von Raiffeisen formuliert wird, während in den Statuten von Anhausen und Heddesdorf, die wesentlich früher datieren, lediglich von einer ökonomischen Zielsetzung die Rede sei[2]. Ferner glaubt er festgestellt zu haben, daß insbesondere seit Beginn der 80er Jahre die religiös-ethischen Ziele Raiffeisens die ökonomische und sittliche Zielsetzung der Vereine dominieren, daß Raiffeisen versuchte, seinen Genossenschaften auch einen religiösen Auftrag zu geben, die Hinführung der Menschen zu Gott und zu seinem Reich zu bewirken[3].

Unter Zugrundelegung der Hypothese von der Verschiebung von Zielprioritäten im Zeitablauf können die Hypothesen (1) — (5) auf einem Kontinuum angeordnet werden und als für einen je spezifischen Zeitraum relevante Handlungserklärungen angesehen werden.

Die Untersuchung der Beziehungen zwischen Beweggrund und Handlungsentwurf ist damit noch nicht abgeschlossen; denn bisher wurde nur die Zielkomponente des Handlungsentwurfs berücksichtigt. Der Handlungsentwurf beinhaltet aber nicht nur das „Um-zu" der Handlung, sondern auch die projizierte Handlung selbst, die als Mittel im Sinnzusammenhang des Entwurfs steht. Unabhängig von dem konkret angestrebten Ziel sah Raiffeisen laut der Hypothesen (1), (3) — (5) die Gründung von Genossenschaften als adäquates Mittel zur Zielerreichung an. Die genannten Hypothesen differieren weder im Hinblick auf den unterstellten Beweggrund noch im Hinblick auf das von Raiffeisen gewählte Mittel.

Die Hypothese (2) unterscheidet sich von obigen Hypothesen dadurch, daß in ihr die Substituierung von Mitteln thematisiert wird. Sie bezieht sich auf die Entwicklung vom Wohltätigkeitsverein zur Genos-

---

[2] s. *Richter*, Anm. 294 auf Seite 87.

[3] *Ders.*, S. 89.

senschaft. Um die Annahme, daß die Entwicklung vom Wohltätigkeitsverein zur Genossenschaft weder die Zielvorstellungen noch den Beweggrund Raiffeisens tangiert hat, zu veranschaulichen, soll die komplexe Hypothese (2) durch die Einführung des Zeitfaktors in zwei Einzelhypothesen (2') und (2'') aufgelöst werden:

(2') Raiffeisens christliche Weltanschauung ist ein Beweggrund, der ihn zum Zeitpunkt t' veranlaßte, auf karitativer Basis ruhende Wohltätigkeitsvereine zu gründen mit dem Ziel der geistig-sittlichen und materiellen Förderung der ländlichen Bevölkerung.

(2'') Raiffeisens christliche Weltanschauung ist ein Beweggrund, der ihn zum Zeitpunkt t'' veranlaßte, auf Selbsthilfe beruhende Genossenschaften zu gründen mit dem Ziel der geistig-sittlichen und materiellen Förderung der ländlichen Bevölkerung.

Raiffeisen hatte feststellen müssen, daß er sein Ziel, die geistig-sittliche und materielle Förderung der ländlichen Bevölkerung, mit Hilfe der Wohltätigkeitsvereine auf Dauer nicht erreichen konnte. Auf Grund seiner Lernerfahrungen in der Praxis und der Kenntnis der theoretischen Erörterungen Schulze-Delitzschs entschloß er sich zur Anwendung eines anderen Mittels, um sein Ziel zu erreichen. Er entschied sich für die Anwendung der Selbsthilfe in Kombination mit dem Prinzip der Nächstenliebe.

Weder das Ziel noch der Beweggrund haben sich verändert. Er hält lediglich ein anderes Mittel für adäquat. Zu dieser Erkenntnis gelangt er im Zeitpunkt t''. Im Zeitpunkt t' hält er noch die Gründung von Wohltätigkeitsvereinen für adäquat. Beide Mittel werden von Raiffeisen für je unterschiedliche Zeitpunkte als für die Realisierung des Ziels angemessene betrachtet. Für die Behauptung, daß sich in der Zwischenzeit sein Beweggrund nicht geändert hat, spricht der Tatbestand, daß er das Prinzip der Selbsthilfe mit dem Prinzip der Nächstenliebe kombiniert und in den Raiffeisen-Grundsätzen formuliert.

Die Variation der Mittel, die Entwicklung vom Wohltätigkeitsverein zur Genossenschaft scheint also weder durch Veränderungen in den Beweggründen noch durch Veränderungen in den Zielvorstellungen bedingt zu sein, sondern ist eher der Variablen „Situation" zuzuschreiben. Die von Raiffeisen perzipierte Situation, daß die Individuen auf Dauer uneingeschränkt altruistisch handeln, hatte sich als nicht zutreffend erwiesen, so daß er sich gezwungen sah, sein Mittel der objektiven Situation anzupassen, um die Erreichung seines Ziels nicht zu gefährden.

Die in der oben genannten Hypothese zum Ausdruck gebrachte Handlungserklärung kann auch schematisch dargestellt werden, indem aus der Vielzahl der möglichen Beziehungen zwischen den Variablen „Beweggrund", „Ziel", „Mittel" und „Situation" diejenige isoliert dargestellt wird, die der Handlungserklärung zugrunde liegt.

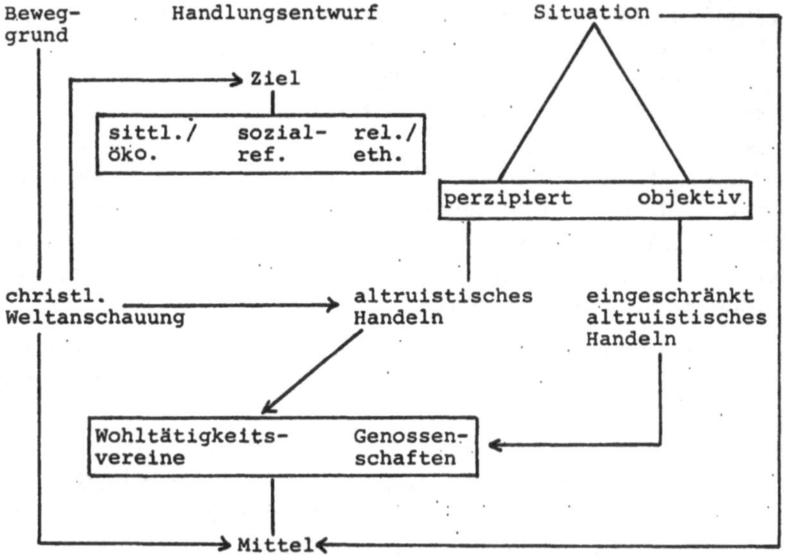

Die christliche Weltanschauung beeinflußt sowohl Ziel als auch Mittel und die perzipierte Situation. Da die objektive Situation der perzipierten nicht entspricht mit der Folge, daß das im Lichte dieser perzipierten Situation gewählte Mittel nicht greift, wird nicht der Beweggrund geändert, sondern ein der objektiven Situation angemessenes Mittel eingesetzt, um die Zielverwirklichung nicht zu gefährden.

Den Hypothesen, die bis jetzt diskutiert wurden, war die Bezugnahme auf den religiösen Beweggrund gemeinsam. Mit der Hypothese (6) wird ein anderer Beweggrund vorgestellt, der die Konstituierung von Raiffeisens Handlungsentwurf beeinflußt haben soll, nämlich die gesellschaftspolitischen Ansichten Raiffeisens. Da er von der fundamentalen Bedeutung der Landwirtschaft und der ihr zugehörigen Berufsgruppen für die Existenzsicherung der Gesellschaft überzeugt war, wollte er mittels Genossenschaftsgründungen die Verhältnisse in der Landwirtschaft verbessern, um so den Bestand der Gesellschaft sicherzustellen.

Die gesellschaftspolitischen Ansichten, auf die in Hypothese (6) rekurriert wird, und der religiöse Beweggrund, auf den in den Hypothesen (4) und (5) Bezug genommen wird, scheinen gleichermaßen den Handlungsentwurf Raiffeisens beeinflußt zu haben. Bei näherer Betrachtung werden jedoch Akzentverlagerungen deutlich, die man auf die unterschiedlichen Beweggründe zurückführen kann. Ein Vergleich der genannten Hypothesen im Hinblick auf den in ihnen zum Ausdruck gekommenen sozialreformerischen Zielgehalt ergibt, daß im Lichte des religiösen Beweggrundes die Genossenschaftsgründung primär der moralischen Verbesserung der Gesellschaft dienen, während im Lichte der gesellschaftspolitischen Ansichten Raiffeisens die Gründung von Genossenschaften primär zur ökonomischen Verbesserung der Verhältnisse der Gesamtgesellschaft beitragen sollte — etwa nach dem Motto: „Hat der Bauer Geld, hat es die ganze Welt!" Aber auch im letzteren Fall sollten die Genossenschaften, die als Mittel zur Zielerreichung eingesetzt werden sollten, nicht nach rein ökonomischen Zweckmäßigkeitsüberlegungen aufgebaut werden, sondern auf christlich-religiöser Grundlage beruhen.

Man kann daher die Vermutung äußern, daß dem religiösen Beweggrund Raiffeisens für die Erklärung seines Handelns eine dominierende Rolle zufällt.

Die Diskussion der aus den Abhandlungen über Raiffeisen extrahierten Hypothesen hat zur Aufstellung zusätzlicher Hypothesen geführt, die im weiteren Verlauf der Arbeit zusammen mit den extrahierten Hypothesen überprüft werden sollen.

Die zusätzlichen Hypothesen betreffen die zeitliche Verschiebung der Zielprioritäten, die Variation des Mitteleinsatzes und die Dominanz des religiösen Beweggrundes.

2. Test der Hypothesen

a) Vorbemerkungen

Nachdem im vorangegangenen Abschnitt die Hypothesen über Beweggründe Raiffeisens anhand von second-hand-Material ermittelt wurden, sollen sie im folgenden mit Hilfe von first-hand-Material, den persönlichen Dokumenten Raiffeisens, überprüft werden.

Eine Anlehnung an die Methode der Inhaltsanalyse zur Überprüfung der Hypothesen über die Beweggründe Raiffeisens scheint auf Grund des Charakteristikums des Untersuchungsgegenstandes angezeigt. Da es sich um die Untersuchung und Analyse von Beweggründen eines bereits 1888 verstorbenen Genossenschaftspioniers handelt, scheiden alle die Verfahren der empirischen Sozialforschung aus, die auf einer Interaktion zwischen Forscher und Genossenschaftspionier oder zwischen Genossenschaftspionier und anderen Individuen in einem bestimmten sozialen Kontext beruhen. Es bleibt lediglich die Möglichkeit, die oben aufgestellten Hypothesen über Raiffeisens Beweggründe einer Überprüfung zu unterziehen, indem man versucht, von sprachlichen Variablen, die in Form persönlicher Dokumente von Raiffeisen der Nachwelt erhalten sind, auf nicht-sprachliche Variablen zurückzuschließen. Dabei wird zunächst nur der Frage nachgegangen, ob Raiffeisen die in den Hypothesen formulierten Beweggründe überhaupt gehabt hat. Es soll noch nicht überprüft werden, ob die vermuteten Beweggründe auch bei der Gründung von Genossenschaften einen handlungsleitenden Einfluß ausgeübt haben. Dies ist Gegenstand eines weiter unten folgenden Abschnitts.

b) Bestimmung des relevanten Materials

aa) Öffentliche Archiv-Daten

Bevor mit der Analyse der persönlichen Dokumente begonnen wird, sollen einige Bemerkungen zu dem relevanten Textmaterial erfolgen.

Das vorliegende Textmaterial umschließt sowohl *öffentliche* als auch *private Archiv-Daten.*

Zu ersteren zählen neben Raiffeisens Buch über die Darlehnskassen-Vereine, von dem er noch die 5. Auflage von 1887 selbst bearbeitete, das von ihm herausgegebene „Landwirtschaftliche Genossenschaftsblatt" von 1879 - 1888. Die Exemplare von 1880, 1882, 1883, 1887 und 1888 lagen der Verfasserin zur Einsichtnahme vor. Ein Auszug aus dem Genossenschaftsblatt von 1881 ist in der schon mehrfach zitierten Abhandlung Seelmann-Eggeberts über Raiffeisen auf den Seiten 375 - 378 abgedruckt. Die übrigen Jahrgänge, die von Raiffeisen redigiert wurden, waren nicht zugänglich. Infolge der Kriegsereignisse wurden die von Krebs neu geordneten und registrierten alten Raiffeisen-Akten aus den Jahren 1842 - 1888, die sich im Besitz der Stiftungsgemeinschaft des Reichsverbandes der deutschen landwirtschaftlichen Genossenschaften — Raiffeisen e.V. in Berlin befanden, vernichtet. Dagegen sind noch einige Protokollbücher aus der Zeit zwischen 1854 und 1883 erhalten. Im einzelnen handelt es sich dabei um die Protokollbücher des Heddesdorfer Wohltätigkeitsvereins vom 3. 10. 1854 - 6. 7. 1864 und des Verwaltungsrates des Heddesdorfer Wohltätigkeitsvereins vom 22. 9. 1854 - 8. 10. 1865, ferner um das Protokollbuch des Heddesdorfer Darlehnskassen-Vereins vom 21. 9. 1864 - 17. 6. 1883 sowie um Protokollbücher der verschiedenen kleinen Gemeinden, denen Raiffeisen als Amtsbürgermeister vorstand.

Zu den öffentlichen Archiv-Daten gehören außerdem seine Reden, die er auf den verschiedenen Vereinstagen gehalten hat und die im „Landwirtschaftlichen Genossenschaftsblatt" sowie in den Auszügen aus den Schriften, Reden und Briefen F. W. Raiffeisens, die unter dem

Titel „Raiffeisen — Worte“ 1922 in der 2. Auflage herausgegeben wurden, abgedruckt sind. Auszüge aus den Reden auf den Vereinstagen von 1880 und 1885 hat Krebs in sein Buch „Aus dem Leben F. W. Raiffeisens“ aufgenommen. Krebs gibt in diesem Buch auch eine Rede Raiffeisens vor dem literarischen Kränzchen wieder.

Aus dem Jahre 1854 sind die „Motive zu dem Entwurfe der Statuten des Sparkassen- und Kreditvereins für den Kreis ...“ nebst den zugehörigen Statuten erhalten geblieben sowie als letztes hier aufgenommenes Dokument öffentlichen Charakters das „Promemoria des Bürgermeisters Raiffeisen zu Heddesdorf, Vorsteher des Heddesdorfer Wohltätigkeitsvereins über Auflösung des letzteren vom 9. Juli 1864“. Beide Dokumente befinden sich im Besitz des deutschen Raiffeisenverbandes in Bonn und sind dem unveröffentlichten Manuskript Buchruckers als Anlage beigegeben.

bb) *Private Archiv-Daten*

Auf private Archiv-Daten konnte in Form von Briefen zurückgegriffen werden. Neben einigen einzelnen Briefen, die zum Teil nur auszugsweise in verschiedenen Abhandlungen über Raiffeisen enthalten sind, existieren auch eine Art Serien, nämlich eine Serie Briefe Raiffeisens an seine Kinder aus der Zeit von 1875 - 1883 und die sogenannten Fürstlich Wiedschen Akten, die die Briefe Raiffeisens an den Fürsten zu Wied aus den Jahren 1863 - 1882 enthalten. Beide Serien befinden sich im Besitz des deutschen Raiffeisenverbandes in Bonn.

Zu den einzelnen Briefen zählen ein Brief Raiffeisens an Schulze-Delitzsch vom 15. Mai 1862, der von Thorwart in dem Sammelband „Hermann Schulze-Delitzschs Schriften und Reden“, Band I, auf den Seiten 671 - 673 abgedruckt wurde sowie Auszüge aus einem Brief an den Grafen Solms-Laubach von 1882 und an den Kreiswanderlehrer Schnür von 1879, die Totomianz in der „Konsumgenossenschaftlichen Rundschau“ von 1927 auszugsweise veröffentlicht hat. Krebs oben genanntes Buch enthält auch Auszüge aus Briefen, die Raiffeisen 1872 an den Professor von der Goltz und an seinen Mitarbeiter Cremer geschrieben hat. Auszugsweise wurden auch in den Band „Raiffeisen — Worte“ Briefe an Thiel von 1881 und 1883 sowie an den Freiherrn von Broich 1883, an Dr. Wollenberg 1883 und 1884 und an Rederodt 1886 aufgenommen. Den Briefwechsel zwischen Raiffeisen und Weidenhammer aus der Zeit von 1879 - 1880 hat Seelmann-Eggebert in seiner bereits genannten Abhandlung über Raiffeisen auf den Seiten 356 - 366 veröffentlicht.

c) Erhebung und Auswertung der Daten

aa) Öffentliche Archiv-Daten

α) Fünf Auflagen des Buches „Die Darlehnskassen-Vereine" von F. W. Raiffeisen

Die vorgenannten öffentlichen und privaten Archiv-Daten sollen nun einer Überprüfung dahingehend unterzogen werden, ob sich in ihnen Indikatoren feststellen lassen, die den Schluß auf das Vorliegen der in den Hypothesen behaupteten Beweggründe Raiffeisens zulassen.

Als erstes Dokument soll das Hauptwerk Raiffeisens, sein Buch über die Darlehnskassen-Vereine, einer näheren Analyse unterzogen werden. Wie bereits angemerkt, hat Raiffeisen die ersten fünf Auflagen selbst bearbeitet. Die 1. Auflage erschien 1866 in Neuwied unter dem Titel „Die Darlehnskassen-Vereine als Mittel zur Abhilfe der Noth der ländlichen Bevölkerung sowie auch der städtischen Handwerker und Arbeiter. Praktische Anleitung zur Bildung solcher Vereine, gestützt auf sechzehnjährige Erfahrung, als Gründer derselben, von F. W. Raiffeisen".

Aus dem Titel geht hervor, daß Raiffeisen dieses Buch vor dem Hintergrund seiner langjährigen Erfahrungen mit der Vereinsarbeit geschrieben hat. Für eine inhaltsanalytische Auswertung ergibt sich daher ungeachtet der generellen Schwierigkeiten, die bei einem Schluß von sprachlichen Variablen auf nicht-sprachliche auftreten sowie des Problems der Überwindung des Zeitintervalls, das zusätzliche Problem, daß das Werk Raiffeisens selbst das Ergebnis eines langjährigen Lernprozesses ist. Daraus erwächst nämlich die Gefahr, daß frühere Beweggründe und Vorstellungen im Lichte der nachfolgenden Jahre praktischer Anwendung neu interpretiert und von ihm anders akzentuiert werden als sie ehemals gemeint waren. Dieses Problem kann man allerdings entschärfen, indem man auch auf Äußerungen Raiffeisens zurückgreift, die in die Anfangsphase seiner Vereinsarbeit fallen.

Rein äußerlich hat das Werk Raiffeisens zahlreiche Änderungen durchlaufen. Die 1. Auflage, die 227 Seiten stark ist, enthält die revidierten Statuten des Heddesdorfer Darlehnskassen-Vereins als Normalstatut für ländliche Bezirke von gemischter Bevölkerung und für kleinere Städte und das Statut des Darlehnskassen-Vereins für das Kirchspiel Anhausen als Normalstatut für rein ländliche Bezirke sowie Kasseninstruktionen und Formulare zur Buchführung etc. Die 2. Auflage ist gegenüber der 1. Auflage auf 333 Seiten vermehrt und verbessert worden. Sie erschien im Jahre 1872 in Neuwied und unterscheidet sich von der 1. Auflage nicht nur durch die neu aufgenommenen Anleitungen für die Errichtung von Untergenossenschaften und die Darstellung der ersten Zentralisierungsbemühungen in Form der Rheinischen landwirtschaftlichen Genossenschaftsbank, sondern auch im Titel. Die Handwerker werden im Titel nicht mehr erwähnt[1]. Der neue Titel lautet: „Die Darlehnskassen-Vereine in Verbindung mit Consum-, Verkaufs-, Gant- etc. Genossenschaften, als Mittel zur Abhilfe der Noth der ländlichen Bevölkerung sowie auch der städtischen Arbeiter. Praktische Anleitung zur Bildung solcher Vereine, gestützt auf dreiundzwanzigjährige Erfahrung, als Gründer derselben, von F. W. Raiffeisen."

Die 2. Auflage unterscheidet sich von der 1. Auflage hauptsächlich durch eine erweiterte Darstellung, während die 3. Auflage von 1881 als „dritte, vollständig umgearbeitete und bedeutend vermehrte Auflage" der Öffentlichkeit unter dem Titel „Die Darlehnskassen-Vereine in Verbindung mit Consum-, Verkaufs-, Winzer-, Molkerei-, Viehversicherungs- etc. Genossenschaften, als Mittel zur Abhilfe der Noth der ländlichen Bevölkerung. Praktische Anleitung zur Gründung und Leitung solcher Genossenschaften, von F. W. Raiffeisen" vorgestellt wurde. In dieser 509 Seiten starken Auflage trägt Raiffeisen den gesetzlichen Bestimmungen von 1876 Rechnung, wonach sich die Genossenschaften zur Einführung von Geschäftsanteilen verpflichten mußten. Außerdem beschreibt er in der 3. Auflage die Gründung der Landwirtschaftlichen Central-Darlehnskasse und des Anwaltschaftsverbandes und fügt die Musterstatuten für sogenannte Nebengenossenschaften bei. Im Titel werden nun auch die städtischen Arbeiter nicht mehr erwähnt, so daß er sich mit seinen Ausführungen unmittelbar nur noch an die ländliche Bevölkerung wendet, die alle Landbewohner, also auch die Arbeiter auf dem Lande umfaßt.

1883 erschien die 4. Auflage unter dem gleichen Titel wie die 3. Auflage. Sie wurde von Raiffeisen teilweise umgearbeitet und verbessert.

Die 5. Auflage erschien als teilweise umgearbeitete und verbesserte Auflage 1887 in Neuwied unter dem Titel „Die Darlehnskassen-Vereine in Verbindung mit Consum-, Verkaufs-, Winzer-, Molkerei-, Viehversicherungs- etc. Genossenschaften sowie den dazugehörigen Instruktionen als Mittel zur Abhilfe der Noth der ländlichen Bevölkerung. Praktische Anleitung zur Gründung und Leitung solcher Genossenschaften, von F. W. Raiffeisen. Erster Theil: Die Darlehnskassen-Vereine und sonstige ländliche Genossenschaften". Der zweite Teil wurde gesondert veröffentlicht und enthielt eine Anleitung zur Geschäfts- und Buchführung der Spar- und Darlehnskassen-Vereine.

Ein Vergleich der Titel und der Inhaltsverzeichnisse der ersten fünf Auflagen zeigt deutlich, daß Raiffeisen stets seine neu gewonnenen

---

[1] Nach *Seelmann-Eggebert*, S. 102, geschah dies mit Rücksicht auf Schulze-Delitzsch und dessen gewerbliche Assoziationen.

Erfahrungen verwertete und es verstand, sich den veränderten Umständen anzupassen[2].

aa) 1. Auflage 1866

Nachdem bisher mehr auf die äußerlichen Veränderungen als Indikator für Raiffeisens Entwicklungs- und Lernprozeß eingegangen wurde, sollen die angesprochenen fünf Auflagen im folgenden einer genaueren inhaltlichen Analyse unterzogen werden.

Im Vorwort zur 1. Auflage von 1866 nennt Raiffeisen zwei Bedingungen für die Beseitigung der Verarmung der ländlichen Bevölkerung: Geld und Kenntnisse. Ersteres soll der Verein beschaffen, und letzeres soll auf dem Wege von Unterricht vermittelt werden. Die Vereine, die er vorschlägt, gründen sich auf die unbedingteste Selbsthilfe, die sowohl die Entfaltung der Ressourcen der Bevölkerung als auch des Bodens bewirken soll. Er führt weiter aus, daß selbst die ärmsten Einwohner durch die Inanspruchnahme der Vereine ihre Verhältnisse bessern können, ohne daß der Verein oder die Kapitalgeber Schaden erleiden. Die Wirksamkeit der Vereine sieht er nicht auf ländliche Bezirke beschränkt, sondern auch für städtische Verhältnisse für gegeben. In diesem Zusammenhang verweist er auf die Bedeutung des Erwerbs von Immobiliarvermögen durch die Arbeiter und der Darlehnsgewährung größeren Ausmaßes an die Handwerker und dem dadurch induzierten Ansporn zum Sparen.

Er schließt sein Vorwort mit der Versicherung, daß die Vereine bei richtiger Leitung ein sicheres Mittel sind, den materiellen Wohlstand zu heben. „Sie dienen aber auch ganz besonders dazu, den Boden zu sittlich-religiöser Wirksamkeit vorzubereiten[3].“

Im Vorwort kommt bereits die sogenannte doppelte Zielsetzung Raiffeisens zum Ausdruck. Die Genossenschaften sind zum einen ein geeignetes Mittel, um die materiellen Verhältnisse zu verbessern und zum anderen ein Mittel, um in sittlich-religiöser Hinsicht zu wirken. Raiffeisen sagt sogar, daß sie ganz besonders letzterem dienen. Diese Äußerung kann man als Indikator für das Vorliegen eines religiösen Beweggrundes auffassen.

Im 1. Kapitel beschäftigt er sich mit der Notwendigkeit und Gründung der Vereine. Er führt aus, daß Großhandel, Großindustrie, Kaufleute und Fabrikanten deshalb immer reicher werden, weil sie sich die

[2] s. auch das Geleitwort von *Meyenschein* zur 6. Aufl., unveränderter Abdruck der 5. Aufl. von 1887, Die Darlehnskassen-Vereine, hrsg. v. Generalverband der deutschen Raiffeisen-Genossenschaften e. V., Berlin, Neuwied 1923, S. 7.

[3] *Raiffeisen*, Friedrich, W.: Die Darlehnskassen-Vereine ..., 1. Aufl., Neuwied 1866, Vorwort.

Ergebnisse wissenschaftlicher Forschungen aneignen, Erfindungen anwenden und sich die erforderlichen Kapitalien unter Umständen durch Zusammenschluß beschaffen. Der Not auf dem Lande kann nur dann wirksam begegnet werden, wenn sich auch die ländliche Bevölkerung den Erfordernissen der Zeit anpaßt, sich Kapital beschafft und sich die wissenschaftlichen Erkenntnisse nutzbar macht. Mangelhafte Schulbildung hat dies bislang verhindert. Raiffeisen hält die Erfolge philanthropischer Bemühungen für die gegenwärtige Generation für äußerst begrenzt. Seiner Auffassung nach kommt es darauf an, auf die Nachfolgegeneration einzuwirken durch: Elementarunterricht durch gut ausgebildete Lehrer, Einrichtung von landwirtschaftlichen und gewerblichen Fortbildungsschulen für die Schulabgänger und Einrichtung von landwirtschaftlichen Casinos für die Fortbildung der Erwachsenen. Die bessere Ausbildung erfordert allerdings vermehrten Kapitaleinsatz.

Bauern, Handwerker und Tagelöhner müssen Raiffeisens Auffassung zufolge zum Sparen angeleitet werden, und dies um so mehr, je größer die Notlage ist. Nur durch Sparsamkeit und Fleiß kann das gewünschte Ziel erreicht werden. Sparen in Form von Darlehn ist gerade für die Viehbeschaffung für den Bauern von großer Bedeutung; denn der Viehhandel ist der Krebsschaden auf dem Lande[4]. Die Darlehnsgewährung ist von einem einzelnen kaum zu leisten. Aber wenn sich viele einzelne zu einem Verein zusammenschließen, kann dies gelingen. Derartige Vereine sind die Volksbanken oder Darlehnskassen-Vereine.

Im folgenden geht Raiffeisen auf die Entwicklung der Darlehnskassen-Vereine ein[5]. Er berichtet über seine Tätigkeit in Flammersfeld als Bürgermeister und über seine Gründung des „Flammersfelder Hilfsvereins zur Unterstützung unbemittelter Landwirte" sowie über die Gründung des „Heddesdorfer Wohltätigkeitsvereins". Dieser Verein sollte nach allen Richtungen wohltätig wirken, um den sinkenden Wohlstand möglichst zu heben. In beiden Vereinen hafteten die Mitglieder solidarisch. Raiffeisen begründet dies damit, daß derartige Vereine damals noch unbekannt waren und noch nicht das nötige Vertrauen erhielten, so daß die wohlhabenden Mitglieder als Garanten angesehen wurden. Ferner berichtet Raiffeisen von der außerordentlichen Schwierigkeit trotz einer Garantiesumme von mehreren hunderttausend Talern einen Kapitalisten zu finden, der das erste Geld einbrachte. Danach soll es aber nie wieder an Geld gefehlt haben.

Ausdrücklich weist Raiffeisen darauf hin, daß ihm zur Zeit der Gründung des „Flammersfelder Hilfsvereins" von dem Bestehen ande-

---

[4] *Ders.*, ebd., S. 8.

[5] *Ders.*, ebd., S. 10 ff.

rer Kredit- oder Vorschußvereine nichts bekannt war, so daß er die Vereinsbestimmungen den praktischen Erfordernissen gemäß festsetzte und den sich ändernden Verhältnissen allmählich anpaßte[6]. Raiffeisen betont, daß die Mitglieder in den geschilderten Vereinen nichts zahlten und auch nichts beanspruchten, daß sie vielmehr uneigennützig aus Nächstenliebe handelten. „Wir haben fünfzehn Jahre hindurch hartnäckig an diesem Grundsatze festgehalten, müssen aber nun gestehen, daß derselbe nicht haltbar ist, und daß Vereine auf diesem Grundsatze nicht lebensfähig sind, obgleich der Grundsatz der Selbsthilfe vorhanden und gewahrt ist, indem kein Schuldner etwas geschenkt bekommt ... Das persönliche Interesse ist der Kitt, welcher Vereine der in Rede stehenden Art zusammenhalten muß. Die Mitglieder der vorgedachten Vereine hatten an diesem selbst keinen direkten Vorteil. Sie sollten für andere wirken, was für die Dauer sich als unausführbar ergab[7].“

In dieser Passage wird deutlich, wie sehr Raiffeisen für den Grundsatz der Nächstenliebe und wohltätigen Hilfe an den Bedürftigen eintrat, und wie schwer es ihm gefallen sein muß, diesen Grundsatz aufzugeben, um sein Ziel nicht zu gefährden. Uneigennütziges Wirken aus Nächstenliebe kann als ein weiterer Indikator für die Annahme eines religiösen Beweggrundes bei Raiffeisen angesehen werden.

Obiges Zitat ist auch für die Hypothese von der Variation des Mitteleinsatzes von Bedeutung; denn daraus geht hervor, daß Raiffeisen eigentlich nur deshalb Genossenschaften gegründet hat, weil das Mittel wohltätige Fremdhilfe in Form von Wohltätigkeitsvereinen nicht geeignet war, die Einlösung seines Ziels dauerhaft und erfolgversprechend voranzutreiben. Die Substitution der Mittel beruht danach auf einer durch praktische Erfahrungen bedingten, neuen Interpretation der objektiven Situation und ist wohl weniger als Ausdruck einer Veränderung in den Beweggründen anzusehen.

Im Anschluß an obiges Zitat schildert Raiffeisen die Gründung des „Heddesdorfer Darlehnskassen-Vereins“ und empfiehlt auf Grund langjähriger Erfahrungen dessen Statuten als Normalstatuten für verkehrsreiche ländliche Bezirke und selbst auch für kleinere und größere Städte. Die Statuten des „Darlehnskassen-Vereins für das Kirchspiel Anhausen“ empfiehlt er als Normalstatut für rein ländliche Bezirke.

Er warnt vor übertriebenen Hoffnungen und betont, daß der Erfolg sich nur allmählich ausbreiten kann, daß er aber mit Sicherheit dann eintreten wird, wenn die Genossenschaften umsichtig verwaltet wer-

---

[6] *Ders.*, ebd., S. 11.
[7] *Ders.*, ebd., S. 12 f.

den. Da diejenigen, die der Genossenschaften am meisten bedürfen, kaum in der Lage sind, die Gründung und Leitung durchzuführen, appelliert er an alle Schichten der Bevölkerung, sich an der Genossenschaftsarbeit zu beteiligen. Er hält eine Förderung und Beteiligung der wohlhabenden Schichten auch deshalb für sinnvoll, weil die zunehmende Verarmung der ländlichen Bevölkerung auch den Wohlhabenden auf Dauer zum Nachteil gereicht, so daß eine Förderung der Vereine letztlich in ihrem eigenen Interesse liegt.

„Aber auch in sittlich-religiöser Beziehung, wir möchten sogar sagen, hauptsächlich, sind die Vereine von größter Wichtigkeit. Mit zunehmender Verarmung, immer größer werdender Noth, wird in der Regel die Entsittlichung in jeder Beziehung gleichen Schritt halten[8]." Weder geistliche Einwirkung allein noch Almosen und ähnliches vermögen die Verhältnisse zu bessern, sondern allein die Selbsthilfe, die eine Neigung zum Sparen und Arbeiten induziert und so das Selbstvertrauen sowie das Vertrauen zu Gott stärkt und die Möglichkeit zu einer echt christlichen Einwirkung auf die Bevölkerung eröffnet.

Auch diese Passage kann als Indikator für einen religiösen Beweggrund Raiffeisens aufgefaßt werden; denn Raiffeisen will nicht nur die materiellen Verhältnisse durch Selbsthilfe verbessern, sondern er will die Vereine auch in sittlich-religiöser Beziehung tätig wissen.

Von der Bestimmung, daß die Genossenschaften Darlehn nur solchen Mitgliedern gewähren sollen, die sich auch als kreditwürdig erweisen, verspricht sich Raiffeisen eine in sittlicher Hinsicht erzieherische Wirkung[9].

Zusammenfassend kann festgestellt werden, daß sich in der 1. Auflage des Buches von Raiffeisen nicht nur zahlreiche Hinweise auf die doppelte Zielsetzung: materielle und sittliche Verbesserung der Lebenslage finden, sondern auch darauf, daß diese sittliche Verbesserung auf religiöser Grundlage erfolgen soll. Raiffeisen spricht von „sittlich-religiöser Beziehung" und „echt christlicher Einwirkung" sowie von dem „Grundsatz der Nächstenliebe", den er gezwungenermaßen aufgeben mußte, nachdem er fünfzehn Jahre lang um dessen Beibehaltung gekämpft hatte.

ββ) 2. Auflage 1872

Während Raiffeisen in der 1. Auflage von 1866 ausführlicher als in der 2. Auflage von 1872 auf die Sparkassen eingeht und pro Anschluß an die landwirtschaftlichen Vereine und an das Anwaltschaftsbüro von

---

[8] *Ders.*, ebd., S. 16.

[9] *Ders.*, ebd., S. 52.

Schulze-Delitzsch in Potsdam[10] argumentiert, widmet er in der 2. Auflage der eigenen zentralen Organisation ein eigenes Kapitel[11].

Das Vorwort zur 2. Auflage beginnt mit einem Abdruck eines amtlichen Schreibens vom 16. Juni 1870, in dem der Kreisgerichts-Direktor auf die positiven Wirkungen der Genossenschaftsarbeit hinweist. Raiffeisen wertet dieses Schreiben als einen weiteren Beweis dafür, daß die Vereine geeignet sind, den materiellen Wohlstand zu heben und damit auf eine Reduzierung der Zahl der Bedürftigen hinzuwirken.

Sodann macht er deutlich, daß die Raiffeisen-Grundsätze darauf gerichtet sind, den kaum mehr vorhandenen Gemeinsinn zu beleben und daß die Solidarhaft der Mitglieder nicht nur der Kapitalbeschaffung dient, sondern auch der Bewußtmachung der Pflicht, sich in christlicher Solidarität zu vereinigen. „Möge dies das Streben aller Stände und aller Glieder des deutschen Volkes werden, dann wird das letztere auch in sozialer Beziehung einer schöneren Zukunft entgegengehen, und dazu möge Gott seinen Segen geben[12].“ Raiffeisen sieht also in der solidarischen Haftung nicht nur eine betriebswirtschaftlich/juristische Notwendigkeit, sondern sie ist für ihn zugleich ein Ausdruck christlichen Handelns. Solidarität allein genügt ihm nicht. Erst wenn alle in christlicher Solidarität zusammenarbeiten, werden sich auch die sozialen Beziehungen entschärfen.

Das 1. Kapitel über die Notwendigkeit und Gründung der Vereine entspricht weitgehend dem 1. Kapitel der 1. Auflage. Allerdings schildert Raiffeisen den Übergang von Darlehnsgewährung an Nichtmitglieder zur Darlehnsgewährung nur an Mitglieder ohne Hinweis auf die Unmöglichkeit, das Wohltätigkeitsprinzip in praxi erfolgreich anwenden zu können. „Um dieses auch formell zu regulieren, fand daher im Jahre 1864 eine Umgestaltung des Vereins, beziehungsweise eine Abänderung der Statuten statt, welche nur noch die Bestimmungen über das Darlehnsgeschäft enthielten. Der Verein führte von da ab auch die Firma ‚Heddesdorfer Darlehnskassen-Verein‘. Es wurde indessen nach wie vor darauf Bedacht genommen, sowohl die Verwaltung als auch die Mittel des Vereins mit dazu zu benutzen, die Gesamtverhältnisse der Beteiligten zu heben, also in materieller und sittlicher Beziehung zu wirken[13].“

Der letzte Satz ist für die Hypothese von der Variation des Mitteleinsatzes von besonderer Bedeutung. Raiffeisen weist ausdrücklich darauf hin, daß die Substitution des Wohltätigkeitsvereins durch die

10 *Ders.*, ebd., S. 20.

11 *Ders.*, Die Darlehnskassen-Vereine ..., 2. Aufl., Neuwied 1872, S. 301 ff.

12 *Ders.*, ebd., Vorwort.

13 *Ders.*, ebd., S. 4.

Genossenschaft nicht zu einer Veränderung in seinen Zielvorstellungen geführt hat noch durch sie bedingt ist. Es ist nach wie vor sein Ziel, die materiellen und sittlichen Verhältnisse der Bedürftigen zu fördern. Sein Entschluß, ein anderes Mittel anzuwenden, beruht somit auf anderen Gründen, die er an dieser Stelle nicht näher erläutert. So fehlt auch der Passus über das persönliche Interesse als Kitt für die Mitarbeit im Verein, den er in der 1. Auflage im Zusammenhang mit der Darstellung des Übergangs vom Wohltätigkeitsverein zur Genossenschaft geschrieben hat.

Nach viereinhalbjähriger praktischer Erfahrung mit dem „Heddesdorfer Darlehnskassen-Verein", dessen Statuten sowohl Eintrittsgelder als auch Geschäftsanteile vorsahen, kommt Raiffeisen zu dem Ergebnis, daß diese Bestimmungen weder praktisch noch wünschenswert sind und empfiehlt die Gründung neuer Vereine ohne Geschäftsanteile und Eintrittsgelder.

In dem 2. Kapitel über Mitgliedschaft, Rechte und Pflichten der Mitglieder weist Raiffeisen erneut darauf hin, daß mit Hilfe der Genossenschaften auf die ländliche Bevölkerung in materieller und sittlicher Hinsicht eingewirkt werden soll: „Noch viel wichtiger aber ist die sittliche Einwirkung der Vereine auf ihre Mitglieder[14]."

Dieses Zitat sowie seine Ausführungen über die Lösung der sozialen Frage unter uneigennütziger Mitwirkung der Angehörigen der wohlhabenden Schichten sind weitere Indikatoren für seine religiöse Grundhaltung. In diesem Zusammenhang führt Raiffeisen weiter aus: „Die letzteren sehen, wie die ersteren, ohne irgend einen eigenen Vorteil, lediglich, um für sie (die Ärmeren) zu sorgen, durch Vollziehung der Statuten mit ihrem ganzen Vermögen nicht allein in die Solidarhaft eingetreten sind, sondern auch noch dazu die Verwaltung unentgeltlich führen, wie sie in jeder Beziehung eifrig bemüht sind, zu helfen und den Hilfsbedürftigen Gelegenheit zu geben, sich emporzuarbeiten. Man sagt: ‚Liebe erweckt Gegenliebe.' Die liebevolle Fürsorge der besitzenden Klassen für die Ärmeren, in der innigen Vereinigung, wie solche die in Rede stehenden Genossenschaften bieten, ist das einzige Mittel, die rechte Innung der Zukunft zu begründen und der Umsturzpartei den Boden für ihre verderbliche Agitation zu entziehen. Das ist ‚christlicher Sozialismus'. Würden überall solche Vereine gegründet, fände dabei eine allseitige Beteiligung statt, und würden die Vereine im rechten Geiste geleitet, so daß sie Pflanzstätten echt christlichen Gemeinsinnes, echt christlichen gemeinnützigen Zusammenwirkens würden, so würde man der Zukunft ruhiger entgegensehen dürfen[15]."

---

[14] *Ders.*, ebd., S. 15.

[15] *Ders.*, ebd., S. 18.

Im 8. Kapitel beschäftigt er sich mit der Zentralbank und der Organisation der Vereine, ohne daß er nochmals eine mögliche Verbindung mit Schulze-Delitzschs Anwaltschaftsbüro in Potsdam ins Auge faßt. Ausgehend von der Behauptung: „Wir leben in einer Zeit der Vereine"[16], begründet er die Notwendigkeit der Schaffung einer zentralen Geldausgleichsstelle und der Errichtung einer Informations- und Beratungszentrale für die Vereine. Er betont nochmals, daß das Geld nicht Zweck, sondern Mittel zum Zweck ist. Es geht nicht um die persönliche Bereicherung, sondern um die Erhöhung der Wohlfahrt „in jeder Beziehung"[17]. „Ganz gleich, wie bei den kleinen Vereinen, verhält es sich mit der Vereinigung derselben zu einem größeren Verbande. Dieser wird nach unsrer auf vielfachen Versuchen und auf langjähriger Erfahrung beruhenden festen Überzeugung nur dann einen sicheren Halt und einen festen Bestand für die Zukunft bekommen, wenn der Geldpunkt, wenn die Gründung einer Centralkasse unter Solidarhaft der beteiligten einzelnen Vereine den Mittelpunkt bildet[18]."

Dem Geld fällt also insofern eine zentrale Rolle zu als es den Kitt bildet, der einmal den einzelnen Verein zusammenhält, sodann aber auch die Organisierung der Vereine erleichtert und so die Wahrung der eigentlichen Aufgaben der Organisation überhaupt erst ermöglicht.

Die Notwendigkeit zur Gründung von Darlehnskassen-Vereinen und deren Organisierung ergibt sich aus dem stetig anwachsenden Mißverhältnis zwischen der Lebenslage der Angehörigen der unteren und der oberen Schichten. Raiffeisen macht dafür die Selbstsuchtlehre der herrschenden volkswirtschaftlichen Schule verantwortlich[19]. Die Selbstsucht stellt für ihn die Wurzel des Übels dar. Daher erhebt er die Forderung, Selbstsucht durch Gemeinsinn zu substituieren: „Es ist hoch an der Zeit, ein anderes Ziel aufzustecken und anstatt der Selbstsucht den Gemeinsinn oder wie wir das Ziel nennen wollen, die christliche Solidarität, zu predigen[20]." Auf diesem Grundsatz beruhen die Darlehnskassen-Vereine. „Bei Gründung der Vereine wird in der Regel die gedachte Idee der christlichen Solidarität, der Pflicht, für die Mitmenschen, die Brüder, zu sorgen und zu arbeiten, vorangestellt und gerade dieser Idee haben die Vereine die Mitarbeiterschaft sehr vieler edler Männer zu verdanken. Diese Idee soll auch in erster Linie die Grundlage für den Centralverein bilden[21]."

---

16 *Ders.*, ebd., S. 301.
17 *Ders.*, ebd., S. 306.
18 *Ders.*, ebd., S. 307.
19 *Ders.*, ebd., S. 312 f.
20 *Ders.*, ebd., S. 314.
21 *Ders.*, ebd., S. 314.

Raiffeisen hat in den beiden angegebenen Zitaten näher präzisiert, was er unter „Gemeinsinn" versteht. Er versteht darunter ein auf christlicher Grundlage beruhendes Eintreten eines jeden für alle und aller für einen, die Pflicht, für die Mitmenschen, die Brüder, zu sorgen. Dieser Passus zeigt erneut, daß Raiffeisen in seinem Denken und Handeln stark von seiner christlichen Überzeugung beeinflußt war. Seine religiöse Grundeinstellung verschließt ihm letztlich jedoch nicht die Erkenntnis, daß Individuen nicht nur altruistisch handeln, sondern daß ihnen auch und vor allem egoistische Bestrebungen eigen sind. Diese will er durch die Übung christlicher Solidarität reguliert sehen: „Indem nach unserer innersten Überzeugung der vorgeschlagene Weg der einzige ist, durch welchen das angeführte Ziel erreicht werden kann, müssen wir leider zugeben, daß es unmöglich ist, die Selbstsucht ganz zu beseitigen. Möglich aber ist es und dringend notwendig, durch Gemeinsinn, durch Nächstenliebe, durch Erweckung und Kräftigung des Pflichtgefühls für die Mitmenschen zu sorgen, die Selbstsucht zu mindern und zu regulieren, so daß sie dann das dauernde Interesse Aller und jedes Einzelnen fördern helfen wird[22]."

Erst wenn es gelungen ist, die Selbstsucht durch den Gemeinsinn zu regulieren, ist eine dauerhafte und friedliche Regelung der sozialen Beziehungen möglich: „Dann erst, wenn der besser gesinnte Theil der Bevölkerung, getrieben aus Nächstenliebe, für seine nothleidenden Mitmenschen, unter ihnen und mit ihnen uneigennützig arbeitet, dann wird Versöhnung eintreten und ein friedliches Zusammenarbeiten, und aus dem jetzigen feindseligen Kampf um das Dasein, ein Kampf, durch Fleiß und Sparsamkeit den Vorrang gewinnen[23]."

In der 2. Auflage widmet sich Raiffeisen intensiv im Zusammenhang mit der Darstellung der Organisierungsbestrebungen der Bedeutung der Genossenschaften für die gesamtgesellschaftliche Entwicklung, insbesondere für das Verhältnis zwischen den Schichten.

In seiner Auseinandersetzung mit der Hypothese von der „invisible hand" erläutert er sein Verständnis von „Gemeinsinn" und macht deutlich, daß für ihn eine Neuordnung der sozialen Verhältnisse nur auf christlicher Basis erfolgreich verlaufen kann.

Die Betonung christlicher Prinzipien bei der Vereinsarbeit und der Organisierung und Strukturierung der Gesamtgesellschaft verdeutlicht erneut seinen religiösen Beweggrund. Raiffeisen sieht in einem so fundierten Handeln die Verwirklichung der Idee des christlichen Sozialismus.

---

[22] *Ders.*, ebd., S. 315.

[23] *Ders.*, ebd., S. 315.

γγ) 3. Auflage 1881

Im Vorwort zur 3. Auflage von 1881[24] berichtet Raiffeisen über die Bekämpfung der Genossenschaften und veröffentlicht Passagen aus dem Bericht der Enquete-Kommission, der 1874 der Auftrag erteilt worden war, die Genossenschaften einer genauen Überprüfung zu unterziehen.

Ferner weist Raiffeisen darauf hin, daß er die 3. Auflage vollständig umgearbeitet und bedeutend erweitert hat. Die Vereinsstatuten wurden sorgfältig durchgearbeitet und in die zugehörigen theoretischen Erläuterungen wurden die bisherigen Erfahrungen eingebracht. Den Sparkassen wurde mehr Beachtung als in der 2. Auflage geschenkt. Außerdem stellt Raiffeisen die größere Organisation der Vereine, den Zentralkassen- und den Anwaltschaftsverband ausführlich dar. Er ruft zur Weckung des Zusammengehörigkeitsgefühls, der allgemeinen Solidarität und der christlichen Liebespflicht auf. Er spricht vom Aufleben einer sozialen Friedensstimmung für eine schönere Zukunft. „Doch ihr Beginnen liegt in Gottes Hand. Als dessen schwaches Werkzeug aber nur ein geringes zu ihrer Herbeiführung tun zu können, das würde der schönste Lohn sein, den sich wünschen könnte der Verfasser[25]."

In diesem Vorwort wird erneut deutlich, wie stark Raiffeisens Denken und Handeln von seiner religiösen Grundhaltung beeinflußt ist. Er begreift sich selbst als Werkzeug Gottes und stellt sein Handeln in eben dessen Dienst.

In der Einleitung zur 3. Auflage rekonstruiert er seine Vereinsarbeit von der Gründung in Weyerbusch über den Flammersfelder Verein bis hin zur Umorganisation des Heddesdorfer Wohltätigkeitsvereins in eine Genossenschaft. In der Retrospektive erscheint ihm die Gründung des „Weyerbuscher Konsumvereins" als die Geburtsstätte der Genossenschaftsidee[26].

Im 1. Kapitel über Gründung und Zweck[27] schreibt er, daß die Vereine als Kreditgenossenschaften vorab die Bestimmung haben, das Geldbedürfnis ihrer Mitglieder zu befriedigen. Indessen ist das Geld nicht Zweck, sondern Mittel zum Zweck. Die eigentliche und wahre Aufgabe ist es „die Verhältnisse ihrer Mitglieder in sittlicher und materieller Beziehung zu verbessern, die dazu nötigen Einrichtungen zu treffen, namentlich die zu Darlehn an die Mitglieder erforderlichen

[24] *Ders.*, Die Darlehnskassen-Vereine ..., 3. Aufl., Neuwied 1881.

[25] *Ders.*, ebd., Vorwort.

[26] *Ders.*, ebd., S. 2.

[27] *Ders.*, ebd., S. 6 ff.

Geldmittel unter gemeinschaftlicher Garantie zu beschaffen, sowie Gelegenheit zu geben, müßig liegende Gelder verzinslich anzulegen"[28].

Raiffeisen nimmt die sittliche Förderung der Mitglieder ausdrücklich in den Aufgabenkatalog seiner Genossenschaften auf und erwähnt sie sogar vorrangig. Ferner plädiert er für Produktionssteigerungen in der Landwirtschaft durch Anwendung besserer Technologien und die Intensivierung aller Arten von Nebengewerben. Obwohl es an Geld für den lebensnotwendigen Bedarf mangelt, beobachtet er steigende Vergnügungssucht. Als schlimmstes Übel greift der Wucher immer weiter um sich.

Im Anschluß an seine Situationsanalyse erörtert er alternative Hilfsmaßnahmen. „Da, wie schon erwähnt, von dem guten Bestehen der ländlichen und besonders der landwirtschaftlichen Bevölkerung das gute Bestehen der ganzen Gesellschaft und besonders auch des Staates abhängt, so ist die Frage nach der Art dieser Hilfe eine der brennendsten Tagesfragen, ja einer der wichtigsten Teile der sozialen Frage geworden[29]." Er hält weder indirekte Staatshilfe noch direkte Hilfe ohne Gegenleistung für sinnvoll. Verminderung der Gemeindelasten und Ausbau der Infrastruktur sieht er als geeignete Vorbedingungen für eine Verbesserung der Lebenslage der ländlichen Bevölkerung an. Weitere geeignete Mittel bieten die Darlehnskassen und Sparkassen aller Art. Um den Wucher wirksam zu bekämpfen, genügen weder gesetzliche Maßnahmen noch Geldbewilligungen, weil sie allein an den Symptomen kurieren. Er fordert dagegen ein Ursachenforschung und -bekämpfung. Die Entchristlichung der Zeit stellt nach Raiffeisen die Ursache für die drückende sozio-ökonomische Situation der Bevölkerung dar. Dieses Übel kann niemand anderes als die Bevölkerung selbst beseitigen: „Hilf Dir selbst, so hilft Dir Gott[30]." Mit vereinten Kräften kann es gelingen, das Kreditbedürfnis zu befriedigen. Noch wichtiger ist aber die Belehrung über die Verwendung des Geldes. In diesem Zusammenhang weist Raiffeisen auf die Bedeutung der landwirtschaftlichen Vereine, der Bauern-Vereine und der Casinos hin.

Da Raiffeisen von der Interdependenz von materiellem und geistig-sittlichem Wohl ausgeht, hält er eine Verbesserung des letzteren nur dann für möglich, wenn auch die materiellen Verhältnisse verbessert werden. Indem man die Bevölkerung zur Selbsthilfe anleitet und in ihnen auch den Wunsch weckt, ihre Lage zu verbessern, werden sie sich auf das äußerste anstrengen und Fleiß und Sparsamkeit werden die Folge sein. In Anwendung der Selbsthilfe kann es also gelingen,

[28] *Ders.*, ebd., S. 6.

[29] *Ders.*, ebd., S. 8 f.

[30] *Ders.*, ebd., S. 11.

die materiellen und sittlichen Verhältnisse der betroffenen Bevölkerungsgruppen zu verbessern und somit zugleich zur Bestandssicherung der Gesellschaft beizutragen.

Raiffeisens Ausführungen zur Lösung der sozialen Frage machen deutlich, daß er der ländlichen Bevölkerung eine dominierende Rolle in der Gesellschaftsstruktur zuschreibt. Seiner Auffassung zufolge hängt die Existenzsicherung des Staates und der Gesellschaft aufs engste mit der Entwicklung der ländlichen Bevölkerung zusammen. Indem Maßnahmen ergriffen werden, die die Verhältnisse der ländlichen Bevölkerung verbessern sollen, wird zugleich ein Beitrag zur Bestandssicherung der Gesellschaft geleistet. Raiffeisen schlägt als eine geeignete Maßnahme die Selbsthilfe in Genossenschaften vor. M. a. W. die Genossenschaften dienen auch der Stabilisierung der Gesellschaft. Diese Ausführungen können als Indikator für seine gesellschaftspolitischen Ansichten als Beweggrund gelten, der ihn möglicherweise zur Gründung von Genossenschaften veranlaßt hat.

Im 7. Kapitel beschäftigt sich Raiffeisen mit der Verbindung der Vereine untereinander durch die Zentraldarlehnskasse und den Anwaltschaftsverband[31].

Die Lösung der sozialen Frage betrachtet er als die vordringliche Aufgabe seiner Zeit. Unter ihrer Lösung versteht er die Regelung der Verhältnisse der verschiedenen Berufsgruppen zueinander. Durch die Aufhebung des Zunftzwanges befindet sich das einzelne Wirtschaftssubjekt in einem Zustand sozialer und wirtschaftlicher Isolation. Im Wirtschaftsleben dominiert, wer über Kapital verfügt und den anderen geistig überlegen ist. Neben der politischen Macht bildet sich eine neue, gegründet auf den Besitz von Geld. „Dieser Einfluß ist es, welcher immer mehr den Volkswohlstand untergräbt, ..., und so nicht allein das gute Bestehen der Gesellschaft, sondern auch der Staaten und der Throne bedroht[32].“ Um die drohende soziale Revolution abzuwenden, verlangen die einen nach staatlich verordneten Vereinigungen und die anderen nach der Beseitigung des Einflusses des Großkapitals und des Wuchers: „Während also die Losung auf der einen Seite heißt: Fort mit den Juden!, drängt man auf der anderen nach der Innung als Zwangs-Innung durch Mitwirkung des Staates[33].“

Zwangsinnungen können nach Raiffeisens Dafürhalten allerdings keine dauerhafte Lösung darstellen. Zwang induziert Erbitterung der Bevölkerung und treibt diese in die Umsturzpartei. Da es der Bevölkerung an Sparsamkeit und energischer Selbsthilfe mangelt, müssen

---

[31] *Ders.*, ebd., S. 148 ff.

[32] *Ders.*, ebd., S. 149.

[33] *Ders.*, ebd., S. 150.

entsprechende Einrichtungen geschaffen werden, die sich freiheitlich aus dem Bedürfnis des Volkes heraus entwickeln. Derartige Innungen sind die Darlehnskassen-Vereine und deren zentrale Organisationen.

Im Zusammenhang mit der Darstellung seiner Bemühungen um die Schaffung einer zentralen Geldausgleichsstelle geht Raiffeisen auch auf die Interpellation von Schulze-Delitzsch und den sogenannten Systemstreit ein[34].

Der bisher referierte Teil des 7. Kapitels zeigt einmal mehr, welche Bedeutung Raiffeisen den Genossenschaften für die Lösung der sozialen Frage zuschreibt. Im restlichen Teil des 7. Kapitels befaßt sich Raiffeisen mit den Aufgaben des Anwaltschaftsverbandes. Eine seiner Hauptaufgaben ist es, permanent ermahnend und belehrend auf die ländliche Bevölkerung einzuwirken, weil die Hauptursache der zunehmenden Not auf dem Lande in der Bevölkerung selbst zu suchen ist. Unter anderem muß ihr gezeigt werden, wie die erhaltenen Darlehn am zweckmäßigsten verwendet werden können.

Der Verband verfügt nur über geringe Mittel; deshalb ist die Bezahlung der Mitarbeiter nur minimal. Daher finden sich laut Raiffeisens Annahme nur solche Individuen zur Mitarbeit bereit, die die große Bedeutung ihrer Aufgabe erkannt haben und aus Liebe zur Sache arbeiten, „d. h. von einem Standpunkte der Selbstlosigkeit und der Nächstenliebe aus“[35].

Da Raiffeisen auch in der allgemeinen Einführung der Lebensversicherung einen Beitrag zur Lösung der sozialen Frage sieht, strebt er eine Verbindung der Anwaltschaft mit der Lebensversicherungs- und Ersparnisbank in Stuttgart an[36].

Zusammenfassend sei angemerkt, daß in dem Vorwort zur 3. Auflage die religiöse Grundhaltung Raiffeisens deutlich zum Ausdruck kommt. Ausdrücklich wird die sittliche Förderung der Mitglieder an erster Stelle im Aufgabenkatalog der Genossenschaften genannt. Als ein weiterer Indikator für seine stark ausgeprägte religiöse Grundhaltung sei seine Auffassung, daß die Ursache für die drückende sozio-ökonomische Situation in der Entchristlichung der Zeit zu suchen ist, genannt.

Im Anschluß an eine Situationsanalyse stellt Raiffeisen die auf Selbsthilfe beruhenden Genossenschaften als ein Mittel zur Lösung der sozialen Frage vor. Im Verlauf seiner Argumentation treten seine gesellschaftspolitischen Ansichten von der fundamentalen Bedeutung der

---

[34] *Ders.*, ebd., S. 153 ff.

[35] *Ders.*, ebd., S. 189.

[36] Vgl. *ders.*, ebd., S. 192 ff.

ländlichen Bevölkerung für die Sicherung der Existenz der Gesellschaft deutlich zutage, so daß die Hypothese von den gesellschaftspolitischen Ansichten Raiffeisens als Beweggrund dadurch eine Stützung erfährt.

δδ) 4. Auflage 1883

Im Vorwort zur 4. Auflage, die 1883 erschien, wird eine öffentliche Anerkennung seitens der Staatsregierung abgedruckt. Die Anerkennung, die Raiffeisen darin zuteil wird, gibt er an alle seine Mitarbeiter weiter.

In der Einleitung bezieht Raiffeisen erneut zu den wirtschaftlichen und sozialen Verhältnissen Stellung. Die wachsende Diskrepanz zwischen arm und reich führt er auf den falsch gerichteten Zeitgeist zurück: „Es ist höchste Zeit, dem auf falscher Fährte befindlichen Zeitgeiste eine andere Richtung zu geben, ein anderes Streben hervorzurufen. Welcher Art dieses sein soll, kann für einen Christen nicht zweifelhaft sein. Der Herr und Heiland gibt selbst die Directive an, indem er in seiner Bergpredigt sagt: ‚Trachtet am ersten nach dem Reiche Gottes und nach seiner Gerechtigkeit, so wird Euch solches alles (nämlich die irdischen Bedürfnisse) zufallen‘[37]."

Dieses Zitat zeigt ganz deutlich Raiffeisens religiöse Grundhaltung. Die Menschen sollen sich nicht primär um irdisches Glück bemühen, sondern nach dem Reiche Gottes trachten.

Raiffeisens Beobachtungen zufolge wächst die Zahl der ungläubigen Proletarier in beängstigendem Maße. Es ist daher an den Angehörigen der besitzenden Schichten, ihnen in religiöser Beziehung ein besseres Vorbild zu geben, vor allem aber auch tatsächliche Hilfestellung bei der Verbesserung ihrer Lage zu leisten.

Sein praktisch verstandenes Christentum bringt er auch dadurch zum Ausdruck, daß er fordert, konfessionellen Hader in den Hintergrund zu drängen und „wenigstens im sozialen Leben darin zu wetteifern, das religiöse Bekenntnis hauptsächlich durch die in der Gottesliebe wurzelnde christliche Nächstenliebe zu betätigen, dabei aber allseitig die Fahne des Christentums hoch zu halten. Auf dem wirtschaftlichen Gebiet, ... kommt es lediglich auf diese Früchte, also auf die Erfolge einer christlichen Liebestätigkeit, auf die praktische Betätigung des Christentums im öffentlichen Leben an. Gott gebe, daß es unter allseitiger Mitwirkung der Gutgesinnten gelingen möge, allmählich die Bestrebungen der Gesamtheit und der Einzelnen nach dieser Richtung hin zu lenken, so, aber auch nur dann wird es möglich werden, bessere

---

[37] *Ders.*, Die Darlehnskassen-Vereine ..., 4. Aufl., Neuwied 1883, S. 1 f.

soziale Verhältnisse herbeizuführen[38]." Dazu können die auf christlicher Grundlage beruhenden Darlehnskassen-Vereine beitragen. Da es auf den rechten Geist in den Vereinen ankommt, ist eine allzu schnelle Ausbreitung nicht wünschenswert. Die Form allein ist nicht ausreichend für eine erfolgreiche Arbeit. „Weil dies die bisherigen Erfahrungen in reichem Maße bestätigt haben, deshalb erschien uns der Hinweis auf das Christentum zur Sache durchaus notwendig[39]." Raiffeisen stützt seine Argumentation mit dem Hinweis auf die Darlegungen von Professor Held, der vom wissenschaftlichen Standpunkt aus zu demselben Schluß gelangt wie er.

Raiffeisen verlangt von den Wohlhabenden, sich einerseits ohne Gegenleistung uneigennützig an der Vereinsarbeit zu beteiligen und andererseits eine Vorbildfunktion zu übernehmen. „Dazu ist eine Opferwilligkeit und Ausdauer nötig, wie solche die gebräuchlichen Schlagwörter Gemeinsinn und Nächstenliebe zu geben nicht imstande sind. Deshalb betonen wir ausdrücklich die christliche Nächstenliebe, welche in der Gottesliebe und in der Christenpflicht wurzelt ... Die besitzende Klasse trägt so mit zur allgemeinen Wohlfahrt bei. Dankbarkeit und gegenseitige Zuneigung und somit der soziale Friede müssen und werden die natürliche Folge sein[40]."

Raiffeisen macht deutlich, was er unter „Gemeinsinn" und „Nächstenliebe" versteht. Gemeinsinn und Nächstenliebe sind für ihn nur auf christlicher Grundlage möglich. Auf Grund seiner eigenen christlichen Überzeugung, derzufolge sich wahres Christentum in einer aktiven Gestaltung der Welt äußert, strebt er ein vom christlichen Geist der Nächstenliebe getragenes Gemeinschaftsleben an. Raiffeisens Alternative zur wirtschaftlichen Organisationsform des Liberalismus sind die Genossenschaften, in denen das Eigeninteresse mit christlicher Nächstenliebe zu gegenseitiger Selbsthilfe verbunden ist. In den auf christlicher Grundlage gegründeten Genossenschaften kann der in Gang gekommene Fortschritt für das Wohl der gesamten Gesellschaft gesichert und der soziale Friede hergestellt werden.

Die Bezugnahme Raiffeisens auf die Bergpredigt und die Verankerung der Nächstenliebe in der Gottesliebe und Christenpflicht zeigt deutlich, daß Raiffeisen in seinem Denken und Handeln stark von seiner christlichen Überzeugung beeinflußt ist. Die Mitarbeit in den Genossenschaften erscheint geradezu als eine Pflicht auch Gott gegenüber.

---

[38] *Ders.*, ebd., S. 3.
[39] *Ders.*, ebd., S. 3.
[40] *Ders.*, ebd., S. 4.

εε) 5. Auflage 1887

Im Vorwort zur 1887 erschienenen 5. Auflage teilt Raiffeisen mit, daß der Teil seines Buches, der die Instruktionen betrifft, ab jetzt als 2. Teil gesondert herausgegeben wird. Der 1. Teil enthält die Ausführungen zu den ländlichen Genossenschaften, vorzugsweise den Darlehnskassen-Vereinen. Als besonders erfreulich hebt er hervor, daß die ländlichen Genossenschaften auch im Ausland immer mehr Anerkennung finden[41].

Raiffeisen beginnt auch die Einleitung der 5. Auflage mit einer Analyse der herrschenden wirtschaftlichen und sozialen Verhältnisse[42].

Er konstatiert steigende Ansprüche und einen immer härter werdenden Konkurrenzkampf. Er differenziert die Gesellschaft in die erwerbende Klasse, deren Mitglieder ständig dem Mehrerwerb nachjagen und Verschwendung und Schlemmerei treiben, und in die unteren Klassen, bei deren Mitgliedern die Leb- und Genußsucht auch weiter zunimmt ebenso wie ihr Neid und Haß gegen die Mitglieder der erwerbenden Klasse. Die Partei der sozialen Revolution findet somit immer neue Anhänger.

Wie in der 4. Auflage mahnt er zum Umdenken. Es muß die Sorge eines jeden Christen sein, sich zuerst um die Erlangung der himmlischen Güter zu bemühen.

Raiffeisen bezieht sich in seinen Ausführungen erneut auf die Bergpredigt. Die steigende Zahl ungläubiger Proletarier verlangt sichere Aussichten auf ein menschenwürdiges Dasein. Um der drohenden Revolution vorzubeugen, fordert er die wohlhabende Bevölkerung auf, den Proletariern bei der Verbesserung ihrer Lebenslage zu helfen und ihnen in religiöser Hinsicht ein Vorbild zu sein. Es können nur dann bessere soziale Verhältnisse herbeigeführt werden, wenn ungeachtet konfessioneller Gegensätze im Wirtschaftsleben praktisches Christentum geübt wird. Die Darlehnskassen-Vereine sind ein geeignetes Betätigungsfeld. Raiffeisen weist auch in der 5. Auflage darauf hin, daß Professor Held seine Auffassung teilt, daß das Christentum zur Lösung der sozialen Frage unentbehrlich ist[43]. Ohne Anerkennung und Befolgung der Pflichten gegen Gott und die Mitmenschen hält Raiffeisen eine erfolgreiche Entwicklung der Vereine für geradezu unmöglich[44].

---

41 *Ders.*, Die Darlehnskassen-Vereine ..., 5. Auflage, Neuwied 1887, Vorwort.

42 *Ders.*, zitiert nach der 7. Auflage, die ein unveränderter Nachdruck der 5. Auflage ist, versehen mit einem Geleitwort von Reichsminister a. D. Dr. Dr. h. c. Andreas Hermes, Einführung und Anmerkungen von Hugo Tillmann, Neuwied 1951, S. 17 ff.

43 Vgl. *ders.*, ebd., S. 19.

44 Vgl. *ders.*, ebd., S. 19.

Zur uneigennützigen Mitarbeit der Wohlhabenden in den Vereinen ist christliche Nächstenliebe nötig. Durch die uneigennützige Liebestätigkeit tragen die Wohlhabenden zu gemeinsamer Wohlfahrt bei und erwerben sich Dankbarkeit und gegenseitige Zuneigung, so daß der soziale Friede möglich wird. Um die Realisierung dieses Ideals muß allerdings noch viel gekämpft werden. Raiffeisen warnt nochmals vor allzu unbedachter Gründung von Genossenschaften.

Anschließend schildert er die Geschichte der Vereine. Er berichtet über den „Weyerbuscher Konsumverein" und dessen Tätigkeitsbereich. In diesem Zusammenhang spricht er bereits von einer genossenschaftlichen Tätigkeit[45]. Diese Formulierung dürfte darauf zurückzuführen sein, daß er retrospektiv in Kenntnis des Entwicklungsverlaufs vom Wohltätigkeitsverein zur Genossenschaft auf den Ausgangspunkt der genossenschaftlichen Entwicklung Bezug nimmt. Er sagt selbst, daß sich aus den positiven Erfahrungen, die er im „Weyerbuscher Konsumverein" gesammelt hat, die Genossenschaftsidee entwickelt hat. Dann stellt er kurz die Entwicklung des „Flammersfelder Hilfsvereins zur Unterstützung unbemittelter Landwirte" und des „Heddesdorfer Wohltätigkeitsvereins" vor sowie dessen Umwandlung in einen Darlehnskassen-Verein. Die organisatorische Umwandlung ändert aber nichts an der Zielsetzung, nämlich in materieller und geistig-sittlicher Hinsicht auf die Bedürftigen einzuwirken.

Um eine Verbesserung der Zustände möglichst bald herbeizuführen, tritt Raiffeisen für eine allseitige Beteiligung auch der besitzenden Klasse, der Lehrer und der Geistlichen ein. „Bei einer solchen Mitwirkung wird indessen niemals außer Acht zu lassen sein, daß da es sich um einen Akt der berechtigten und erlaubten Selbsthülfe handelt, in erster Linie auf die möglichste Entwicklung der moralischen und physischen Kräfte der Bevölkerung hinzuwirken ist[46]." Den Genossenschaften muß eine freiheitliche Entwicklung garantiert und sie dürfen nicht staatlich gemaßregelt werden.

Raiffeisen beschließt die Einleitung mit einigen Bemerkungen, die nochmals seine gesellschaftspolitischen Ansichten deutlich zum Ausdruck bringen: „Bei einem so allseitigen Zusammenwirken aller Berufsklassen wird die Organisation der Darlehnskassen-Vereine ein vortreffliches Mittel dazu bieten, daß die landwirtschaftliche Bevölkerung im allgemeinen in günstigere Verhältnisse kommt, zu größerer Wohlhabenheit gelangt und daß die Produktion des wichtigsten aller Gewerbe, der Landwirtschaft, auf das höchste gesteigert wird. Es wird dadurch nicht allein das gute Bestehen der ganzen Gesellschaft ge-

---

[45] Vgl. *ders.*, ebd., S. 23.

[46] *Ders.*, ebd., S. 23.

sichert, es wird auch auf die Gesamtgeschäfte aller übrigen Gewerbe — besteht ja doch unverkennbar eine Solidarität aller Gewerbe untereinander — auf das günstigste eingewirkt werden[47]." Sodann spricht Raiffeisen von einer Multiplikatorwirkung auf Grund einer einkommensinduzierten Nachfrageerhöhung: „Hat der Bauer Geld, so hat's die ganze Welt[48]." Von daher muß es also im Interesse aller Schichten der Gesellschaft liegen, der ländlichen Bevölkerung bei der Verbesserung ihrer Lebenslage beizustehen.

Auch in der 5. Auflage macht Raiffeisen deutlich, daß für ihn die Gründung von Genossenschaften nur auf christlicher Grundlage möglich erscheint. Auf Grund seiner eigenen religiösen Überzeugung hält er auch die soziale Frage nur durch Rekurs auf das Christentum für lösbar. Somit enthält auch die letzte von ihm redigierte Auflage zahlreiche Indikatoren, die auf das Vorliegen eines religiösen Beweggrundes schließen lassen.

Dafür, daß er sich mit den wirtschaftlichen und sozialen Verhältnissen seiner Zeit nicht nur aus der Perspektive eines Christen auseinandersetzt, lassen sich in der 5. Auflage mehrere Äußerungen als Indikatoren ausmachen, so zum Beispiel, wenn er von der Landwirtschaft als dem wichtigsten aller Gewerbe und von seiner Bedeutung für die Gesellschaft spricht.

β) Das „Landwirthschaftliche Genossenschaftsblatt"

Ab 1879 gab Raiffeisen zusätzlich zu seinem Buch über die Darlehnskassen-Vereine eine eigene Zeitung heraus, das „Landwirthschaftliche Genossenschaftsblatt". Der Nummer 1 des II. Jahrgangs von 1880 stellt er noch einmal die Aufgaben des Blattes voran. Als Aufgaben nennt er im einzelnen:

1. Informations- und Beratungsfunktion, Vermittlungsfunktion zwischen Anwaltschaft und Vereinen sowie den Vereinen untereinander
2. die landwirtschaftlichen Vereine in ihren Bestrebungen durch Pflege der landwirtschaftlichen Genossenschaften zu unterstützen
3. Erleichterung des Warenan- und -verkaufs
4. eingedenk der Solidarität der verschiedenen Berufsklassen untereinander, alle allgemeinen wirtschaftlichen und sozialen Fragen, soweit sie die allgemeine Wohlfahrt berühren, in den Kreis der Besprechungen zu ziehen, dabei aber vorzugsweise sein Augenmerk auf das wichtigste aller Gewerbe, die Landwirtschaft, und die ländliche Bevölkerung zu richten.

[47] *Ders.*, ebd., S. 23.
[48] *Ders.*, ebd., S. 24.

5. weniger theoretische Abhandlungen als praktische Vorschläge und Einrichtungen zu erörtern, die den auf christlicher Solidarität gegründeten Gemeinsinn pflegen, dem selbstsüchtigen Treiben unserer Zeit entgegen zu wirken, und so geeignet sind, an der Beseitigung der herrschenden traurigen Zustände mitzuwirken.

Raiffeisen betont, daß trotz der Wahrung christlicher Grundsätze und christlicher Solidarität als Grundlage das Genossenschaftsblatt neutral sein soll.

Das „Landwirthschaftliche Genossenschaftsblatt" enthält zahlreiche Artikel von verschiedenen Verfassern über die im obigen Programm formulierten Aufgabenbereiche. Einige dieser Artikel sind von Raiffeisen selbst verfaßt worden, ohne daß er sie signiert hat. Aller Wahrscheinlichkeit nach sind die Neujahrsgrüße von Raiffeisen als Herausgeber der Zeitung geschrieben worden, sofern sie nicht mit einem anderen Namen gekennzeichnet sind. Die Zeitung enthält außerdem die Ansprachen Raiffeisens vor dem jährlich stattfindenden Vereinstag des Anwaltschaftsverbandes sowie vor den Generalversammlungen der landwirtschaftlichen Zentral-Darlehnskasse.

aa) Jahrgang 1880

In seinem Neujahrsgruß für 1880 führte Raiffeisen die geringe Verbreitung der Darlehnskassen-Vereine auf die in allen Schichten verbreitete Selbstsucht zurück. Eine Neigung zur Selbstsucht ist bei jedem zu erkennen. Es gilt, sie zu bekämpfen und den Gemeinsinn an ihre Stelle zu setzen.

Ebenso wie in der 2. und 4. Auflage seines Buches, aber noch pointierter, macht er deutlich, was er unter „Gemeinsinn" versteht: „Mit dem Worte Gemeinsinn allein läßt sich solche nicht bekämpfen. Es muß derselbe eine positive Grundlage haben; es muß ein Boden vorhanden sein, woraus der Gemeinsinn naturgemäß hervorgeht, das Streben, gemeinnützig zu wirken, muß einen bestimmten, dem Handelnden klar bewußten Beweggrund haben ... Als den sichersten oder zu einer ausdauernden Pflege des Gemeinsinns allein haltbaren Beweggrund haben wir betont und werden wir aus innerster Überzeugung auch fortan betonen: Das Christenthum, die Betätigung des echt christlichen Glaubens durch die Liebe, ohne irgendwelche Nebenrücksichten. Nur dieser Glaube an Gott und Seinen eingeborenen Sohn gibt die Kraft, möglichst selbstlos zu handeln, die Mitmenschen zu lieben wie sich selbst[1]."

---

[1] *Ders.*, Zum neuen Jahr, in: Landwirthschaftliches Genossenschaftsblatt, II. Jg., Nr. 1, Neuwied 1880, S. 2.

Raiffeisen sagt damit selbst, daß auch sein Beweggrund zum Handeln religiöser Natur ist und daß er sich dessen bewußt ist. Er geht sogar soweit, daß er behauptet, daß nur ein Handeln als Betätigung echt christlichen Glaubens den Gemeinsinn dauerhaft fördern kann. Er schließt seinen Neujahrsgruß mit der Feststellung, daß es nicht allein auf das christliche Bekenntnis ankommt, sondern auf das Handeln vor dem Hintergrund eines allgemeinen christlichen Standpunktes: „An ihren Früchten sollt ihr sie erkennen[2]."

Die Nummer 7 des II. Jahrgangs von 1880 enthält das Protokoll des Vereinstages der ländlichen Genossenschaften vom 14. 6. 1880.

In seinem Jahresbericht für 1879 geht Raiffeisen auf die Angriffe ein, denen sich die Vereine ausgesetzt sahen und stellt fest, daß sie letztlich für die Vereinsarbeit auch eine positive Auswirkung gehabt haben; denn das Interesse an den Vereinen ist dadurch gestiegen. Ferner spricht er über die Deckung der laufenden Kosten und verweist in diesem Zusammenhang auf die vom Anwaltschaftsverband übernommene Generalagentur. Sie dient aber nicht nur als Einnahmequelle. Insbesondere verspricht sich Raiffeisen von der Übernahme der Agentur durch die Anwaltschaft eine schnellere Verbreitung der Lebensversicherungen in der ländlichen Bevölkerung, was wiederum im Interesse der Vereine liegt. Durch den Zwang, jährlich Prämien zahlen zu müssen, entfaltet die Versicherung auch eine moralische Wirkung, die sich in größerer Sparsamkeit und steigendem Fleiß seitens der ländlichen Bevölkerung niederschlägt.

Zum Abschluß seines Jahresberichts weist er nochmals auf die den christlichen Konfessionen gemeinsamen Grundsätze hin: „Vor allem meine ich die in der Gottesliebe gründende christliche Nächstenliebe, welche die Grundlage der Statuten, sowie der ganzen Organisation der Darlehnskassen-Vereine ist. Ohne diese ist eine gedeihliche Wirksamkeit der Vereine nicht denkbar[3]."

Raiffeisen versäumt es auch bei der Abfassung des Jahresberichts nicht, auf die christlichen Grundlagen hinzuweisen, denen die Vereinsarbeit Rechnung tragen soll.

ββ) Jahrgang 1881 (auszugsweise)

In dem von Seelmann-Eggebert abgedruckten Auszug aus dem III. Jahrgang des „Landwirthschaftlichen Genossenschaftsblattes" von 1881[4] nimmt Raiffeisen zu einem Zeitschriftenartikel Weidenhammers

---

[2] *Ders.*, ebd., S. 2.

[3] *Ders.*, ebd., Nr. 7, S. 50.

[4] Landwirthschaftliches Genossenschaftsblatt, III. Jg., Neuwied 1881, S. 74 f. abgedruckt in: *Seelmann-Eggebert*, S. 375 - 378.

Stellung, der ihm Sonderbestrebungen und Isolierungstendenzen durch die Inanspruchnahme der Genossenschaftsbewegung für kirchlich-religiöse Zwecke vorwirft.

Raiffeisen führt dazu aus, daß er stets öffentlich gesagt habe, daß er die herrschenden Zustände primär auf den Abfall vom Christentum zurückführt und daß ihm eine Verbesserung der Verhältnisse nur auf der Grundlage des christlichen Glaubens möglich erscheint. Ungeachtet oder gerade wegen dieser Überzeugung wird aber auf Neutralität in der genossenschaftlichen Arbeit geachtet. Jede Form politischer oder konfessioneller Agitation ist untersagt und unterbleibt. Raiffeisen stellt sodann noch heraus, daß der erste Darlehnskassen-Verein bereits 1849, also ein Jahr früher als der Verein von Schulze-Delitzsch, von ihm gegründet wurde und daß es schließlich jeder einzelnen Genossenschaft überlassen bleiben muß, welchem Verband sie beitreten will.

„Möge man doch endlich das gegenseitige Bekämpfen aufgeben, jedem Vereine seinen freien Willen lassen und, anstatt gehässigen Streites, darin wetteifern, die best mögliche Einrichtung zur Herbeiführung günstigerer sozialer Verhältnisse zu treffen. Die Erfolge werden dann endlich lehren, welche der verschiedenen Vereinsarten und Zentralstellen den Vorzug verdient[5]."

Auch diese Erwiderung verdeutlicht Raiffeisens Bekenntnis zum Christentum.

γγ) Jahrgang 1882

In seiner Neujahrsansprache 1882[6] beschäftigt sich Raiffeisen mit den wirtschaftlichen und sozialen Verhältnissen und den alternativen Maßnahmen zur Verbesserung der Lebenslage weiter Teile der Bevölkerung. Er behandelt nicht nur die Probleme der landwirtschaftlichen Bevölkerung, sondern auch insbesondere die der Arbeiter.

Er meint, daß man den berechtigten Forderungen der Arbeiter entsprechen müsse und es nicht den Führern der Umsturzpartei überlassen dürfe, sich der Arbeiter anzunehmen. Das Armenunterstützungsgesetz erscheint ihm keineswegs geeignet, Abhilfe zu schaffen. Dieses Gesetz verpflichtet die Gemeinden zur Unterstützung mit der Folge, daß die Zahl der Unterstützungsbedürftigen ansteigt, weil sie in Kenntnis eben dieser Unterstützungspflicht nicht sparen, sondern sich an den Staat bzw. die Gemeinden wenden. Um die Unterstützungszahlungen leisten zu können, müssen die Gemeinden eine Abgabenerhöhung einführen, so daß die Gemeindeabgaben schließlich eine unerschwingliche

[5] *Ders.*, ebd., S. 75.

[6] *Ders.*, Landwirthschaftliches Genossenschaftsblatt, IV. Jg., Nr. 1, Neuwied 1882.

Höhe erreichen. Anstatt die Unterstützungspflicht auszudehnen, sollte man sie einschränken und diese Aufgabe den kirchlichen Armenkassen und der Privatwohltätigkeit überlassen und die Bedürftigen zu Selbsttätigkeit veranlassen. In dieser Richtung wirken die Darlehnskassen-Vereine. Sie bezwecken genau das Gegenteil der Zwangsunterstützung und tragen somit zu einer Reduzierung der Gemeindelasten bei. Sie erreichen dies durch die Anwendung des Prinzips der Selbsthilfe. „Die genossenschaftliche Vereinigung durch Bemittelte und Unbemittelte in Ausübung echt christlicher Solidarität bietet dazu die echt vortreffliche Gelegenheit. Zum Vorteile der Gesamtheit, namentlich auch der besitzenden Klasse, werden auf diese Weise die Schwachen und Herabgekommenen moralisch und materiell gehoben und getragen[7]."

Die Genossenschaften fördern somit nicht nur unmittelbar die Bedürftigen in moralischer und materieller Hinsicht, sondern sie tragen mittelbar auch zu einer Verbesserung der Gesamtverhältnisse bei. Die Argumentation, die Raiffeisen hier vorlegt, folgt volkswirtschaftlichen Überlegungen und scheint geeignet, Anerkennung für die Vereinsarbeit auch bei den Individuen und Trägern von Organisationen hervorzurufen, die die christliche Grundhaltung Raiffeisens nicht teilen.

Anschließend geht Raiffeisen auf die Geschäftsführung der Vereine ein. Als Qualifikationsvoraussetzung für die Übernahme der Position eines Geschäftsführers nennt er den Nachweis gemeinnütziger und selbstloser Tätigkeit in der Vergangenheit[8]. Aus den Qualifikationsanforderungen geht hervor, welchen Wert Raiffeisen auf gemeinnütziges Handeln legt. Eingedenk der Interpretation des Begriffs „Gemeinsinn" durch Raiffeisen im Sinne „christlicher Solidarität" können auch diese Äußerungen Raiffeisens als Indikator für seine Religiosität angesehen werden. Nur solche Individuen sollen Genossenschaften gründen und leiten, die sich zum Christentum bekennen. An diejenigen Mitarbeiter, die keine Führungsposition bekleiden, stellt er nicht ganz so hohe Anforderungen. Dies geht aus einer Erwiderung auf Weidenhammers Angriff auf Raiffeisen hervor: „Festhaltend an dieser Überzeugung (nämlich die Verbesserung der sozialen Verhältnisse einzig durch Betätigung des christlichen Glaubens in der Liebe ... d. V.) ist doch nicht ein einziger Fall vorgekommen, wo wir irgend jemand wegen Glaubensverschiedenheit, wegen anderer Ansicht zurückgewiesen oder auch nur belästigt hätten[9]."

---

7 *Ders.*, ebd., S. 2.

8 Siehe hierzu auch Raiffeisens Brief an die ehemalige Hilfskraft Th. Cremer, abgedruckt in: *Krebs*, Aus dem Leben F. W. Raiffeisens, S. 127.

9 *Raiffeisen*, Landwirthschaftliches Genossenschaftsblatt, III. Jg., S. 74.

Die Vereine sind keine eigentlichen Banken, sondern sollen der Verbesserung der wirtschaftlichen Lage der Bevölkerung dienen und sie somit auch sittlich fördern. Der Belehrung kommt zentrale Bedeutung zu. Er mahnt zu besserer Bewirtschaftung des Bodens und zur Abkehr vom Luxus: „Gerade hier ist die wunde Stelle der Bevölkerung. Die Bevölkerung muß aus ihrem Stumpfsinn aufgerüttelt werden und zur Anstrengung ihrer moralischen und physischen Kräfte veranlaßt werden[10]."

In derselben Ausgabe veröffentlicht Raiffeisen einen Artikel über den gemeinschaftlichen Bezug der notwendigen Wirtschaftsbedürfnisse[11]. Da es die Aufgabe der Vereine ist, die Verhältnisse der Beteiligten in jeder Beziehung zu verbessern, kümmert sich der Verein auch um gute und billige Warenbeschaffung.

Das Protokoll des Vereinstages der ländlichen Genossenschaften von 1882 wird in der Nummer 7 des „Landwirthschaftlichen Genossenschaftsblattes" veröffentlicht[12].

Raiffeisen begründet, warum er glaubt, daß die Zeit der Vereine angebrochen ist und warum sich die Gründung des Anwaltschafts- und des Zentralkassenverbandes als notwendig erwiesen hat.

Er beklagt, daß zahlreiche Vereine die ihnen gestellten Aufgaben verkennen und sich nur noch um das Geldgeschäft kümmern. Er betont, daß die Vereine weder Banken noch Armenunterstützungskassen sind, sondern daß die Vereine nur den Mitgliedern helfen können, die sich selbst helfen wollen. Er fordert die Vorstände der Vereine auf, sich an die Bedürftigen zu wenden und nicht erst abzuwarten, bis sie von den Wucherern ruiniert worden sind.

Sodann begründet er die Notwendigkeit der Gründung der Handelsgesellschaft „Raiffeisen u. Cons."[13], deren Reingewinn ausdrücklich dazu dient, die Not der Bedürftigen zu lindern, die sozialen Verhältnisse zu verbessern und neue Verbandsgründungen vorzunehmen. „Ungeachtet dessen, daß ich das ganze Vermögen meiner Familie eingesetzt und das Risiko allein zu tragen habe, finden fortwährend Verdächtigungen statt, als suchte ich mein persönliches Interesse[14]."

Raiffeisen bedauert, daß das Anliegen der genossenschaftlichen Bewegung noch nicht überall bekannt und richtig verstanden ist, daß es nämlich um die Beseitigung der Not durch Selbsthilfe geht: „Gegen-

---

[10] *Ders.*, Landwirthschaftliches Genossenschaftsblatt, IV. Jg., S. 3.

[11] *Ders.*, ebd., S. 3.

[12] Vgl., *ders.*, ebd., Nr. 7, S. 49 ff.

[13] Vgl., *ders.*, ebd., S. 52 f.

[14] *Ders.*, ebd., S. 52.

über der jetzigen Vergnügungssucht und dem Aufgeben der erwähnten Hausarbeiten bildet der allgemeine Notschrei und das Bestreben, die Not durch Gesetze zu steuern, einen eigentümlichen Kontrast. Die Bevölkerung kann die sittlichen Kräfte und Tugenden nur aus der christlichen Religion schöpfen. Das Beispiel nützt allein. Worte wirken nichts. Deshalb muß auch die besitzende Klasse in religiöser Beziehung und in den christlichen Tugenden mit einem guten Beispiel vorangehen[15]." Raiffeisen fordert die Angehörigen der wohlhabenden Schichten auf, endlich den Armen mit positivem Beispiel voranzugehen, nachdem sie ihnen lange Zeit ein negatives Beispiel durch Hang nach Luxus und Genußsucht gegeben haben.

Die Forderung nach Besinnung auf die christliche Religion und auf die christlichen Tugenden zeigen erneut den starken Einfluß, den Raiffeisens religiöse Überzeugung auf sein Denken und Handeln ausübt. Daß er die landwirtschaftliche Bevölkerung als den „noch gesundesten Kern und den sichersten Halt der ganzen Gesellschaft"[16] bezeichnet, ist ein weiterer Indikator für seine gesellschaftspolitischen Ansichten von der fundamentalen Bedeutung der ländlichen und insbesondere der landwirtschaftlichen Bevölkerung für die Gesellschaft.

δδ) Jahrgang 1883

In seinem Neujahrswunsch für 1883[17] beklagt Raiffeisen die weitere Verschlechterung der Verhältnisse für die landwirtschaftliche Bevölkerung.

Der Aufschwung, der vor zehn Jahren eingesetzt hatte, ist in einen Abschwung umgeschlagen. Eine allgemeine Ernüchterung hat um sich gegriffen. „Die schlimmste Folge dieser traurigen Vergangenheit, der sogenannten Schwindelperiode, ist die immer mehr um sich greifende Religionslosigkeit, die Gottvergessenheit ... Die liebe Not um das liebe Brot ist aber bei der richtigen Grundgesinnung ganz besonders geeignet, zum lieben Gott zu führen[18]." Für einen Christen bedeutet dies die erneute Hinwendung zu seiner Religion und Übung in Enthaltsamkeit, Sparsamkeit, Fleiß und in auf christlicher Nächstenliebe gegründeten Gemeinsinn.

Auch aus diesem Neujahrswunsch geht hervor, wie stark Raiffeisen von seiner religiösen Überzeugung beeinflußt ist und wie sie seine Situationsperzeption und -interpretation selegiert und steuert.

---

15 *Ders.*, ebd., S. 54.

16 *Ders.*, ebd., S. 55.

17 Vgl. *ders.*, Landwirthschaftliches Genossenschaftsblatt, V. Jg., Nr. 1, Neuwied 1883, S. 1 f.

18 *Ders.*, ebd., S. 1.

Vor dem Vereinstag rechtfertigt er erneut die von ihm gegründete Handelsgesellschaft und erwähnt, daß er persönlich nie eine Vergütung für seine Arbeit in und für die Genossenschaften erhalten und auch nicht beansprucht hat.

Er begründet noch einmal, warum das Christentum seiner Auffassung zufolge eine so große Rolle spielt: „Wir betonen deshalb fort und fort das Christenthum, weil es der sicherste Wegweiser zu dem, was Not tut, ist und weil es allein die Kraft geben kann zur Ausdauer in der Mitarbeiterschaft und des Unternehmens[19]."

εε) Jahrgang 1887

Die Nummer 7 des IX. Jahrgangs von 1887 enthält das Protokoll des Vereinstages ländlicher Genossenschaften.

In seiner Ansprache betont Raiffeisen, daß die Vereine nur dort gegründet werden dürfen, wo die entsprechenden Voraussetzungen vorliegen, insbesondere wo geeignete Leiter vorhanden sind. Außerdem weist er auf die günstigen Auswirkungen der Genossenschaftsarbeit auf die Regelung der sozialen Beziehungen hin. Allerdings beklagt er auch, daß viele Vereine die geschäftlichen Angelegenheiten in den Vordergrund stellen und die moralische Seite vernachlässigen[20]. Er schlägt vor, daß sich die reichen Mitglieder noch intensiver für die armen Mitglieder einsetzen und sie unter Umständen auch finanziell unterstützen sollen. Raiffeisen weiß, daß er mit seiner Aufforderung sehr viel von den reichen Mitgliedern verlangt, aber er hält eine derartige Beanspruchung auf Grund seiner eigenen christlichen Überzeugung für durchaus vertretbar: „Man wird sagen, ist das nicht zuviel verlangt? Vom Standpunkte der Welt, namentlich dem heutigen Zeitgeist ist dies gewiß zuzugeben. Dieser Zeitgeist soll indes durch unsere Vereine bekämpft werden. Um die denselben gestellte Aufgabe zu verstehen, müssen wir auf unser Ende und über dieses hinaus in die Ewigkeit schauen, wo man zur Rechenschaft gezogen wird. Von der Entstehung der Vereine an wird als deren Grundlage unaufhörlich die Christenpflicht betont. Gegenüber den materialistischen Bestrebungen unserer Zeit ruft uns der Herr zu: ‚Trachtet am ersten nach dem Reiche Gottes und seiner Gerechtigkeit, so wird Euch solches alles (was zur leiblichen Notdurft gehört) zufallen'[21]."

Ins Reich Gottes gelangt man aber nur durch die Betätigung des christlichen Glaubens. Raiffeisen stellt hier eine enge Verbindung

---

19 *Ders.*, ebd., Heft 7, S. 60.

20 Vgl. *ders.*, Landwirthschaftliches Genossenschaftsblatt, IX. Jg., Nr. 7, Neuwied 1887, S. 52.

21 *Ders.*, ebd., S. 52.

zwischen der Genossenschaftsarbeit, in der das christliche Gebot der Nächstenliebe die Interaktionen bestimmen soll, und den Eintrittsvoraussetzungen in das Reich Gottes her. Vor dem Hintergrund christlicher Lehre werden die Genossenschaften für das Individuum zu einem Mittel, um diese Eintrittsvoraussetzungen zu erfüllen. Mit Hilfe der Genossenschaften kann man also nicht nur das Ziel einer materiellen und geistig-sittlichen Förderung der ländlichen Bevölkerung erreichen, sondern darüber hinaus auch dem Ziel eines jeden Christen näher kommen, nach dem Ableben in das Reich Gottes einzugehen.

In diesem Passus, in dem sich Raiffeisen wie in der 5. Auflage seines Buches auf die Bergpredigt bezieht, kommt besonders deutlich zum Ausdruck, wie stark sein Denken und Handeln von christlichen Vorstellungen geprägt ist.

Zum Abschluß seiner Rede vor dem Vereinstag bringt er nochmals seine Überzeugung zum Ausdruck, daß christlicher Glaube und Wahrung der Christenpflichten unabdingbare Voraussetzungen für eine dauerhafte Vereinsarbeit sind: „Wir haben uns vorerst überzeugt, daß wir durch die Benutzung des Geldverkehrs eine feste Form geschaffen haben. Um solche nutzbar zu machen, muß sie mit dem rechten Geiste, dem Geiste des christlichen Glaubens und der Liebe erfüllt werden. Derselbe muß die Triebfeder zum unermüdlichen Wirken geben. Ohne eingedenk zu sein unserer Christenpflichten, kann die den Vereinen gestellte Aufgabe niemals erfaßt werden, sinken unsere Vereine zu reinen Geldgeschäften herab und nützen auf die Dauer wenig[22]."

Im Zusammenhang mit den Unterschlagungen im Richrather Darlehnskassen-Verein wendet sich Raiffeisen in der Nummer 12 des „Landwirthschaftlichen Genossenschaftsblattes" von 1887 an seine Leser mit der Aufforderung, die Bestimmungen der Statuten und die Instruktionen genau zu beachten.

Das im Richrather Darlehnskassen-Verein durch die Unterschlagungen des Rechners entstandene Defizit wurde durch die bereitwillige Zeichnung der Mitglieder gedeckt.

Raiffeisen nimmt zu diesem Vorfall folgendermaßen Stellung: „Zunächst wird dadurch wiederholt der Beweis geliefert, wie nötig es ist, bei der Gründung wohl die materiellen Vorteile auseinanderzusetzen, aber als Hauptzweck des Vereins den Gemeinsinn durch Entwicklung der sittlichen Kräfte der Bevölkerung bzw. durch Betätigung der christlichen Tugenden, der christlichen Nächstenliebe zu betonen und so von vornherein den rechten Geist in den Vereinen zu legen[23]."

---

22 *Ders.*, ebd., S. 53.

23 *Ders.*, ebd., Nr. 12, S. 100.

ζζ) Jahrgang 1888

Den Neujahrsgruß für 1888 überschreibt Raiffeisen mit „Das neue Jahr und die alten Sorgen“[24].

Er konstatiert eine immer weiter um sich greifende Vergnügungssucht, die auch auf dem Lande Nachahmung findet. Statt sich selbst um die Sicherung der Zukunft zu mühen, verläßt man sich auf die Unterstützungspflicht der Gemeinden. Die Ursache der Not wird irrtümlicherweise in äußeren Faktoren gesucht, wohingegen sie meist in den Individuen selbst liegt. Solange man dies nicht zugibt, kann keine Besserung erwartet werden. Statt die Ausgaben nach den Einnahmen zu richten, verfährt man umgekehrt. Statt die Freizeit sinnvoll durch Heimarbeit zu nutzen, wird sie sinnlos vertan: „Müßiggang ist aller Laster Anfang[25].“ Die Vereine können bei den Bemühungen um die Erlangung von Wohlstand hilfreich beistehen.

Abschließend wirbt er nochmals für den Abschluß von Lebensversicherungen.

In seiner letzten Neujahrsansprache bezieht sich Raiffeisen nicht mehr auf die Grundlagen der Vereinsarbeit. Er befaßt sich vielmehr erneut mit der Analyse der herrschenden Situation und setzt sich mit den Ursachen der Not auseinander.

γ) Auszüge aus Reden und Vorträgen

aa) auf den Vereinstagen von 1884, 1885, 1886

Krebs hat in seinem Buch über das Leben Raiffeisens einige Auszüge aus dessen Reden aufgenommen.

Er gibt ein Zitat wieder, das Raiffeisen auf dem Vereinstag von 1885 gebrauchte: „was ihr getan habt einem dieser meiner geringsten Brüder, das habt ihr mir getan. Dieser Ausspruch des Heilandes bildet die Grundlage der Darlehnskassen-Vereine und deren ganzer Organisation[1].“ Raiffeisen bediente sich dieses Ausspruchs auch auf dem Vereinstag von 1887[2].

Die wiederholte Verwendung von Bibelzitaten ist ein weiterer Indikator für das Vorliegen eines religiösen Beweggrundes bei Raiffeisen, der ihn in seinem Denken und Handeln weitgehend beeinflußt zu haben scheint.

---

[24] *Ders.*, Landwirthschaftliches Genossenschaftsblatt, X. Jg., Nr. 1, Neuwied 1888, S. 1.

[25] *Ders.*, ebd., S. 2.

[1] *Ders.*, zitiert nach *Krebs*, Aus dem Leben F. W. Raiffeisens, S. 131.

[2] Vgl. *ders.*, Landwirthschaftliches Genossenschaftsblatt, IX. Jg., Nr. 7, S. 52.

Daß Raiffeisen die Arbeit in der Genossenschaft als Arbeit im Dienste und unter der Leitung Gottes betrachtet, bringt er auf dem Vereinstag von 1885 deutlich zum Ausdruck: „Man nennt die Vereine nach meinem Namen. Ich habe dieselben indes nicht erfunden. Der erste Verein war ein Kind unserer Zeit, aus der Noth geboren. Ich habe nur Patenstelle dabei vertreten. Die vielen Kämpfe, welche mich zeitweise an den Rand der Verzweiflung brachten, haben mir meine eigene Ohnmacht recht eindringlich zum Bewußtsein gebracht und mir die innerste Überzeugung gegeben, daß die den Darlehnskassen-Vereinen zugrundeliegende Bewegung nicht Menschenwerk, sondern Gotteswerk ist. Hätte ich diese Überzeugung nicht gehabt, so würde ich bei meinem Gesundheitszustande längt aufgehört haben, dafür zu wirken[3]."

Ähnlich hat sich Raiffeisen bereits auf dem Vereinstag von 1884 zur Leitung der Genossenschaften geäußert: „Der oberste Leiter, der allmächtige Gott, sitzt noch fest in seinem Regimente ... Je mehr wir davon überzeugt sind, daß es nicht ein Menschen-, sondern ein Gotteswerk ist, wofür wir arbeiten, desto mehr ist es auch unsere Pflicht. all unsere Kräfte bis auf das äußerste anzuspannen für ihn, den obersten Leiter, und da wir für ihn selbst nichts tun können, für die ‚Geringsten', für die Nothleidenden in der zuvor bezeichneten Weise ... und dem göttlichen Gesetz folgend, einmütig zusammenzuwirken[4]."

Der Dienst am Nächsten, an den Mitgliedern der Genossenschaften, wird von Raiffeisen als Dienst für Gott gesehen.

Auch die Lösung der sozialen Frage ist nur im Rahmen des Christentums möglich: „Die soziale Frage ist durch Christus längst gelöst. Sie liegt einfach in der organisierten Fürsorge für die ‚Geringsten', die Hilfsbedürftigen, die schwächeren Glieder der Gesellschaft. Durch Zwang ist dies nicht möglich[5]."

Ähnlich äußert sich Raiffeisen auch auf dem Vereinstag von 1886: „... In diesem Satz, bzw. der Betätigung des aufrichtigen Glaubens und der in der Liebe zu Gott wurzelnden unversiegbaren Nächstenliebe, am meisten durch Fürsorge für die nothleidende Masse, die ‚Geringsten'. liegt die Lösung der sogenannten sozialen Frage[6]."

ββ) im literarischen Kränzchen

Raiffeisens praktisch verstandenes Christentum als Beweggrund seines Denkens und Handelns wird nicht nur in seinen Reden auf den

---

[3] *Ders.*, zitiert nach *Krebs*, Aus dem Leben F. W. Raiffeisens, S. 143 f.

[4] *Ders.*, zitiert nach Raiffeisen — Worte, Auszüge aus den Schriften, ..., S. 63 f.

[5] *Ders.*, ebd., S. 25.

[6] *Ders.*, ebd., S. 26; vgl. auch S. 27.

verschiedenen Vereinstagen und in seinen Neujahrswünschen im „Landwirthschaftlichen Genossenschaftsblatt“ deutlich, sondern kommt auch in seinen Beiträgen im literarischen Kränzchen zum Ausdruck.

Das literarische Kränzchen sollte der Pflege der Wissenschaft und der Fortbildung der Mitglieder dienen. Raiffeisen beschäftigt sich in seinen Beiträgen vorzugsweise mit der Armenpflege. In einem dieser Vorträge führt er aus, daß es sowohl ein Armen-Strafgesetz als auch ein Armen-Gesetz gibt, die beide von Gott erlassen wurden und die weltlichen Gesetze bei weitem übertreffen. Das Armen-Strafgesetz lautet: „So jemand nicht will arbeiten, der soll auch nicht essen (2 Thess. 3.10)[7].“ Das Armen-Gesetz heißt: „Du sollst deinen Nächsten lieben als dich selbst (Luc. 10, 27)[8].“

Aus diesen beiden Gesetzen leitet sich für Raiffeisen die Selbsthilfe in den Genossenschaften ab. Daß seine diesbezüglichen Ausführungen durchaus zum Gegenstand eines wissenschaftlichen Kränzchens gemacht werden können, begründet er folgendermaßen: „— o, es ist eine köstliche Wissenschaft, ja die köstlichste aller Wissenschaften, zu erforschen, wie man die Bruderliebe, die Nächstenliebe am hülfreichsten und segensreichsten zur Ausführung bringt —[9].“

γγ) 1887 über „Die Darlehnskassen-Vereine“

In einem Vortrag aus dem Jahre 1887 zum Thema „Die Darlehnskassen-Vereine“[10] beklagt Raiffeisen die zunehmende Religionslosigkeit, die letztlich eine soziale Gefahr heraufbeschwört, indem die Besitzlosen, ohne jede Hoffnung auf zukünftiges Leben, versuchen werden, sich gewaltsam in den Besitz weltlicher Güter zu bringen. Um diese Gefahr abzuwenden und die soziale Frage zu lösen, sollte statt Konkurrenz zwischen den Parteien eine Konkurrenz dahingehend entstehen, wer in der Nächstenliebe am segenreichsten wirkt.

Auch in diesem Vortrag macht Raiffeisen deutlich, daß er eine Lösung der sozialen Frage nur auf der Grundlage christlicher Überzeugung für möglich hält, indem sich die Individuen erneut auf die Religion besinnen und deren Glaubenssätze und Gebote in praktisches Handeln transformieren.

---

[7] *Ders.*, zitiert nach *Krebs*, Aus dem Leben F. W. Raiffeisens, S. 93.

[8] *Ders.*, ebd., S. 94.

[9] *Ders.*, ebd., S. 94.

[10] Vgl. *ders.*, in: Raiffeisen — Worte, Auszüge aus den Schriften, ..., S. 9, 22, 27, 69 f.

δ) „Motive zu dem Entwurfe der Statuten des Sparkassen- und Kreditvereins für den Kreis ... vom April 1854"

Die bisher untersuchten persönlichen Dokumente Raiffeisens stammen sämtlich aus der späten Schaffensperiode Raiffeisens. Nach seinen eigenen Angaben sind in die 1. Auflage seines Buches aus dem Jahre 1866 seine langjährigen Erfahrungen aus der vorangegangenen Beschäftigung mit der Vereinsarbeit eingeflossen. Ein Dokument aus dieser frühen Zeit sind die „Motive zu dem Entwurfe der Statuten des Sparkassen- und Kreditvereins für den Kreis ..." aus dem Jahre 1854 sowie die dazugehörigen Statuten.

In dieser Abhandlung weist Raiffeisen darauf hin, daß über die zunehmende Verarmung und Entsittlichung zwar viel geschrieben, bisher aber wenig getan wurde, was man als durchschlagenden Erfolg bezeichnen könnte.

Er plädiert daher für organisierte Hilfe. Als vordringlichste Aufgabe nennt er die Durchführung und Organisierung des Kreditwesens, um dem Kreditmangel wirksam zu begegnen, den Wohlstand zu fördern und dadurch die Voraussetzungen für eine geistig-sittliche Förderung zu schaffen. Träger des organisierten Kreditwesens sollen Vereine sein, die sich nicht aus Individuen, sondern aus Gemeinden zusammensetzen. Die Konstituierung der Vereine auf Basis des Zusammenschlusses von Gemeinden begründet Raiffeisen folgendermaßen: „Die Bildung der Vereine durch Personen fällt leider wegen Mangel an Sinn für gemeinnütziges Wirken und an Herz für die Mitmenschen sehr schwer, ja es würde eine Unmöglichkeit sein, auf diese Weise den Verein über eine ganze Provinz so durchzuführen, daß er dauerhafte Lebensfähigkeit hätte. Es würde immerhin von der Persönlichkeit der einzelnen Vereinsvorsteher abhängen, ob der Verein wirksam wäre, ob er überhaupt fortbestände, wie die Erfahrung bereits gelehrt hat ... Im Wege des Vereins müßte die Sache betrieben werden. Jedoch nicht im Vereine von wankelmütigen, unbeständigen Personen, sondern von Gemeinden, als solche, als juristische Personen. Ein solcher Verein ist in Bezug auf sein Bestehen dem Wechsel der Zeiten und der Personen nicht unterworfen[1]."

Raiffeisen spielt hier auf die Auflösung des „Flammersfelder Hilfsvereins zur Unterstützung unbemittelter Landwirte" an. Nachdem Raiffeisen aus beruflichen Gründen Flammersfeld verlassen mußte, löste sich der dort von ihm geleitete Verein einige Zeit später auf. Dem Verein lag das Prinzip wohltätiger Fremdhilfe durch wohlhabende Gemeindemitglieder zugrunde, das sich als offenbar ungeeignet erwies,

---

[1] *Ders.*, Motive zu dem Entwurfe der Statuten des Spar- und Kreditvereins für den Kreis ... vom April 1854.

den Dauerbestand der Vereine zu sichern. Durch die Substitution der Mitglieder des Vereins verspricht sich Raiffeisen den Dauerbestand, weil die Gemeinden auf Grund ihrer Armenunterstützungspflicht an einer Verringerung der Zahlungen an die Bedürftigen interessiert sein müßten: „Die Verbesserung ihres Wohlstandes liegt im pekuniären Vorteile der Gemeinden. Die letzteren bilden mit ihren Gliedern das Fundament des Staates, dessen Wohlfahrt von der Wohlfahrt derselben und von der sittlich-religiösen Erziehung der letzteren abhängt[2]."

Das Bedauern Raiffeisens, daß die Individuen nicht gemeinnützig handeln und gewissermaßen an ihren Mitmenschen desinteressiert sind in Verbindung mit seiner Forderung nach einer sittlich-religiösen Erziehung, kann man als weiteren Hinweis auf seine eigene religiöse Überzeugung deuten.

„Wären die Menschen, wie sie sein sollten, in welchem Falle immerhin noch Arme vorhanden und Kreditvereine nötig sein würden, so würde die Bildung der letzteren durch Personen vorzuziehen sein. Da dies aber nicht der Fall ist, so wird man nicht über die Spezialgemeinden hinausgehen dürfen ... Durch diese Tätigkeit der Gemeindemitglieder an den Wahlen, oder direkt an dem Vereinswesen, wird der Wohltätigkeitssinn, welcher leider nicht allgemein in dem gehörigen Maße vorhanden ist, geweckt und gefördert[3]."

Raiffeisen erhofft sich also von der Mitwirkung der Gemeinden nicht nur eine Verbesserung der Lebenslage der Bedürftigen, sondern auch eine Mobilisierung des Wohltätigkeitssinns seitens der Wohlhabenden.

Um die Gemeinden an der Mitarbeit und Gründung derartiger Vereine zu interessieren, schließt er seine Ausführungen mit einem nochmaligen Hinweis auf die Vorteile, die den Gemeinden durch eine Beteiligung entstehen: „Anstatt, wie schon erwähnt, die Schätze der Reichen zu vermehren, würde durch die letztgedachte Einrichtung den unteren Volksklassen direkt und durch die Wohltätigkeits-, Erziehungspp Anstalten entscheidende Hilfe gewährt, und es würde den mit Kommunallasten überbürdeten Gemeinden eine Last: Die Unterstützung der Armen erleichtert werden[4]."

In dem Plan zur kreisweisen Bildung von Sparkassen und Kreditvereinen haben sich zweifelsohne auch Raiffeisens eigene beruflichen Erfahrungen als Amtsbürgermeister niedergeschlagen.

---

[2] *Ders.*, ebd.

[3] *Ders.*, ebd.

[4] *Ders.*, ebd.

ε) „Promemoria des Bürgermeisters Raiffeisen zu Heddesdorf, Vorsteher des Heddesdorfer Wohltätigkeitsvereins über Auflösung des letzteren vom 9. Juli 1864"

Zehn Jahre später veröffentlicht Raiffeisen aus ähnlichem Anlaß das „Promemoria des Bürgermeisters Raiffeisen zu Heddesdorf, Vorsteher des Heddesdorfer Wohltätigkeitsvereins über Auflösung des letzteren". Das Dokument datiert vom 9. Juli 1864.

In diesem Dokument läßt Raiffeisen die Entwicklung der Vereinsarbeit Revue passieren. Er erwähnt die Bildung des Flammersfelder Hilfsvereins durch wohlhabende Einwohner der Bürgermeisterei, „welche größtenteils keinen Gebrauch von der Kasse machten"[1]. Er betont, daß der Grundsatz der Selbsthilfe gewahrt war, weil niemand etwas geschenkt bekam. Bis 1852 arbeitete der Verein erfolgreich. Ungeachtet der traurigen Erfahrung, die darin bestand, daß sich dieser Verein nach seinem Weggang bald auflöste, gründete er 1854 den „Heddesdorfer Wohltätigkeitsverein": „Ich konnte mich aus den angegebenen Gründen von dem Prinzipe, wonach die wohlhabenden Einwohner den Verein bilden sollten, nicht losreißen[2]."

Raiffeisen schildert weiter, daß der Verein zunächst erfolgreich arbeitete. Allmählich stellte sich jedoch heraus, daß man den verschiedenen Aufgaben in einem Verein nicht nachkommen konnte, so daß letztlich nur noch das Darlehnsgeschäft übrig blieb. Das Interesse hieran erlahmte jedoch auch bald. Als die ausgeliehene Summe zweihunderttausend Taler überstieg, widersetzten sich viele Mitglieder der weiteren Ausdehnung des Vereins, teilweise setzten sie sich sogar für dessen Auflösung ein.

„Ich konnte mich von der Idee nur ungern trennen, daß solche Vereine nicht auf Eigennutz, sondern auf Christenpflicht und Nächstenliebe gegründet werden und fortbestehen müßten. Gegen den hochachtbaren, auf dem Gebiete der Volkswirtschaft so sehr verdienten Herrn Schulze-Delitzsch hatte ich diese Idee in einem Briefwechsel sehr warm verteidigt; nach den gemachten Erfahrungen muß ich demselben indes auf das vollständigste darin Recht geben, daß derartige Vereine nur dann lebensfähig sind und bestehen können, wenn sie auf die unbedingte Selbsthilfe gegründet, d. h. nur aus solchen Personen gebildet sind, welche der Hilfe persönlich bedürfen[3]."

Dieser Passus erweist sich zum einen als für die Hypothese von dem religiösen Beweggrund Raiffeisens von Belang und zum anderen ist

---

[1] *Ders.*, Promemoria des Bürgermeisters Raiffeisen zu Heddesdorf, Vorsteher des Heddesdorfer Wohltätigkeitsvereins über Auflösung des letzteren vom 9. Juli 1864.

[2] *Ders.*, ebd.

[3] *Ders.*, ebd.

er für die Hypothese von der Variation des Mitteleinsatzes bedeutungsvoll.

Die Hypothese vom religiösen Beweggrund Raiffeisens wird insofern unterstützt als er hier bekennt, daß er die Vereine auf Christenpflicht und Nächstenliebe aufzubauen versuchte und hoffte, daß diese Prinzipien den Dauerbestand der Vereine sichern helfen würden. Seine Erfahrungen haben ihn aber eines Besseren belehrt. Auf Grund dieser Erfahrungen und in Kenntnis der Schulze-Delitzschen Argumentation hat er sich dann entschlossen, die Vereine auf Selbsthilfe in Form der ausschließlichen Mitgliederförderung aufzubauen: „Um nicht auch hier, wie in Flammersfeld dieselben traurigen Erfahrungen zu machen, faßte ich den Entschluß der Auflösung des Vereins nicht ferner entgegenzuwirken und bei Zeiten einen Verein auf der berührten Grundlage zu bilden. Es ist mir dies indes bereits in erfreulicher Weise gelungen, und zwar ähnlich derjenigen von Schulze-Delitzsch gegründeten Vereine[4]."

Die Variation des Mittels, d. h. die Substitution der Wohltätigkeitsvereine durch Genossenschaften, beruht somit auf einer letztlich durch Erfahrungen bedingten anderen Einschätzung der objektiven Situation. Genau dieser Sachverhalt ist Gegenstand der Hypothesen bezüglich der Variation des Mitteleinsatzes.

ζ) Protokollbücher

Als letztes Dokument öffentlichen Charakters werden die Protokollbücher einer näheren Untersuchung unterzogen. Im Unterschied zu den bisher ausgewerteten persönlichen Dokumenten öffentlichen Charakters handelt es sich bei den Protokollbüchern nicht um wortgetreue Aufzeichnungen der Äußerungen Raiffeisens. Da aber die Sitzungsprotokolle fast ausnahmslos von Raiffeisen gegengezeichnet wurden, ist davon auszugehen, daß er mit deren Inhalt einverstanden war.

Aus dem Protokollbuch des Heddesdorfer Wohltätigkeitsvereins vom 3. 10. 1854 - 6. 7. 1864 geht hervor, daß sich die Vereinsmitglieder außer mit Beschlußfassungen über Darlehnsgewährungen auch mit sozialpflegerischen Aufgaben beschäftigt haben. Hauptsächlich handelte es sich um die Unterbringung und Unterstützung von Waisen und sogenannten verwahrlosten Kindern. Die letzte Eintragung dieser Art erfolgte am 7. 3. 1860. Die Unterbringung wurde, wie aus den Protokollen hervorgeht, in der Regel Raiffeisen überlassen. Die Unterstützung entlassener Strafgefangener scheint laut Protokollbuch nur einmal und zwar am 6. 8. 1856 vorgenommen worden zu sein. Ab 1860

---

[4] *Ders.*, ebd.

wurde ausnahmslos nur noch über Anträge auf Darlehnsgewährung beraten und beschlossen.

Das Protokollbuch des Verwaltungsrates des Heddesdorfer Wohltätigkeitsvereins vom 22. 9. 1854 - 8. 10. 1865 enthält die Rechnungsprüfungen für die verschiedenen Jahre sowie Beschlußfassungen über Anträge an die Generalversammlung zur Erhöhung des Kredits und schließt mit der Prüfung der Schlußrechnung für den aufgelösten Wohltätigkeitsverein ab.

Die beiden Protokollbücher sowie das Protokollbuch des Heddesdorfer Darlehnskassen-Vereins vom 21. 9. 1864 - 17. 6. 1883 enthalten keine Hinweise auf etwaige Beweggründe Raiffeisens. Ebensowenig ist dies bei den Protokollbüchern der einzelnen kleinen Gemeinden, denen Raiffeisen als Amtsbürgermeister vorstand, aus dem Jahre 1847 der Fall.

Viele Bestimmungen beziehen sich auf den Wege- und Schulbau. Aus den Aufzeichnungen geht aber auch hervor, wie intensiv sich der Bürgermeister Raiffeisen um die Verbesserung der Lebenslage der Bedürftigen über das staatlich angeordnete Maß hinaus einsetzte. Als ein Beispiel sei der im Protokollbuch der Gemeinde Giershausen protokollierte Beschluß genannt, demzufolge der Erlös aus dem Holzschlag in gemeindeeigenen Wäldern zur Beschaffung von billigem Brot für die Bedürftigen verwendet werden sollte.

Abschließend sei noch erwähnt, daß Raiffeisen den Regierungsmaßnahmen zur Linderung der Not der ländlichen Bevölkerung zuvorkam, indem er bereits am 11. 3. 1847 in seinem Auftrag Personen bevollmächtigte, die für die Beschaffung von Saatfrüchten erforderliche Bürgschaft zu leisten, wohingegen eine entsprechende Regierungsverfügung erst am 24. 3. 1847 erlassen wurde[1].

bb) Private Archiv-Daten

α) Die Fürstlich-Wiedschen Akten 1863 - 1882

aa) Brief an den Vater des Fürsten zu Wied vom 27. März 1863

Nachdem die persönlichen Dokumente Raiffeisens, denen Öffentlichkeitscharakter zukommt, zur Überprüfung der Hypothesen über seine Beweggründe herangezogen worden sind, sollen im folgenden auch die privaten Archiv-Daten einer Auswertung unterzogen werden.

Zu dieser Art persönlicher Dokumente zählen sowohl Briefe an Kenner und/oder Förderer der Genossenschaften als auch Privatbriefe an seine Familie. Einer der frühesten, in dieser Arbeit untersuchten

[1] Hierauf weist *Hönekopp* in seinem Aufsatz: Vom Wohltätigkeitsverein zur Genossenschaft — . . ., S. 86 hin.

Briefe ist ein Brief, den Raiffeisen am 27. März 1863 an den Vater des Fürsten Wilhelm zu Wied geschrieben hat. Die übrigen Briefe aus der Serie der Fürstlich-Wiedschen Akten sind alle an den Fürsten Wilhelm zu Wied adressiert.

In dem Brief an den Vater des Fürsten zu Wied berichtet Raiffeisen, daß er sich während seiner Dienstzeit am liebsten mit volkswirtschaftlichen und gemeinnützigen Einrichtungen beschäftigte und daß er dem Kreditwesen im Rahmen der Binnenwirtschaft besondere Bedeutung beimaß. Ferner weist er darauf hin, daß er seinen ersten Darlehnskassen-Verein früher als Schulze-Delitzsch gegründet hat, dessen Arbeit durch seine Publikationen bekannt geworden ist, wohingegen er dazu keine Zeit hatte und sich statt dessen der Sammlung von Erfahrungen widmete.

Im Anschluß an diese Mitteilungen nimmt er auf einen Brief an Schulze-Delitzsch Bezug: „Wie Schulze-Delitzsch, mit dem ich über den Gegenstand korrespondiert habe, richtig sagt, haben wir verschiedene Systeme[1]."

Raiffeisen sieht den Unterschied darin, daß er seine Vereine nicht nur auf Selbsthilfe gründet, sondern auch die wohlhabenden Einwohner zur Beteiligung auffordert. Auf diese Weise können die Wohlhabenden zum einen ihrer Christen- und Menschenpflicht genügen, zum anderen aber auch ihre eigenen Interessen verfolgen; denn je geringer die Zahl der Armen ist, desto weniger muß für sie aufgebracht werden.

Auch im Hinblick auf eine etwaige staatliche Beteiligung unterscheiden sich Raiffeisens Vorstellungen von denen Schulze-Delitzschs. Er berichtet über seinen Plan zur Errichtung von Kreisvereinen, um den Dauerbestand der Vereine zu sichern. Sodann beschreibt er den Nutzen der Kreisvereine für die gesamte Volkswirtschaft, insbesondere für die Gemeinden sowie für die bedürftigen Individuen und die wohlhabenden Einwohner. Er schließt mit den Worten: „Es sind dies keine Ideen und Annahmen, es ist dies meine feste Überzeugung, gegründet auf Tatsachen. — Ich habe vorstehend nur Andeutungen machen können; für eine großartigere Einrichtung ist in der Anlage auch nur die Idee enthalten. Dieselbe ist vor neun Jahren von mir verfaßt, jetzt werde ich manches ändern, veranlaßt durch die späteren Erfahrungen[2]."

Schließlich bittet er den Fürsten um Vermittlung: „Ich bin anfangs von diesem Gedanken zurückgeschreckt, da dessen Ausführung leicht als Anmaßung und Überhebung genommen werden könnte. Nach reiflicher Überlegung kann ich aber die Versicherung geben, daß ich weder

[1] *Raiffeisen*, Brief an den Vater des Fürsten zu Wied am 27. März 1863.

[2] *Ders.*, ebd.

Ehre, noch Vorteil in meinem Anerbieten suche, sondern lediglich das Wohl meiner Mitmenschen im Auge habe, welchen ich so gerne helfen möchte[3]."

In diesem Brief kommt seine religiöse Grundhaltung lediglich darin zum Ausdruck, daß er die Mitarbeit der wohlhabenden Einwohner als Christen- und Menschenpflicht bezeichnet und darum befürwortet. Hauptsächlich beschäftigt sich Raiffeisen mit der Darlegung seiner Auffassung von der Bedeutung der Vereine unter mehr volkswirtschaftlicher Perspektive und deren Organisierung in Abhebung von Schulze-Delitzschs Ansichten.

ββ) Briefe an den Fürsten zu Wied

In einem Brief vom 16. September 1872 bittet er im Namen der landwirtschaftlichen Genossenschaftsbank um Fürsprache des Fürsten zu Wied im Provinzial-Landtag bei der Bewilligung von hunderttausend Talern, um den Geschäftsbetrieb aufnehmen zu können. Dem Brief liegt eine Anlage mit der Überschrift „Die Centralkasse" bei.

In dieser Anlage begründet Raiffeisen die Notwendigkeit der Gründung der Zentralkasse. Im Anschluß an eine Situationsanalyse kommt er zu folgendem Ergebnis: „Es scheint dringend notwendig und ein Akt der Gerechtigkeit, daß auch die hohe Provinzialvertretung helfend mit eingreift, um die ackerbautreibende Bevölkerung, von deren Tätigkeit und Wohlergehen das gute Bestehen der übrigen Gesellschaft und des Staates so wesentlich abhängt, allmählich in bessere Verhältnisse bringen zu helfen. Es ist dazu vor allen Dingen die Wiederbelebung der Tatkraft durch Pflege des Genossenschaftswesens, in erster Linie der Kreditgenossenschaften, und es ist dazu Geld nötig. Die Centralkasse soll solches vermitteln[4]."

Dieser Passus kann als Stütze der Hypothese von den gesellschaftspolitischen Ansichten Raiffeisens als Beweggrund herangezogen werden. Jede Unterstützung der Genossenschaften seitens des Provinzial-Landtages, die geeignet ist, die Lebenslage der ackerbautreibenden Bevölkerung zu verbessern, dient letztlich der Bestandssicherung der Gesamtgesellschaft. Diese von Raiffeisen gewählte Argumentation scheint in besonderem Maße geeignet, die Mitglieder des Provinzial-Landtages zu einem entsprechenden Beschluß über die in Rede stehende Geldbewilligung zu bewegen. Es stellt sich somit die Frage, der an anderer Stelle nachgegangen werden soll, ob man hier vom Vorliegen eines bestimmten Beweggrundes sprechen kann, oder ob es sich nicht vielmehr um die gezielte Anwendung einer Strategie seitens Raiffeisens handelt.

---

[3] *Ders.*, ebd.
[4] *Ders.*, Brief an den Fürsten zu Wied vom 16. September 1872.

Am 14. März 1873 schreibt Raiffeisen an den Fürsten zu Wied über das Ideal, das er mittels Genossenschaftsarbeit verwirklichen will und bezieht sich abschließend auf einen Fabrikanten aus dem Westerwald, der ihm, obwohl er seinen idealen Standpunkt nicht kennt, bestätigte, daß das Ideal erreichbar sei, indem er ihm mitteilte, daß die frühere Mißgunst zwischen seinen Arbeitern geschwunden und Gemeinsinn an deren Stelle getreten sei.

Raiffeisen führt in dem Brief aus: „Wenn die Organisation ihre hochwichtige Aufgabe erfüllen soll, so erscheint es besonders für die Führer notwendig, das Ziel, das Ideal, klar zu stellen, welches erstrebt werden soll, und von vornherein den dazu nötigen Geist in die Agitation zu bringen. Je nach dem Standpunkte der allmählich herangezogenen Mitarbeiter habe ich in dieser Beziehung unaufhörlich auf dieselben zu wirken gesucht. Ich habe mich verpflichtet gefühlt, Seiner Königlichen Hoheit und Eurer Durchlaucht gegenüber meine Beweggründe mehr wie je bisher offen und freimütig darzulegen, ausdrücklich jedoch nur als meinen Standpunkt und indem ich annehmen zu dürfen glaubte, daß dies nicht ungnädig aufgenommen werden würde. Ich weiß wohl, daß dieser Standpunkt im großen und ganzen noch wenig geteilt wird, daß seine Aneignung nicht so leicht ist, daß man in der angegebenen Richtung arbeiten kann, auch ohne denselben ganz zu teilen; die Überzeugung habe ich aber gewonnen, daß von demselben aus die Begeisterung und die Durchführung erleichtert, daß das Ziel sicher erreicht wird[5].“

Die Beweggründe, die Raiffeisen meint, aber nicht noch einmal ausdrücklich nennt, scheinen religiöser Natur zu sein. Zum einen geht dies daraus hervor, daß er die Aussagen des Fabrikanten zitiert, der von der Substitution der Mißgunst durch den Gemeinsinn auf Grund genossenschaftlicher Aktivitäten spricht. Gemeinsinn beruht aber nach Raiffeisen immer auf christlicher Grundlage[6]. Zum anderen weist er auf die Qualifikationsanforderungen an seine Mitarbeiter hin, die er an anderer Stelle[7] explizit nennt, nämlich den Nachweis gemeinnütziger und selbstloser Tätigkeit in der Vergangenheit. Schließlich entspricht seine Aussage, daß sein Standpunkt von vielen noch nicht geteilt wird, anderen Ausführungen, die in diesem Zusammenhang deutlich machen, daß es sich dabei um einen auf christlich-religiöser Grundlage ruhenden Standpunkt handelt[8].

---

[5] *Ders.*, Brief an den Fürsten zu Wied vom 14. März 1873.

[6] Vgl. *ders.*, Die Darlehnskassen-Vereine ..., 2. Aufl., 1872, S. 314; *ders.*, Die Darlehnskassen-Vereine ..., 4. Aufl., 1882, S. 4.

[7] Vgl. *ders.*, Neujahrsansprache 1882 im Landwirthschaftlichen Genossenschaftsblatt, 1882, S. 1 ff.

[8] Vgl. *ders.*, Brief an den Fürsten zu Wied vom 4. Juni 1874 sowie die Anlage „Die Arbeiterfrage“.

Es folgen einige Briefe, in denen Raiffeisen die zahlreichen Angriffe gegen seine Darlehnskassen-Vereine beklagt und den Fürsten bittet, auf das feindselige Verhalten der Behörden den Vereinen gegenüber einzuwirken. Ferner geht er auf die Auseinandersetzung zwischen Regierungsrat Nöll auf der einen und Professor Held und Karlowa auf der anderen Seite ein[9].

In Briefen vom 18. Oktober, 24. Oktober, 22. November und 23. November 1873 sowie vom 7. Januar und 4. Juni 1874 beschreibt Raiffeisen hauptsächlich die Vorbereitungsarbeiten zur Gründung der Generalbank. In dem Brief vom 4. Juni 1874 beklagt er, daß es zur Vorbereitung der Organisation an Geld mangelt und somit eine allgemeine Verbreitung der Vereine erschwert wird. „Das Unternehmen ist die Durchführung des christlichen Prinzips, der christlichen Solidarität, der Betätigung der christlichen Nächstenliebe. Diese stellt Anforderungen an die Gesellschaft, welche verhältnismäßig noch wenig anerkannt werden. Um das Prinzip möglichst rasch zur Geltung zu bringen, ist es wünschenswert, daß auch die höheren und höchsten Stände, welche zur direkten Beteiligung vorläufig keine Gelegenheit haben, durch freiwillige Beiträge sich betätigen[10].“

Dieser Passus kann als weiterer Indikator für einen religiösen Beweggrund Raiffeisens angesehen werden. Derartige Indikatoren enthält auch die mit dem Titel „Die Arbeiterfrage“ überschriebene Anlage zu einem Brief Raiffeisens: „Die Arbeiterfrage, deren Lösung die wichtigste Frage unserer Zeit ist, kann erst dann in umfassender Weise erledigt werden, wenn das göttliche Gebot: für den ‚Geringsten‘ zu sorgen, möglichst allgemein anerkannt und betätigt wird. Dies durch eine feste, dauernde Organisation, zunächst für den größten und wichtigsten Teil des Volkes: die landwirtschaftliche Bevölkerung, herbeizuführen, haben sich die ländlichen Darlehnskassen-Vereine zur Aufgabe gestellt[11].“

Der zweite Satz des Zitats enthält erneut einen Hinweis auf die gesellschaftspolitischen Ansichten Raiffeisens über die Bedeutung der landwirtschaftlichen Bevölkerung für die Gesamtgesellschaft.

Weiter schildert Raiffeisen die interne Organisation und Struktur der Vereine sowie die Gründung der landwirtschaftlichen Generalbank am 25. Juni 1874 zu Neuwied und fordert die wohlhabenden Einwohner zu Geldspenden für die Generalbank auf.

---

[9] s. *ders.*, Briefe an den Fürsten zu Wied vom 25. März 1873 und vom 18. Oktober 1873.

[10] *Ders.*, Brief an den Fürsten zu Wied vom 4. Juni 1874.

[11] *Ders.*, Anlage zu einem Brief an den Fürsten zu Wied mit dem Titel „Die Arbeiterfrage“.

Raiffeisen hält es für gefährlich, wenn die Generalbank auf Grund von Geldmangel gezwungen sein würde, sich primär mit geschäftlichen Angelegenheiten auseinanderzusetzen. Auf eine derartige Gefahr weist er in einem Brief vom 17. Juli 1874 hin: „Um das Unternehmen zu würdigen, muß in erster Linie nicht die geschäftliche Seite, sondern es muß das zugrundegelegte Prinzip, die Durchführung der Nächstenliebe, der christlichen Solidarität zur Geltung gebracht und dazu in den Gliedern der Gesellschaft das bezügliche Pflichtgefühl erweckt und belebt werden. Die Grundlage der Agitation ist Matth., 25, 40, die Frage: was hast Du für meine Geringsten gethan?[12]."

Auch dieser Brief enthält somit Hinweise auf die Bedeutung, die Raiffeisen der christlichen Nächstenliebe auch für die Vereinsarbeit zuweist. Er verwendet wie schon mehrfach ein Bibelzitat, um sein Handeln sowie das der Mitarbeiter und Förderer der Genossenschaften zu begründen.

In einem Brief vom 2. September 1876 plädiert Raiffeisen für die Gründung einer Zentralstelle auf Aktienbasis, nachdem er seine bisherigen Bemühungen im Hinblick auf die Errichtung einer Zentralstelle als gescheitert betrachten mußte.

Zuvor faßt er noch einmal die positiven Wirkungen der Vereinsarbeit zusammen. „Viele Fälle haben dargetan, daß solche geeignet sind, die Verhältnisse der unteren Volksschichten, namentlich auch der Arbeiter, gründlich zu verbessern, den Besitzstand zu erhalten und zu vermehren, und den Besitzlosen Gelegenheit zu geben, sich durch Fleiß und Sparsamkeit Immobiliarvermögen, überhaupt eine bessere Lebensstellung zu verschaffen[13]."

Am 10. Dezember 1876 schreibt Raiffeisen an den Fürsten zu Wied, daß die Agitation gegen seine Vereine weiter zunimmt, insbesondere seitens Parisius und Schulze-Delitzschs, dessen Agitation schließlich zur Auflösung der Generalbank geführt habe. Ferner bemängelt Raiffeisen die permanente Geldknappheit, so daß die notwendigen Mitarbeiter nur unter erschwerten Bedingungen ausgebildet werden können. Unter Hinweis auf seine uneigennützige Arbeit in den Vereinen und deren Organisationen schließt er wie folgt: „Ich brauche wohl nicht hinzuzufügen, daß ich für mich persönlich jede Vergütung für meine Mühewaltung ablehnen würde. Es dürfte indes wohl im Interesse der Sache liegen, wenn es möglich werden könnte, allmählich jüngere Kräfte heranzuziehen und auszubilden[14]."

---

[12] *Ders.*, Brief an den Fürsten zu Wied vom 17. Juli 1874.
[13] *Ders.*, Brief an den Fürsten zu Wied vom 2. September 1876.
[14] *Ders.*, Brief an den Fürsten zu Wied vom 10. Dezember 1876.

Die Neutralität der Vereine in politischer und religiöser Hinsicht betont Raiffeisen in einem Brief vom 11. Dezember 1876. „Wenn die Vereine es wollten, würden sie in manchen Bezirken die Wahl der Abgeordneten in der Hand haben. Davon habe ich aber entschieden abgeraten. Die Vereine sollen nicht für politische oder religiöse Agitation benutzt werden. Es besteht die Gefahr des Mißbrauchs ...[15]." Fast resignierend schließt er: „Herr Dr. Schulze hat durch seinen fortwährenden Verkehr mit den Herren Abgeordneten und den höchsten Behörden einen so bedeutenden Einfluß, daß von unserer Seite geschehen kann, was da wolle, es in Berlin doch schwerlich Berücksichtigung finden würde[16]."

Von den letzten drei Briefen der Fürstlich-Wiedschen Akten enthält nur der vorletzte, vom 11. Februar 1880, einen Hinweis Raiffeisens auf die Einschätzung seiner Arbeit. „Wie ich oft zu betonen mir erlaubte, kann nur durch die möglichste Entwicklung und Benutzung der Kräfte der Bevölkerung, und des Bodens eine günstigere Zukunft herbeigeführt werden. Um dies zu ermöglichen, scheint mir die von uns angestrebte Organisation das sicherste, wenn nicht das einzige Mittel. Dadurch allein wird es nämlich möglich werden, die nötigen Kräfte auszubilden, mit dem rechten Geist zu versehen, sowie auch dauernd die materiellen Mittel zum Besserwerden zu beschaffen[17]."

Im letzten Brief, den Raiffeisen am 7. August 1882 von Charlottenbrunn/Schlesien aus an den Fürsten zu Wied schreibt, erwähnt er, daß Thiel ihm mitgeteilt hat, daß er eine Anerkennung vom Kaiser erhalten hätte, die auch veröffentlicht werden soll, wogegen er sich allerdings verwahren will.

β) Brief an Schulze-Delitzsch vom 15. Mai 1862

Im ersten Brief aus der Serie der Fürstlich-Wiedschen Akten von 1863 nimmt Raiffeisen auf einen Brief an Schulze-Delitzsch Bezug, den er ein Jahr zuvor am 15. Mai 1862 abgefaßt hatte[18].

In diesem Brief berichtet er über seine bisherige Tätigkeit im „Heddesdorfer Wohltätigkeitsverein", über seine Ziele und über seine von Schulze-Delitzschs Ansichten abweichende Auffassung genossenschaftlicher Selbsthilfe. So schreibt er: „Der Hauptunterschied zwischen Ihrem und meinem Verfahren scheint nur darin zu liegen, daß Sie das Prinzip der Selbsthilfe, welchem ich auch durchaus huldige, bis zur

---

[15] *Ders.*, Brief an den Fürsten zu Wied vom 11. Dezember 1876.

[16] *Ders.*, ebd.

[17] *Ders.*, Brief an den Fürsten zu Wied vom 11. Februar 1880.

[18] Der Brief ist abgedruckt in: *Thorwart*, Hermann Schulze-Delitzschs Schriften und Reden, Bd. I, S. 671 - 673.

Garantie durchführen, während ich für letztere auch den wohlhabenden Theil der Gesellschaft mit in Anspruch nehme; teils um auch sie tätig zu machen für die gute Sache, an der sie aus vielfachen Gründen Interesse haben müssen, dann aber auch um der Sache mehr Ansehen und Garantie nach außen zu geben ... Die Vorteile, welche der Verein gewährt, sind namentlich in Notzeiten unberechenbar groß; die Resultate der Wirksamkeit sind dann auch sehr erfreulich[19]."

Sodann berichtet er über die Grundsätze der Vereinsarbeit. Da der erfolgreiche Fortbestand der Vereine von geeigneten Persönlichkeiten, die die Leitungsfunktion übernehmen, abhängt und er in Flammersfeld diesbezüglich schlechte Erfahrungen gemacht hatte, hat sich Raiffeisen zur Gründung von Vereinen durch Gemeinden entschlossen. Dies, sowie die aufgetretenen Schwierigkeiten bei der Realisierung des Projekts, teilt er Schulze-Delitzsch in diesem Brief mit: „Gerade die Hindernisse, welche von oben entgegengesetzt werden, sind die Veranlassung, daß ich in der letzten Zeit mit den Privatvereinen vorgehe[20]." Aus diesem Brief geht hervor, daß Raiffeisen nicht nur die Selbsthilfe in Form ausschließlicher Mitgliederförderung durch die Vereine will, sondern daß er neben der Selbsthilfe noch ein anderes Prinzip in den Genossenschaften realisiert sehen will, nämlich das Prinzip der Nächstenliebe, indem sich die Wohlhabenden an der guten Sache, sprich den Genossenschaften, beteiligen. Er erklärt dies zum Hauptunterschied zwischen Schulze-Delitzschs und seinem Ansatz. Die Kennzeichnung dieses Sachverhalts als Hauptunterschied kann auch als Indikator für seinen religiösen Beweggrund interpretiert werden.

γ) Auszug aus einem Brief an Professor von der Goltz von 1872

In einem Brief an den Prof. von der Goltz von 1872[21] macht Raiffeisen seine leitende Idee deutlich.

Dieser Brief kann als weiterer Indikator für das Vorliegen eines religiösen Beweggrundes bei Raiffeisen gewertet werden. Es heißt dort: „Die letztere (leitende Idee d. V.) ist, eine Organisation über ganz Deutschland herbeizuführen, aufgebaut auf Genossenschaften, welche auf christlichen Grundsätzen beruhen, eine Organisation, welche die christliche Solidarität zur Wahrheit machen soll, eine Organisation, innerhalb welcher alle Schichten der Bevölkerung friedlich und brüderlich zusammenarbeiten sollen, um den herrschenden Notstand in jeder Beziehung möglichst zu beseitigen ... Diese Idee mag sehr groß,

---

[19] *Raiffeisen*, Brief an Schulze-Delitzsch vom 15. Mai 1862, ebd., S. 671.

[20] *Ders.*, ebd., S. 672.

[21] Auszüge aus diesem Brief hat *Krebs* in sein Buch: Aus dem Leben F. W. Raiffeisens, S. 119, aufgenommen.

sehr hoch erscheinen; durch Gottes Hilfe und durch immer größere Beteiligung ist sie aber durchführbar[22]."

δ) Auszug aus einem Brief an den Kreiswanderlehrer Schnür von 1879

Auch der Brief an den Kreiswanderlehrer Schnür aus dem Jahre 1879 kann als Beleg für Raiffeisens religiösen Beweggrund gelten. So schreibt er:

„Ich kann es Ihnen nicht genug beklagen, wenn die Vereine zu religiösen oder politischen Zwecken mißbraucht werden sollten ... Wenn ich auch die allgemeinen christlichen Prinzipien als Grundlage betone, so geschieht dies gerade in dem Sinne, um auf die Notwendigkeit der Beteiligung eines auf Nächstenliebe gegründeten Gemeinsinnes hinzuweisen[23]."

ε) Briefwechsel zwischen Raiffeisen und Weidenhammer 1879/1880

In die gleiche Zeit fällt der Briefwechsel zwischen Raiffeisen und Weidenhammer, in dem es um ein ähnliches Thema wie in obigem Brief an den Kreiswanderlehrer geht[24].

Raiffeisen erhält einen vom 1. November 1879 datierten Brief von Weidenhammer, in dem dieser Raiffeisen bittet, ihn aus seinem Amt als stellvertretender Anwalt der Neuwieder Organisation zu entlassen, weil er sich auf Grund seiner politischen und religiösen Überzeugung mit dem Verband nicht länger identifizieren könne.

Raiffeisen erwidert Weidenhammers Brief am 22. November 1879. „Da man einen Menschen nur nach dessen Tod erst recht beurteilen kann, so mögen Sie dann auch beurteilen, ob ich aus innerster Überzeugung, so wie geschehen, gehandelt oder das Christentum als Deckmantel egoistischer oder sonst verwerflicher Zwecke benutzt habe. Ich kann Ihnen nur jetzt schon sagen, daß Ihnen solche Bestrebungen nicht verhaßter sein können als mir ... Hätte ich den oben erwähnten Standpunkt nicht, so hätte ich längst aufgehört zu arbeiten, und es würde ein noch so starker Ehrgeiz mir zum Ausharren nicht die Kraft verliehen haben. Könnten Sie nur eine Viertelstunde in meiner Haut stecken, so würden Sie mir das glauben. Auf gleichem oder ähnlichem Standpunkte stehen nun noch viele andere Mitarbeiter. Dieser Gesin-

---

22 *Raiffeisen,* ebd., S. 119.

23 *Ders.,* Brief an den Kreiswanderlehrer Schnür von 1879, auszugsweise wiedergegeben von *Totomianz* in der Konsumgenossenschaftlichen Rundschau, S. 373 u. in „Raiffeisen-Worte", S. 71.

24 Der Briefwechsel ist abgedruckt in: *Seelmann-Eggebert,* S. 356 - 366.

nung ist ausgesprochenermaßen der erste Darlehnskassen-Verein, und es sind derselben viele der später gegründeten Vereine sowie viele sonstige Erfolge zu verdanken, ebenso eine große Anzahl von Mitarbeitern überhaupt. Was sollte diese sonst vermögen, in die Solidarhaft einzutreten und der Sache ihre Kräfte zu widmen? Sie sagen von Ihrem Standpunkt: dazu ist das Christentum nicht nötig, die Betonung des Gemeinsinns reicht aus. Wir geben zu, daß dies für Sie und Ihre Freunde der Fall sein mag. Wir, die wir die christliche Grundlage betonen, haben ja niemand ... von der Mitarbeiterschaft ausgeschlossen ... Wir üben also vollständige Toleranz, während Sie und Ihre Freunde das Gegentheil tun[25]."

In diesem Brief macht Raiffeisen seinen religiösen Beweggrund nochmals unmißverständlich klar und weist den Vorwurf, daß das Christentum nur Alibifunktion für ihn erfüllt, weit von sich.

Auf die Diskussion um das Für und Wider der Betonung christlicher Grundsätze in der Genossenschaftsarbeit bezieht sich sowohl Weidenhammers Antwortbrief an Raiffeisen vom 25. November 1879 als auch Raiffeisens Erwiderung auf diesen Brief vom 26. November 1879, der erneut die Bedeutung religiöser Grundsätze für Raiffeisens Denken und Handeln erkennen läßt.

Aus dem weiteren Briefwechsel vom 23. und 24. Februar 1880 und vom 9. Juni 1880 ist für die Überprüfung der Hypothesen über die Beweggründe Raiffeisens nur noch der Brief vom 23. Februar 1880 von Belang. Raiffeisen schreibt: „Sie werden hoffentlich sich noch überzeugen, daß Sie sich in Ihren Annahmen bezüglich der diesseitigen Bestrebungen geirrt haben. Auf unsere Predigten gründet sich auch die Toleranz. Wenn wir danach niemanden zurückweisen, so kann es wohl vorkommen, daß Personen zeitweise mittätig sind, mit welchen man nicht in jeder Beziehung harmoniert. Darauf kommt es indes nicht an, sondern auf den Geist, welcher die Gesamtheit erfüllt[26]."

Unter dem „Geist, welcher die Gesamtheit erfüllt" und auf den es ankommt, versteht Raiffeisen aber nichts anderes als die christliche Gesinnung, die praktische Betätigung des Christentums.

ζ) Auszüge aus sonstigen Briefen

In Briefen an Thiel aus dem Jahre 1881[27] und an den Grafen Solms-Laubach von 1882[28] tritt Raiffeisen für die Errichtung freier Genossen-

[25] *Raiffeisen,* Brief an Weidenhammer vom 22. November 1879, ebd., S. 359 f.

[26] *Ders.,* Brief an Weidenhammer vom 23. Februar 1880, ebd., S. 364.

[27] *Ders.,* Briefe an Thiel von 1881, abgedruckt in: Raiffeisen — Worte ..., S. 55 f., S. 67 f.

[28] *Ders.,* Brief an den Grafen Solms-Laubach, ebd., S. 29.

schaften auf christlicher Grundlage ein[29], was als weiteres Indiz für seinen religiösen Beweggrund gelten kann. „Man vergißt hierbei nur zu leicht den Hauptfaktor, das Volk selbst. Dieses zwangsweise zum Besseren zu bekehren ist unmöglich. Nur sittlich-religiöser Einwirkung kann dies gelingen[30]."

Ähnlich äußert er sich gegenüber Solms-Laubach: „Nach meiner festen Überzeugung gibt es nur ein Mittel, die sozialen und besonders auch die wirtschaftlichen Zustände zu bessern, nämlich die christlichen Prinzipien (selbstredend ohne Rücksicht auf Konfession) in freien Genossenschaften zur Geltung zu bringen ...[31]."

Einen weiteren Hinweis darauf, daß Raiffeisens Denken und Handeln von einem religiösen Beweggrund beeinflußt sein könnte, findet man in einem Auszug aus einem Brief an Dr. Wollenberg von 1884. Es heißt dort:

„Die Grundsätze der Darlehnskassen-Vereine widerstreben dem heutigen Zeitgeiste. Sie fordern von der wohlhabenden Bevölkerung die Beteiligung mit unbeschränkter Solidarhaftung und ausdauerndes Arbeiten für die Bedürftigen ohne irgendeine Bezahlung. Es kann dies unmöglich verstanden werden von solchen, welche die Christenpflicht nicht kennen oder nicht kennen wollen, und nicht geneigt sind, in dieser Richtung zu arbeiten. Der einzige Lohn, die innere Befriedigung, wird nicht gewürdigt[32]."

η) Briefe Raiffeisens an seine Kinder 1875 - 1883

Zu den persönlichen Dokumenten Raiffeisens zählen auch seine Privatbriefe, die er zwischen 1875 und 1883 an seine Kinder geschrieben hat. Ihre Analyse bildet den Abschluß der Untersuchung der persönlichen Dokumente auf Hinweise, die für die Überprüfung der aufgestellten Hypothesen über die Beweggründe Raiffeisens relevant sind.

Die Briefe enthalten zahlreiche Hinweise auf seine religiöse Grundhaltung. Selten versäumt es Raiffeisen, in den Briefen um den Segen Gottes für seine Familie zu bitten.

In einem Brief vom 9. März 1876 teilt er seinem Schwiegersohn Jacob mit, daß er Generalagent der Stuttgart Bank geworden ist, und daß er von der Provision die Ausgaben für die Organisation der Vereine bestreiten will.

---

[29] Ähnlich äußert sich Raiffeisen auch gegenüber dem Freiherrn von Broich im Jahre 1883, abgedruckt ebd., S. 51 f.

[30] *Raiffeisen*, Briefe an Thiel, ebd., S. 67.

[31] *Ders.*, Brief an den Grafen ..., ebd., S. 29.

[32] *Ders.*, Brief an Dr. Wollenberg von 1884, ebd., S. 76 f.

Am 24. September 1876 schreibt er seinen Kindern, daß die Arbeit im Genossenschaftswesen beständig zunimmt und daß sein Ausscheiden aus der Vereinsarbeit zur Vernichtung des bisher Erreichten führen würde. „Das geht also nicht. Und doch wird mir auch die gesamte Last zu schwer und da meine Kraft abnimmt, für die Dauer unerträglich[33]."

Aus diesem Zitat geht hervor, wie schwer Raiffeisen die Arbeit in den Genossenschaften auf Grund seines schlechten Gesundheitszustandes gefallen sein muß. Diese Äußerungen seinen Kindern gegenüber decken sich weitgehend mit seiner Erwiderung auf einen Brief Weidenhammers, in dem er feststellt, daß allein seine religiöse Überzeugung ihm die Kraft gibt, weiterzuarbeiten.

Der Brief Raiffeisens an seine Kinder vom 21. Dezember 1879 soll hier in einem längeren Auszug wiedergegeben werden, weil in ihm die tiefe Religiosität Raiffeisens besonders deutlich zum Ausdruck kommt. „Die schöne Weihnachtszeit naht heran, mit ihr auch die mit dem Fest verbundene Arbeit. Leider nimmt diese mehr in Anspruch als die Sorge um das Seelenheil, welche doch in erster Linie uns beschäftigen sollte. Ihr habt besondere Ursache der vielen Wohltaten zu danken, welche Euch der Herr in diesem Jahr gegeben hat. Eure äußeren Verhältnisse sind so schön gebessert und geordnet, daß Ihr, wenn der liebe Gott Euch und die Kinder gesund erhält, recht behaglich in die Zukunft schauen könnt. Möchte dafür an dem jetzigen Weihnachtsfeste als Dank der Glaube an Gott und Seinen Eingeborenen Sohn in Euren Herzen recht lebendig werden und Euch und Eure lieben Kinder immer mehr zu ihm hinziehen. Sehr freuen würde ich mich, wenn Ihr meinen Euch oft geäußerten sehnlichen Wunsch erfülltet und nun auch mehr äußerlich dazu tun wolltet. Je mehr Euer Verhältnis mit dem Pastor getrübt ist, desto wünschenswerter ist es, daß Ihr nun endlich eine regelmäßige Hausandacht einführet, wie dies früher überall Sitte war. Je länger Ihr damit wartet und je größer die Kinder werden, desto schwerer wird Euch der Anfang halten. Beginnt also mit dem jetzigen Weihnachtsfeste. Die Losung der Brüdergemeinde, welche wir Euch senden werden, ist mit einem kurzen Gebete rasch gelesen. Die Gedanken werden dadurch hinauf zu dem gezogen, welchem wir alles verdanken und welcher allein uns den rechten Weg auch in irdischen Dingen zeigen kann. ... Es geschieht heutzutage viel zu wenig an der inneren religiösen Pflege, deshalb sieht es so schlimm in der Welt aus. Diejenigen, welche dies erkennen, müßten also mit einem guten Beispiel vorangehen ...

Mit der genossenschaftlichen Bewegung geht es im ganzen erfreulich vorwärts. Damit mehrt sich aber auch die Arbeit. Diese, und nament-

[33] *Ders.*, Brief an seine Kinder vom 24. September 1876.

lich die Redaktion des Blattes, fällt mir oft schwer. Gott möge mir bald genügende Hilfe senden[34]."

Raiffeisen rechnet sich die Erfolge in der Genossenschaft nicht als eigenes Verdienst an. So schreibt er am 9. November 1880 an seine Kinder, daß er in Stuttgart eine sehr erfolgreiche Versammlung abgehalten habe, an der auch viele Abgeordnete teilgenommen hätten. „Der Saal war gepfropft voll und es konnten nicht alle in denselben hineinkommen. Das Resultat ist Euch bekannt. Ich habe dasselbe nicht herbeigeführt. Es war dies nur durch Gottes gnädige Hilfe möglich[35]."

Wie sehr Raiffeisen davon überzeugt ist, daß allein durch Selbsthilfe eine dauerhafte Verbesserung der Lebenslage der Bedürftigen zu erreichen ist, wird zum einen in seinen Ausführungen über Emil, einen Jungen, um dessen Erziehung und Ausbildung er sich kümmert[36], deutlich, zum anderen aber auch in einem Brief vom 30. Januar 1881 an seine Kinder:

„Mein Judenartikel war vielen zu mild. Mit der Hetze ist aber nichts gewonnen. Es muß tatkräftig in der von mir empfohlenen Weise angefaßt werden[37]."

In einem Brief vom 3. April 1881 gibt Raiffeisen seiner Freude darüber Ausdruck, daß seine Kinder die Hausandacht wieder eingeführt haben.

Raiffeisen berichtet ferner, daß er seinem Sohn Rudolf einen Brief geschrieben habe, in dem er ihm Ratschläge gegeben habe, wie er die Vergebung Gottes erlangen könne.

Auch dieser Brief ist ein Indiz für die tiefe Religiosität Raiffeisens.

Am 21. Juni 1881 teilt Raiffeisen die Gründung der neuen Firma „Raiffeisen — Faßbender und Consorten" mit, auf die durch notariellen Akt sein gesamter Besitz übergegangen ist.

In einem Brief vom 26. Juli 1881 erläutert er seine Entscheidung ausführlich und diskutiert ihre Bedeutung zum einen für seine Familie und zum anderen für die Vereinsangelegenheiten. Im Anschluß daran zieht er eine vorläufige Bilanz.

„Außer dem genannten Kapital habe ich noch für Geschäfte, welche ich im Interesse der Organisation führte, eintausenddreihundert Mark gespart. Ich habe meine Tätigkeit gegründet auf den Ausspruch meines

---

[34] *Ders.*, Brief an seine Kinder vom 21. Dezember 1879.

[35] *Ders.*, Brief an seine Kinder vom 9. November 1880.

[36] Siehe dazu die Briefe an seine Kinder vom 20. Oktober 1879, 21. Dezember 1879, 26. Januar 1880, 30. Januar 1881, 20. Dezember 1881, 16. Februar 1882, 11. Dezember 1882, 2. April 1883.

[37] *Raiffeisen*, Brief an seine Kinder vom 30. Januar 1881.

Herrn und Heilandes, Matth. 25,40: ‚was Ihr gethan habt einem dieser meiner geringsten Brüder, das habt Ihr mir gethan.' Ich habe also diese Geschäfte gleichsam für Gott geführt und ihm solche geweiht und dadurch Seine und gewiß auch mancher Mitarbeiter Unterstützung erhalten. Nach menschlicher Berechnung hätte das Geld mir gehört. So wie ich die Geschäfte nun aber mal betrieben habe, konnte ich den Gewinn von eintausenddreihundert Mark nicht als mein und meiner Kinder Eigenthum betrachten und habe solches als erstes Betriebskapital der neuen Firma zugewendet. ... Ich weiß nun recht gut, daß dieses mein Verfahren vom menschlichen und besonders vom gewöhnlichen geschäftlichen Standpunkte aus von vielen, und namentlich solchen, welche uns nahestehen, mißverstanden und mißbilligt werden wird. Es ist mir dies indes gleichgültig ...

Wir befinden uns jetzt in einer höchst wichtigen Übergangsphase. Im allseitigen Interesse ist es jetzt dringend nothwendig, die neue Firma zu befestigen. Gott sei Dank sind meine ständigen Mitarbeiter alle eifrig in dieser Richtung bemüht[38]."

Raiffeisen begründet sein Handeln erneut mit einem Bibelzitat. Hierin kann wiederum ein Indikator für das Vorliegen eines religiösen Beweggrundes gesehen werden. Raffeisen sagt sogar, daß er die Geschäfte gleichsam für Gott getätigt habe.

Auch seine Wünsche zum Weihnachtsfest zeugen von seiner tiefen Religiosität. So schreibt er am 20. Dezember 1881:

„Ich wünsche Euch ..., daß auch das diesjährige Christfest dazu dienen möge, uns recht im Glauben an den Herrn und Heiland zu stärken und uns so auf das innigste mit dem letzteren zu vereinigen, daß wir hinfort recht aufrichtige Früchte des Glaubens hervorbringen und das höchste Gut, den Frieden Gottes, erlangen mögen. Dann werden sich alle irdischen Angelegenheiten von selbst regeln[39]."

Ganz ähnlich lauten seine Wünsche für das Neue Jahr, die er seinen Kindern am 2. Januar 1883 in einem Brief übermittelt.

cc) Tabellarische Zusammenfassung der Ergebnisse

Die persönlichen Dokumente Raiffeisens sollen im folgenden in chronologischer Reihenfolge den ermittelten Hypothesen über die Beweggründe Raiffeisens gegenübergestellt werden. Mit Hilfe der tabellarischen Darstellung kann das Ergebnis der Überprüfung der Hypothesen übersichtlich zusammengefaßt und abschließend diskutiert werden.

---

[38] *Ders.*, Brief an seine Kinder vom 26. Juli 1881.

[39] *Ders.*, Brief an seine Kinder vom 20. Dezember 1881.

Variablen d. Hypothesen / pers. Dokumente	Beweggründe		Ziele				Mittel			
	reli-giöse	gesell. polit. Ansichten	öko.	öko.-sittl.	sittl.-rel.	sozial-reform.	Wohltätigkeitsvereine		Genossen-schaften	Variation der Mittel
							Personen	Gemeinden		
"Motive..." 1854	X			X			X	X		
Rede im literar. Kränzchen	nach Krebs S. 53 f									
Brief an Schulze-Delitzsch, 1862	X						X	X	X	X
Gemeindeprotokollbücher			X							
Protokollbücher 1854 - 1864							X			
Protokollbücher 1864 - 1883										
Brief an Fürst zu Wied, 27.3.1863			X				X	X	X	X
"Promemoria..." 9. Juli 1864	X						X		X	X
Darlehnskassen-Vereine, 1. Aufl. 1866	Vorwort S. 12 f, 16		Vorwort	S. 16	Vorwort S. 16		S. 10 f		S. 12	S. 12f

Variablen d. Hypothesen / pers. Dokumente	Beweggründe		Ziele				Mittel			
	religiöse	gesell. polit. Ansichten	öko.	öko.-sittl.	sittl.-rel.	sozialreform.	Wohltätigkeitsvereine: Personen	Wohltätigkeitsvereine: Gemeinden	Genossenschaften	Variation der Mittel
Darlehnskassen-Vereine, 2. Aufl. 1872	Vorwort S.17f S.314f		Vorwort	S. 15	S. 16	Vorwort S. 17 f S. 315	S. 10 f		S. 13 f	S. 13 S. 16 f
Brief an v.d.Goltz 1872	X					X				
Brief an Fürst zu Wied, 16.9.1872		X	X			X				
Brief an Fürst zu Wied, 14.3.1873	X									
Brief an Fürst zu Wied, 25.3.1873				X						
Brief an Fürst zu Wied, 4.6.1874	X									
Anlage "Arbeiterfrage"	X					X				
Brief an Fürst zu Wied, 17.7.1874	X									
Brief an Kinder, Jan. 1875	X									

I. Die Beweggründe F. W. Raiffeisens

Variablen d. Hypothesen / pers. Dokumente	Beweggründe		Ziele				Mittel			
	religiöse	gesell. polit. Ansichten	öko.	öko.-sittl.	sittl.-rel.	sozialreform.	Wohltätigkeitsvereine		Genossenschaften	Variation der Mittel
							Personen	Gemeinden		
Brief an Kinder, 9.3.1876										
Brief an Fürst zu Wied, 2.9.1876			X							
Brief an Kinder, 24.9.1876										
Brief an Fürst zu Wied, 10.12.1876						X				
Brief an Fürst zu Wied, 11.12.1876										
Brief an Fürst zu Wied, 18.4.1879										
Brief an Schnur 1879	X									
Brief an Weidenhammer, 22.11. 1879	X									
Brief an Weidenhammer, 26.11. 1879	X									

Variablen d. Hypothesen / pers. Dokumente	Beweggründe		Ziele				Mittel			
	religiöse	gesell. polit. Ansichten	öko.	öko.-sittl.	sittl. rel.	sozialreform.	Wohltätigkeitsvereine: Personen	Wohltätigkeitsvereine: Gemeinden	Genossenschaften	Variation der Mittel
Brief an Kinder, 21.12.1879	X									
Brief an Fürst zu Wied, 11.2.1880				X						
"Landw. Gen.-blatt" 1880	S. 1 f S 50									
Brief an Weidenhammer, 23.2.1880	X									
Brief an Kinder, 9.11.1880	X									
Darlehenskassen-Vereine, 3. Aufl. 1881	Vorwort S. 11, 17 f S. 189	S. 8 f		S. 4, 6 S. 13		S. 8 f S. 17 f S. 148 ff	S. 1 ff		S. 4	S. 4 S. 16 f
Brief an Kinder, 30.1.1881	X									
"Landw. Gen.-blatt 1881	S. 74 f									
Brief an Thiel 1881	X				X					

Variablen d. Hypothesen / pers. Dokumente	Beweggründe		Ziele				Mittel			
	religiöse	gesell. polit. Ansichten	öko.	öko.-sittl.	sittl. rel.	sozial reform.	Wohltätigkeitsvereine		Genossenschaften	Variation der Mittel
							Personen	Gemeinden		
Brief an Kinder, 21.6.1881										
Brief an Kinder, 26.7.1881	X									
Brief an Kinder, 20.12.1881	X									
"Landw. Gen.-blatt" 1882	S. 2 S. 54	S. 2 S. 53, 55		S. 2 f S. 49 S. 52 f		S. 1 f S. 55				
Brief an Solms, 1882	X			X						
Brief an Fürst zu Wied, 7.8.1882										
Brief an Kinder, 2.1.1883	X									
"Landw. Gen.-blatt" 1883	S. 1,60									
Darlehnskassen-Vereine, 4. Aufl. 1883	S. 2 ff S. 22	S. 12 f		S. 10 S. 17	S. 2 f	S. 3 f S. 13 ff S. 22	S. 5 ff		S. 7 f	S. 7 f

Variablen d. Hypothesen / pers. Dokumente	Beweggründe		Ziele				Mittel			
	religiöse	gesell. polit. Ansichten	öko.	öko.-sittl.	sittl. rel.	sozial reform.	Wohltätigkeitsvereine		Genossenschaften	Variation der Mittel
							Personen	Gemeinden		
Brief an Thiel, 1883	X									
Brief an von Broich, 1883										
Brief an Wollenberg, 1883										
Brief an Wollenberg, 1884	X									
Vereinstag 1884	Raiffeisen-Werk S. 63 f, S. 25 ff									
Vereinstag 1885	bei Krebs; S. 131 S. 143 f									
Brief an Rederodt 1886										
Darlehnskassen-Vereine, 5. Aufl. 1887	S. 17 f S. 19	S. 23 f S. 27		S. 25	S. 17 f	S. 19, 23 f S. 34 ff S. 139ff				

Variablen d. Hypothesen / pers. Dokumente	Beweggründe		Ziele				Mittel			
	religiöse	gesell. polit. Ansichten	öko.	öko.-sittl.	sittl. rel.	sozial reform.	Wohltätigkeitsvereine		Genossenschaften	Variation der Mittel
							Personen	Gemeinden		
Vortrag 1887	Raiffeisen-Werk S. 9, 22, 27 S. 69 f				S. 22	S. 27				
"Landw. Gen.-blatt" 1887	S. 52 f S. 100			S. 52 S. 100	S. 52					
"Landw. Gen.-blatt"1888				X						

d) Hypothesenprüfung bzw. Interpretation

aa) Zur Hypothese über das Vorliegen religiöser Beweggründe

Anhand der tabellarischen Darstellung kann zusammenfassend festgestellt werden, daß die Hypothese vom Vorliegen eines religiösen Beweggrundes bei Raiffeisen als gestützt und vorläufig bestätigt gelten kann.

Wie aus der Tabelle hervorgeht, enthält bereits das früheste, in die Untersuchung aufgenommene Dokument, die „Motive ..." aus dem Jahre 1854 Hinweise auf das Vorliegen eines religiösen Beweggrundes.

Die zahlreichen Hinweise auf den religiösen Beweggrund sind in den untersuchten persönlichen Dokumenten allerdings unterschiedlich stark ausgeprägt. Gegen die Annahmen, Raiffeisen habe einen religiösen Beweggrund lediglich vorgeschoben, um sein Handeln zu rechtfertigen, spricht nicht nur der Umstand, daß er dies selbst weit von sich weist, sondern insbesondere auch die Tatsache, daß derartige Indikatoren, die auf das Vorliegen eines religiösen Beweggrundes schließen lassen, in an die unterschiedlichsten Adressaten gerichteten Dokumenten enthalten sind. Er bringt seine religiöse Überzeugung nicht nur gegenüber den Förderern und Mitarbeitern sowie Mitgliedern der Genossenschaften zum Ausdruck, sondern auch gegenüber seinen Gegnern sowie seinen Kindern. Die Hypothese wird also sowohl durch die Ergebnisse der Analyse der öffentlichen als auch der privaten Archiv-Daten unter Berücksichtigung der diskriminierenden Variablen Zeit und Adressat bestätigt.

bb) Zur Hypothese über das Vorliegen gesellschafts-politischer Ansichten als Beweggrund

Bei der Überprüfung der Hypothese von den gesellschaftspolitischen Ansichten Raiffeisens als Beweggrund lassen sich wesentlich weniger Indikatoren feststellen, die die Hypothese stützen.

Der erste Hinweis dieser Art kann einem Dokument aus dem Jahre 1872 entnommen werden. Deutliche Hinweise findet man dann in der 3. Auflage seines Buches von 1881 sowie im „Landwirthschaftlichen Genossenschaftsblatt" von 1882. In allen drei Fällen spricht er von der fundamentalen Bedeutung der Landwirtschaft für den Fortbestand der Gesellschaft.

Weiter oben ist die Vermutung ausgesprochen worden, daß Raiffeisen auf Grund strategischer Überlegungen gesellschaftspolitische Ansichten in dem Brief an den Fürsten zu Wied aus dem Jahre 1872 geäußert hat, um die bei dem Provinzial-Landtag beantragte Subvention in Höhe von einhunderttausend Talern für die Zentralkasse bewilligt zu bekommen. Es ist nicht auszuschließen, daß er sich in diesem Fall tatsächlich strategisch verhalten hat, indem er die Argumente ins Feld führte, denen sich die Mitglieder des Provinzial-Landtages in ihrer Rolle als Abgeordnete nicht verschließen konnten. Strategisches Verhalten schließt aber nicht notwendigerweise das Vorliegen gesellschaftspolitischer Ansichten als Beweggrund aus. Daß bestimmte gesellschaftspolitische Ansichten die Richtung seines Denkens und Handelns mitbestimmt haben können, folgt aus den in der 3. Auflage seines Buches verwendeten Argumenten. So gründen sich die hier dargestellten Erörterungen über die Möglichkeiten zur Lösung der sozialen Frage nicht mehr nur auf christliche Glaubenssätze und Gebote, sondern auch auf seine gesellschaftspolitischen Ansichten von der dominierenden Rolle der ländlichen Bevölkerung in der Gesamtgesellschaft.

cc) Zur Hypothese von der Dominanz des religiösen Beweggrundes

Von einer Substitution der religiösen Beweggründe durch die gesellschaftspolitischen Ansichten Raiffeisens als Beweggrund kann allerdings keine Rede sein. Man kann der Tabelle vielmehr entnehmen, daß in allen untersuchten Dokumenten von der Frühzeit bis zu Raiffeisens Lebensende Indikatoren enthalten sind, die auf das Vorliegen religiöser Beweggründe schließen lassen. Ein derartiges Kontinuum läßt sich für die Hypothese von den gesellschaftspolitischen Ansichten Raiffeisens als Beweggrund nicht feststellen, auch nicht für die Zeit nach dem ersten Auftreten eines Hinweises auf gesellschaftspolitische Ansichten als möglicher Beweggrund.

Eine quantitative Auswertung der Ergebnisse läßt eher auf die Annahme der Hypothese von der Dominanz des religiösen Beweggrundes bei Raiffeisen schließen. Zum selben Resultat gelangt man, wenn man eine qualitative Auswertung vornimmt. Der qualitativen Auswertung liegt ein Vergleich der Spalten „religiöser Beweggrund“ und „sozialreformerische Ziele“ einerseits mit den Spalten „gesellschaftspolitische Ansichten“ und „sozialreformerische Ziele“ andererseits zugrunde.

Als sozialreformerisches Ziel Raiffeisens kann die Lösung der sozialen Frage mittels Genossenschaften bezeichnet werden. Diese Problematik diskutiert er sowohl unter religiöser Perspektive als auch unter Zugrundelegung seiner gesellschaftspolitischen Ansichten. So hält er eine dauerhafte und friedliche Regelung der sozialen Beziehungen nur dann für möglich, wenn die Individuen dem Gebot der Nächstenliebe in ihrem Handeln Rechnung tragen und die Angehörigen der verschiedenen Schichten brüderlich miteinander interagieren. Genau dies soll in den Genossenschaften geleistet und durch sie bewirkt werden. Raiffeisen bezeichnet diesen Vorgang als die Verwirklichung der Idee des christlichen Sozialismus.

Seine gesellschaftspolitischen Ansichten kommen darin zum Ausdruck, daß er der Schicht der Bauern eine gesellschaftstragende- und stabilisierende Funktion zuweist. Um den Bestand der Gesellschaft nicht zu gefährden und die Lösung der sozialen Frage voranzutreiben, müssen deshalb insbesondere die Verhältnisse der ländlichen Bevölkerung verbessert werden. Eine Möglichkeit hierzu bietet die Ausdehnung der auf christlicher Grundlage beruhenden Darlehnskassen-Vereine auf dem Lande.

Seiner Meinung nach haben sich die sozialen Beziehungen der verschiedenen Schichten zueinander hauptsächlich dadurch verschlechtert und eine Bestandsgefährdung der Gesellschaft hervorgerufen, daß eine Entchristlichung eingetreten ist. Indem sie wieder beseitigt wird, kann eine Lösung der sozialen Frage gelingen und die ländliche Bevölkerung ihrer dominierenden Rolle in der Gesellschaft wieder gerecht werden. Das Mittel zur Beseitigung der Entchristlichung und zur Wiederherstellung der dominanten Position der Schicht der Bauern in der Gesellschaftsstruktur sind die auf christlicher Grundlage beruhende Genossenschaften.

Raiffeisen hält also auch dann, wenn er die Lösung der sozialen Frage vor dem Hintergrund seiner gesellschaftspolitischen Ansichten behandelt, nur ein seiner religiösen Überzeugung entsprechend ausgestaltetes Mittel für geeignet, an der Lösung der sozialen Frage mitzuwirken. Seine gesellschaftspolitischen Ansichten können wohl als Beweggrund für sein Denken und Handeln gelten, werden jedoch offensichtlich von seinem religiösen Beweggrund dominiert.

dd) Zur Hypothese von der zeitlichen Verschiebung von Zielprioritäten

Die Hypothese Richters von der Verschiebung von Zielprioritäten im Zeitablauf wird von den in der Tabelle zusammengefaßten Untersuchungsergebnissen nur teilweise bestätigt.

Seine Behauptung, daß zunächst nur von einer ökonomischen Zielsetzung bei Raiffeisen gesprochen werden kann, wird durch die vorliegende Untersuchung nicht gestützt. Bereits in den „Motiven ...“ aus dem Jahre 1854 kommt sowohl die ökonomische als auch die sittliche Zielsetzung Raiffeisens zum Ausdruck. Auch muß der Behauptung widersprochen werden, daß in den Statuten von Anhausen lediglich von einer ökonomischen Zielsetzung die Rede ist. Dies gilt nur für die in der 1. Auflage des Buches über die Darlehnskassen-Vereine von 1866 abgedruckten Musterstatuten, jedoch nicht für die Originalstatuten des

Darlehnskassen-Vereins für das Kirchspiel Anhausen vom 27. März 1862.

Richters Behauptung, daß Raiffeisen insbesondere seit Beginn der 80er Jahre die sittlich-religiöse Zielsetzung seiner Genossenschaften stärker betont, stimmt mit den in der Tabelle aufgeführten Untersuchungsergebnissen überein.

Schließlich kann der Tabelle noch entnommen werden, daß Raiffeisen ab 1872 in zahlreichen Dokumenten auf die sozialreformerische Zielsetzung Bezug genommen hat.

ee) Zur Hypothese über die Variation des Mitteleinsatzes

Die Hypothese über die Variation des Mitteleinsatzes bei Konstanz der Beweggründe wird durch die Untersuchung vorläufig bestätigt.

Ein Blick auf die Tabelle zeigt, daß Raiffeisen in allen Auflagen seines Buches auf die Entwicklung vom Wohltätigkeitsverein zur Genossenschaft eingeht. Seine Bestrebungen, vom Wohltätigkeitsverein auf Basis natürlicher Personen zum Wohltätigkeitsverein auf Basis juristischer Personen überzugehen, schildert Raiffeisen sowohl in den „Motiven ...“ als auch in dem Brief an Schulze-Delitzsch und an den Vater des Fürsten zu Wied. Die beiden letztgenannten Dokumente enthalten auch die Darstellung der weiteren Entwicklung seiner Vereine zu Genossenschaften. Ferner begründet Raiffeisen im „Promemoria ...“ die Auflösung des „Heddesdorfer Wohltätigkeitsvereins“ und die Errichtung des „Heddesdorfer Darlehnskassen-Vereins“. Aus allen Dokumenten geht klar hervor, daß Raiffeisens Entscheidung zur Substitution der Wohltätigkeitsvereine durch Genossenschaften weitgehend durch praktische Erfahrungen bedingt war und weniger auf eine Veränderung in den Beweggründen zurückzuführen ist.

3. Überprüfung des handlungsleitenden Einflusses der ermittelten Beweggründe

a) auf die Handlung: Gründung von Genossenschaften

aa) Transformation der Hypothesen in die erweiterte Form des praktischen Syllogismus

Nachdem die Analyse der persönlichen Dokumente ergeben hat, daß mit hoher Wahrscheinlichkeit religiöse und sozialpolitische Beweggründe bei Raiffeisen vorliegen, soll im folgenden der Frage nachgegangen werden, ob diese Beweggründe Raiffeisen auch zur Gründung von Genossenschaften veranlaßt haben.

Diese Frage scheint durch die Analyse der persönlichen Dokumente bereits mitbeantwortet zu sein; denn ein großer Teil der Äußerungen Raiffeisens, die als Indikatoren für seine Beweggründe angesehen werden konnten, beziehen sich unmittelbar auf seine Arbeit in den Genossenschaften. Damit ist der handlungsleitende Einfluß von Beweggründen allerdings noch nicht ausreichend nachgewiesen.

Bevor der Versuch unternommen wird, die Hypothese vom handlungsleitenden Einfluß der Beweggründe am Beispiel Raiffeisens einer Überprüfung zu unterziehen, sollen die in Rede stehenden Hypothesen zunächst in Form des erweiterten Schemas des praktischen Syllogismus dargestellt werden. Diese Transformation erweist sich als sinnvoll, weil mit Hilfe des erweiterten praktischen Schlusses die fragliche Handlung im Hinblick auf Ziele und Beweggründe in logisch bindender Weise rekonstruiert werden kann.

Die transformierten Hypothesen über den Einfluß des religiösen Beweggrundes und der gesellschaftspolitischen Ansichten auf Raiffeisens Handeln lauten:

(1) Von jetzt an beabsichtigt Raiffeisen aus christlicher Überzeugung heraus, die sittlichen und materiellen Verhältnisse der ländlichen, insbesondere der landwirtschaftlichen Bevölkerung zu verbessern.
Von jetzt an glaubt Raiffeisen, daß er die sittlichen und materiellen Verhältnisse der ländlichen, insbesondere der landwirtschaftlichen Bevölkerung zum Zeitpunkt t nur dann verbessern kann, wenn er Genossenschaften mit den Merkmalen $a_{x1} \dots a_{xn}$ nicht später als zum Zeitpunkt t" gründet.
Folglich macht sich Raiffeisen nicht später als zu dem Zeitpunkt daran, Genossenschaften mit den Merkmalen $a_{x1} \dots a_{xn}$ zu gründen, wo er glaubt, daß der Zeitpunkt t" gekommen ist — es sei denn, er vergißt diesen Zeitpunkt, oder er wird gehindert.

(2) Von jetzt an beabsichtigt Raiffeisen auf Grund seiner gesellschaftspolitischen Ansichten, die sittlichen und materiellen Verhältnisse der ländlichen, insbesondere der landwirtschaftlichen Bevölkerung zu verbessern.
Von jetzt an glaubt Raiffeisen, daß er die sittlichen und materiellen Verhältnisse der ländlichen, insbesondere der landwirtschaftlichen Bevölkerung zum Zeitpunkt t nur dann verbessern kann, wenn er Genossenschaften mit den Merkmalen $a_{y1} \dots a_{yn}$ nicht später als zum Zeitpunkt t" gründet.
Folglich macht sich Raiffeisen nicht später als zu dem Zeitpunkt daran, Genossenschaften mit den Merkmalen $a_{y1} \dots a_{yn}$ zu gründen, wo er glaubt, daß der Zeitpunkt t" gekommen ist — es sei denn, er vergißt diesen Zeitpunkt, oder er wird gehindert.

An dieser Stelle sei noch einmal darauf hingewiesen, daß der praktische Syllogismus kein empirisches Beweisverfahren, sondern ein sachlogisches Begründungsverfahren für den Fall darstellt, daß eine Handlung bereits vorliegt und zu ihrer Erklärung eine praktische Argumentation rekonstruiert werden soll.

In dem hier diskutierten Fall liegt die Handlung vor, nämlich die Gründung von Genossenschaften seitens Raiffeisen. Dieser Tatbestand, der als der äußere Aspekt der Handlung bezeichnet wird, und/oder der Hinweis auf eine eingetretene Lebenslageverbesserung der ländlichen Bevölkerung, also der Hinweis auf die kausalen Wirkungen des äußeren Aspekts der Handlung, reichen jedoch nicht hin, um die Conclusio zu verifizieren. Man muß den intentionalen Charakter des Handelns von Raiffeisen und damit den handlungsleitenden Einfluß seiner Beweggründe nachweisen, d. h. nachweisen, daß Raiffeisen bestimmte Beweggründe und eine kognitive Einstellung bezüglich einer Ziel-Mittel-Relation hat. Damit verschiebt sich die Last der Verifikation von der Conclusio auf die Prämissen.

Die materiale Korrektheit der Handlungserklärung ist abhängig von der Entscheidung welche aus den alternativen Mengen von Prämissen für die oben formulierte Conclusio akzeptiert werden sollen. Die Hypothesen über die Art der Beweggründe sind mit Hilfe von second-hand-Material ermittelt und anhand von first-hand-Material, den persönlichen Dokumenten Raiffeisens, überprüft worden. In diesem Zusammenhang konnte auch die Ziel-Mittel-Relation, der Handlungsentwurf Raiffeisens, erhellt werden. Jetzt bleibt noch der handlungsleitende Einfluß der postulierten Beweggründe zu überprüfen, d. h. man muß versuchen aufzuzeigen, daß der religiöse Beweggrund und/oder die gesellschaftspolitischen Ansichten Raiffeisen auch tatsächlich veranlaßt haben, eine Lebenslageverbeserung dadurch herbeiführen zu wollen, daß er Genossenschaften mit bestimmten Merkmalen gründete. Wie bereits weiter oben ausgeführt, läßt sich der handlungsleitende Einfluß von Beweggründen nicht zwingend empirisch nachweisen. Deshalb benötigt man eine Strategie, die der gegebenen Handlungserklärung im Lichte ihrer Beweggründe zumindest Plausibilität verleiht.

bb) Anwendung einer Strategie zur Überprüfung des handlungsleitenden Einflusses der Beweggründe

Die anzuwendende Strategie beruht auf nachstehenden Überlegungen:

Wenn es zutrifft, daß Raiffeisen einen religiösen Beweggrund hatte, und wenn es weiter zutrifft, daß dieser Beweggrund ihn auch in seinem

Entschluß zur Gründung von Genossenschaften beeinflußt hat und er dann tatsächlich entsprechend seinem Beweggrund gehandelt hat, dann ist es wahrscheinlich, daß die von ihm gegründeten Genossenschaften Merkmale aufweisen, die auf den religiösen Beweggrund zurückverweisen.

Es erweist sich dahei als erforderlich, die Merkmalsausprägungen der Genossenschaften genauer zu analysieren. Zu diesem Zweck sollen die von Raiffeisen aufgestellten Satzungen einer Untersuchung unterzogen werden. Sollte die Untersuchung ergeben, daß die aufgefundenen Merkmale tatsächlich so ausgeprägt sind, daß sie auf das Vorliegen eines religiösen Beweggrundes rückschließen lassen, so kann die Hypothese vom handlungsleitenden Einfluß des religiösen Beweggrundes als gestützt betrachtet und die in Form des praktischen Syllogismus rekonstruierte Handlungserklärung als praktische Argumentation akzeptiert werden.

Bei der Überprüfung der Hypothese von den gesellschaftspolitischen Ansichten Raiffeisens als Beweggrund für die Gründung von Genossenschaften als Mittel zur Zielerreichung, der Verbesserung der sittlichen und materiellen Verhältnisse der ländlichen Bevölkerung, soll entsprechend vorgegangen werden.

α) Untersuchung der Merkmalsausprägungen der Satzungen der Genossenschaften

Raiffeisen hat für seine Vereine verschiedene Statuten entworfen und mehrere Mustersatzungen vorgestellt.

So existieren außer den Statuten für den „Flammersfelder Hilfsverein zur Unterstützung unbemittelter Landwirte“[1], die 1850 revidiert wurden, nachdem sie 1849 von Raiffeisen aufgestellt worden waren und der abgeänderten Satzung des „Heddesdorfer Wohltätigkeitsvereins“[2] vom Juli 1854 noch die Statuten des „Darlehnskassen-Vereins für das Kirchspiel Anhausen“[3]. Die urschriftliche Satzung datiert vom 27. März 1862. Sie wurde am 24. April 1868 revidiert und am 9. Mai 1894 neu erstellt. Ferner existiert noch die Satzung des „Heddesdorfer Darlehnskassen-Vereins“ in revidierter Form aus dem Jahre 1865[4]. Die

---

[1] Dieses Statut ist ganz abgedruckt und dem unveröffentlichten Manuskript *Buchruckers* als Anlage beigegeben. Auszüge aus diesem Statut enthält das Buch *Faßbenders* über Raiffeisen, S. 168 - 170.

[2] Die Statuten sind teilweise bei *Faßbender,* S. 171 - 174 abgedruckt. Ungekürzt gehören sie zur Anlage des Manuskripts von *Buchrucker.*

[3] Zur Anlage *Buchruckers* gehören auch die Statuten des Darlehnskassen-Vereins für das Kirchspiel Anhausen. Einen Auszug aus den Statuten hat *Seelmann-Eggebert* in sein Buch über Raiffeisen, S. 84 f. aufgenommen.

[4] Auszugsweise zu finden bei *Faßbender,* S. 183 - 185; ein vollständiger Abdruck liegt dem Manuskript *Buchruckers* als Anlage bei.

1. Auflage von Raiffeisens Buch enthält unter anderem die Statuten des Darlehnskassen-Vereins für das Kirchspiel Anhausen (als Normalstatuten für rein ländliche Bezirke) und die Statuten des Heddesdorfer Darlehnskassen-Vereins (als Normalstatut für ländliche Bezirke von gemischter Bevölkerung und für die Städte)[5]. In der 3. Auflage von 1881 stellt Raiffeisen die Normalstatuten für Darlehnskassen-Vereine sowie die Statuten der landwirtschaftlichen Central-Darlehnskasse zu Neuwied (einschließlich der Statuten des Anwaltschaftsverbandes) am 30. September 1876[6] vor.

Zur Überprüfung der Conclusio der beiden praktischen Schlüsse kommen nur die Statuten in Frage, die Genossenschaften betreffen, weil in den Conclusionen speziell von der Gründung von Genossenschaften und nicht auch von den Vorstufen zur Genossenschaftsgründung die Rede ist.

Die erste untersuchte Satzung ist die des Heddesdorfer Darlehnskassen-Vereins, deren urschriftliche Fassung vom Mai 1864 datiert. Sie wurde jedoch im Jahre 1865 geändert.

Im § 2 wird der Zweck des Vereins bestimmt: „Der Verein hat den Zweck, die Mitglieder desselben durch Gewährung der nötigen Geldmittel in verzinsbaren Darlehen in den Stand zu setzen, die Früchte ihres Fleißes selbst zu genießen und zu einer möglichsten Selbständigkeit zu gelangen, welche anderweite fremde Hilfe unnötig macht, und sie gegen Armut und deren verderbliche Folgen schützt[7].“

Aus dieser Zwecksetzung kann kein Rückschluß auf die in Rede stehenden Beweggründe gezogen werden. Die gesamte Satzung enthält lediglich ein Merkmal, von dessen Ausprägung aus man auf den religiösen Beweggrund schließen könnte. Es handelt sich um die den Reservefonds betreffenden Bestimmungen: „Er soll bei Auflösung des Vereins zu einer Hälfte unter diejenigen Vereinsmitglieder, welche dem Verein mindestens fünf Jahre angehört haben, gleichmäßig verteilt und zur anderen Hälfte für wohlthätige Zwecke, worüber alsdann die Generalversammlung näher zu bestimmen hat, verwendet werden[8].“

Wenn es Raiffeisen mit seinen Genossenschaftsgründungen ausschließlich um die Erreichung eines ökonomischen Ziels via Mitgliederförderung gegangen wäre, so ist obige Bestimmung nicht ganz verständlich. Eingedenk seiner eigenen Aussagen, daß ihn religiöse Beweggründe

[5] *Raiffeisen*, Die Darlehnskassen-Vereine ..., 1. Aufl., 1866, S. 73 - 89; S. 193 bis 206.

[6] *Ders.*, Die Darlehnskassen-Vereine ..., 3. Aufl., 1881, S. 123 ff.; S. 169 ff.

[7] s. Auszug bei *Faßbender*, S. 183.

[8] s. ebd., S. 185.

auch zu seiner Arbeit in den Genossenschaften veranlaßt haben, daß Genossenschaften für ihn nur auf christlicher Grundlage denkbar sind, daß Wohltätigkeit für ihn mit Übung christlicher Nächstenliebe identisch ist und daß er die in der Gottesliebe gründende christliche Nächstenliebe als Grundlage der Statuten betrachtet, kann die Bestimmung einen Teil des Reservefonds wohltätigen Zwecken zuzuführen als Ausdruck seiner christlichen Weltanschauung interpretiert werden.

Die Statutenentwürfe in der 1. Auflage seines Buches von 1866 stimmen mit obigem Statut weitgehend überein, so daß das Ergebnis der Untersuchung der Statuten des Heddesdorfer Darlehnskassen-Vereins analog für die Statutenentwürfe als Normalstatut für ländliche Bezirke von gemischter Bevölkerung und für Städte[9] und als Normalstatuten für rein ländliche Bezirke[10] gilt.

In der 3. Auflage veröffentlicht Raiffeisen die Normalstatuten für Darlehnskassen-Vereine.

Die vorgestellten Statuten enthalten mehrere Merkmale, deren Ausprägung auf seine Beweggründe zurückverweisen. Gegenüber den bis her untersuchten Statuten unterscheidet sich diese bereits in der Zwecksetzung. Der § 2 lautet: „Der Verein hat den Zweck, die Verhältnisse seiner Mitglieder in sittlicher und materieller Beziehung zu verbessern, die dazu nötigen Einrichtungen zu treffen, namentlich die zu Darlehen an die Mitglieder erforderlichen Geldmittel unter gemeinschaftlicher Garantie zu beschaffen, besonders auch müßig liegende Gelder anzunehmen und zu verzinsen[11].“

Es ist also nicht nur die Aufgabe des Vereins, die materiellen Verhältnisse seiner Mitglieder zu verbessern, sondern in erster Linie sie sittlich zu fördern. Diese Merkmalsausprägung der Genossenschaft, nicht nur ökonomischer, sondern auch und insbesondere sittlicher Auftrag, kann so interpretiert werden, daß sich in ihr der handlungsleitende Einfluß des religiösen Beweggrundes dokumentiert.

Auch die Bestimmungen über die den Funktionären zu leistende Vergütung können vor dem Hintergrund von Raiffeisens Ausführungen über die Mitarbeit in den Genossenschaften als weiterer Hinweis auf den handlungsleitenden Einfluß des religiösen Beweggrundes interpretiert werden. § 27 enthält die Bestimmung, daß bis auf den Rechner alle Mitarbeiter ehrenamtlich tätig sein sollen. Die Vergütung des

---

[9] Vgl. die Zweckbestimmung in § 2 und die Bestimmung über das Reservekapital in § 38, abgedruckt in: *Raiffeisen*, Die Darlehnskassen-Vereine ..., 1. Aufl., 1866, S. 73, 88.

[10] Vgl. die Zweckbestimmung in § 2 und die Bestimmung über das Reservekapital in § 36, *ebd.*, S. 193, 205.

[11] *Raiffeisen*, Die Darlehnskassen-Vereine ..., 3. Aufl., 1881, S. 123.

Rechners darf sich nicht am Umfang des Geschäftsverkehrs orientieren, sondern ist auf einen bestimmten Betrag zu fixieren[12]. Aus dieser Bestimmung folgt, daß nur solche Individuen an der Mitarbeit in den Genossenschaften interessiert werden sollen und können, die aus anderen als ökonomischen Vorteilhaftigkeitsüberlegungen heraus handeln und sich zur Mitarbeit bereit erklären. Raiffeisen hat wiederholt geäußert, daß derartige Überlegungen für ihn und viele seiner Mitarbeiter nur christlich-religiöser Natur sein können.

Auf einen religiösen Beweggrund bei der Gründung von Genossenschaften läßt auch die Bestimmung schließen, daß der Geschäftsgewinn zur Ansammlung eines Vereinskapitals dienen und zu gemeinnützigen Zwecken verwendet werden soll[13]. Mit der Beschränkung der Geschäftsanteile auf einen pro Mitglied[14] wollte Raiffeisen offensichtlich erreichen, daß sich die Genossenschaften nicht zu rein wirtschaftlichen Gebilden entwickeln, in denen die Wohlhabenden durch Übernahme mehrerer Geschäftsanteile und der auf sie entfallenden Dividenden noch wohlhabender werden. Sie sollten seiner Auffassung zufolge vielmehr uneigennützig in den Genossenschaften als ehrenamtliche Mitarbeiter und Bürgen arbeiten.

In der Bestimmung, Darlehen nur an kreditwürdige, d. h. moralisch integere Darlehenssucher zu gewähren[15], könnte auch ein Hinweis auf den religiösen Beweggrund Raiffeisens liegen; denn Raiffeisen sagt an anderer Stelle, daß mit dieser Bestimmung dazu beigetragen werden kann, die Individuen in sittlich-moralischer Hinsicht zu fördern.

Die Untersuchung der Merkmalsausprägungen der Statuten der landwirtschaftlichen Central-Darlehnskasse zu Neuwied (einschließlich der Statuten des Anwaltschaftsverbandes) vom 30. September 1876[16] ergibt, daß einige Ausprägungen auf die unterstellten Beweggründe hindeuten.

§ 2 besagt: „Diese bezweckt, Bank- und Creditgeschäfte zu machen und dabei vorzugsweise die landwirthschaftliche Bevölkerung zu berücksichtigen[17]."

Die vorzugsweise Berücksichtigung der landwirtschaftlichen Bevölkerung könnte als Hinweis auf die gesellschaftspolitischen Ansichten Raiffeisens als Beweggrund für sein Handeln gelten. Weiter unten in den Satzungsbestimmungen greift er diesen Gedanken erneut auf:

---

[12] Vgl. *ders.*, ebd., S. 133.
[13] Vgl. *ders.*, ebd., S. 134, 136.
[14] Vgl. *ders.*, ebd., S. 134.
[15] Vgl. *ders.*, ebd., S. 135.
[16] Vgl. *ders.*, ebd., S. 169 ff.
[17] *Ders.*, ebd., S. 169.

„Die Gesellschaft stellt es sich zur Aufgabe, das Creditbedürfnis zunächst der landwirthschaftlichen Bevölkerung möglichst zu befriedigen und für Geldüberschüsse als sichere Aufbewahrungsstelle zu dienen[18].“

Diese Aussage entspricht seinen an anderer Stelle gemachten Ausführungen über die dominante Position der landwirtschaftlichen Bevölkerung in der Gesellschaft. In diesem Zusammenhang hatte Raiffeisen behauptet, daß über eine Verbesserung der Lebenslage der ländlichen, insbesondere der landwirtschaftlichen Bevölkerung eine allgemeine Wohlstandssteigerung erzielt und die Bestandssicherung der Gesellschaft gewährleistet werden kann.

Die Bestimmungen über die Beitrittsvoraussetzungen verweisen auf das Vorliegen des religiösen Beweggrundes. Es werden nur solche Vereine als Aktionäre zugelassen, die „durch entsprechende Einrichtungen bestrebt sind, die Verhältnisse der Mitglieder sowohl in sittlicher als materieller Beziehung zu verbessern ..., einem Mitglied die Übernahme nur eines Geschäftsanteils zu gestatten ..., an keine Funktionäre, mit Ausnahme der Rechner (Kassierer), Vergütungen für Mühewaltungen zahlen, sondern nur die baren Auslagen erstatten, den erzielten Gewinn zu einem unteilbaren gemeinschaftlichen Vermögen anzusammeln ...[19].“

Zu diesen Merkmalsausprägungen wurde bereits weiter oben Stellung genommen.

Auch die die Anwaltschaft betreffenden Bestimmungen können als Indikator für das Vorliegen eines religiösen Beweggrundes bei Raiffeisens Arbeit in den Genossenschaften betrachtet werden.

„Die Vereinigung soll lediglich die Wohlfahrt der Beteiligten in sittlicher und wirthschaftlicher Beziehung nach den bewährten Grundsätzen der Darlehnskassen-Vereine fördern[20].“ Für die Zentralkasse gilt: „Das Unternehmen ist ein gemeinnütziges und nicht auf Gewinnsucht berechnetes. Jede Spekulation, überhaupt alle Geschäfte, womit voraussichtlich Gefahr verbunden sein könnte, sind deshalb ausdrücklich ausgeschlossen[21].“

Weder die Genossenschaften noch die beiden Zentralstellen sollten also einseitig in den Dienst materieller Ziele gestellt werden.

---

[18] *Ders.*, ebd., S. 181.
[19] *Ders.*, ebd., S. 170.
[20] *Ders.*, ebd., S. 175.
[21] *Ders.*, ebd., S. 181.

β) Ergebnis

Der Versuch, den handlungsleitenden Einfluß von Beweggründen anhand von Merkmalsausprägungen der Satzungen zu überprüfen, kann nur unter Vorbehalt als erfolgreich bezeichnet werden.

Alle ins Feld geführten Merkmalsausprägungen lassen für sich genommen nur den Schluß zu, daß Raiffeisen andere als primär ökonomische Überlegungen zur Gründung von Genossenschaften veranlaßt haben. Welcher Art diese Beweggründe nun waren, wird aus den Merkmalsausprägungen nicht unmittelbar deutlich. Die Spezifizierung der Beweggründe als religiöse und gesellschaftspolitische und eine entsprechende Interpretation der Merkmalsausprägungen konnte nur dadurch gelingen, daß die Ergebnisse der Überprüfung der persönlichen Dokumente bei der Interpretation der Satzungsbestimmungen berücksichtigt wurden. Daraus folgt, daß die Merkmalsausprägungen der Satzungen nur unter Bezugnahme auf die Ergebnisse der Überprüfung der Hypothesen vom Vorliegen bestimmter Beweggründe als Indikatoren für eine angemessene Rekonstruktion der Handlungserklärung in Form des erweiterten Schemas des praktischen Syllogismus angesehen werden können.

cc) Zur materialen Korrektheit der Handlungserklärung durch Rekurs auf

α) religiöse Beweggründe Raiffeisens

Das Ergebnis der Überprüfung der Hypothese vom Einfluß des religiösen Beweggrundes auf Raiffeisens Genossenschaftsgründungen kann folgendermaßen zusammenfassend dargestellt werden:

Da die Handlung, Gründung von Genossenschaften, vorliegt, kann zu ihrer Erklärung auch eine logisch schlüssige Argumentation nach dem erweiterten Schema des praktischen Syllogismus konstruiert werden. Die zu erklärende Handlung bildet die Conclusio des praktischen Syllogismus. Die erklärenden Faktoren sind in den Prämissen formuliert, die im vorliegenden Fall mit den Prämissen des praktischen Schlusses (1) identisch sind. Ob die in den Prämissen formulierten Bedingungen auch tatsächlich vorlagen, d. h. die im praktischen Schluß rekonstruierte Handlungserklärung nicht nur formal korrekt, sondern auch material korrekt ist, wurde mit Hilfe der Analyse der persönlichen Dokumente Raiffeisens und unter Anwendung einer Hilfsstrategie zur Überprüfung der Hypothese vom handlungsleitenden Einfluß der Beweggründe zu überprüfen versucht.

Die Analyse der persönlichen Dokumente Raiffeisens ergab, daß bei ihm aller Wahrscheinlichkeit nach religiöse Beweggründe vorlagen und daß er davon überzeugt war, daß die Genossenschaften ein notwendiges Mittel sind, um sein Ziel zu erreichen.

Anschließend wurde der Versuch unternommen, den handlungsleitenden Einfluß des religiösen Beweggrundes zu rekonstruieren, d. h. es wurde der Frage nachgegangen, ob der religiöse Beweggrund Raiffeisen auch zur Gründung von Genossenschaften veranlaßt hat. Im Verlauf der Analyse der persönlichen Dokumente war bereits deutlich geworden, daß Raiffeisen stets eine enge Verbindung zwischen christlicher Überzeugung, Glaubenssätzen und Genossenschaftsarbeit gesehen und auch betont hat. In einigen Dokumenten sagt er ausdrücklich, daß ihn religiöse Beweggründe zur Arbeit in den Genossenschaften veranlaßt haben.

Unter Anwendung einer Hilfsstrategie wurde dann versucht, unabhängig von diesen Äußerungen anhand der Satzungen der Genossenschaften Hinweise darauf zu finden, ob Raiffeisen tatsächlich religiöse Beweggründe zur Gründung von Genossenschaften veranlaßt haben. Der Hilfsstrategie lag die Annahme zugrunde, daß wenn die religiösen Beweggründe den Handlungsentwurf, also die Ziel-Mittel-Relation, tatsächlich beeinflußt haben, sich dieser Einfluß in der Ausgestaltung der Mittel in irgendeiner Form manifestieren wird. Aus diesem Grund wurden die Satzungen der Genossenschaften einer genaueren Untersuchung unterzogen. Das Ergebnis war nicht zwingend. Eine Bestätigung der Hypothese war aber dadurch möglich, daß bei der Interpretation der Merkmalsausprägungen der Satzungen die Ergebnisse der Analyse der persönlichen Dokumente mit berücksichtigt wurden.

Die mit Hilfe des erweiterten Schemas des praktischen Syllogismus rekonstruierte Handlungserklärung ist somit nicht nur logisch gültig, sondern auch mit hoher Wahrscheinlichkeit material korrekt.

β) gesellschaftspolitische Ansichten als Beweggrund

Die Überprüfung der Hypothese vom handlungsleitenden Einfluß der gesellschaftspolitischen Ansichten Raiffeisens, die in dem erweiterten praktischen Syllogismus (2) formuliert wurde, führte zu dem Ergebnis, daß sich nur in einer Satzung Merkmalsausprägungen finden lassen, die die Hypothese stützen.

Wie schon bei der Überprüfung der Hypothese, daß bei Raiffeisen überhaupt gesellschaftspolitische Ansichten als Beweggrund vorliegen, trägt auch das Ergebnis der Überprüfung, ob dieser Beweggrund Raiffeisen zur Gründung von Genossenschaften veranlaßt hat, wesentlich weniger zur Stützung der Hypothese bei. Allerdings spricht für die Hypothese, daß sich Raiffeisen vornehmlich und später ausschließlich für die Gründung von Genossenschaften auf dem Lande eingesetzt hat. Dieses Argument wird jedoch dadurch teilweise entkräftet, daß Raiffeisen schon auf Grund seiner beruflichen Karriere und seiner berufsbedingten Interaktionen mit der ländlichen Bevölkerung mit den auf dem Lande herrschenden sozio-ökonomischen Verhältnissen bestens vertraut war, so daß sein Entschluß, sich der Genossenschaftsgründung auf dem Lande zu widmen, um die dortigen Verhältnisse zu verbessern, eigentlich naheliegend war.

Die materiale Korrektheit der Handlungserklärung durch Rekurs auf die gesellschaftspolitischen Ansichten Raiffeisens als Beweggrund konnte durch die Untersuchungsergebnisse zwar nicht in hohem Maße bestätigt werden, jedoch lassen die Ergebnisse auch nicht den Schluß zu, daß die gesellschaftspolitischen Ansichten Raiffeisens Handlungsentwurf überhaupt nicht tangiert haben.

γ) Ergebnis

Man kann das Ergebnis, daß die Hypothese vom handlungsleitenden Einfluß des religiösen Beweggrundes durch die Untersuchung stärker bestätigt wird als die Hypothese vom handlungsleitenden Einfluß gesellschaftspolitischer Ansichten Raiffeisens als Beweggrund, seinerseits als vorläufige Bestätigung der Hypothese von der Dominanz des religiösen Beweggrundes interpretieren. Raiffeisen scheint in seinem Handeln stärker von religiösen als von gesellschaftspolitischen Beweggründen beeinflußt worden zu sein.

b) auf die Handlung: Gründung von Wohltätigkeitsvereinen

aa) Transformation der Hypothese in die erweiterte Form des praktischen Syllogismus

Nachdem oben der Frage nachgegangen wurde, aus welchen Beweggründen heraus Raiffeisen Genossenschaften gegründet hat, soll diese Frage abschließend auch für die Gründung der Wohltätigkeitsvereine durch Raiffeisen erörtert werden.

Im Verlauf seiner Bemühungen um eine Verbesserung der Lebenslage der ländlichen Bevölkerung hat Raiffeisen verschiedene Mittel ausprobiert. Er hat nicht von Anfang an Genossenschaften gegründet, sondern zunächst Wohltätigkeitsvereine ins Leben gerufen. Diesem Umstand trägt die Hypothese über die Variation des Mitteleinsatzes Rechnung. Die Hypothese enthält die Behauptung, daß die 1864 erfolgte Substitution der Wohltätigkeitsvereine durch Genossenschaften weder auf einer Veränderung in den Beweggründen noch in den Zielvorstellungen Raiffeisens beruht, sondern auf einer Veränderung in der Perzeption der objektiven Situation.

Die Ausgangs- und Endpunkte der Entwicklung vom Wohltätigkeitsverein zur Genossenschaft wurden bereits weiter oben in Hypothesenform dargestellt. Die Hypothese für den Endpunkt der Entwicklung, daß Raiffeisen auf Grund religiöser Beweggründe zum Zeitpunkt t" auf Selbsthilfe beruhende Genossenschaften gegründet hat, um die Lebenslage der ländlichen Bevölkerung zu verbessern, ist bereits getestet worden. Die Hypothese für den Anfangspunkt der Entwicklung, daß Raiffeisen auf Grund religiöser Beweggründe zum Zeitpunkt t' auf karitativer Fremdhilfe beruhende Wohltätigkeitsvereine gegründet hat, um die Lebenslage der ländlichen Bevölkerung zu verbessern, ist noch zu prüfen.

Die in der Hypothese angebotene Handlungserklärung soll zwecks weiterer Überprüfung in das erweiterte Schema des praktischen Syllogismus transformiert werden:

(3) Von jetzt an beabsichtigt Raiffeisen auf Grund seiner christlichen Überzeugung, die sittlichen und materiellen Verhältnisse der ländlichen, insbesondere der landwirtschaftlichen Bevölkerung zu verbessern.
Von jetzt an glaubt Raiffeisen, daß er die sittlichen und materiellen Verhältnisse der ländlichen, insbesondere der landwirtschaftlichen Bevölkerung zum Zeitpunkt t nur dann verbessern kann, wenn er Wohltätigkeitsvereine mit den Merkmalen b_{x1} ... b_{xn} nicht später als zum Zeitpunkt t' gründet.
Folglich macht sich Raiffeisen nicht später als zu dem Zeitpunkt daran, Wohltätigkeitsvereine mit den Merkmalen b_{x1} ... b_{xn} zu gründen, wo er glaubt, daß der Zeitpunkt t' gekommen ist — es sei denn, er vergißt diesen Zeitpunkt, oder er wird daran gehindert.

bb) Anwendung einer Strategie zur Überprüfung des handlungsleitenden Einflusses des religiösen Beweggrundes

α) Vergleichende Untersuchung der Merkmalsausprägungen der Satzungen der Wohltätigkeitsvereine mit denen der Genossenschaften

Dieser praktische Schluß unterscheidet sich vom praktischen Schluß (1) nur durch die Bezugnahme auf einen anderen Zeitpunkt, in dem ein anderes Mittel eingesetzt worden ist.

Wenn es zutrifft, daß beide Mittel von Raiffeisen für je unterschiedliche Zeitpunkte als für die Realisierung des Ziels adäquat angesehen werden und die Handlung von demselben Beweggrund beeinflußt ist, dann müßten die Merkmalsausprägungen der Wohltätigkeitsvereine denen der Genossenschaften in einigen Punkten ähneln.

Zur Überprüfung der Merkmalsausprägungen soll auch in diesem Fall auf die Satzungen zurückgegriffen werden. Die Satzungsbestimmungen der Genossenschaften sind bereits im Zusammenhang mit der Überprüfung der Hypothese vom handlungsleitenden Einfluß der Beweggründe analysiert worden. Für die Wohltätigkeitsvereine steht die Untersuchung noch aus.

Gemäß obiger Hypothese müßten also auch in den Satzungen der Wohltätigkeitsvereine Merkmale enthalten sein, die auf den religiösen Beweggrund Raiffeisens zurückverweisen.

Der erste Wohltätigkeitsverein, für den Raiffeisen eine Satzung aufgestellt hat, ist der „Flammersfelder Hilfsverein zur Unterstützung unbemittelter Landwirte". § 38 bestimmt: „Die Wirksamkeit des Vereins erstreckt sich vorläufig nur auf Beschaffung von Vieh für die unbemittelten Landwirthe[1]." Mitglieder des Vereins waren aber nicht diese unbemittelten Landwirte, sondern die wohlhabenden Einwohner der Gemeinde, denen in § 3 die Verpflichtung auferlegt wurde: „Die sämtlichen Mitglieder haften gleichheitlich, jedoch solidarisch, für die in diesen Statuten von dem Verein übernommenen Verbindlichkeiten und garantieren mit ihrem Gesamtvermögen ...[2]."

Der Verein war also nicht nur nicht für die Verfolgung ökonomischer Ziele seitens der Wohlhabenden gedacht, sondern die Vereinsmitglieder sollten darüber hinaus auch das Risiko für die unbemittelten Landwirte übernehmen, ohne daß ihnen für die Übernahme des Risikos eine Entschädigung zugestanden wurde. Dies galt ebensowenig für ihre Mitarbeit im Verein: „Außer dem Rendanten erhält kein thätiges Mitglied des Vereins irgendeine Bezahlung seiner Bemühungen. Zur Vergütung von baren Auslagen in einzelnen Fällen ist die Genehmigung des Verwaltungsrathes nötig[3]."

Die Merkmalsausprägung „ehrenamtliche Tätigkeit" findet sich sowohl in der Satzung des Wohltätigkeitsvereins als auch in den Satzungen der Genossenschaften. Die unentgeltliche Mitarbeit und darüber hinaus die Haftung für andere kann wohl unter Berücksichtigung der Ergebnisse der Analyse der persönlichen Dokumente Raiffeisens als Ausdruck eines religiösen Beweggrundes interpretiert werden.

Ähnliche Bestimmungen enthält auch die Satzung des „Heddesdorfer Wohltätigkeitsvereins"[4]. Der § 48 enthält erstmals die Bestimmun-

---

1 Auszugsweise abgedruckt in *Faßbender,* S. 169.

2 *Ebd.,* S. 168.

3 § 47, *ebd.,* S. 170.

4 s. Abdruck bei *Buchrucker* sowie auszugsweise bei *Faßbender,* S. 171 f., insbes. §§ 6, 16 - 26.

gen über den unteilbaren Reservefonds, der bei Auflösung des Vereins den Armenkassen der Gemeinden zufallen soll[5]. Analoge Ausführungen finden sich in den Satzungen der Genossenschaften.

Als Manifestation christlicher Überzeugung kann auch der § 2 gelten: „Von dem Gesichtspunkte ausgehend, daß durch die Hebung der leiblichen Wohlfahrt auch die geistige gefördert wird, hat der Verein den Zweck, für die erstere nach Möglichkeit zu wirken und seine Wirksamkeit in dieser Beziehung möglichst weit auszudehnen. Namentlich soll sich aber dieselbe auf die Fürsorge für verwahrloste Kinder und auf die Erziehung derselben, auf die Beschäftigung arbeitsscheuer Personen und entlassener Sträflinge, und endlich auf die Beschaffung von Vieh für unbemittelte Landleute und auf die Errichtung einer Creditkasse für die geringeren Klassen erstrecken[6]."

Ähnlich lautet § 2 der Statuten des „Darlehnskassen-Vereins für das Kirchspiel Anhausen": „Von dem Gesichtspunkte ausgehend, daß durch die Hebung der leiblichen Wohlfahrt auch die geistige gefördert wird, bezweckt der Verein, durch Gewährung von Darlehn an strebsame und bedürftige Einwohner des Kirchspiels Anhausen diese in den Stand zu setzen, die Früchte ihres Fleißes und ihrer Sparsamkeit selbst zu genießen und zu einer Selbständigkeit zu gelangen, welche anderweitige fremde Hilfe möglichst unnötig macht und sie gegen Armut und deren verderbliche Folgen schützt[7]."

Einen Indikator für den religiösen Beweggrund Raiffeisens enthält § 22, in dem es heißt: „Die Hilfe darf nur zuverlässigen Einwohnern des Kirchspiels Anhausen zuteil werden, welche sich in sittlich-religiöser Beziehung gut führen und das Bestreben haben, sich durch Fleiß und Sparsamkeit Vermögen zu erwerben, dabei aber sichere Bürgschaft leisten können[8]."

Die §§ 19, 26 und 32 enthalten Bestimmungen bezüglich der zu zahlenden Vergütungen. Ebenso wie für die beiden anderen Wohltätigkeitsvereine und für die Genossenschaften gilt auch hier die Bestimmung der ehrenamtlichen Tätigkeit. Eine Vergütung erhält nur der Rechner.

Die Satzung enthält ferner die gleichen Vorschriften über die unbeschränkte Haftpflicht der Vereinsmitglieder wie die Satzungen von Flammersfeld und Heddesdorf.

---

[5] *Ebd.*, S. 174.

[6] *Ebd.*, S. 171; s. auch §§ 27 ff.

[7] s. Anlage zum unveröffentlichten Manuskript von *Buchrucker* sowie den Auszug bei *Seelmann-Eggebert*, S. 84.

[8] *Ebd.*, S. 84.

Für den Fall der Auflösung des Vereins bestimmte Raiffeisen in § 36, daß das Reservekapital der Armenkasse zufließen sollte.

β) Ergebnis

Zusammenfassend kann festgestellt werden, daß zahlreiche Bestimmungen in den Satzungen der Wohltätigkeitsvereine sinngemäß auch für die Genossenschaften gelten. Die Satzungen enthalten ähnliche Merkmalsausprägungen, die unter Berücksichtigung der Ergebnisse der Analyse der persönlichen Dokumente als Indikatoren für das Vorliegen eines religiösen Beweggrundes sowohl bei der Gründung von Wohltätigkeitsvereinen als auch bei der Gründung von Genossenschaften interpretiert werden können.

Ferner führt der Vergleich der verschiedenen Satzungen zu dem Ergebnis, daß Raiffeisen mit beiden Mitteln dasselbe Ziel verfolgte, die Förderung der ländlichen Bevölkerung in sittlicher und materieller Hinsicht.

cc) Zusammenfassung

Die in dem praktischen Schluß (3) gegebene Handlungserklärung für die Gründung von Wohltätigkeitsvereinen durch Raiffeisen wird durch die vorgenommene Untersuchung bestätigt.

Bis zum Zeitpunkt t“ hielt Raiffeisen die Wohltätigkeitsvereine noch für das geeignete Mittel. Ab t“ plädierte er für die Gründung von Genossenschaften. Die Entwicklung vom Wohltätigkeitsverein zur Genossenschaft beruht demnach auf Lernprozessen seitens Raiffeisens und ist nicht das Ergebnis einer Veränderung in den Beweggründen oder in der Zielvorstellung. Die Analyse der persönlichen Dokumente hatte bereits ergeben, daß Raiffeisen selbst behauptet, die Substitution sei primär auf Grund eigener Erfahrungen und sekundär auf Grund diesbezüglicher theoretischer Erörterungen von Schulze-Delitzsch erfolgt.

Da die Untersuchungen ergeben haben, daß sowohl die in dem erweiterten praktischen Schluß (1) gegebene Handlungserklärung für die Gründung von Genossenschaften mit hoher Wahrscheinlichkeit material korrekt ist als auch die in dem erweiterten Schluß (3) gegebene Handlungserklärung für die Gründung von Wohltätigkeitsvereinen, folgt daraus auch eine vorläufige Bestätigung der Hypothese über die Variation des Mitteleinsatzes.

II. Die Beweggründe von Wilhelm Haas

1. Ermittlung von Hypothesen

a) Darstellung in der Literatur

aa) Haas Leben und Werk

α) Lebenslauf

W. Haas gilt weniger als Genossenschaftspionier denn als großer *Organisator* des ländlichen Genossenschaftswesens[1].

Er wurde 1839 in Darmstadt als Sohn eines Schweizer Gymnasiallehrers geboren[2]. Im Anschluß an den Besuch des Ludwig-Georg-Gymnasiums begann Haas 1857 in Gießen das Studium der Rechtswissenschaften. 1861 legte er die juristische Fakultätsprüfung ab und wurde an verschiedenen Gerichten und Kreisämtern zum Verwaltungsbeam-

---

[1] s. *Faust,* Helmut: Wilhelm Haas und der Reichsverband der deutschen landwirtschaftlichen Genossenschaften, in: Geschichte ..., 3. Aufl., S. 387, 402; *Gennes,* Otto: Wilhelm Haas und sein Werk, Vortrag, gehalten auf dem 37. deutschen landwirtschaftlichen Genossenschaftstag zu Darmstadt am 9. 5. 1924, in: Jahrbuch des Reichsverbandes der deutschen landwirtschaftlichen Genossenschaften für 1924, 30. Jg., Berlin 1924, S. 49; *ders.,* Haas, in: Internationales Handwörterbuch des Genossenschaftswesens, hrsg. v. Vahan Totomianz, Bd. II, Berlin 1928, S. 435; *ders.,* Das deutsche landwirtschaftliche ..., S. 23; *Tillmann,* Hugo: Wie Wilhelm Haas Genossenschafter wurde, in: Bayerischer Raiffeisenkalender 1977, S. 28 f.; *Krebs,* Willy: Wilhelm Haas. Leben und Persönlichkeit, unveröffentlichtes Manuskript, Berlin o. J., im Besitz des Archivs des Raiffeisenverbandes Bonn, S. 8, 34; *Zur Erinnerung an Wilhelm Haas,* Festgabe zum 37. deutschen landwirtschaftlichen Genossenschaftstag und zur Einweihung des Wilhelm Haas-Denkmals, Darmstadt, den 8. u. 9. Mai 1924, S. 8, 16; *75 Jahre ländlicher Genossenschaftsverband Frankfurt a. M. e. V.,* Jubiläumsbericht 1873 - 1948, S. 7; *Der Verband der pfälzischen landwirtschaftlichen Genossenschaften e. V. zu Landau, Pfalz, 1882 - 1932,* Zum 50jährigen Bestehen des Verbandes pfälzischer landwirtschaftlicher Genossenschaften, S. 3, 5; *Feineisen,* Adalbert: Über Wilhelm Haas, in: Das Hessenland, Zeitschrift des ländlichen Genossenschaftsverbandes Frankfurt, 37. Jg., Nr. 11, 1956, S. 183; *Falkenstein,* Lorenz: Die Wilhelm-Haas-Stiftung. Das Gedenken an Hessens großen Sohn muß lebendig bleiben, in: Das Hessenland, 44. Jg., Nr. 5, 1963, S. 106; *Wilhelm Haas zum Gedenken.* Der Organisator des deutschen landwirtschaftlichen Genossenschaftswesens, in: Hessische Landeszeitung, Darmstadt 1939; *Zum 100. Geburtstag von Geheimerat Wilhelm Haas,* in: Genossenschaftliche Mitteilungen des ländlichen Genossenschaftsverbandes Rhein—Main—Neckar e. V. und der genossenschaftlichen Zentralgeschäftsanstalten für die Verwaltungsorgane und Rechner der Genossenschaften, 6. Jg., Nr. 15, Frankfurt 1939, S. 169; *Sondernummer der deutschen landwirtschaftlichen Genossenschaftspresse,* 1913, S. 2 f., 6.

[2] Zu seinem Lebenslauf siehe *Tillmann,* Hugo: Wilhelm Haas privat, in: Bayerischer Raiffeisenkalender 1976, S. 19 - 26; *Krebs,* Wilhelm Haas ..., S. 1 ff.; *Feineisen,* Über Wilhelm Haas, S. 182; *ders.,* Wilhelm Haas, Gestalter einer großen Idee, Neuwied 1956, S. 17 ff.; *Faust,* Geschichte ..., 3. Aufl., S. 387 ff.; *Maxeiner,* Rudolf: Vertrauen in die eigene Kraft. Wilhelm Haas. Sein Leben und Wirken, Wiesbaden 1976, S. 23 ff.

ten ausgebildet. 1862 arbeitete er als Accessist beim Landgericht Langen, 1863 beim Großen Hofgericht Darmstadt, und zwischen 1864 und 1869 war er nacheinander bei den Kreisämtern Darmstadt, Dieburg, Groß-Gerau, Heppenheim, Büdingen[3] und Friedberg tätig. Im Sommer 1864 legte er die Staatsprüfung ab. 1869 wurde er zum Kreisassessor ernannt. Er blieb bis 1874 in Friedberg. In diesem Jahr wurde er als Polizeirat an das staatliche Polizeiamt in Darmstadt versetzt. Im November 1885 wurde dem Polizeirat Haas die Ernennung zum Kreisrat und im August 1886 zum Großherzoglich Hessischen Kreisrat in Offenbach zuteil. Im September 1886 übernahm er den neuen Verwaltungsbezirk, der damals als der schwierigste hessische Kreis galt[4]. Hier wirkte er bis zu seiner Versetzung in den Ruhestand, um die er im Jahre 1900 in einem Schreiben an den Großherzog nachsuchte[5].

Neben seiner Tätigkeit als Verwaltungsbeamter arbeitete Haas insbesondere auf dem Gebiet des landwirtschaftlichen Vereinswesens und der landwirtschaftlichen Berufsvertretung sowie auf dem Gebiet des landwirtschaftlichen Genossenschaftswesens[6]. Darüber hinaus war er als Parlamentarier tätig. Von 1898 - 1912 gehörte er als Abgeordneter dem deutschen Reichstag an. Er war Mitglied der nationalliberalen Fraktion[7]. Im Reichstag arbeitete er hauptsächlich in den Ausschüssen mit, in denen landwirtschaftliche Fragen zur Diskussion standen[8]. Bereits von 1881 an bis 1911 war er Mitglied der Zweiten Hessischen Kammer und von 1897 - 1911 auch deren Erster Präsident[9]. 1911 wurde er als Repräsentant der Landwirtschaft in die Erste Hessische Kammer berufen[10]. Ende 1912 sah er sich aus gesundheitlichen Gründen gezwungen, die parlamentarische Tätigkeit als Mitglied der Ersten Kammer aufzugeben[11].

---

[3] s. dazu *Tillmann,* Hugo: Das Büdinger Jahr des Wilhelm Haas. Ein Organisationstalent wird sichtbar, in: Büdinger Geschichtsblätter, Bd. VIII, 1974/75, S. 183 - 189.

[4] Vgl. *Krebs,* Wilhelm Haas ..., S. 16 ff.

[5] Zu dem Gesuch und dem daraufhin verfaßten Gutachten siehe *ders.*, ebd., S. 20 ff.

[6] Vgl. *Maxeiner,* Vertrauen ..., S. 40; *ders.,* Gedenken an einen Großen: Wilhelm Haas, in: Raiffeisenrundschau, 25. Jg., 1973, S. 97; *Tillmann,* Wilhelm Haas privat, S. 17, 42 f.; *Darmstadt gedenkt eines großen Sohnes der Stadt,* in: Das Hessenland, 44. Jg., Nr. 4, 1963, S. 74; Wilhelm Haas — Ein Leben für die Genossenschaften, in: Über Raum und Zeit. Die Geschichte des Raiffeisenverbandes Rhein—Main, 1873 - 1973, hrsg. v. Raiffeisenverband Rhein—Main e. V., Frankfurt a. M. anläßl. seines 100jährigen Bestehens am 30. Juni 1973, bearb. v. *R. Maxeiner,* Neuwied 1973, S. 143.

[7] s. *Faust,* Geschichte ..., 3. Aufl., S. 400; *Tillmann,* Das Büdinger Jahr ..., S. 184.

[8] s. *Maxeiner,* Vertrauen ..., S. 118; *Krebs,* Wilhelm Haas ..., S. 27.

[9] *Ders.,* ebd., S. 12, 26; *Tillmann,* Wilhelm Haas privat ..., S. 20.

[10] s. *Feineisen,* Wilhelm Haas ..., S. 115; *Krebs,* Wilhelm Haas ..., S. 27.

[11] *Ders.,* ebd., S. 39.

Bis zu seinem Tod im Februar 1913 widmete er sich noch dem landwirtschaftlichen Genossenschaftswesen sowie der landwirtschaftlichen Berufsvertretung.

β) Mitarbeit in den landwirtschaftlichen Vereinen

Bereits während seiner Ausbildungszeit als Accessist in Groß-Gerau wurde Haas Mitglied des landwirtschaftlichen Vereins für die Provinz Starkenburg[12]. Die Mitgliedschaft in den landwirtschaftlichen Vereinen war nicht nur der landwirtschaftlichen Bevölkerung vorbehalten. Die landwirtschaftlichen Vereine bildeten vielmehr eine Art kulturelles Zentrum für alle auf dem Lande lebenden Personen[13]. Somit stellte die Mitgliedschaft von Haas keinen außergewöhnlichen Tatbestand dar[14].

Zunächst betätigte sich Haas nur in der Selbstverwaltung der landwirtschaftlichen Vereine. Während seiner Büdinger Dienstzeit erwarb er sich Verdienste um die Förderung der Landeskultur und leistete erfolgreiche Öffentlichkeitsarbeit[15]. Als Anerkennung erhielt er ein Ehrendiplom.

Tillmann weist darauf hin, daß sich Haas weder während seiner Büdinger Dienstzeit noch davor nachweislich mit genossenschaftlichen Fragen beschäftigt hat, obwohl zu dieser Zeit bereits in den landwirtschaftlichen Vereinen über Genossenschaften gesprochen wurde[16]. Erst gegen Ende seiner Tätigkeit in Friedberg beschäftigte ihn die Bedeutung von Genossenschaften für die Verbesserung der schwierigen Lage in der Landwirtschaft[17]. Über seine Arbeit in den landwirtschaftlichen Vereinen lernte er die agrartechnischen und agrarpolitischen Probleme seiner Zeit kennen. Dieses Wissen hat schließlich zu seiner überwiegend agrar- und wirtschaftspolitischen Sicht der Genossenschaftsarbeit beigetragen[18].

Nach seiner Versetzung nach Friedberg trat Haas dem landwirtschaftlichen Verein für die Provinz Oberhessen bei. 1871 wurde er in den Ausschuß gewählt und war ferner Mitglied verschiedener Kommissionen, die sich mit besonderen landwirtschaftlichen Fragen beschäftigten. 1873 wählte man ihn als Mitglied in die erweiterte Zentralstelle für die Landwirtschaft und die landwirtschaftlichen Vereine

---

12 s. *ders.*, ebd., S. 5; *Feineisen*, Wilhelm Haas ..., S. 21 ff.

13 s. *Maxeiner*, Rudolf: Wilhelm Haas — Ein Leben für das Landvolk, in: Raiffeisen-Kurier, 54. Jg., Nr. 7, 1973, S. 277.

14 s. *Feineisen*, Wilhelm Haas ..., S. 26.

15 s. dazu *Tillmann*, Das Büdinger Jahr ..., S. 183 - 189.

16 s. *ders.*, ebd., S. 189; *ders.*, Wie Wilhelm Haas ..., S. 26.

17 Vgl. *ders.*, Wilhelm Haas privat, S. 20.

18 Vgl. *Feineisen*, Wilhelm Haas ..., S. 28.

des Großherzogtums Hessen. 1892 erlangte er die Präsidentschaft des landwirtschaftlichen Vereins für die Provinz Starkenburg. Wenige Wochen später wählte man ihn zum Vorsitzenden des Landesausschusses der landwirtschaftlichen Vereine[19].

Seine Bemühungen um eine gesetzliche Berufsvertretung der hessischen Landwirte führten schließlich zum Erfolg. Im Jahre 1906 wurde die Landwirtschaftskammer für das Großherzogtum Hessen errichtet und Haas zu ihrem ersten Vorsitzenden ernannt. „Bis zu seinem Lebensende ist er der erste Vorsitzende der Kammer geblieben, durch Jahrzehnte hindurch im Lande Hessen der personifizierte Mittelpunkt aller landwirtschaftlichen Angelegenheiten; unvergängliche Verdienste hat er der hessischen Landwirtschaft und als Mitglied des deutschen Landwirtschaftsrates auch der deutschen Landwirtschaft geleistet[20].“

γ) Gründung und Organisierung der Genossenschaften

aa) Mitbegründung des Friedberger Konsumvereins

Erste Aktivitäten auf genossenschaftlichem Gebiet entfaltete Haas während seiner Dienstzeit in Friedberg. Dort gründete er zusammen mit *von Langsdorff* am 7. Februar 1872 einen Konsumverein[21]. Initiator dieser Gründung war allerdings nicht Haas, sondern von Langsdorff, ein Anhänger Raiffeisens[22]. Ihm kommt auch das Verdienst zu, die Raiffeisensche Genossenschaftsbewegung in Hessen bekannt gemacht und die Bevölkerung von der Notwendigkeit der Gründung von ländlichen Spar- und Darlehnskassen überzeugt zu haben[23].

Haas wurde zum Direktor des Friedberger Konsumvereins gewählt[24]. Über den Konsumverein sollte der gemeinschaftliche Bezug landwirtschaftlicher Bedarfsstoffe mit dem Ziel, den Landwirt vor Betrügereien und Warenverfälschungen der Händler zu schützen, organisiert werden[25]. Haas erkannte aber sehr bald, daß der einzelne Konsumverein

---

[19] Zu seiner Tätigkeit in den landwirtschaftlichen Vereinen siehe *Maxeiner*, Vertrauen ..., S. 35 ff.; *Krebs*, Wilhelm Haas ..., S. 5 ff.

[20] *Ders.*, ebd., S. 15.

[21] s. *Tillmann*, Wie Wilhelm Haas ..., S. 26 ff.; *ders.*, Wilhelm Haas privat, S. 20; *Faust*, Geschichte ..., 3. Aufl., S. 389.

[22] s. *ders.*, ebd., S. 389; *Tillmann*, Wie Wilhelm Haas ..., S. 28.

[23] Vgl. *Seelmann-Eggebert*, S. 346 f.; *Müller*, Friedrich: Die geschichtliche Entwicklung des landwirtschaftlichen Genossenschaftswesens von 1848/49 bis zur Gegenwart, in: Wirtschafts- und Verwaltungsstudien mit besonderer Berücksichtigung Bayerns, hrsg. v. Georg Schanz, Bd. X, Leipzig 1901, S. 143 ff.

[24] s. *75 Jahre ländlicher Genossenschaftsverband Frankfurt a. M. e. V.*, S. 7.

[25] Vgl. *Grünfeld*, Das Genossenschaftswesen, volkswirtschaftlich ..., S. 249.

kaum in der Lage war, erfolgreich gegen die herrschenden Handelspraktiken[26] vorzugehen und das Händlermonopol zu brechen. In der Etablierung von countervailing power durch Zusammenschluß der bestehenden Konsumvereine sah er allein eine Chance, die Marktposition der Landwirte zu verbessern[27].

ββ) Stadien der genossenschaftlichen Organisierung

(1) Verband der hessischen landwirtschaftlichen Konsumvereine

Auf seine Anregung hin kam es in der Sitzung des „Clubs der Landwirte" in Frankfurt 1873 zum Beschluß über die Zusammenfassung der in Hessen bereits bestehenden landwirtschaftlichen Konsumvereine[28].

Haas verschickte an die etwa achtzehn in Hessen bestehenden Konsumvereine ein Einladungsschreiben zur Teilnahme an der Verbandsgründung in Mainz. Am 30. Juni 1873 wurde der Verband der hessischen landwirtschaftlichen Konsumvereine gegründet[29]. Da Haas einen Satzungsentwurf zu der Sitzung gleich mitbrachte, konnte die Verbandsgründung zügig vorgenommen werden.

Man einigte sich auf nachstehende Verbandsaufgaben:

„1. Besprechung und Vertretung genossenschaftlicher Interessen,
2. Bewirkung der Herstellung gleichartiger Einrichtungen für die einzelnen Verbandsvereine,
3. Anregung zur Bildung neuer Konsumvereine in allen Teilen des Landes und
4. Ermittlung und Vereinbarung gemeinschaftlicher Warenbezüge[30]."

Schon bald nach der Verbandsgründung erwies sich die Begrenzung auf die Vermittlung gemeinsamer Bezugsquellen als zu eng. Um den

---

[26] s. hierzu insbes. *Dettweiler*, August: Rückblick auf eine 39jährige Tätigkeit im Genossenschaftswesen — gewidmet den deutschen landwirtschaftlichen Genossenschaften, Manuskript aus dem Familienarchiv der Winzerfamilie Dettweiler; Müller, Fr., S. 166 ff.

[27] s. *Tillmann*, Hugo: Wilhelm Haas — zum 50. Todestag eines verdienten Mannes, in: Das Hessenland, 44. Jg., Nr. 3, 1963, S. 50.

[28] s. *ders.*, Aus den Anfängen des deutschen Genossenschaftswesens. Der älteste Landesverband — nach den aufgefundenen Satzungen, in: Raiffeisenkalender 1978, S. 25 - 29; *60 Jahre Verband der hessischen landwirtschaftlichen Genossenschaften*, Darmstadt 1873 - 1933, S. 5; *Sondernummer der deutschen landwirtschaftlichen Genossenschaftspresse*, 1913, S. 2.

[29] s. *Gennes*, Haas, S. 435; *Feineisen*, Wilhelm Haas ..., S. 33 ff.; *Tillmann*, Aus den Anfängen ..., S. 25 ff.

[30] *Das landwirtschaftliche Genossenschaftswesen im Großherzogtum Hessen in den Jahren 1873 bis 1898*. Festschrift aus Anlaß der 25jährigen Jubelfeier des Verbandes der hessischen landwirtschaftlichen Genossenschaften zu Mainz am 29. September 1898, Darmstadt 1899, S. 6.

gestellten Anforderungen gerecht werden zu können, erweiterte man die Satzung und machte auch den gemeinsamen Bezug zum Verbandszweck[31].

Eine Verbesserung der Handelspraktiken konnte schließlich durch die Zusammenarbeit mit der landwirtschaftlichen Versuchsstation unter Leitung von P. Wagner herbeigeführt werden[32].

„Haas und seinen hessischen Mitarbeitern kommt das Verdienst zu, die landwirtschaftlichen Konsumvereine als eine unumgänglich notwendige Institution für die moderne Landwirtschaft erkannt, ihnen dauernde Lebensfähigkeit verliehen und zugleich eine Organisation geschaffen zu haben, welche die Bedingungen eines allseitigen volkswirtschaftlichen und kaufmännischen Erfolges in sich schloß und, mustergültig ausgebaut, in einer Weise bahnbrechend wirkte, daß sie überall Nachahmung fand und für die deutsche landwirtschaftliche Rohstofforganisation vorbildlich wurde[33]."

(2) Verband der hessischen landwirtschaftlichen Kreditgenossenschaften

Auf Haas Initiative hin erfolgte 1879 die Gründung eines Verbandes der hessischen landwirtschaftlichen Kreditgenossenschaften[34].

Obwohl Haas zunächst den Schwerpunkt seiner Arbeit auf das genossenschaftliche Warengeschäft gelegt hatte[35], bemühte er sich nun auch um die Darlehnskassen. Mit der Verbandsgründung war die Spaltung im ländlichen Genossenschaftswesen vollzogen[36]. Bereits 1876 wurde in der Zeitschrift für die landwirtschaftlichen Vereine des Großherzogtums Hessen mitgeteilt, daß auf einer außerordentlichen Generalversammlung der landwirtschaftlichen Zentralkasse für Hessen am 29. Dezember 1875 beschlossen worden war, sich künftig von der deutschen landwirtschaftlichen Generalbank und Lebensversicherungsanstalt von Neuwied zu trennen[37]. Der endgültige Bruch kam aber erst durch die Gründung des Alternativverbandes der hessischen landwirtschaftlichen Kreditgenossenschaften zustande.

[31] s. *75 Jahre ländlicher Genossenschaftsverband Frankfurt a. M. e. V.*, S. 8.

[32] s. dazu *Dettweiler; Schmitt,* L., J. v. Liebig, P. Wagner und W. Haas eine Synthese zwischen Wissenschaft und Genossenschaften, in: Das Hessenland, 44. Jg., Nr. 8/9, 1963, S. 197 f.; *Maxeiner,* Rudolf: Paul Wagner — ein Wegbereiter der modernen Düngung, in: Raiffeisen-Kurier Rhein—Main, S. 283 - 287.

[33] *Müller,* Fr., S. 172.

[34] s. *Gennes,* Wilhelm Haas und sein Werk, S. 50; *Faust,* Geschichte ..., 3. Aufl., S. 391.

[35] s. *ders.,* ebd., S. 390; *Seelmann-Eggebert,* S. 349 f.

[36] s. dazu vor allem den Briefwechsel zwischen Weidenhammer und Raiffeisen, abgedruckt in: *Seelmann-Eggebert,* S. 354 ff.; *75 Jahre ländlicher Genossenschaftsverband Frankfurt a. M. e. V.*, S. 9.

[37] s. *Müller,* Fr., S. 132; *Seelmann-Eggebert,* S. 353.

(3) Verband der landwirtschaftlichen Kreditgenossenschaften im südlichen und westlichen Deutschland

Nachdem sich auch die Genossenschaften aus Baden, Nassau und Westfalen angeschlossen hatten, erweiterte sich die Organisation im Oktober 1879 zum Verband landwirtschaftlicher Kreditgenossenschaften im südlichen und westlichen Deutschland. Der Verband wurde später in Verband der südwestdeutschen landwirtschaftlichen Kreditgenossenschaften umbenannt.

Die Vertreter der beteiligten Genossenschaften wählten Haas zum Präsidenten, weil sie von seinem organisatorischen Geschick überzeugt waren. Er hatte bereits die Konsumgenossenschaften erfolgreich organisiert und sollte dies nun auch für die Kreditgenossenschaften leisten[38]. Nach Feineisen wurde den Verbandsmitgliedern die Wahrnehmung folgender Aufgaben übertragen:

„Förderung der Kreditbefriedigung, ..., Vertretung gemeinschaftlicher Interessen, Pflege des Gedankenaustausches und Förderung der Ausbildung ..., Pflege des Gemeinsinns, Bekämpfung des Wuchers, Gründung neuer Genossenschaften, technische Vervollkommnung der Kassen und Beschaffung einer Geldausgleichsstelle[39].“

Bis 1883 fungierte die „Landwirtschaftliche Creditbank“ in Frankfurt a. M. als Geldausgleichsstelle. Im Dezember errichtete man eine eigene Geldausgleichsstelle in Darmstadt, die „Landwirtschaftliche Genossenschaftsbank“.

(4) Vereinigung der deutschen landwirtschaftlichen Genossenschaften, der spätere Reichsverband

1883 kam es zur Gründung der Vereinigung der deutschen landwirtschaftlichen Genossenschaften, um dem Bedürfnis nach einer über die Provinzen und Länder hinausgehenden Interessenvertretung entgegenzukommen[40]. Als intellektueller Urheber der Vereinigung gilt Stöckel aus Insterburg in Ostpreußen[41]. Die Gründung erfolgte unter Vorsitz von Haas am 6. Juli in Hamburg. Der Gründung war eine länger andauernde schriftliche und mündliche Diskussion zwischen Haas, Stöckel, Weidenhammer, von Mendel, Märklin und Schulze-Delitzsch vorausgegangen[42]. Im Verlauf der Diskussion riet Schulze-Delitzsch zum Aufbau einer landwirtschaftsspezifischen Organisation und

---

[38] s. *Feineisen*, Wilhelm Haas ..., S. 69 ff.

[39] *Ders.*, ebd., S. 71.

[40] *Ders.*, ebd., S. 81 ff.; *Seelmann-Eggebert*, S. 380 ff.

[41] s. *Müller*, Fr., S. 212 ff.

[42] s. *Sondernummer der deutschen landwirtschaftlichen Genossenschaftspresse*, 1913, S. 2; *Faust*, Geschichte ..., 3. Aufl., S. 391 f.

nicht zum Anschluß der landwirtschaftlichen Genossenschaften an den Allgemeinen Verband der Erwerbs- und Wirtschaftsgenossenschaften, weil seine Organisation für die Aufnahme der landwirtschaftlichen Genossenschaften nicht geeignet wäre. Im Einverständnis mit Schulze-Delitzsch und mit Rücksicht auf Raiffeisen wurden in der neuen Vereinigung nur die Verbände zusammengeschlossen, die das Bezugs- und Absatzgeschäft und die Verwertung von Molkereierzeugnissen betrieben[43]. Die Kreditgenossenschaften waren der Vereinigung also *noch nicht* angeschlossen.

Als Verbandsaufgaben werden genannt:

„Vertretung und Wahrung gemeinsamer Interessen, Ausbildung der Verfassung und Förderung der Angelegenheiten der zugehörigen Verbände und Genossenschaften durch Unterstützung im Betrieb und Austausch von Erfahrungen und Ausbreitung des Genossenschaftswesens auf dem landwirtschaftlichen Gebiet[44]."

Die Vereinigung kann als lockerer Zusammenschluß mit dezentralem Aufbau charakterisiert werden. 1890 wurde sie in Allgemeiner Verband der landwirtschaftlichen Genossenschaften des deutschen Reiches umbenannt und firmierte ab 1903 unter Reichsverband der deutschen landwirtschaftlichen Genossenschaften.

(5) Verband der hessischen landwirtschaftlichen Genossenschaften

1889 formierten sich die hessischen Molkereigenossenschaften zu einem eigenen Verband unter der Führung von Haas[45].

In der Zeit zwischen 1873 und 1889 hat Haas drei hessische Verbände gegründet: 1873 den Verband der hessischen landwirtschaftlichen Konsumvereine, 1879 den Verband der hessischen landwirtschaftlichen Kreditgenossenschaften und 1889 den Verband der hessischen Molkereigenossenschaften. Die drei Verbände waren durch Personalunion miteinander verbunden[46]. Nach Erlaß des Genossenschaftgesetzes von 1889 war den Verbänden die Ausübung geschäftlicher Aktivitäten untersagt, so daß es zu einer Umbildung kam. Der Konsumvereinsverband, der Kreditgenossenschaftsverband und der

[43] Vgl. *Grünfeld*, Das Genossenschaftswesen, volkswirtschaftlich ..., S. 251; *Gennes*, Wilhelm Haas und sein Werk, S. 51; *ders.*, Haas, S. 436; *ders.*, Das deutsche landwirtschaftliche ..., S. 22 f.
Rücksichtnahme auf Raiffeisen als Grund, die Kreditgenossenschaften der Vereinigung noch nicht sofort anzugliedern, ist für *Seelmann-Eggebert* kein stichhaltiges Argument. Siehe seine Ausführungen S. 382.

[44] *Gennes*, Haas, S. 436.

[45] s. *Faust*, Geschichte ..., 3. Aufl., S. 391.

[46] s. *60 Jahre Verband der hessischen landwirtschaftlichen Genossenschaften*, S. 6; *75 Jahre ländlicher Genossenschaftsverband Frankfurt a. M. e. V.*, S. 9.

Verband der hessischen Molkereigenossenschaften schlossen sich zum Verband der hessischen landwirtschaftlichen Genossenschaften zusammen[47]. Das Warengeschäft besorgte in der Folgezeit die neu gegründete Zentralgenossenschaft der hessischen landwirtschaftlichen Konsumvereine. Der Vertrieb der Molkereierzeugnisse erfolgte durch Zentralverkaufsgenossenschaften der Molkereien.

Dem neu errichteten Verband oblagen Revision, Organisation und Anwaltschaft.

(6) Formeller Zusammenschluß der beiden landwirtschaftlichen Genossenschaftsorganisationen

Bis 1905 existierten die Neuwieder Raiffeisenorganisation und der Allgemeine Verband der landwirtschaftlichen Genossenschaften des deutschen Reiches nebeneinander[48]. Trotz schwerwiegender Unterschiede sowohl konzeptioneller als auch organisatorischer Art bemühte sich Haas um einen organisatorischen und wirtschaftlichen Zusammenschluß[49]. 1905 gelang ihm die organisatorische Einigung der beiden ländlichen Genossenschaftsorganisationen[50].

Die 1899 durchgeführte Reform der Neuwieder Organisation in Richtung stärkerer Dezentralisierung und eine Annäherung hinsichtlich der Bildung von Geschäftsanteilen erleichterte den organisatorischen Zusammenschluß[51]. Die Selbständigkeit der Filialen der Neuwieder Zentral-Darlehnskasse und der Filialverbände wurde erhöht, womit sich die Neuwieder Organisation dem Dezentralisationsprinzip näherte. Bei der Neuorganisation des Allgemeinen Verbandes wurde auf Grund praktischer Erfordernisse das Dezentralisationsprinzip, an dem bisher strikt festgehalten worden war, durchbrochen. Dies galt jedoch nur hinsichtlich der geschäftlichen Zentralisation[52]. Die durch die Praxis bedingte Lockerung der Gegensätze ermöglichte zunächst den organisatorischen Zusammenschluß. 1913 trennte man sich allerdings in gegenseitigem Einvernehmen wieder[53].

---

[47] Vgl. *ebd.*, S. 10; *Gennes*, Haas, S. 435.

[48] s. *Müller*, Fr., S. 283 ff.; *Aschhoff*, Gunther: Die Geschichte der genossenschaftlichen Wirtschafts- und Marktverbände in Deutschland, in: Geschichte, Struktur und Politik der genossenschaftlichen Wirtschafts- und Marktverbände, Quellen und Studien des Instituts für Genossenschaftswesen an der Universität Münster, hrsg. v. Erik Boettcher, Bd. XV, Karlsruhe 1965, S. 32 ff.

[49] s. *Maxeiner*, Vertrauen ..., S. 105.

[50] s. *ders.*, ebd., S. 106; *Gennes*, Wilhelm Haas und sein Werk, S. 51; *ders.*, Das deutsche landwirtschaftliche ..., S. 29.

[51] s. *Maxeiner*, Vertrauen ..., S. 100 ff.; *Feineisen*, Wilhelm Haas ..., S. 105 ff.

[52] s. dazu auch die *Festschrift zum 25jährigen Bestehen des Reichsverbandes der deutschen landwirtschaftlichen Genossenschaften*, 6. Juli 1883 bis 1908, Darmstadt 1908, S. 53.

[53] Zur Einigung und späteren Trennung der beiden landwirtschaftlichen Genossenschaftsorganisationen aus der Sicht der Vertreter der Erwerbs- und

Haas bemühte sich nicht nur um nationale Verbindungen, sondern auch um internationale. Er regte die 1907 erfolgte Gründung des Internationalen Bundes der landwirtschaftlichen Genossenschaften an[54].

bb) Die Beweggründe von Haas

Wenn man die Literatur heranzieht, um Hypothesen über die Beweggründe von Haas zu formulieren, fällt zunächst auf, daß Haas meist als *Antipode* zu Raiffeisen gesehen wird[1].

So weist *Seelmann-Eggebert* darauf hin, daß Haas im Unterschied zu Raiffeisen und auch zu Schulze-Delitzsch sich ausschließlich von Nützlichkeitserwägungen leiten ließ und jeglichen Dogmatismus[2] vermied, wohingegen die genossenschaftliche Arbeit der beiden ersteren von ihrer Weltanschauung beeinflußt wurde und dogmatische Tendenzen beinhaltete. Dem Praktiker Haas[3] fehlte nach *Grünfeld*[4] eine explizite theoretische Fundierung im Rahmen einer handlungsleitenden Idee. Gerade diesem Umstand schreibt Grünfeld den Erfolg zu, den Haas bei der Organisierung der Genossenschaften hatte. Seine organisatorischen Fähigkeiten und sein Weitblick bewahrten ihn vor dogmatischem Vorgehen.

Der Meinung der genannten Autoren zufolge beruhte Haas' Tätigkeit auf dem Gebiet des Genossenschaftswesens also nicht auf dem Wunsch der Einlösung eines Handlungsentwurfs im Sinne eines Leitbildes. Sie gehen vielmehr davon aus, daß er von den seinerzeit herrschenden Auffassungen in den landwirtschaftlichen Vereinen geprägt wurde. Den entscheidenden Anstoß zur Auseinandersetzung mit den Genossenschaften als Mittel zur Verbesserung der bestehenden Verhältnisse im Bereich der Landwirtschaft erhielt Haas durch die 1871 erschienene Schrift „Ländliche Credit- und Consumvereine“, die vom Generalsekretär der landwirtschaftlichen Vereine im Großherzogtum Hessen von Langsdorff verfaßt worden war[5]. Von Langsdorff befaßte sich in

---

Wirtschaftsgenossenschaften siehe die entsprechenden Artikel im Organ des Allgemeinen Verbandes, den *Blättern für Genossenschaftswesen*, hrsg. v. Anwalt, 60. Jg., 1913, S. 543 u. 61. Jg. 1914, S. 4.

[54] s. *Feineisen*, Wilhelm Haas ..., S. 121; *Maxeiner*, Vertrauen ..., S. 108 ff.

[1] s. *Aschhoff*, Die Geschichte der ..., S. 35 ff.; *Seelmann-Eggebert*, S. 394 ff.

[2] s. *ders.*, S. 379, 388, 395; s. auch den Aufsatz: *Zur Erinnerung an Wilhelm Haas*, S. 16, 22; *75 Jahre ländlicher Genossenschaftsverband Frankfurt a. M. e. V.*, S. 12.

[3] s. *Gennes*, Wilhelm Haas und sein Werk, S. 52 f.; *ders.*, Das deutsche landwirtschaftliche ..., S. 25; *Müller*, Fr., S. 187; *Feineisen*, Über Wilhelm Haas, S. 183.

[4] *Grünfeld*, Das Genossenschaftswesen, volkswirtschaftlich ..., S. 251.

[5] s. *Faust*, Geschichte ..., 3. Aufl., S. 388 f.; *Gennes*, Wilhelm Haas und sein Werk, S. 50; *ders.*, Das deutsche landwirtschaftliche ..., S. 21; *Tillmann*, Wie Wilhelm Haas ..., S. 27; *ders.*, Das Büdinger Jahr ..., S. 189.

dieser Abhandlung nicht nur mit dem ländlichen Personalkredit, sondern auch mit den ländlichen Konsumvereinen. Letztgenannter Abschnitt schien Haas' besondere Aufmerksamkeit erregt zu haben[6].

Haas hat also zunächst bestehende genossenschaftliche Lösungsmöglichkeiten übernommen. *Falkenstein* führt in diesem Zusammenhang aus, daß als der eigentliche Gründer der ländlichen Genossenschaften Raiffeisen anzusehen ist, wohingegen Haas diese Ideen in eine organisatorisch adäquate Form transformiert hat[7].

Seelmann-Eggebert sieht einen weiteren wesentlichen Unterschied zu Raiffeisen in der Betonung der wirtschaftlichen Seite der Genossenschaftsarbeit. Für Raiffeisen war die wirtschaftliche Seite nicht Endzweck, sondern lediglich Mittel zum Zweck, während sie für Haas den Endzweck selbst darstellte[8]. Seelmann-Eggebert belegt seine Aussage mit dem Hinweis, daß Haas in seinem Darmstädter Programm von 1890 aus der Raiffeisenschen Mustersatzung alle die Elemente entfernte, die auf die Verfolgung religiös-ethischer Ziele abstellten[9]. Für Haas stand also die Wahrnehmung wirtschaftlicher Interessen im Vordergrund genossenschaftlicher Arbeit[10]. Der karitative Charakter der Genossenschaften ergab sich seiner Auffassung zufolge als Sekundäreffekt. Entschieden wandte er sich gegen eine Rechtfertigung wirtschaftlicher Aktivitäten mit dem Hinweis auf das Gebot christlicher Nächstenliebe[11]. An der Raiffeisenorganisation störte ihn deshalb besonders die Überbetonung des Christlichen, die Tatsache, daß auch im Bereich der Genossenschaftsarbeit das Christliche überwog.

Auf Grund seiner Verdienste, die sich Haas um die Landwirtschaft erworben hat, erhielt er den Beinamen „Vicegroßherzog von Hessen"[12].

In seinem Nachruf auf Haas charakterisiert ihn der stellvertretende Generalanwalt Johannssen als Mensch mit tiefer Menschenkenntnis, staatsmännischem Überblick und sittlicher Energie sowie als eine sympathische, herzgewinnende Persönlichkeit[13].

---

[6] Vgl. *Feineisen*, Wilhelm Haas ..., S. 29 f.

[7] s. *Falkenstein*, S. 106.

[8] s. *Seelmann-Eggebert*, S. 395 f.

[9] s. *ders.*, S. 388 f.

[10] s. *Jäger*, Wilhelm: Das Organisationssystem im Genossenschaftswesen der Bundesrepublik Deutschland, in: Geschichte, Struktur und Politik der genossenschaftlichen Wirtschafts- und Marktverbände, hrsg. v. Erik Boettcher, S. 79; *Maxeiner*, Vertrauen ..., S. 9.

[11] s. dazu *Gennes*, Haas, S. 436; *ders.*, Das deutsche landwirtschaftliche ..., S. 27; *Zur Erinnerung an Wilhelm Haas*, S. 16.

[12] s. *Tillmann*, Wilhelm Haas. Zum 50. Todestag ..., S. 51; *Der Vizegroßherzog von Hessen*. Menschliche Züge des Herrn Geheimrat Wilhelm Haas, in: Das Hessenland, S. 75 f.

[13] Abdruck der Trauerrede in der *Sondernummer der deutschen landwirtschaftlichen Genossenschaftspresse*, 1913, S. 5.

cc) *Die Ziele von Haas*

α) Die Verbesserung der materiellen Lage der Landbevölkerung

Die Ziele, die Haas mit der Organisierung des deutschen landwirtschaftlichen Genossenschaftswesens zu realisieren suchte, lassen sich vor dem Hintergrund seiner Karriere als Genossenschafter rekonstruieren.

Mit der *Mitbegründung* des Friedberger Konsumvereins hatte er seine genossenschaftliche Arbeit begonnen. Mit Hilfe des Konsumvereins sollte es gelingen, die bestehenden Handelspraktiken zu durchbrechen und die Landwirte beim Bezug ihrer Betriebsstoffe vor Übervorteilung zu schützen. Zu Beginn seiner genossenschaftlichen Karriere versuchte Haas, die ökonomische Situation der Landwirte zu verbessern, indem er einen Konsumverein mit von Langsdorff ins Leben rief.

Die Erfolge müssen aber eher bescheiden gewesen sein, denn Haas beschäftigte sich schon kurze Zeit später mit dem Gedanken des Zusammenschlusses der bestehenden hessischen Konsumvereine[1]. Er hatte erkannt, daß er sein Ziel, die Förderung der ökonomischen Lage der Landwirte, nur dann erreichen konnte, wenn es ihm gelänge, die Nachfragerposition der Landwirte am Markt für landwirtschaftliche Betriebsstoffe dauerhaft und gleichgewichtig zu verbessern. Die Etablierung von countervailing power erschien ihm nur durch den Zusammenschluß der bestehenden Konsumvereine möglich, so daß dem Händlermonopol eine Art Nachfragermonopol gegenübergestellt werden konnte. „So galt die Hauptsorge des Wilhelm Haas der Gesundung der Landwirtschaft ganz allgemein, der vollen Nutzung ihrer produktiven Kräfte, ihrer modernen Fortentwicklung sowie der Sicherung einer befriedigenden Marktstellung[2]."

Die Erfolge, die der Verband der hessischen landwirtschaftlichen Genossenschaften erzielen konnte, scheinen Haas ermutigt zu haben, die Organisierung des landwirtschaftlichen Genossenschaftswesens weiter voranzutreiben bis hin zur Gründung des Reichsverbandes und schließlich zum formellen Zusammenschluß der Neuwieder Raiffeisenorganisation mit dem Reichsverband im Jahre 1905. „Damit war nicht nur der Mitgliederzahl nach, sondern auch nach ihrer Formation und ihrer ethischen sowie wirtschaftlichen Bedeutung die größte landwirtschaftliche Organisation der Welt geschaffen, die in ihrer Großartigkeit, in ihren geschäftlichen Ergebnissen im ganzen und ihrer wirtschaftlichen Stärkung des Einzelnen, Schwachen, einzig dasteht[3]."

---

[1] s. *Tillmann,* Wilhelm Haas. Zum 50. Todestag ..., S. 50.

[2] *Ders.*, Wilhelm Haas privat, S. 20.

[3] Nachruf des stellvertretenden Generalanwalts Johannssen, abgedruckt in der *Sondernummer der landwirtschaflichen Genossenschaftspresse,* 1913, S. 5.

Für *Tillmann* ist Haas aber nicht nur Genossenschafter, sondern einer der bedeutendsten deutschen Wirtschafts- und Sozialpolitiker des 19. Jahrhunderts, dessen oberstes Ziel es war, der landwirtschaftlichen Bevölkerung auf dem Wege der Selbsthilfe zu Wohlstand zu verhelfen[4]. Dies war sein Ziel zu Beginn seiner genossenschaftlichen Karriere als Genossenschaftsmitbegründer, und er behielt es auch als Organisator des landwirtschaftlichen Genossenschaftswesens bei.

β) Förderung von Bildung und Erziehung in geistig-sittlicher Hinsicht

aa) Die Bildungsfunktion der Genossenschaften und ihrer Verbände

Haas ging es aber nicht nur um die Erzielung wirtschaftlicher Vorteile mittels Organisierung des landwirtschaftlichen Genossenschaftswesens, sondern auch um Bildung und Belehrung. Er selbst legte auf Meinungs- und Erfahrungsaustausch großen Wert[5].

Schon sehr früh erkannte er die Bedeutung einer genossenschaftlichen Zeitschrift[6]. Bereits 1874 gab er den „Fortschritt“, das Publikationsorgan des Verbandes der hessischen landwirtschaftlichen Genossenschaften, heraus[7]. Ab 1884 diente der „Fortschritt“ als Verbandszeitschrift des Verbandes der deutschen landwirtschaftlichen Genossenschaften und wurde 1889 in „Deutsche landwirtschaftliche Genossenschaftspresse“ umbenannt[8]. Haas maß der Presse große Bedeutung bei, weil sie durch Informations- und Wissensvermittlung ein wichtiges Instrument zum weiteren Aufbau der genossenschaftlichen Organisationen darstellte[9].

In den Genossenschaften sollte nicht nur praktische, sondern auch wissenschaftlich-theoretische Arbeit geleistet werden[10].

Zu den zahlreichen von Haas gegründeten Bildungseinrichtungen zählt die im Jahre 1904 eröffnete „Deutsche landwirtschaftliche Genossenschaftsschule“, in der Revisoren und Verwaltungsbeamten eine Ausbildung angeboten wurde. Es war die erste genossenschaftliche

---

[4] s. *Tillmann*, Wilhelm Haas privat, S. 20.

[5] s. *Feineisen*, Wilhelm Haas ..., S. 52 f.

[6] Vgl. *Maxeiner*, Vertrauen ..., S. 57.

[7] s. *Feineisen*, Wilhelm Haas ..., S. 43; *Müller*, Fr., S. 173; *Seelmann-Eggebert*, S. 349.

[8] *Zur Erinnerung an Wilhelm Haas*, S. 22; *Grünfeld*, Das Genossenschaftswesen, volkswirtschaftlich ..., S. 253.

[9] Vgl. *Feineisen*, Wilhelm Haas ..., S. 107.

[10] s. *ders.*, ebd., S. 119.

Schulungsstätte in Deutschland[11]. Sie gehörte zum Mittelbau des genossenschaftlichen Unterrichtswesens und diente der theoretischen und praktischen Ausbildung der Verbandsbeamten[12].

Das genossenschaftliche Unterrichtswesen wurde in drei Bereiche aufgegliedert, in den landwirtschaftlich-genossenschaftlichen Hochschulunterricht, in das mittlere Genossenschaftswesen und in das niedere landwirtschaftlich-genossenschaftliche Unterrichtswesen[13].

Zum einen standen die Genossenschaftszeitung und das genossenschaftliche Unterrichtswesen im Dienst der Vermittlung von Sachwissen und allgemeinen Informationen, zum anderen sollten sie auch zum weiteren Aufbau des Genossenschaftswesens mitbeitragen.

ββ) Erziehung in geistig-sittlicher Hinsicht

Haas scheint aber nicht nur im Hinblick auf Bildung und Belehrung erziehend gewirkt zu haben; denn in Traueransprachen und Nachrufen wird er als „Führer zur Wohlfahrt, als Förderer der Einigkeit, als Erzieher zu gemeinsamer helfender Arbeit"[14] gewüdigt und als Persönlichkeit geschildert, die die sittliche und materielle Kraft der genossenschaftlichen Arbeit erkannt hatte[15].

Offensichtlich hat Haas auch zur Erziehung in sittlicher Hinsicht beigetragen.

dd) Die Mittel von Haas

α) Die landwirtschaftlichen Vereine

Nach Tillmann[1] hielt Haas nicht nur ein Mittel für geeignet, um eine Verbesserung in der Lage der Landwirtschaft herbeizuführen, sondern er war davon überzeugt, daß nur in *Kombination mehrerer Mittel* ein dauerhafter Erfolg erzielt werden konnte.

Bei den Mitteln handelte es sich um das landwirtschaftliche Vereinswesen, das landwirtschaftliche Genossenschaftswesen und um eine parlamentarische Tätigkeit im Dienste der Landwirtschaft. Wie bereits ausgeführt, war Haas auch tatsächlich auf den genannten Gebieten tätig, und eine lange Zeit hindurch arbeitete er auf allen dreien gleichzeitig.

---

[11] s. *Faust*, Geschichte ..., 3. Aufl., S. 400; *Maxeiner*, Vertrauen ..., S. 91.

[12] Vgl. *Gennes*, Wilhelm Haas und sein Werk, S. 53.

[13] s. dazu die Seiten 270 ff. der *Festschrift zum 25jährigen Bestehen des Reichsverbandes*.

[14] Traueransprache von *Pastor Olshausen*, abgedruckt in der *Sondernummer der deutschen landwirtschaftlichen Genossenschaftspresse*, 1913, S. 4.

[15] s. Nachruf von *Johannssen*, ebd., S. 5.

[1] s. *Tillmann*, Wilhelm Haas privat, S. 20.

Den Einsatz der landwirtschaftlichen Vereine zur Verbesserung der Lage in der Landwirtschaft hielt er deshalb für geboten, weil in den Vereinen, die als kultureller Mittelpunkt in den ländlichen Gebieten fungierten, die Möglichkeit gegeben war, gegenseitig Erfahrungen auszutauschen und durch Vorträge den fachlichen Bildungsstand und das technische Verständnis zu erhöhen. Haas hielt es insbesondere für erforderlich, den Landwirten die neuesten agrarwissenschaftlichen Erkenntnisse nahe zu bringen und sie zu deren praktischer Anwendung unter Nutzung der technischen Neuerungen anzuleiten. Zu diesem Zweck bemühte er nicht nur die bestehenden Bezirksvereine der landwirtschaftlichen Vereine, sondern regte auch zur Gründung von Lokalvereinen, den sogenannten „Kränzchen" oder „Casinos" an[2].

β) Die Genossenschaften und ihre Verbände

αα) Gründung und Organisierung von Genossenschaften

Ab 1872 setzte er neben den landwirtschaftlichen Vereinen auch die Genossenschaften als Mittel ein, um eine Verbesserung der Verhältnisse in der Landwirtschaft herbeizuführen.

Auf dem Wege solidarischer Selbsthilfe sollten die Landwirte ihre Lage selbst verbessern, indem sie den Bezugs- und Absatzgenossenschaften sowie den Kreditgenossenschaften als Mitglieder beitraten.

Da die Genossenschaften in ihrer Vereinzelung nur relativ geringe Erfolge erzielen konnten, trat Haas für die Organisierung des ländlichen Genossenschaftswesens ein und betrieb systematisch den Zusammenschluß bis hin zum Reichsverband.

ββ) Die Organisationsprinzipien

Nachdem bereits weiter oben auf die Stadien der genossenschaftlichen Organisierung eingegangen wurde, sollen im folgenden einige Ausführungen zu den Organisationsprinzipien gemacht werden.

Eine Zusammenschau der Prinzipien, auf denen die einzelnen Genossenschaften und die Organisierung des Genossenschaftswesens aufgebaut werden sollten, stellt das *Darmstädter Programm* von 1890[3] dar, das nicht als bindende Vorschrift konzipiert war, sondern den Genossenschaftern lediglich zur Beachtung empfohlen wurde[4].

---

[2] s. *ders.*, Das Büdinger Jahr ..., S. 184 ff.

[3] Vgl. *Seelmann-Eggebert*, S. 384 ff.; *Müller*, Fr., S. 285 f.

[4] s. *Zur Erinnerung an* ..., S. 21; *Gennes*, Wilhelm Haas und sein Werk, S. 52; *ders.*, Das deutsche landwirtschaftliche ..., S. 25.

Im Darmstädter Programm sind sowohl Vorstellungen von Raiffeisen als auch von Schulze-Delitzsch vereint[5]. Die Leistung von Haas wird gerade darin gesehen, daß er die Ideen von Schulze-Delitzsch und Raiffeisen verarbeitete, dementsprechend die Genossenschaften organisierte und auf diese Weise die wirtschaftlichen und ideellen Kräfte zusammenfaßte[6]. Auch J. O. Müller spricht von einem *Mittelweg* zwischen Schulze-Delitzsch und Raiffeisen, den Haas gewählt hätte, indem er einerseits die starre, religiös motivierte Richtung der Raiffeisenkassen mied und andererseits die Genossenschaften vor dem wirtschaftlichen Dogmatismus, dem die dem Verband Schulze-Delitzschs nahestehenden Genossenschaften zu verfallen drohten, bewahrte[7].

Nach Seelmann-Eggebert war mit der Veröffentlichung des Darmstädter Programms zugleich die *zweite Phase* des sogenannten Systemstreits eingeleitet[8]. In dieser zweiten Phase konzentrierte sich der Streit auf die Frage, ob das Genossenschaftswesen dezentral oder zentral aufgebaut werden sollte.

Raiffeisen verfolgte eine straffe Zentralisierungsstrategie, die Haas entschieden ablehnte[9]. Für ihn lag das Schwergewicht der genossenschaftlichen Betreuungsarbeit bei den Provinzialverbänden. Deshalb zählte er das Prinzip der Dezentralisation zu den wichtigsten Grundprinzipien[10], d. h. die Landes- und Provinzialverbände, die in dem Reichsverband zusammengeschlossen waren, blieben selbständig[11]. So oblag beispielsweise die Durchführung und Kontrolle der Revision der einzelnen Genossenschaft nicht dem Reichsverband, sondern gehörte zum Kompetenzbereich der Landes- und Provinzialverbände[12]. Auf diese Weise gelang es auch auf landsmannschaftliche Besonderheiten Rücksicht zu nehmen[13]. Haas forderte lediglich Einigkeit und gemeinsames Vorgehen in den prinzipiellen Angelegenheiten, während die tägliche Arbeit in den Genossenschaften an den jeweiligen

---

5 s. *Seelmann-Eggebert*, S. 388.

6 s. *Maxeiner*, Vertrauen ..., S. 10.

7 s. *Müller*, J. O.: Voraussetzungen ..., S. 61.

8 s. *Seelmann-Eggebert*, S. 389; s. auch *Müller*, Fr., S. 253; *Müller* äußert sich zur ersten Phase des Systemstreits ebenda auf den Seiten 94 ff., 207 ff.

9 s. *Faust*, Geschichte ..., 3. Aufl., S. 393.

10 s. *Zur Erinnerung an* ..., S. 18; *75 Jahre ländlicher Genossenschaftsverband Frankfurt a. M. e. V.*, S. 12.

11 s. *Gennes*, Wilhelm Haas und sein Werk, S. 52; *Grünfeld*, Das Genossenschaftswesen, volkswirtschaftlich ..., S. 253; *Faust*, Geschichte ..., 3. Aufl., S. 392 f.; *Sondernummer der deutschen landwirtschaftlichen Genossenschaftspresse*, 1913, S. 2.

12 s. *Aschhoff*, Die Geschichte der genossenschaftlichen Wirtschafts- und Marktverbände, S. 36.
Zur Revision siehe ferner *Feineisen*, Wilhelm Haas ..., S. 67, 73 ff. u. S. 103.

13 s. *Tillmann*, Wilhelm Haas. Zum 50. Todestag ..., S. 36.

spezifischen Gegebenheiten orientiert werden sollte. Er beließ den einzelnen Genossenschaften somit einen genügend großen Handlungsspielraum. Dem Reichsverband fielen demnach noch folgende Aufgaben zu: Vertretung und Wahrung gemeinsamer Interessen, Ausbildung der Verfassung und Förderung der Angelegenheiten der zugehörigen Verbände und Genossenschaften durch Unterstützung im Betrieb und Austausch von Erfahrungen sowie Ausbreitung des Genossenschaftswesens auf landwirtschaftlichem Gebiet[14].

Weitere Grundprinzipien stellten *Selbsthilfe, Selbstverwaltung* und *Selbstverantwortung* dar.

Haas lehnte jede Form der Bevormundung der Genossenschaften ab, sei es intern durch den Reichsverband oder extern durch staatliche Einflußnahme. Er betonte die Unabhängigkeit der Genossenschaften und das Recht der freien Selbstbestimmung nach allen Seiten[15].

Das bedeutete aber nicht, daß er die Staatshilfe auf jeden Fall ablehnte. Vielmehr sollten die staatlichen Kredite den Genossenschaften in der Anfangsphase ihrer Entwicklung zu einer rentablen Bewirtschaftung verhelfen[16]. Wenn auch mit der Errichtung der Preußischen Zentralgenossenschaftskasse Staatskredite zu günstigen Konditionen gewährt wurden, blieb doch die alleinige Selbsthilfe das Endziel[17].

Da der Staat keineswegs von Anfang an eine positive Einstellung zu den Genossenschaften hatte[18], verwahrte sich Haas ganz entschieden gegen die Behauptung, staatliche Hilfe hätte zu dem Erfolg der Genossenschaften geführt. Vielmehr vertrat er die Ansicht, daß allein die organisierte Selbsthilfe der entscheidende Faktor für die erfolgreiche Entwicklung des Genossenschaftswesens darstellte[19].

Haas bestand ferner auf dem Prinzip der *Neutralität* sowohl in politischer als auch in religiöser Hinsicht[20].

Die genossenschaftliche Tätigkeit sollte auf geschäftliche Aktionen beschränkt bleiben und auf diese Weise zur Verbesserung der Lage der Landbevölkerung beitragen. Genossenschaft bedeutete Freiheit, vornehmlich in wirtschaftlicher Hinsicht. Eine Durchdringung der Genossenschaften mit parteipolitischen oder religiösen Problemen würde ihre Freiheit einschränken. Die Neutralität sicherte den Genossenschaften damit die Unabhängigkeit. Die Genossenschaften sollten

---

[14] s. *Gennes*, Haas, S. 436.

[15] s. *ders.*, ebd., S. 436 f.

[16] Vgl. *Faust*, Geschichte ..., 3. Aufl., S. 396 f.

[17] s. *Gennes*, Wilhelm Haas und sein Werk, S. 52.

[18] Vgl. *Maxeiner*, Vertrauen ..., S. 55.

[19] s. *ders.*, ebd., S. 94.

[20] s. *ders.*, ebd., S. 78; *Gennes*, Wilhelm Haas und sein Werk, S. 52 f.

auch von bestimmten Persönlichkeiten unabhängig sein. Deshalb zählte die Ausscheidung des persönlichen Elements, die Abkehr vom Personenkult, zu seinen Grundsätzen[21].

Als letzter Grundsatz sei noch die strikte *Trennung* von Waren- und Kreditgeschäft genannt.

Haas trat für Spezialgenossenschaften ein, während Raiffeisen das Warengeschäft den Darlehnskassen angegliedert hatte[22]. Auch die Kontroverse Universal- versus Spezialgenossenschaft wurde in der zweiten Phase des Systemstreits thematisiert.

γ) Die politisch-parlamentarische Tätigkeit

Zusätzlich zur Arbeit der landwirtschaftlichen Vereine und der Genossenschaften hielt Haas die Mitarbeit in den Parlamenten für geeignet, um positiv auf die Lage in der Landwirtschaft einzuwirken[23]. Aus diesem Grund ist Haas denn wohl auch in die nationalliberale Partei eingetreten. Nach Krebs[24] war die nationalliberale Partei die einzige Partei in Hessen, die so stark war, daß eine Mitarbeit auch erfolgversprechend war. Sie wird als Sammelpunkt aller Anhänger eines nationalen Standpunktes beschrieben, deren Mitgliederstruktur sehr heterogen war. In der Partei gab es einen kleinen agrarischen Flügel, dem sich Haas anschloß. „Haas schloß sich dieser Partei an, weil breite Kreise derselben Verständnis für die Landwirtschaft und das Genossenschaftswesen hatten, und er in ihr ein Mittel zur Durchsetzung seiner Idee sah[25].“ Mit dem Eintritt in die politische Partei wollte Haas zu einer Verbesserung in der Lage der Landwirtschaft beitragen, indem er sich im Parlament für die Etablierung einer berufsständischen Vertretung der Landwirte und für eine stärkere Beachtung landwirtschaftlicher Probleme einsetzte[26]. Auf dem Wege parteipolitischen Engagements wollte er die Stellung der Genossenschaften im Reich festigen[27]. Auch in seiner Funktion als Präsident der Zweiten Kammer und als Mitglied der Ersten Kammer war er bestrebt, die Interessen der landwirtschaftlichen Genossenschaften zu fördern[28].

---

[21] s. *Maxeiner*, Vertrauen ..., S. 48; *Gennes*, Haas, S. 436; *ders.*, Wilhelm Haas und sein Werk, S. 49; *Faust*, Geschichte ..., 3. Aufl., S. 387.

[22] s. *ders.*, ebd., S. 390; *Seelmann-Eggebert*, S. 388.

[23] s. *Tillmann*, Wilhelm Haas privat, S. 20; *Maxeiner*, Wilhelm Haas — ein Leben für ein Landvolk ..., S. 278.

[24] s. *Krebs*, Wilhelm Haas ..., S. 26.

[25] *Ders.*, ebd., S. 27.

[26] Vgl. *Feineisen*, Wilhelm Haas ..., S. 111 ff.

[27] Vgl. *Maxeiner*, Vertrauen ..., S. 116 ff.

[28] Vgl. *Sondernummer der deutschen landwirtschaftlichen Genossenschaftspresse*, 1913, S. 3.

b) Extrahierung von Hypothesen

aa) Formulierung der Hypothesen

Aus der Untersuchung der Abhandlungen über Haas geht hervor, daß die Darstellung von Haas in der Literatur großenteils in Absetzung zu Raiffeisen und Schulze-Delitzsch erfolgt. Des öfteren ist die Rede von einem Mittelweg, den Haas gewählt habe. Es wird behauptet, daß er mit Schulze-Delitzsch eine eher ökonomische Sichtweise des Genossenschaftswesens teilt, ohne dessen Dogmatismus zu verfallen[1]. An der Raiffeisenorganisation störte ihn unter anderem die von Raiffeisen und seinen Anhängern praktizierte Überbetonung des Christlichen.

Die meisten Autoren von Abhandlungen über Haas gehen davon aus, daß er in der Genossenschaftsarbeit primär die Wahrnehmung wirtschaftlicher Interessen sieht. Die wirtschaftliche Seite des Genossenschaftswesens soll für ihn der Endzweck genossenschaftlicher Tätigkeit gewesen sein, wohingegen sie für Raiffeisen lediglich Mittel zum Zweck darstellte.

Während in den verschiedenen Abhandlungen relativ einheitlich von einer wirtschaftlichen Zielsetzung bei Haas ausgegangen wird, bleiben die Annahmen über zugrundeliegende Beweggründe meist im Dunkeln.

Als äußerer Anlaß für die Beschäftigung mit Genossenschaften wird die Kenntnisnahme des Buches von von Langsdorff seitens Haas genannt. Dies kann jedoch wohl kaum als Beweggrund für die Mitbegründung des Friedberger Konsumvereins gelten. Für Haas scheint dieses Buch deshalb so interessant gewesen zu sein, weil er sich zu der fraglichen Zeit bereits intensiv mit agrar- und wirtschaftspolitischen Problemen auseinandersetzte und nach Mitteln suchte, um die Mißstände im Bereich der Landwirtschaft zu beheben und die ökonomischen Verhältnisse der landwirtschaftlichen Bevölkerung zu verbessern.

Die Gründung von Genossenschaften erschien ihm als eine Möglichkeit, um die anstehenden Probleme zu bewältigen. Die Genossenschaften sollten die wirtschaftliche Lage der Landbevölkerung bessern und damit zur Förderung des allgemeinen Wohlstandes beitragen.

Für die Erklärung der Handlung: Mitbegründung des Friedberger Konsumvereins kann folgende Hypothese herangezogen werden:

(1) Ein mehr sachlich begründetes Interesse an wirtschafts- und insbesondere agrarpolitischen Fragen veranlaßte Haas zur Mitbegründung des Friedberger Konsumvereins mit dem Ziel, die materielle Lage der Landbevölkerung zu verbessern.

---

1 Vgl. *Müller*, J. O., Voraussetzungen ..., S. 61.

Da Haas hauptsächlich als Organisator des deutschen landwirtschaftlichen Genossenschaftswesens hervorgetreten ist, stellt sich die Frage nach den Beweggründen, aus denen heraus er die Organisierung betrieben hat. Eine mögliche Antwort beinhaltet nachstehende Hypothese:

(2) Gesellschafts- und wirtschaftspolitische Ansichten veranlaßten Haas, die Genossenschaften mit dem Ziel der Besserung der materiellen Lage der Landbevölkerung zu organisieren.

Ferner wird darauf hingewiesen, daß es Haas nicht nur um die Erzielung materieller, d. h. wirtschaftlicher Vorteile mittels Organisierung des landwirtschaftlichen Genossenschaftswesens ging, sondern auch um Erziehung und Bildung. Wenn bei Haas von der Bildungsfunktion der Genossenschaften die Rede ist, scheint damit vornehmlich die Ausbildung von Revisoren und Verbandsbeamten sowie die berufliche Fort- und Fachausbildung der Landwirte gemeint zu sein, während die Erziehungsfunktion primär in der Anleitung der einzelnen Landwirte zu gemeinsamem, solidarischem Handeln zu liegen scheint.

Es kann daher folgende zusätzl. Hypothese aufgestellt werden:

(3) Gesellschafts- und wirtschaftspolitische Ansichten veranlaßten Haas, die Genossenschaften zu organisieren mit dem Ziel der Einwirkung auf die geistig-sittlichen Verhältnisse der Landbevölkerung.

Die Abhandlungen über Haas enthalten außer impliziten Hypothesen über die Beweggründe von Haas für die Gründung und Organisierung der Genossenschaften auch solche über seine Vereinsarbeit und seine parlamentarische Tätigkeit.

Bevor Haas sich überhaupt mit der Gründung und Organisierung von Genossenschaften beschäftigte, arbeitete er, wie bereits geschildert, in den landwirtschaftlichen Vereinen mit. Nach Tillmann sah Haas in den landwirtschaftlichen Vereinen ein geeignetes Mittel, um die materiellen Verhältnisse der Landwirte positiv zu beeinflussen.

(4) Auf Grund seines Interesses an agrarpolitischen Fragen arbeitete Haas in den landwirtschaftlichen Vereinen mit dem Ziel, die materielle Lage der Landbevölkerung zu verbessern.

Als Erklärung für seine parlamentarische Tätigkeit können folgende Hypothesen aufgestellt werden:

(5) Auf Grund seines Interesses an agrarpolitischen Fragen betätigte sich Haas als Parlamentarier mit dem Ziel, die materielle Lage der Landbevölkerung zu verbessern.

(6) Auf Grund seiner genossenschaftlichen Überzeugung betätigte sich Haas politisch aktiv mit dem Ziel, die materielle Lage der Land-

bevölkerung zu verbessern, indem er die Position der Genossenschaften zu stärken trachtete.

bb) Diskussion der Hypothesen

Die extrahierten Hypothesen lassen sich hinsichtlich der in ihnen angenommenen Beweggrund-Ziel-Mittel-Situations-Relationen vergleichen.

Zunächst sei nochmals darauf hingewiesen, daß das zugrundeliegende second-hand-Material kaum explizite Aussagen über Beweggründe von Haas enthält. Es ist zwar häufiger von wirtschaftlichen Interessen, die bei Haas im Vordergrund stehen, die Rede. Es dürfte aber kaum möglich sein, die wirtschaftlichen Interessen als Beweggrund von Haas zu interpretieren. Eine derartige Interpretation würde besagen, daß das „weil" des Handelns von Haas auf ökonomischen Überlegungen basiert, zum Beispiel daß er sich davon für sich einen wirtschaftlichen Vorteil verspricht. Dies dürfte wohl kaum der Fall gewesen sein — auch wenn er nach seiner Versetzung in den Ruhestand Generalanwalt auf Lebenszeit mit festen Bezügen geworden ist. In diesem Sinne sind auch die Ausführungen von Tillmann zu verstehen, der von Haas' uneigennützigem persönlichen Einsatz für eine selbstgewählte Aufgabe spricht, die ihm keinen persönlichen Vorteil einbrachte[2].

Die Betonung wirtschaftlicher Interessen bei Haas zielt also mehr auf die Ziel-Mittel-Ebene, darauf, daß er mit Hilfe der Genossenschaften ein primär wirtschaftliches Ziel verfolgte, das darin bestand, die materiellen Verhältnisse in der Landwirtschaft zu fördern. Beweggrund und Ziel dürfen nicht miteinander konfundiert werden, d. h. das „Um-zu" der Handlung ist mit dem „Weil" der Handlung nicht identisch.

Die Verbesserung der materiellen Lage als „Um-zu" oder Ziel der Handlung wird in den Hypothesen (1), (2), (4) bis (6) thematisiert. Die genannten Hypothesen unterscheiden sich jedoch hinsichtlich der unterstellten Beweggründe und der Mittel. Haas wollte die materiellen Verhältnisse der Landbevölkerung nicht allein durch die Anwendung nur eines Mittels, nämlich der Genossenschaften, verbessern, sondern er stellte auch die Arbeit in den landwirtschaftlichen Vereinen und im Parlament in den Dienst dieses Ziels.

Haas hat also verschiedene Handlungsentwürfe entwickelt, die sich darin unterscheiden, daß er ein jeweils anderes Mittel in den Sinnzusammenhang des Entwurfs stellt. An dieser Stelle sei noch einmal auf die Behauptung einiger Autoren hingewiesen, daß Haas' Erfolg

---

[2] Vgl. *Tillmann*, Wilhelm Haas. Zum 50. Todestag ..., S. 51.

letztlich darin begründet liegt, daß er nicht nach der Verwirklichung einer Idee trachtete, sondern gemäß seiner organisatorischen Fähigkeiten eher pragmatisch handelte. Mit dieser Behauptung kann nicht gemeint sein, daß Haas im Unterschied etwa zu Raiffeisen keinen Handlungsentwurf gehabt hätte. Die Divergenz scheint vielmehr in der Art des Handlungsentwurfs zu liegen. Haas' Handlungsentwürfe haben eher die Form konkreter Konzeptionen denn Leitbildcharakter[3].

Die in der Hypothese (1) und (2) angenommenen Konzeptionen rekurrieren beide auf die Genossenschaften als Mittel zur Verbesserung der materiellen Verhältnisse der Landbevölkerung. Die Divergenz zwischen beiden Konzeptionen liegt also weder in der Ziel- noch in der Mittelwahl begründet, sondern in der Ausgestaltung des Mittels. In der Hypothese (1) wird die Gründung von Genossenschaften als Mittel genannt, während in der Hypothese (2) von der Organisierung der Genossenschaften die Rede ist. Diese Variation in der Ausgestaltung des Mittels kann dem Einfluß der objektiven Situation auf die Gestaltung des Handlungsentwurfs zugeschrieben werden. Zu Beginn seiner genossenschaftlichen Karriere hielt Haas die Gründung von Genossenschaften noch für ausreichend, um das Ziel einer Verbesserung der materiellen Lage der Landbevölkerung zu erreichen. Relativ frühzeitig erkannte er allerdings, daß allein mit der Gründung neuer Genossenschaften das Ziel dauerhaft nicht verwirklicht werden konnte. Deshalb veränderte er seinen Handlungsentwurf dahingehend, daß er die Ausgestaltung des gewählten Mittels der objektiven Situation anpaßte. Da die Position der einzelnen Genossenschaft am Markt zu schwach war, beschloß er den systematischen Zusammenschluß der bestehenden Genossenschaften zu Verbänden. Mit Hilfe der genossenschaftlichen Organisierung wollte er die Marktposition der Genossenschaften verbessern und auf diese Weise die materielle Situation der Landbevölkerung positiv beeinflussen. Auf Grund seiner veränderten Perzeption der objektiven Situation, die letztlich auf Lernerfahrungen im Zeitablauf von $t' \ldots t''$ beruhte, hielt Haas ab dem Zeitpunkt t'' eine andere Ausgestaltung des Mittels Genossenschaften für notwendig, um sein im Zeitablauf $t' \ldots t''$ identisch gebliebenes Ziel zu realisieren. Man kann daher die Hypothese (1) als erklärungsrelevant für den Zeitpunkt t' ansehen, in dem Haas allein die Gründung von Genossenschaften noch für ausreichend hielt und die Hypothese (2) als Handlungserklärung für den Zeitpunkt t'' heranziehen, in dem Haas die verbandsmäßige Organisierung der Genossenschaften für eine adäquate Ausgestaltung des Mittels hielt, um sein Ziel, die Verbesserung der materiellen Situation der Landbevölkerung herbeizuführen.

---

[3] Vgl. Teil A I. 2. γ *aa*.

In den Hypothesen (4) bis (6) ist nicht mehr von Genossenschaften als adäquatem Mittel die Rede, sondern von den landwirtschaftlichen Vereinen in Hypothese (4) und der parlamentarischen Tätigkeit in den Hypothesen (5) und (6).

Die Hypothesen (5) und (6) beinhalten zwar den gleichen Handlungsentwurf, sie unterscheiden sich jedoch hinsichtlich der dem Handlungsentwurf vorgelagerten Beweggründe.

Der in Hypothese (5) angenommene Beweggrund stimmt weitgehend mit dem in den Hypothesen (1) bis (4) genannten überein, während in der Hypothese (6) angenommen wird, daß die genossenschaftliche Überzeugung für Haas ein Beweggrund gewesen ist, sich überhaupt politisch zu engagieren. Die parlamentarische Tätigkeit wird als Mittel zum Zweck angesehen. Sein genossenschaftliches Interesse bildete den Beweggrund für Haas' politische Aktivitäten, wohingegen in der Hypothese (5) behauptet wird, daß sein Interesse an Agrarpolitik ganz allgemein Haas zu seinem politischen Engagement bewegt hat.

Die bislang diskutierten Hypothesen unterscheiden sich entweder hinsichtlich der angenommenen Beweggründe oder der Mittel.

Nimmt man den gesamten Handlungsentwurf in den Blick, also nicht nur die Mittel-, sondern auch die Zielkomponente, stellt man fest, daß in der Hypothese (3) auf einen Handlungsentwurf hingewiesen wird, der sich von den in den anderen Hypothesen formulierten Handlungsentwürfen im Hinblick auf die Zielkomponente unterscheidet. Gemäß Hypothese (3) war es das Ziel von Haas mit Hilfe der Organisierung der Genossenschaften auf die sittlich-sozialen Verhältnisse der Landbevölkerung einzuwirken. Diese Hypothese wurde aus Äußerungen von Zeitgenossen von Haas[4] extrahiert.

Es fällt auf, daß der Hinweis auf ein so geartetes Ziel in den *neueren* Abhandlungen über Haas *fehlt*. Dies könnte darauf zurückzuführen sein, daß sich viele Autoren bei der Darstellung von Haas um eine deutliche Abgrenzung zu anderen Genossenschaftspionieren bemühen und deshalb die sittlich-soziale Zielsetzung der offensichtlich dominierenden wirtschaftlich-materiellen Zielsetzung opfern. Vor einem derartigen Vorgehen wird in der Festschrift anläßlich der 75-Jahr-Feier des ländlichen Genossenschaftsverbandes Frankfurt am Main gewarnt:

„Während Raiffeisen und Schulze-Delitzsch, die unabhängig voneinander die genossenschaftliche Idee aufgriffen und als Begründer des modernen Genossenschaftswesens gelten, sich in wesentlichen Punk-

---

[4] Vgl. Traueransprache von Pastor *Olshausen* und Nachruf von *Johannssen*, in der *Sondernummer der deutschen landwirtschaftlichen Genossenschaftspresse*, 1913, S. 3, S. 4.

ten sowohl bezüglich ihrer sozialen Bereiche, in denen sie wirkten, als auch in ihrer prinzipiellen Auffassung unterschieden, war das bei Raiffeisen und Haas zunächst nicht der Fall. Bei ihnen war die Identität des Arbeitsbereiches im ländlichen Bezirk gegeben, das aus dieser Identität auch zur Einheit drängte. Es ist sicher richtig, daß bei Raiffeisen das christlich-ethische und kulturell-sittliche Moment starke Betonung fand, und daß Haas, der ja von der mehr sachlichen Arbeit der Konsumvereine herkam, ähnlich wie Schulze, das geschäftliche, kaufmännische stärker betonte. Es wäre aber falsch zu glauben, daß beide das, was sie nicht so stark betonten, nicht gehabt hätten[5]."

Die aus dem second-hand-Material extrahierten Hypothesen unterscheiden sich im Hinblick auf die inhaltliche Bestimmung der Variablen Beweggrund, Ziel und Mittel. Für das vorliegende Thema sind im engeren Sinne eigentlich nur die Hypothesen (1) bis (3) erklärungsrelevant; denn nur in ihnen wird das Explanandum „Gründung bzw. Organisierung von Genossenschaften" thematisiert. Die genannten Hypothesen stehen daher auch im Mittelpunkt der nun folgenden Überprüfung anhand von first-hand-Material, den persönlichen Dokumenten von Wilhelm Haas.

2. Test der Hypothesen

a) Vorbemerkungen

Die Überprüfung der aus dem second-hand-Material extrahierten Hypothesen über die Beweggründe, die Haas zur Gründung und Organisierung landwirtschaftlicher Genossenschaften veranlaßt haben sollen, erfolgt in Anlehnung an die Methode der Inhaltsanalyse. Über die Adäquatheit der Anwendung dieser Technik der Auswertung und Interpretation persönlicher Dokumente auf den vorliegenden Untersuchungsgegenstand sind bereits einige Ausführungen gemacht worden, auf die an dieser Stelle verwiesen sei[1].

b) Bestimmung des relevanten Materials

aa) Öffentliche Archiv-Daten

Das aufgefundene Textmaterial, das zur Überprüfung der Hypothesen über die Beweggründe von Haas herangezogen werden kann, besteht fast ausschließlich aus öffentlichen Archiv-Daten.

---

[5] *75 Jahre ländlicher Genossenschaftsverband Frankfurt a. M. e. V.*, S. 11.

[1] s. dazu die allgemeinen Ausführungen in Teil B und die Vorbemerkungen zum Test der Hypothesen über die Beweggründe von Raiffeisen in Teil C.

Das Material der öffentlichen Archiv-Daten kann in drei Gruppen unterteilt werden: in Jahrbücher und Jahresberichte, in Festschriften und in Zeitschriften.

Die erste Gruppe der Jahrbücher und Jahresberichte umschließt die Jahresberichte des Direktors des Verbandes der hessischen landwirtschaftlichen Genossenschaften für die Jahre 1892, 1899/1900, 1903, 1906, 1907, 1909, 1910, 1912 und 1913 sowie die Jahrbücher des Allgemeinen Verbandes der deutschen landwirtschaftlichen Genossenschaften für 1894 - 1902 und schließlich die Jahrbücher des Reichsverbandes der deutschen landwirtschaftlichen Genossenschaften für 1903 - 1912.

Da dem Direktor der Verbände die Aufgabe oblag, den Rechenschaftsbericht für das abgelaufene Geschäftsjahr zu erstellen und Haas in den genannten Verbänden die Position des Direktors bzw. Anwalts bekleidete, stellen die Geschäftsberichte persönliche Dokumente von Haas dar. Einschränkend muß angemerkt werden, daß die Rechenschaftsberichte für 1909 - 1912 nicht von ihm autorisiert sind. Während dieser Zeit konnte Haas aus gesundheitlichen Gründen auch nicht an den jährlich stattfindenden Vereinstagen teilnehmen.

Zur zweiten Gruppe der Festschriften gehört zum einen die Festschrift aus Anlaß der 25jährigen Jubelfeier des Verbandes der hessischen landwirtschaftlichen Genossenschaften zu Mainz am 29. September 1898, die 1899 in Darmstadt unter dem Titel „Das landwirtschaftliche Genossenschaftswesen im Großherzogtum Hessen in den Jahren 1873 bis 1898“ erschienen ist, zum anderen ist die Festschrift zum 25jährigen Bestehen des Reichsverbandes der deutschen landwirtschaftlichen Genossenschaften, 6. Juli 1883 - 6. Juli 1908 zu nennen.

Da Haas große Teile der Festschriften selbst verfaßt hat, zählen auch sie zu den öffentlichen Archiv-Daten.

Unter die letzte Gruppe der Zeitschriften sind die Ausgaben des „Fortschritts“, der „Deutschen landwirtschaftlichen Genossenschaftspresse“ und des „Hessenlandes“ zu subsumieren.

Allerdings lagen der Verfasserin nur zwei Exemplare des „Fortschritt“ zur Analyse vor, der 9. Jahrgang von 1882 und der 14. Jahrgang von 1887. Die Zeitung wurde 1889 in „Deutsche landwirtschaftliche Genossenschaftspresse“ umbenannt. Herausgeber war und blieb Haas. Für die Analyse standen der 24. Jahrgang von 1897 sowie die Jahrgänge 26 - 40 von 1899 - 1913 zur Verfügung.

Nachdem das ehemalige Organ des Verbandes der hessischen landwirtschaftlichen Genossenschaften, der „Fortschritt“ zum Publikationsorgan des Allgemeinen Verbandes erweitert worden war, entschlossen sich die Mitglieder der hessischen landwirtschaftlichen Genossenschaften zur Herausgabe einer neuen Verbandszeitschrift. Die neue Zeitschrift erschien erstmals 1907 unter dem Titel „Das Hessenland"[2]. Der 3. Jahrgang, Nummer 11 von 1909 enthält eine Danksagung von Haas anläßlich der zahlreichen Glückwünsche zu seinem 70. Geburtstag.

Zusätzlich zu dem bisher genannten Material enthält das Manuskript von W. Krebs[3] über Leben und Persönlichkeit von Haas das Gesuch, in dem Haas um die vorzeitige Versetzung in den Ruhestand bittet sowie seine Dankesworte anläßlich der Feierstunde zu seinem 10jährigen Jubiläum als Präsident der Zweiten Kammer.

Wie aus dem Überblick über die aufgefundenen öffentlichen Archiv-Daten hervorgeht, hat Haas keine größere Publikation veröffentlicht. Er ist weder als Verfasser von Büchern noch von Broschüren hervorgetreten.

bb) Private Archiv-Daten

Auf persönliche Dokumente, die den Charakter privater Archiv-Daten haben, konnte leider kaum zurückgegriffen werden. Die Privat-Korrespondenz von Haas scheint weitgehend untergegangen zu sein.

Seelmann-Eggebert berichtet von einem Briefwechsel zwischen Raiffeisen und Haas, von dem aber nur ein Brief von Haas erhalten geblieben ist. Dieser Brief datiert vom 24. März 1874. Seelmann-Eggebert hat ihn in seiner bereits mehrfach zitierten Abhandlung auszugsweise abgedruckt[4].

Auszüge aus Briefen an seine jüngste Tochter hat Krebs in sein Manuskript über Haas aufgenommen[5]. Haas schrieb diese Briefe 1904 an seine Tochter, die sich damals in einem Pensionat in der französischen Schweiz aufhielt.

c) Erhebung und Auswertung der Daten

aa) Öffentliche Archiv-Daten

α) Jahresberichte und Jahrbücher

aa) Jahresberichte des Direktors des Verbandes der hessischen landwirtschaftlichen Genossenschaften für 1892, 1899/1900, 1903, 1906, 1907, 1909, 1910, 1912, 1913

Als erstes soll die Gruppe der Jahresberichte und Jahrbücher einer Überprüfung dahingehend unterzogen werden, ob in ihnen Indika-

[2] Vgl. *60 Jahre Verband der hessischen landwirtschaftlichen Genossenschaften 1873 - 1933,* S. 7.

[3] *Krebs,* Wilhelm Haas ..., S. 20.

[4] *Seelmann-Eggebert,* S. 347 f.

[5] *Krebs,* Wilhelm Haas ..., S. 37 ff.

toren enthalten sind, die auf die in den Hypothesen behaupteten Beweggründe zurückverweisen.

Haas hat als Direktor des Verbandes der hessischen landwirtschaftlichen Genossenschaften auf den jährlich stattfindenden Verbandstagen die Jahresberichte für das jeweils abgelaufene Jahr vorgetragen.

Auf dem Verbandstag 1893 bittet er die Genossenschaften um Mithilfe bei der Beseitigung eines Notstandes. Die Genossenschaften sollten in diesem Zusammenhang nicht nur für ihre Mitglieder tätig werden, sondern der ganzen Gemeinde ihre Dienste erweisen[1].

In seinem Jahresbericht weist er auf die Notwendigkeit hin, den noch nicht organisierten Landwirten die materiellen Vorteile, die sich aus dem genossenschaftlichen Zusammenschluß ergeben, aufzuzeigen sowie auf die ideale Bedeutung, die erzieherische Wirkung, der Genossenschaftsarbeit hinzuweisen, „wie sie den Landwirt zu gemeinsinniger Tätigkeit heranbildet, aus seiner Vereinzelung und untätigen Schicksalsergebenheit herausreißt, ihn mit größerem Selbstgefühl, mit dem Gefühl der Selbstverantwortlichkeit erfüllt, aber auch zur Nächstenliebe, zur werktätigen Hilfsbereitschaft für seine Mitbürger aneifert!“[2].

Dieser Passus deutet darauf hin, daß Haas die Genossenschaften nicht nur als Mittel zur Verbesserung wirtschaftlich-materieller Verhältnisse ansah, sondern auch zur Förderung der sittlich-sozialen Verhältnisse. Ganz besonders deutlich kommt diese Auffassung in folgendem Passus zum Ausdruck:

„Und jeder einsichtige Volksfreund wird gerne zugeben, daß in dem Streben nach diesen letzten Zielen der ungleich bedeutungsvollere, den materiellen Nutzen an Wichtigkeit weit überragende Teil der genossenschaftlichen Tätigkeit liegt, welche die im Menschen liegenden edlen Instinkte weckt und pflegt, ihn zum tüchtigen, selbstlosen, opferwilligen Bürger heranzieht[3].“

Im Anschluß daran geht Haas auf die Konstituierung des Verbandes der hessischen landwirtschaftlichen Konsumvereine und die Anfeindungen von seiten des Handels ein. Insbesondere wendet er sich gegen die Behauptung, die landwirtschaftlichen Konsumvereine seien rein kapitalistische Unternehmungen ohne jeglichen sittlichen Wert:

---

[1] s. Bericht über die Verhandlungen des XXXII. Verbandstages der hessischen landwirtschaftlichen Genossenschaften zu Darmstadt am 16. November 1893 und *Jahresbericht des Verbandsdirektors* mit der Statistik der Genossenschaften *für 1892*, Darmstadt 1894, S. 11.

[2] *Haas*, Wilhelm: ebd., S. 17.

[3] *Ders.*, ebd., S. 17.

„Nichts ist unrichtiger als dies. Wir vertreten im Gegenteil nach wie vor den auch von Raiffeisen eingenommenen, ja sogar von Schulze-Delitzsch gebilligten Standpunkt, daß das ländliche Genossenschaftswesen einer besonderen Gestaltung bedürfe, auf den ländlichen Verhältnissen angepaßten Bedingungen aufgebaut werden, einen vorzugsweise gemeinnützigen Charakter tragen, auf der Nächstenliebe basieren müsse, und es entsprechen unsere Einrichtungen denen der Jenseite hierin durchaus ... Das Vertrauen in die eigene Kraft, in die Macht der genossenschaftlichen Verbindung der Berufsgenossen, in die Güte und Gerechtigkeit der Sache, sie waren es, welche als Fundament für den Bau des wichtigen wirtschaftlichen Gemeinwesens gelegt wurden; ... Die Unterordnung des einzelnen unter den Gesamtwillen und das Gesamtinteresse, die Vermeidung des Hervortretens des Persönlichen, des Personenkultus, die Mitarbeit aller, die Zuversicht in die aus dem Boden der Selbsthilfe geschöpften Mittel, sie bildeten die Bausteine und den Kitt für das der Gesamtheit gewidmete Werk[4]."

In dem Jahresbericht für 1899/1900 geht es unter anderem um die Bemühungen um die Gründung von Kornhäusern und um die Errichtung der landwirtschaftlichen Zentral-Maschinenhalle zu Frankfurt. Es folgt der Hauptrevisionsbericht und dann der Bericht der milchwirtschaftlichen Versuchsstation für das Jahr 1900.

Haas würdigt das 30jährige Bestehen des Verbandes auf dem XXXI. Verbandstag zu Mainz, auf dem er den Jahresbericht für 1903 verliest:

„Es waren nicht nur materielle Interessen, welche unsere Landwirte vor dreißig Jahren und von da ab in immer mehr steigendem Maße zum genossenschaftlichen Zusammenschluß veranlaßten, sondern vor allem bewirkten die ethischen Ziele des Genossenschaftswesens, welche in der Betätigung der Nächstenliebe, in der Hilfsbereitschaft für die Berufsgenossen, in der Pflege des Standesbewußtseins und Gemeinsinns, in der Erziehung zur Selbsthilfe und zur Selbstverantwortlichkeit liegen, die Vereinigung zu unserem Verband. Die Aussicht, durch vereinte Kraft wirtschaftlichen Erfolg zu erreichen, hat das Selbstgefühl und das Vertrauen auf die eigene Kraft unserer hessischen Landwirte gestärkt. Dies waren und sind noch heute die Motive, auf welche sich die genossenschaftliche Arbeit gründet, denn gerade das beiderseitige Zusammenwirken materieller Interessen und ethischer Ziele hat unser landwirtschaftliches Genossenschaftswesen zu der Blüte gebracht, in welcher es jetzt in allen Teilen unseres Hessenlandes sich befindet ...[5]."

---

[4] *Ders.*, ebd., S. 19 ff.

[5] *ders.*, Jahresbericht des Direktors des Verbandes der hessischen landwirtschaftlichen Genossenschaften für 1903, S. 1.

Haas macht erneut deutlich, daß mit den Genossenschaften eine doppelte Zielsetzung verfolgt wird, nämlich die Wahrnehmung wirtschaftlicher Interessen und die Verwirklichung ethischer Ziele. Weiter führt er aus, daß die Beweggründe für genossenschaftliche Arbeit in der Verschmelzung wirtschaftlicher Interessen mit dem Glauben an die Effizienz der Selbsthilfe als Ausdruck ethischen Wollens zu suchen sind.

Auch in seinem Jahresbericht für 1906 geht er auf die Zielsetzung der Genossenschaften ein:

„Zielbewußt konnte deshalb der hohen Aufgabe, durch den genossenschaftlichen Zusammenschluß die ideelle und materielle Lage des Bauernstandes zu heben und zu fördern, in Sammlung aller Kräfte nachgegangen ... werden[6].“

Als Mittel gegen die fortschreitende wirtschaftliche Konzentration empfiehlt er die Gegenmachtbildung durch weiteren genossenschaftlichen Zusammenschluß[7]. Erneut weist er auf die sittliche Zielsetzung hin, indem er ausführt:

„Außer der Pflege der rein schematischen Organisation der Genossenschaften und des Geschäftssinns derselben, betrachtet es der Verband als eine seiner vornehmsten Pflichten, sich auch diejenige der ethischen Werte angelegen sein zu lassen. Bei jeder Gelegenheit wurde durch Wort und Schrift darauf hingewiesen, daß bei den Mitgliedern einer Genossenschaft Gemeinsinn und Selbstzucht zu herrschen habe[8].“

Die Jahresberichte für 1907, 1910, 1912 und 1913 enthalten keine Hinweise auf das Verhältnis von Beweggründen, Zielen und Mitteln im Denken und Handeln von Haas.

Im Bericht für 1909 warnt er eindringlich davor, die Genossenschaften als ein Allheilmittel zu betrachten und in blinden „Genossenschaftsenthusiasmus“ zu verfallen[9].

ββ) Jahrbücher des Allgemeinen Verbandes der deutschen landwirtschaftlichen Genossenschaften für 1894 - 1902

Haas war nicht nur Direktor des Verbandes der hessischen landwirtschaftlichen Genossenschaften — wie ausgeführt —, sondern auch Anwalt des Allgemeinen Verbandes der deutschen landwirtschaftlichen Genossenschaften.

---

6 *Ders.*, Jahresbericht des Direktors des Verbandes der hessischen landwirtschaftlichen Genossenschaften für 1906, S. 1.

7 Vgl. *ders.*, ebd., S. 4.

8 *Ders.*, ebd., S. 5.

9 Vgl. *ders.*, Jahresbericht des Direktors des Verbandes der hessischen landwirtschaftlichen Genossenschaften für 1909, S. 7.

Die Jahrbücher des Allgemeinen Verbandes enthalten die Verhandlungsberichte der Allgemeinen Vereinstage und die auf den Vereinstagen vorgelegten Jahresberichte der Anwaltschaft.

Erstmals wurde für das Jahr 1894 ein Jahrbuch herausgegeben[10].

Auf dem Vereinstag teilt Haas mit, daß die Gegnerschaft den Genossenschaften und ihren Organisationen gegenüber weiter abnimmt sowohl in den Kreisen der landwirtschaftlichen Vereine, bei den Händlern als auch in den eigenen Reihen potentieller Mitglieder, den Landwirten[11].

Vom Staat fordert er Unterstützung für die Ausbreitung des Genossenschaftswesens. Schwerpunkt genossenschaftlicher Arbeit bleibt aber die Einlösung des Prinzips der Selbsthilfe. Er entwickelt das Zukunftsbild einer den Waren- wie Geldverkehr beherrschenden genossenschaftlichen Organisation, die kaufmännisch organisiert ist und auf einer hohen ethischen Grundlage beruht — der Liebe zum Nächsten —[12].

Im Anschluß an diesen Ausblick begrüßt er die Dezentralisierungsbestrebungen in Bayern und beschäftigt sich mit der Arbeiterwohnungsfrage. Sein besonderes Interesse gilt der Fürsorge für die Verbands- und Genossenschaftsbeamten als Ausdruck echt genossenschaftlichen Geistes.

Es folgt der Jahresbericht für 1893, in dem Haas unter anderem auf die Aufgaben des Allgemeinen Verbandes hinweist: Vertretung und Wahrung gemeinsamer Interessen, Ausbreitung des Genossenschaftswesens auf landwirtschaftlichem Gebiet und Ausbildung der Verfassung und Förderung aller gemeinsamen und besonderen Angelegenheiten, die Beratung der zugehörigen Verbände und Genossenschaften in allen Zweigen des Genossenschaftswesens und die gegenseitige Unterstützung im Geschäftsbetrieb[13].

Auf dem Vereinstag von 1895 lobt Haas die zunehmende fachliche Qualifikation der Mitarbeiter in den Genossenschaftsverbänden.

Desweiteren beschäftigt er sich mit der Behauptung, daß in der Landwirtschaft verschiedene genossenschaftliche Systeme existieren. Er negiert jeden systematischen Unterschied, bejaht aber die Unterschiede in weniger prinzipiellen Dingen. Anschließend verwahrt er sich gegen Angriffe von Mitgliedern der Neuwieder Organisation, die behaupteten, daß seitens des Allgemeinen Verbandes gegen sie agi-

---

[10] s. *Jahrbuch des Allgemeinen Verbandes* der deutschen landwirtschaftlichen Genossenschaften *für 1894*, Offenbach 1895.

[11] Vgl. *Haas*, ebd., S. 9.

[12] Vgl. *ders.*, ebd., S. 9.

[13] Vgl. *ders.*, ebd., S. 64.

tiert würde: „... wir verlangen, daß man sich nicht in Selbstüberhebung zu der Behauptung versteigt, wir stünden im Gegensatz zu anderen nicht auf dem Boden der christlichen Nächstenliebe. und seien nicht beseelt von der gleichen opfervollen Gesinnung, wie das bei anderen Genossenschaften der Fall sein soll[14]." In diesem Zusammenhang weist er auch auf das pietätvolle Verhalten Raiffeisen gegenüber hin, das darin bestand, die Darlehnskassen nicht vor Raiffeisens Ableben in den Allgemeinen Verband aufzunehmen.

Im Anschluß an diese Auseinandersetzung beschäftigt er sich mit der Bedeutung der Preußischen Zentralgenossenschaftskasse für die Genossenschaften:

„Es kann nur ein ganz öder Doktrinarismus behaupten, daß man diese Hilfe nicht akzeptieren dürfe. Das Genossenschaftswesen ist eine Sache, welche die menschliche Gesellschaft im Ganzen angeht; es wird durch eine gedeihliche genossenschaftliche Arbeit auch für diejenigen gewißermaßen gesorgt, die außerhalb des Genossenschaftswesens stehen; es fördert das Genossenschaftswesen das Allgemeinwohl und aus diesem Grunde kann sich der Staat gewiß veranlaßt sehen, für beregte Zwecke Mittel zur Verfügung zu stellen ... Wir arbeiten für die nationale Wohlfahrt. Und wenn diese Leistung von unserer Seite vorhanden ist, so kann auch die Gegenleistung in einem Zuschuß zu den Agitationskosten bestehen[15]."

Haas rechtfertigt die Inanspruchnahme staatlicher Mittel mit äquivalenztheoretischen Überlegungen. Die Genossenschaften produzieren in zweifacher Hinsicht positive externe Effekte. Zum einen profitieren auch Nichtmitglieder von der Arbeit der Genossenschaften. Ihnen fällt eine free-rider-Position zu. Zum anderen ist der Staat Nutznießer der genossenschaftlichen Arbeit, weil mit der Erfüllung des genossenschaftlichen Auftrags Steuermehreinnahmen für den Staat einhergehen. Schließlich fordert er die Genossenschafter auf, alles zu tun, um „das Volkswohl durch die gemeinschaftliche genossenschaftliche Arbeit zu fördern"[16].

Haas geht es also nicht nur um die Vertretung gruppenspezifischer Interessen. Die genossenschaftliche Arbeit soll nicht nur den Mitgliedern zugute kommen, sondern darüber hinaus zur Förderung des Volkswohls beitragen.

Im Jahrbuch des Allgemeinen Verbandes für 1896 charakterisiert Haas den Kaiser als Förderer der genossenschaftlichen Selbsthilfe, der

---

[14] *Ders.*, Jahrbuch des Allgemeinen Verbandes der deutschen landwirtschaftlichen Genossenschaften für 1895, Offenbach 1896, S. 12.

[15] *Ders.*, ebd., S. 13 f.

[16] *Ders.*, ebd., S. 15.

in den Genossenschaften „eines der besten Mittel zur Verhütung weiteren Niederganges, ein festes Bollwerk gegen die hereinbrechende Flut aller umstürzenden Tendenzen erblickt“[17].

In seinem Jahresbericht für 1895 würdigt er die genossenschaftliche Selbsthilfe als eines der wirksamsten Mittel zur Verbesserung der Lage in der Landwirtschaft:

„In keiner anderen Organisation, . . ., finden die Landwirte die Stärkung ihres Selbstbewußtseins, die erforderliche Unabhängigkeit in wirtschaftlichen Dingen und schließlich die moralische wie materielle Kraft und Hilfe wie solchen Rückhalt für den ganzen Stand in dem Maße, wie in der Genossenschaft. Welcher andere Organismus wie der genossenschaftliche wäre aber auch aufgebaut auf der vollen Hingabe des Einzelnen an das Ganze, auf der unbedingten Voranstellung des Gemeinwohls, auf der Unterordnung unter die Gesamtheit[18].“

In dem Grundsatz „Einer für Alle, Alle für Einen“ manifestiert sich nach Haas „eine der idealsten Lehren des Christentums, die von der Bruder- und Nächstenliebe“[19].

In Absetzung zu der Auffassung der Mitglieder des Schulze-Delitzschschen Verbandes der Erwerbs- und Wirtschaftsgenossenschaften plädiert Haas für eine sinnvolle Kombination von Selbst- und Staatshilfe[20].

Im Jahrbuch des Allgemeinen Verbandes für 1897 gibt Haas den Jahresbericht für 1896 bekannt. Er fordert die staatliche Unterstützung für den Fall, daß alle Versuche, auf dem Wege der Selbsthilfe eine Verbesserung der Lebenslage herbeizuführen, fehlgeschlagen sind. Die Höhe der staatlichen Zuwendung soll sich belaufen „in den Grenzen des Notwendigen, Zulässigen und Erreichbaren, unter dieser Voraussetzung aber jedenfalls so ausreichend . . ., daß dieser wichtigste Zweig der Volkstätigkeit erhalten und gestärkt, ihm eine Unterstützung zuteil werde, wie sie nicht nur im Interesse der Landwirtschaft, sondern im Interesse des Gesamtwohls liegt, denn es handelt sich in der Landwirtschaft um die kräftigste Grundsäule der Staaten“[21].

Haas geht also ähnlich wie Raiffeisen von der fundamentalen Bedeutung der Landwirtschaft für die Sicherung des Bestandes der Staaten aus. Förderung der Landwirtschaft bedeutet somit zugleich Erhöhung des Gesamtwohls und Sicherung der staatlichen Gemeinschaft.

---

17 *Ders.*, Jahrbuch des Allgemeinen Verbandes der deutschen landwirtschaftlichen Genossenschaften für 1896, Offenbach 1897, S. 4.

18 *Ders.*, ebd., S. 11.

19 *Ders.*, ebd., S. 11.

20 Vgl. *ders.*, ebd., S. 12 ff., S. 76.

21 *Ders.*, Jahrbuch des Allgemeinen Verbandes der deutschen landwirtschaftlichen Genossenschaften für 1897, Offenbach 1898, S. 13.

Im Jahresbericht folgen unter anderem Ausführungen über die zunehmende Dezentralisierungstendenz, die Haas außerordentlich begrüßt. Ferner weist er auf die partiell notwendige Zentralisation hin, die jedoch nicht von oben oktroyiert wird, sondern sich langsam von unten aufbaut:

„Daß durch eine solche nach unten hin gesicherte Zentralwirksamkeit viel Bedeutenderes geleistet werden kann, als wenn man gleich von vornherein alle Kräfte konzentriert ohne Rücksicht auf die Verschiedenartigkeit der Verhältnisse ist einleuchtend[22].“ Auf Seite 20 wird erwähnt, daß Haas der Rote Adlerorden III. Klasse verliehen wurde.

Im Jahrbuch des Allgemeinen Verbandes für 1898 kommt er in seinem Jahresbericht für 1897/98 noch einmal auf die Grundlagen genossenschaftlicher Arbeit zu sprechen:

„In der Fernhaltung alles dessen, was nicht zur Sache gehört, zugleich aber in der strengen Festhaltung des Gedankens der Nächstenliebe, der großen ethischen, unerläßlichen Grundlage aller genossenschaftlichen Arbeit, in steter Hervorhebung und Betätigung wahren Gemeinsinns, darin suchten und fanden wir die weiteren Stützpunkte für unser Tun[23].“

Für Haas ist die Nächstenliebe die ethische Grundlage der Genossenschaftsarbeit. Die Genossenschaften haben für ihn nicht nur eine instrumentelle Bedeutung als Mittel zur Erreichung bestimmter Ziele, sondern sie besitzen einen hohen Eigenwert, weil sich in ihnen der Gedanke der Nächstenliebe manifestiert.

In der Bezugsvereinigung der deutschen Landwirte sieht er die „Landwirte zur Verteidigung ihrer volkswirtschaftlichen Rechte und Forderungen vereinigt, in selbst begründeter, natürlicher Verbindung zusammengefunden“[24].

Sodann ruft er zu vereinten Anstrengungen auf, „damit in der genossenschaftlichen Arbeit die Landwirtschaft eines der besten Mittel immer mehr finden möge, ihre Verhältnisse zu verbessern“[25].

Die praktische Genossenschaftsarbeit ist für Haas offensichtlich ein adäquates Mittel zu Zielerreichung, der Verbesserung der Verhältnisse in der Landwirtschaft. Haas differenziert somit zwischen den ethischen Grundlagen der Genossenschaften und der Genossenschafts-

---

[22] *Ders.*, ebd., S. 15.

[23] *Ders.*, Jahresbericht des Allgemeinen Verbandes der deutschen landwirtschaftlichen Genossenschaften für 1898, Offenbach 1899, S. 11.

[24] *Ders.*, ebd., S. 16.

[25] *Ders.*, ebd., S. 67.

arbeit an sich. Die ethische Grundlage bildet das Christentum. Die konkrete Genossenschaftsarbeit soll sich jedoch an dem angestrebten Ziel, nämlich einer Verbesserung der Verhältnisse, orientieren.

Auf dem Allgemeinen Vereinstag von 1899 sieht sich Haas genötigt entgegen genossenschaftlichen Grundsätzen über Persönliches zu sprechen[26].

Im Jahresbericht der Anwaltschaft für 1898/99 versichert Haas, daß man sich bemüht habe, alle in den letzten fünfzig Jahren gemachten genossenschaftlichen Erfahrungen zu sammeln und zu verwerten. „Darin folgen wir nur dem schlichten gesunden Sinn der ersten und größten Führer der deutschen Genossenschaftsbewegung: H. Schulze-Delitzsch und F. W. Raiffeisen, und mehr (als ... d. V.) durch starres Festhalten einzelner ihrer technischen, historisch bedingten Einrichtungen hoffen wir ihnen damit zu dienen. Ihre hohe ideale Auffassung von der genossenschaftlichen Tätigkeit und ihren Zielen halten wir fest ... und wir wollen die von ihnen gesteckten Ziele auch für die Zukunft unentwegt verfolgen[27].“

In diesem Passus verdeutlicht Haas, daß er sowohl die Ziele von Schulze-Delitzsch als auch von Raiffeisen akzeptiert und deren ideale Auffassung von der genossenschaftlichen Tätigkeit teilt. Da aber sowohl die Ziele als auch die ideale Auffassung von der genossenschaftlichen Tätigkeit bei Raiffeisen und Schulze-Delitzsch divergieren, hat sich Haas mit dieser Formulierung einen weiten Spielraum für die Rechtfertigung seines eigenen Handelns verschafft.

Da sich der von Haas vertretene Grundsatz der Errichtung von Spezialgenossenschaften, in Sonderheit die Trennung von Kredit- und Warengeschäft, in der Praxis nicht einlösen ließ, zeigt er sich bereit, von der strikten Befolgung dieses Grundsatzes abzusehen und lediglich die allgemeine Erwünschbarkeit der Errichtung von Bezugsgenossenschaften zu propagieren[28].

Auf seine gesellschaftspolitischen Ansichten von der fundamentalen Bedeutung der Landwirtschaft kommt er am Ende des Jahresberichts zu sprechen:

„Und wenn sie (die genossenschaftliche Tätigkeit d. V.) eine ersprießliche ist, so hat den Nutzen hiervon nicht nur die deutsche Landwirtschaft, sondern unser ganzes deutsches Vaterland, dessen Grundsäule ja die Landwirtschaft darstellt[29].“

---

26 *Ders.*, Jahrbuch des Allgemeinen Verbandes der deutschen landwirtschaftlichen Genossenschaften für 1899, Offenbach 1900, S. 47 f.

27 *Ders.*, ebd., S. 54.

28 Vgl. *ders.*, ebd., S. 109 ff.

29 *Ders.*, ebd., S. 113.

Das Jahrbuch des Allgemeinen Verbandes für 1900 enthält die Fortsetzung des Jahresberichts der Anwaltschaft für 1899/1900.

Haas betont, daß es ihm nicht nur um den ziffernmäßigen Nachweis der materiellen Erfolge der genossenschaftlichen Gesamtorganisation geht, sondern daß er auch bestrebt war, „vor den Augen der Vertreter des Allgemeinen Verbandes ein Bild darüber zu entrollen, welchen Gewinn unsere genossenschaftliche Arbeit in der idealen Beziehung, in der Befestigung und Vervollkommnung der genossenschaftlichen Grundsätze und Einrichtungen, in der Erweckung, Belebung und Erhaltung echt genossenschaftlichen Geistes in der abgelaufenen Periode zu verzeichnen hatte. Und dazu hatte ich gewiß um so mehr trifftigen Anlaß, als in der eigentlichen genossenschaftlichen Erziehung der deutschen Landwirte, in der Hochhaltung der ethischen Ziele unserer Tätigkeit, in der unentwegten Verwirklichung des Satzes: ‚Alle für Einen, Einer für Alle!' doch der erste, ich darf sagen, der weitaus wichtige Teil unserer Aufgabe besteht. Gewiß sind wir alle darüber einig, daß unsere genossenschaftliche Wirksamkeit nur dann gedeihen kann, wenn als Leitstern, als ihr fester Eck- und Grundstein die idealen genossenschaftlichen Gesichtspunkte rückhaltlose Beachtung und wenn zugleich ihre Unterlage, die viel gerühmte Selbsthilfe, eine solche Auslegung findet, daß der Einzelne nicht nur sich selbst zu helfen sucht, sondern in wahrer christlicher Nächstenliebe auch für den Berufsgenossen, ja in erster Linie für diesen und dann erst für sich eintreten soll[30]."

In diesem Passus bringt Haas deutlich seine Auffassung von der doppelten Zielsetzung der Genossenschaften zum Ausdruck. Es geht eben nicht nur um die Erzielung materieller Erfolge, sondern auch und gerade um die genossenschaftliche Erziehung der Landwirte. Er will die Selbsthilfe auch nicht als individualistische, sondern als solidarische im Sinne christlicher Nächstenliebe verstanden wissen.

Für das neue Jahrhundert prognostiziert er eine wachsende Bedeutung des Genossenschaftswesens, „wenn die Arbeit wie seither von echt genossenschaftlichem Geiste, von echter Nächstenliebe getragen sich vollzieht, wenn sie erfüllt bleibt vom richtigen, edlen Idealismus und von dem Gefühle, daß nur die Eintracht die Macht verleiht"[31].

Haas schließt den Jahresbericht ab, indem er seiner Überzeugung Ausdruck verleiht, daß die genossenschaftliche Arbeit auch dem Volkswohl zum Nutzen gereicht. „Ist doch unsere Arbeit ein Stück der großen nationalen volkswirtschaftlichen Arbeit der Nation, und wenn

---

[30] *Ders.*, Jahrbuch des Allgemeinen Verbandes der deutschen landwirtschaftlichen Genossenschaften für 1900, Darmstadt 1901, S. 53 f.

[31] *Ders.*, ebd., S. 58.

wir unseren Landwirten durch unsere Tätigkeit Vorteile bringen, wir dann auch unserem großen, herrlichen Vaterlande nutzen[32]."

Auf dem Vereinstag von 1901 erstattet Haas über das Geschäftsjahr 1900/01 Bericht.

Da der genossenschaftliche Geist noch lebendig sei, hegt er die Hoffnung: „Auf der Grundlage der Nächstenliebe und bewährter Genossenschaftsprinzipien werde die Entwicklung auch in der Zukunft eine andauernde, vortreffliche und siegreiche sein![33]."

Zu den bewährten Genossenschaftsprinzipien zählt er insbesondere die Dezentralisation, die Existenz selbständiger Landes- und Provinzialverbände. Dies gelte auch für die Zukunft. Für geschäftliche und wirtschaftliche Zwecke ist seiner Auffassung zufolge auf Druck von außen hin eine gewisse Konzentration unumgänglich.

Er schließt den Bericht mit der Feststellung, „daß, wenn die genossenschaftliche Organisation, die genossenschaftliche Arbeit keinen Selbstzweck hat, wenn sie vielmehr bestimmt ist, den Wohlstand der landwirtschaftlichen Bevölkerung im Ganzen zu fördern, und wenn wir berufen gewesen sind, diesem Ziele auch heute zuzustreben, unsere Tätigkeit in diesen zwei Tagen dazu beigetragen hat, die Erreichung des Ziels zu fördern"[34].

Im Jahresbericht des Anwalts für 1901/02 ruft Haas zur inneren Geschlossenheit auf, um gegnerische Angriffe erfolgreich abwehren zu können. Er befürwortet eine friedliche Koexistenz mit dem reellen deutschen Handel und der Industrie.

Ferner weist er darauf hin, daß die Errichtung wirtschaftlicher Zentralen nicht die Selbständigkeit der Zentralgenossenschaften in den einzelnen Ländern und Provinzen tangiert.

Abschließend stellt er fest, daß es die Aufgabe der Genossenschaften ist, auch die nationale Wohlfahrt zu fördern[35].

γγ) Jahrbücher des Reichsverbandes der deutschen landwirtschaftlichen Genossenschaften für 1903 - 1912

Nachdem der Allgemeine Verband der deutschen landwirtschaftlichen Genossenschaften in Reichsverband der deutschen landwirtschaftlichen

[32] *Ders.*, ebd., S. 119.

[33] *Ders.*, Jahrbuch des Allgemeinen Verbandes der deutschen landwirtschaftlichen Genossenschaften für 1901, Darmstadt 1902, S. 66.

[34] *Ders.*, ebd., S. 134.

[35] Vgl. *ders.*, Jahrbuch des Allgemeinen Verbandes der deutschen landwirtschaftlichen Genossenschaften für 1902, Darmstadt 1903, S. 148.

Genossenschaften umbenannt worden war, erschien seit 1904 das Jahrbuch des Reichsverbandes der deutschen landwirtschaftlichen Genossenschaften in Darmstadt.

Das Jahrbuch für 1903 enthält unter anderem den Jahresbericht von Haas, in dem er auch auf die enorme Ausbreitung der Genossenschaften in Deutschland eingeht:

„Die genossenschaftliche Idee, die Erkenntnis, daß enger Zusammenschluß der Berufsgenossen zur gemeinsamen wirtschaftlichen Arbeit auf ethischer Grundlage, auf dem Boden christlicher Nächstenliebe und gegenseitiger Unterstützung zum Heile und Ziele führe, hat ... eine Ausbreitung gefunden, wie auch der größte Optimist vor zwanzig Jahren nicht vermuten und voraussagen konnte[36]."

Im Zusammenhang mit seinem Bericht über den Stand der Verhandlungen über einen organisatorischen Zusammenschluß der beiden landwirtschaftlichen Genossenschaftsverbände führt er aus:

„Unser Organisationssystem, das auf der territorialen Dezentralisation, ..., beruht, unser System, das ja der ursprünglichen, aber später allerdings geänderten Ansicht und Absicht des verewigten Raiffeisen entspricht, das andererseits sich jedoch von einer Schablonisierung, von einem schädlichen Personenkultus und von Heranziehung nicht in das genossenschaftliche Arbeitsgebiet gehöriger Dinge völlig ferngehalten hat, es hat sich, ..., als das Richtigere, weil der landwirtschaftlichen Entwicklung genehmere erwiesen[37]."

Dieser Passus enthält die wesentlichsten Organisationsprinzipien, auf denen die Genossenschaften des Reichsverbandes aufgebaut sind. Um dem Bedürfnis einer wissenschaftlichen Grundlegung der Genossenschaftsarbeit gerecht zu werden, kündigt Haas die Errichtung einer Genossenschaftsschule an[38].

Ausdrücklich verwahrt er sich weiter unter nochmals gegen jede Form von Personenkult:

„Nichts ist schädlicher im genossenschaftlichen Leben, als daß man Einrichtungen auf den Namen einer Person tauft; die einzelne Person soll keine Rolle auf diesem Gebiet spielen[39]."

Diese Äußerung fiel im Zusammenhang mit der Abänderung der Firma und zielt eindeutig auf die Neuwieder Raiffeisen-Organisation.

---

[36] *Ders.*, Jahrbuch des Reichsverbandes der deutschen landwirtschaftlichen Genossenschaften für 1903, Darmstadt 1904, S. 81.

[37] *Ders.*, ebd., S. 83.

[38] Vgl. *ders.*, ebd., S. 87.

[39] *Ders.*, ebd., S. 97.

Erneut weist er auf die nationale Bedeutung der Genossenschaftsarbeit hin, darauf, daß nicht allein Mitgliederförderung betrieben, sondern darüber hinaus der gesamten Volkswohlfahrt gedient wird[40].

Im Jahresbericht des Anwalts für 1903/04, der im Jahrbuch des Reichsverbandes für 1904 abgedruckt ist, setzt sich Haas nochmals mit den Zielen und Erfolgsbedingungen der ländlichen Genossenschaftsbewegung auseinander.

Er ordnet die soziale Wirksamkeit der Genossenschaften und Genossenschaftsverbände der wirtschaftlichen Förderung gleichrangig bei und weist auf die auf den Verbandstagen und Generalversammlungen erfolgte ausdrückliche Betonung der ethischen und kulturellen Aufgaben der ländlichen Genossenschaften sowie auf ihr Engagement in der ländlichen Wohlfahrtspflege hin. Unter sozialer Wirksamkeit versteht er „moralische Erziehung und geistige Bildung der Mitglieder, Ausgleichung sozialer Gegensätze, Stärkung der wirtschaftlich Schwachen und Hebung des Gemeinsinns“[41]. ... „aber gegenüber der neuerlichen heftigen Befehdungen scheint es nützlich, hier zu betonen, daß unsere ländlichen Genossenschaften doch etwas wesentlich anderes und höheres sein wollen und sind als rein geschäftliche Konkurrenzunternehmungen der privaten Handelsbetriebe[42].“

Zu den Erfolgsbedingungen der Genossenschaften führt er aus: „Ebenso irrig ist es, die angeblich systematische staatliche Subventionierung des ländlichen Genossenschaftswesens als wesentliche oder gar einzige Ursache seiner Erfolge anzuführen[43].“ Für geboten hält er eine staatliche Subventionierung allerdings, weil durch die Arbeit der Genossenschaften die selbständigen Klein- und Mittelbetriebe konkurrenzfähig erhalten werden können[44]. Der Erfolg der Genossenschaften ist jedoch auf einen anderen Faktor zurückzuführen: „Das endlich auflebende Solidaritätsgefühl, der Korpsgeist unter den Landbewohnern war es, welcher den Zusammenschluß zu gemeinsamer, wirtschaftlicher, von hohen ethischen Momenten, von echt christlicher Menschenliebe getragenen Tätigkeit hervorgerufen hat[45].“

Auf den Seiten 97 - 100 ist ein Referat abgedruckt, das Pastor Schmidt auf dem Verbandstag zum Thema „Sittliche Triebkräfte genossenschaftlicher Arbeit“ gehalten hat. Der Berichterstatter legte

[40] Vgl. *ders.*, ebd., S. 148.

[41] Vgl. *ders.*, Jahrbuch des Reichsverbandes der deutschen landwirtschaftlichen Genossenschaften für 1904, Darmstadt 1905, S. 8.

[42] *Ders.*, ebd., S. 8.

[43] *Ders.*, ebd., S. 8; siehe auch ebd., S. 85.

[44] Vgl. *ders.*, ebd., S. 8, 86.

[45] *Ders.*, ebd., S. 85.

seinen Ausführungen fünf Leitsätze zugrunde, die im Anschluß an den Vortrag in Form einer Resolution einstimmig, also auch mit Zustimmung des Generalanwalts Haas, angenommen wurden: „Es gehört zum besten Erbe der Gründer unseres Genossenschaftswesens, daß sie nüchtern die wirtschaftliche Hebung des Einzelnen als Zweck hinstellen und doch zielbewußt in erster Linie auf sittliche Kräfte zu dessen Erreichung rechneten[46]." Als sittliche Kräfte werden zum einen die Nächstenliebe und zum anderen die Selbsthilfe genannt, die von den Gründern der Genossenschaften amalgamiert wurden. Obige teilweise zitierte Resolution gibt Haas im Jahresbericht des Generalanwalts für 1904/05 auf Seite 31 wieder, der im Jahrbuch des Reichsverbandes der deutschen landwirtschaftlichen Genossenschaften für 1905 enthalten ist.

In diesem Jahrbuch wird auch die Einigung der beiden deutschen landwirtschaftlichen Genossenschaftsorganisationen bekannt gegeben. „Die Wirkung wird in moralischer wie materieller Hinsicht eine große sein[47]." Anschließend charakterisiert Haas das ländliche Genossenschaftswesen als ein neutrales Arbeitsfeld, „auf dem sich die Angehörigen aller christlichen Konfessionen und Parteien zur einträchtigen und friedlichen und ersprießlichen Arbeit zusammengefunden haben"[48].

Haas kommt dann auf einige Schwerpunkte der weiteren Verbandsarbeit zu sprechen:

„Ein ganz besonderes Gewicht aber — das möchte ich nicht unerwähnt lassen — ist endlich auch noch die Beseitigung des leider da und dort allzu stark ertönenden Phrasengeklingels und Schönmalens zu legen, deren Übermaß zweifellos manches Unheil angerichtet hat. Die genossenschaftliche Idee ist eine eminent ethische und sittlich erhabene, die Wirkung des Genossenschaftswesens ist eine überaus charitative und sozial bedeutungsvolle, aber die dazwischenliegende genossenschaftliche Arbeit des Tages hat einen durchaus materiellen, nüchternen und rein ökonomischen Charakter, dessen Nichtbeachtung auf Abwege führt[49]."

Haas diskutiert also das Genossenschaftswesen unter drei Aspekten. Er differenziert zwischen Genossenschaftsidee, Genossenschaftswirkung und Genossenschaftsarbeit. Die Genossenschaftsarbeit will er unter ökonomischen Überlegungen geführt sehen. Der Genossenschaftswirkung ordnet er die soziale und karitative Bedeutung der Genossenschaften zu, während er die Genossenschaftsidee unter ihrem sittlich-

[46] *Pastor Schmidt*, ebd., S. 100.

[47] *Haas*, Jahrbuch des Reichsverbandes der deutschen landwirtschaftlichen Genossenschaften für 1905, Darmstadt 1906, S. 83.

[48] *Ders.*, ebd., S. 85.

[49] *Ders.*, ebd., S. 88.

ethischen Anspruch verhandelt. Mit dieser Differenzierung wendet sich Haas gegen ein Genossenschaftsverständnis, bei dem auch die Genossenschaftsarbeit unter ein religiöses Vorzeichen gestellt wird. Er argumentiert also nicht gegen eine christliche Auffassung von den Genossenschaften im Bereich der Idee, sondern gegen eine Überbetonung, die dazu führt, daß auch die Genossenschaftsarbeit mehr nach religiösen Überlegungen geführt wird statt anhand ökonomischer, betriebswirtschaftlicher Kriterien. Seine Ausführungen bezwecken auch nicht die Abkehr der Genossenschaften von der Teilnahme an der Lösung sozialer Probleme, die nicht in unmittelbarem Zusammenhang mit dem Genossenschaftswesen stehen, wie etwa die Fürsorge für die ländliche Wohlfahrtspflege, Entschuldung des ländlichen Grundbesitzes etc." ... das sind alles Dinge, die unsere ernste Aufmerksamkeit erfordern und deren Behandlung wir uns um so weniger entziehen können als unsere Genossenschaften immer mehr in alle Zweige des wirtschaftlichen Lebens unseres Volkes eindringen und eingreifen. Es ist ja zweifellos zu erwarten, daß das Genossenschaftswesen sich immer mehr zu einem der bedeutendsten, vielleicht dem bedeutendsten Faktor der Volkswirtschaft ausgestaltet[50]."

Im Jahresbericht des Generalanwalts für 1905/06 stellt Haas fest, daß fast alle deutschen landwirtschaftlichen Genossenschaften dem Reichsverband beigetreten sind. „Wir sind daher berufen, aber auch befähigt, wirkliche nationale Arbeit zu leisten, nicht nur auf wirtschaftlichem, sondern auch auf ethischem Gebiet[51]."

Dieser Passus macht erneut deutlich, daß Haas die Arbeit der Genossenschaften nicht nur auf die Erzielung materieller Erfolge beschränkt sehen will.

Das Jahrbuch des Reichsverbandes für 1907 enthält die Forderung von Haas, daß sich die Genossenschaften auch in den Dienst der Volkswohlfahrt stellen sollen: „Die erhebliche Erstarkung unseres ländlichen Genossenschaftswesens in allen seinen Verzweigungen, ..., legt diesen die Pflicht zur Gewährung von Maßnahmen auf, deren Durchführung — selbstredend ohne Schädigung der Hauptaufgaben und des Betriebes —, im Interesse der allgemeinen Volkswohlfahrt gelegen ist. ... Demgemäß ist den Genossenschaften auch die Aufgabe der Teilnahme an der organisierten ländlichen Wohlfahrtspflege, ..., mit Recht gestellt worden[52]." Nachdem sich die Genossenschaftsorganisation

---

[50] *Ders.*, ebd., S. 88.

[51] *Ders.*, Jahrbuch des Reichsverbandes der deutschen landwirtschaftlichen Genossenschaften für 1906, Darmstadt 1907, S. 156.

[52] *Ders.*, Jahrbuch des Reichsverbandes der deutschen landwirtschaftlichen Genossenschaften für 1907, Darmstadt 1908, S. 85.

stabilisiert und eine weitgehende Verbreitung der Genossenschaften auf dem Lande stattgefunden hat, sollen die Genossenschaften nicht mehr nur mittelbar über positive externe Effekte, sondern auch unmittelbar durch Beteiligung an der organisierten Wohlfahrtspflege zu einem Anstieg der allgemeinen Volkswohlfahrt beitragen.

Im Jahrbuch des Reichsverbandes für 1908 ist auf den Seiten 82 ff. die Festansprache von Haas anläßlich des 25jährigen Jubiläums des Reichsverbandes abgedruckt[53].

Zusammenfassend stellt er fest, daß die genossenschaftliche Arbeit nichts anderes ist „als ein gut Teil der auf die Lösung sozialer Aufgaben hinstrebenden Bewegung, deren schönes Endziel wir in der Bekämpfung des Eigennutzes, der unwirtschaftlichen Vereinzelung unserer Volksgenossen, in dem harmonischen Zusammenschluß der Kräfte, in der Hebung der Volkswohlfahrt der Gesamtbevölkerung erblicken“[54]. Anschließend würdigt er Raiffeisen als den eigentlichen Schöpfer der ländlichen Genossenschaften und berichtet über die anfängliche Kooperation zwischen ihm und Raiffeisen. Sodann schildert Haas die Ursachen, die für das Scheitern der Zentralisierungsbemühungen Raiffeisens verantwortlich zeichneten: „Die Ursachen des Aufgebens dieser ersten zentralistischen Organisation lagen —, . . ., — nicht in Personen und persönlichen zum Teil divergierenden Ansichten, nein, auf ganz anderem Gebiet. Es war offenbar zu früh für ein solches konzentrisches Vorgehen . . . Dazu kam, und das war der Hauptgrund des Scheiterns, daß der ganze Organismus in seinen drei Stufen auf der damals gesetzlich allein möglichen unbeschränkten Haftung aller Beteiligten errichtet war[55].“

Im Verlauf der Darstellung der geschichtlichen Entwicklung des Genossenschaftswesens betont er erneut die Bedeutung der Prinzipien der Dezentralisation und der Abkehr vom Personenkult. „In unseren Kreisen war man unentwegt der Meinung, daß man auf verschiedene Arten genossenschaftlich selig werden könne, wenn nur das genossenschaftliche Grundmotiv, die Nächstenliebe zur Geltung komme, ein gesunder, genossenschaftlicher, moralischer Geist herrsche und die Forderung der Unterordnung der Einzelnen unter das Ganze erfüllt werde und man niemals vergesse, daß die genossenschaftliche Arbeit in erster Linie der Hilfeleistung für die wirtschaftlich Schwachen zu dienen habe[56].“

---

[53] Vgl. *ders.*, Jahrbuch des Reichsverbandes der deutschen landwirtschaftlichen Genossenschaften für 1908, Darmstadt 1909, S. 82 ff.

[54] *Ders.*, ebd., S. 83.

[55] *Ders.*, ebd., S. 83.

[56] *Ders.*, ebd., S. 88.

In seinen Ausführungen bezeichnet er die Nächstenliebe als das genossenschaftliche Grundmotiv und die Hilfeleistung für die wirtschaftlich Schwachen als primäres Ziel. Es könnte also sein, daß auch für Haas die Nächstenliebe ein Beweggrund war, aus dem heraus er sich mit Genossenschaften und deren Organisierung beschäftigt hat mit dem Ziel, die Lage der wirtschaftlich Schwachen zu verbessern.

Des weiteren weist er auf die Bedeutung der parteipolitischen und konfessionellen Neutralität der Genossenschaften sowie auf den Stellenwert der Staatshilfe hin.

Über den Grad der Zielerreichung sagt er folgendes: „Welchen unendlichen Segen hat insbesondere die genossenschaftliche Groß- und Kleinarbeit gestiftet, und wieviele Existenzen sind zu erneuter Kraftentfaltung im Verein mit den Berufsgenossen angeregt oder vom wirtschaftlichen Ruin errettet worden! In welch eminentem Maße hat die Teilnahme an der genossenschaftlichen Arbeit erzieherisch auf den Einzelnen, ja auf ganze Gemeinden gewirkt. Wie ist die Selbstsucht, der Neid und wie sind andere üble Eigenschaften im Leben der Landbevölkerung zurückgedrängt, ja allmählich ausgeschaltet worden. ... Wie schwer war es, den Genossen zum Bewußtsein zu bringen, daß genossenschaftliches Denken und Handeln selbstloses Denken und Handeln heiße[57]."

Die Genossenschaften können also sowohl was die Verwirklichung der materiellen als auch der geistig-sittlichen Ziele anbelangt auf großartige Erfolge zurückblicken. Daß Selbsthilfe für Haas mehr ist als rein individualistische Selbsthilfe verdeutlicht seine Definition von „genossenschaftlich Denken und Handeln". Der Egoismus des einzelnen soll durch die Mitarbeit in den Genossenschaften in ein eingeschränkt altruistisches Handeln transformiert werden. Es geht nicht um die isolierte Verfolgung individueller wirtschaftlicher Ziele, sondern um die solidarische Verfolgung individueller wirtschaftlicher Ziele und mittelbar um die Förderung des Nationalwohlstandes. In diesem Sinne führt Haas aus:

„wenn auf irgendeinem Gebiete, so hat sich auf dem ländlichen — ... — der genossenschaftliche Zusammenschluß der Kräfte als ein großes Mittel zur Förderung der Wohlfahrt der Landwirte, ja des ganzen ländlichen Mittelstandes und damit zur Hebung des Nationalwohlstandes erwiesen ...[58]."

Zur Bedeutung des Bauernstandes äußert er sich folgendermaßen: „Der Reichsverband sei, ..., allezeit ein sicherer Hort und getreuer Eckehardt des deutschen Bauernstandes, dieses ältesten und herrlich-

---

[57] *Ders.*, ebd., S. 89 f.

[58] *Ders.*, ebd., S. 90.

sten Berufsstandes, dieser festesten Grundsäule jedes Reichs- und Staatsgebildes[59]."

Auf dem Vereinstag wird Haas durch die Überreichung der „Wilhelm-Haas-Stiftung" geehrt. Haas bedankt sich und versichert, die Stiftung in den Dienst des landwirtschaftlichen Genossenschaftswesens für andere als geschäftliche Zwecke zu stellen. Er bedauert allerdings, daß die Stiftung mit seinem Namen verknüpft wurde. Hierin kann ein Indiz für seine Abneigung gegen die Bindung der Genossenschaften an bestimmte Persönlichkeiten gesehen werden.

Im weiteren Verlauf der Besprechung der Vereinsangelegenheiten wurde dann folgende Resolution verabschiedet: „Eine Mitwirkung der ländlichen Genossenschaften bei der Wohlfahrtspflege ist aufgrund und im Rahmen des landwirtschaftlichen Genossenschaftswesens nicht nur recht wohl möglich, sondern auch sehr wünschenswert, zumal es im Interesse der ländlichen Genossenschaften liegen muß, von dem Segen des Genossenschaftswesens sowohl in wirtschaftlicher als auch in sittlicher Hinsicht die nächsten und weiteren Kreise der Bevölkerung zu überzeugen. Das Feld der Betätigung solcher Wohlfahrtspflege ist groß und kommen neben anderen Einrichtungen gesundheitlicher Art auch eine Reihe gemeinnütziger Veranstaltungen auf Veredelung von Geist, Sinn und Gemüt zielend in Betracht[60]."

Mit dieser Resolution entsprechen die Mitglieder des Vereinstages der von Haas im Jahrbuch für 1907 aufgestellten Forderung nach direkter Beteiligung der Genossenschaften an Maßnahmen zur Erhöhung der Volkswohlfahrt.

Haas schließt seine Ausführungen mit der Mahnung, auch in Zukunft über die geschäftlichen Zwecke die idealen Ziele nicht zu vergessen, die letztlich wichtiger sind als das materielle Ziel[61].

Der nächste und zugleich letzte Genossenschaftstag, dem Haas beiwohnte, war der XXVIII Genossenschaftstag im Jahre 1912.

In der Resolution, die verabschiedet wurde, heißt es unter anderem: „1. Die genossenschaftliche Entwicklung hat in der ländlichen Bevölkerung Kräfte ausgelöst, denen es in erster Linie mitzuverdanken ist, daß der deutsche Bauer vor dem Untergang bewahrt wurde und die einheimische Landwirtschaft in den Stand gesetzt ist, ihrer hohen nationalen Aufgabe der Ernährung des Volkes und der Erhaltung seiner physischen und seelischen Stärke gerecht zu werden. 2. Die sittliche Kraft beruht in dem freiwilligen und gemeinnützigen Zusammenschluß

[59] *Ders.*, ebd., S. 91.

[60] *Ders.*, ebd., S. 149.

[61] Vgl. *ders.*, ebd., S. 155.

um für die Gesamtheit der Mitglieder ein so hohes Ziel zu erreichen, wie es das freie Spiel der privaten und egoistischen Interessen niemals zustande bringen würde. Der sittlichen Kraft der genossenschaftlichen Bewegung liegt der Gedanke zugrunde, der tief im christlichen Glauben verankert ist, daß jeder seinen Nächsten wie sich selbst unterstützen soll und daß das Privatinteresse des Einzelnen von dem Wohle des Ganzen untrennbar ist[62]." Auch aus dieser Resolution geht die doppelte Zielsetzung der Genossenschaften hervor. Punkt 1 behandelt die materiellen Ziele und Punkt 2 die geistig-sittlichen. Die Genossenschaften sind keine Vereinigungen, in denen die Mitglieder allein ihren Privatinteressen nachgehen, sondern sie tragen in dem Maße, wie die Mitglieder in ihnen ihre Privatinteressen gemeinsam zu vertreten suchen, auch zur allgemeinen Wohlfahrt bei.

β) Festschriften

aa) Festschrift aus Anlaß der 25jährigen Jubelfeier des Verbandes der hessischen landwirtschaftlichen Genossenschaften zu Mainz am 29. September 1898

Die zweite Gruppe der öffentlichen Archiv-Daten sind die Festschriften, an deren Erstellung Haas mitgewirkt hat.

Die erste Festschrift wurde 1899 in Darmstadt aus Anlaß der 25jährigen Jubelfeier des Verbandes der hessischen landwirtschaftlichen Genossenschaften veröffentlicht. Die Festschrift trägt den Titel „Das landwirtschaftliche Genossenschaftswesen im Großherzogtum Hessen in den Jahren 1873 bis 1898".

Auf den Seiten 5 ff. ist der Festbericht des Verbands-Direktors Haas abgedruckt. Er behauptet, daß der Zusammenschluß der Landwirte vor 25 Jahren weniger auf Grund materieller Interessen zustande kam denn auf Grund der Begeisterung für die ethische Idee, die in dem Statement „Alle für Einen, Einer für Alle!" zum Ausdruck kommt. „... sie bewirkte den Zusammenschluß, sie weckte und pflegte die edlen Instinkte, die Loslösung des Einzelnen aus der Vereinzelung und der Schicksalsergebenheit. Sie weckte das Selbstgefühl, das Selbstbewußtsein, die Selbstverantwortlichkeit, die Betätigung der Nächstenliebe und die Hilfsbereitschaft für die Mitbürger. Das waren und sind die hehren Motive für die genossenschaftliche Vereinigung und ihre Tätigkeit, darin liegen aber auch die Garantien für den dauernden Bestand derselben und eine stets erfolgreiche genossenschaftliche Arbeit. Wer möchte leugnen, daß diese hohe Momente sind, die den materiel-

[62] *Jahrbuch des Reichsverbandes* der deutschen landwirtschaftlichen Genossenschaften *für 1912*, Darmstadt 1913, S. 115.

len Vorteilen weit vorausgehen, ohne deren Vorhandensein die genossenschaftliche Arbeit eine fruchtbringende nicht gewesen sein kann? ... Niemals hat man auch die eminente erzieherische Kraft des Aneinanderschließens, der gemeinsamen Wirksamkeit verkannt ...[1]."

Haas nennt als Beweggründe für den genossenschaftlichen Zusammenschluß: Vertrauen in die eigene Kraft, Nächstenliebe und Hilfsbereitschaft für die Mitbürger. Er bezeichnet sie als die „hehren Motive", die einem Handeln aus materiellen Beweggründen „weit vorausgehen". Ohne derartige Beweggründe ist seiner Meinung nach eine erfolgreiche genossenschaftliche Arbeit überhaupt unmöglich.

Anschließend schildert er die Gründung des Bezugsvereins in Friedberg im Jahre 1872 und würdigt den damaligen Generalsekretär von Langsdorff als den intellektuellen Urheber der Genossenschaftsbewegung in Hessen: „Das Interesse an diesem Zweig praktischer volkswirtschaftlicher Arbeit wie bei anderen, so bei mir geweckt zu haben, war das Verdienst unseres damaligen Generalsekretärs von Langsdorff und seiner 1871 erschienenen Schrift: ‚Ländliche Kredit- und Konsumvereine'[2]."

Das von Haas abgefaßte Einladungsschreiben zur Gründung des hessischen landwirtschaftlichen Konsumvereinsverbandes ist in der Festschrift im Wortlaut wiedergegeben. Das Einladungsschreiben beginnt mit einer Analyse der herrschenden Situation in der Landwirtschaft: „Die Landwirtschaft, das Fundament eines jeden gesunden staatlichen Organismus, leidet in der Gegenwart schwer unter dem Druck der Verhältnisse ..., so bleibt sie doch vornehmlich auf Selbsthilfe angewiesen. Diese wird ihr in den Genossenschaften geboten ... Eintracht macht stark! Um die vorhandenen Vereine zu kräftigen, zur Bildung neuer Vereine anzuregen und den Mitgliedern die höchsten materiellen Vorteile zuzuwenden, dürfte sich die Vereinigung sämtlichen landwirtschaftlichen Konsumvereinen in Hessen empfehlen[3]."

Mit der Organisierung der Genossenschaften soll also das Ziel verfolgt werden, den Mitgliedern zu materiellen Vorteilen zu verhelfen und damit die gesamte Landwirtschaft zu sanieren, so daß sie ihrer staatserhaltenden Funktion wieder gerecht werden kann.

Dem Verband wurden folgende Aufgaben zugewiesen:

„1. Besprechung und Vertretung genossenschaftlicher Interessen,

---

[1] *Haas,* Das landwirtschaftliche Genossenschaftswesen im Großherzogtum Hessen in den Jahren 1873 bis 1898, Festschrift aus Anlaß der 25jährigen Jubelfeier des Verbandes der hessischen landwirtschaftlichen Genossenschaften zu Mainz am 29. September 1898, Darmstadt 1899, S. 5.

[2] *Ders.,* ebd., S. 6.

[3] *Ders.,* ebd., S. 6.

2. Bewirkung der Herstellung gleichartiger Einrichtungen für die einzelnen Verbandsvereine,
3. Anregung zur Bildung neuer Konsumvereine in allen Teilen des Landes und
4. Ermittlung guter und Vereinbarung gemeinschaftlicher Warenbezüge[4].“

Ferner geht Haas auf die weiteren Stadien der genossenschaftlichen Organisation ein[5] und rühmt die gute Zusammenarbeit mit den landwirtschaftlichen Vereinen von Rheinhessen: „Die Einrichtungen und Bestrebungen der landwirtschaftlichen Vereine und der landwirtschaftlichen Genossenschaften, insbesondere der landwirtschaftlichen Konsumvereine, gestatten angesichts ihres gemeinsamen Endziels — Förderung des landwirtschaftlichen Betriebes — nicht nur ein selbständiges Vorgehen der landwirtschaftlichen Körperschaften ohne gegenseitige Benachteiligung in ihren Maßregeln und Unternehmungen, sondern führen auch zu einer erwünschten gegenseitigen Ergänzung unter der Voraussetzung, daß für beide Organismen eine bezügliche Abgrenzung des Gebietes ihrer Tätigkeit stattfindet[6].“

In dieser Passage bringt Haas seine Überzeugung zum Ausdruck, daß die landwirtschaftlichen Vereine neben den Genossenschaften ein geeignetes Mittel sind, um eine Verbesserung der Lage in der Landwirtschaft herbeizuführen. Beide, die landwirtschaftlichen Vereine und die Genossenschaften, verfolgen ein gemeinsames Ziel, die Förderung des landwirtschaftlichen Betriebes, das sie auf je spezifische Weise zu erreichen suchen. Im Hinblick auf das gemeinsame Ziel stehen sie in einer Komplementaritätsbeziehung.

Haas betont nochmals die Grundsätze und Zielsetzung der Genossenschaften und ihrer Verbände, indem er mahnt: „Möge man überall sich stets bewußt bleiben, daß der Hauptverlaß derjenige auf die Selbsthilfe ist, daß diese wie die gesamte genossenschaftliche Wirksamkeit aber auch getragen sein muß von wahrer Nächstenliebe, von der Bereitwilligkeit zur Unterordnung des einzelnen unter die Gesamtheit, unter den Gesamtwillen. Darin gipfeln die wichtigsten Grundsätze auf denen das Genossenschaftswesen aufgebaut ist, dessen Hauptwert nicht in der Erzielung materieller Vorteile, sondern in seiner erzieherischen Kraft, in der Hintanhaltung des Eigennutzes, in der Förderung des Gemeinsinnes und der Opferwilligkeit liegt[7].“

---

[4] *Ders.*, ebd., S. 6.
[5] Vgl. *ders.*, ebd., S. 7 ff.
[6] *Ders.*, ebd., S. 13.
[7] *Ders.*, ebd., S. 15.

In diesen Ausführungen ordnet Haas die materiellen Vorteile dem erzieherischen Anliegen unter, wohingegen er in einigen anderen Fällen von einer Gleichgewichtung ausgeht.

Seiner Auffassung zufolge werden sich die Genossenschaften auch in Zukunft nur dann positiv weiterentwickeln können, wenn die Mitglieder Bürokratisierungstendenzen energisch entgegentreten und den Grundsatz „Nur im Großen Einheit, im Kleinen, Nebensächlichen volle Freiheit“[8] befolgen.

ββ) Festschrift zum 25jährigen Bestehen des Reichsverbandes der deutschen landwirtschaftlichen Genossenschaften, 6. Juli 1883 - 6. Juli 1908

Haas hat auch an der Entstehung der Festschrift zum 25jährigen Bestehen des Reichsverbandes der deutschen landwirtschaftlichen Genossenschaften, 6. Juli 1883 - 6. Juli 1908 mitgewirkt.

Zunächst folgt eine Schilderung der geschichtlichen Entwicklung des Reichsverbandes im allgemeinen[9]. In dem Abschnitt über die Gründung der Vereinigung deutscher landwirtschaftlicher Genossenschaften ist ein Brief abgedruckt, den Haas am 6. Juli 1882 an Stöckel aus Insterburg geschrieben hat, in dem er von der Verbandsgründung im Anschluß an den Genossenschaftstag der Schulze-Delitzsch'schen Genossenschaften abrät, weil Raiffeisen in diesem Vorgehen einen Affront gegen sich sehen müsse[10].

Nach der am 6. Juli 1883 erfolgten Gründung der Vereinigung deutscher landwirtschaftlichen Genossenschaften verschickte Haas am 14. Juli 1883 ein Rundschreiben, in dem es unter anderem heißt: „... Denn kein Mittel ist mehr geeignet, die Zukunft unserer Landwirte in wirtschaftlicher Hinsicht freundlicher zu gestalten, als die genossenschaftliche Assoziation nach dem Grundsatz: ‚Alle für Einen, Einer für Alle‘[11].“

In der Festschrift wird dann auf die weitere Entwicklung der Vereinigung in den Zeiträumen von 1883 - 1889, 1889 - 1895, 1895 - 1900, 1900 - 1904 und 1905 - 1908 eingegangen. 1906 wurde eine besondere Wohlfahrtspflegekommission gebildet. „Bei aller Fürsorge für die vielfältigen wirtschaftlichen Aufgaben des ländlichen Genossenschaftswesens hat der Reichsverband doch nie vergessen, daß es eine schöne,

---

8 *Ders.*, ebd., S. 20.

9 Vgl. *Festschrift zum 25jährigen Bestehen des Reichsverbandes der deutschen landwirtschaftlichen Genossenschaften*, 6. Juli 1883 - 6. Juli 1908, Darmstadt 1909, S. 1 - 7.

10 s. *ebd.*, S. 8 ff.

11 *Haas*, ebd., S. 20.

edle Pflicht der ländlichen Genossenschaften sei, auch ideale und sittliche Aufgaben fördern zu helfen[12]."

Abschließend sei auf eine in Münster verabschiedete Resolution des XXIII Genossenschaftstages verwiesen, in der es unter anderem heißt:

„1. Unter Wohlfahrtspflege genossenschaftlicher Art ist die freiwillige, aus eigener Kraft heraus geborene Tätigkeit der Genossenschaften zu verstehen, welche die Schäden auf dem Lande in wirtschaftlicher, sozialer, geistiger und sittlicher Art zu mildern und zu heben anstrebt, sofern hierzu das Eintreten des Staates, der Gemeinden und der Kirche versagt.

2. Zur Wohlfahrtspflege sind die ländlichen Genossenschaften deshalb besonders verpflichtet und geeignet, weil in ihnen die geistigen, sozialen und materiellen Kräfte der ländlichen Bevölkerung in hervorragendem Maße zur Verfügung stehen und die Genossenschaften neben wirtschaftlichen auch sittliche und soziale Aufgaben zu lösen berufen sind[13]."

Diese Resolution entspricht in ihrem Inhalt ähnlichen Äußerungen von Haas, in denen er zur Beteiligung an der Wohlfahrtspflege aufruft.

γ) Zeitschriften

aa) „Der Fortschritt"

(1) Jahrgang 1882

Die letzte Gruppe der öffentlichen Archiv-Daten von Haas bilden die Zeitschriften.

Haas war Herausgeber des „Fortschritt", der „Zeitung für landwirtschaftliches Genossenschaftswesen und Volkswirtschaft. Organ für die Verbände der hessischen landwirtschaftlichen Consumvereine und der südwestdeutschen landwirtschaftlichen Creditgenossenschaften."

Im 9. Jahrgang, Nummer 4 der Zeitschrift von 1882 fordert er zur Teilnahme an der landwirtschaftlichen Landesausstellung auf. Mit der Teilnahme soll der Nachweis erbracht werden, „. . ., inwieweit es dem Vereine gelungen ist, auf dem gesunden Boden der Selbsthilfe stehend, die materiellen und nicht minder die idealen Ziele unserer landwirtschaftlichen Genossenschaften zu erreichen, welche da sind: die Genossen gegen Übervorteilung zu schützen, durch Beschaffung guter und billiger Betriebsstoffe den landwirtschaftlichen Betrieb und damit den

---

[12] *Festschrift zum 25jährigen Bestehen des Reichsverbandes . . .*, S. 298, s. auch S. 57.

[13] *Ebd.*, S. 299.

Wohlstand in der Gemeinde zu fördern, das Gefühl der Zusammengehörigkeit zu stärken, den Gemeinsinn zu heben, ..."[1].

Die Nummer 5 des 9. Jahrgangs enthält den Rechenschaftsbericht des Präsidenten des Verbandes der hessischen landwirtschaftlichen Konsumvereine für das Jahr 1881, in dem Haas dem Verein eine erfolgreiche Arbeit nicht nur im Hinblick auf die Wahrnehmung materieller Interessen bescheinigt:

„Unsere Consumvereine, der Verband, haben mit dem gesamten Erfolge ihre Fähigkeit, auch bildend und belehrend wirken zu können, schlagend dargetan[2]." Sodann berichtet er über seine Zusammenkunft mit Schulze-Delitzsch auf dem Vereinstag des Allgemeinen Verbandes der Erwerbs- und Wirtschaftsgenossenschaften in Kassel, der ihm zum Aufbau einer eigenen Verbandsorganisation riet:

„Wenn auch der Anschluß unserer Vereine an diesen Allgemeinen Verband zur Zeit noch nicht zweckmäßig und angängig ist, so ist die angebahnte freundliche Beziehung zu demselben doch von hohem Werte und sind wir sicher in dem Anwalt Schulze-Delitzsch einen Freund und Vertreter auch unserer Bestrebungen zu besitzen[3]."

In Nummer 6 des 9. Jahrgangs ist der Rechenschaftsbericht des Präsidenten des Verbandes der südwestdeutschen landwirtschaftlichen Kreditgenossenschaften für 1881 abgedruckt, den Haas 1882 in Karlsruhe bekanntgab. In diesem Bericht geht er auf die notwendige Substitution egoistischer Strebungen durch solidarisches Handeln ein, damit langfristig eine Verbesserung in den Verhältnissen der Landwirte eintreten kann: „Wir werden unseren Landwirten größere Vorteile geben können, wenn sie von der Notwendigkeit gemeinsamen Vorgehens immer mehr überzeugt sind, wenn sie das ihnen leider allzusehr in die Hand hineingewachsene System der egoistischen Vereinzelung, das gegenseitige Mißtrauen endlich ganz aufgeben, zugleich aber auch vollauf erkennen wollen, ..., daß es der Hauptsache nach die Selbsthilfe ist, auf die gestützt sie in wirtschaftlicher Beziehung ein besseres Fortkommen erhoffen dürfen[4]."

Es ist insbesondere auch deshalb nötig, sich für die Landwirtschaft einzusetzen, weil sie für Staat und Gesellschaft von fundamentaler

---

[1] *Haas*, in: Der Fortschritt, Zeitung für landwirtschaftliches Genossenschaftswesen und Volkswirtschaft. Organ für die Verbände der hessischen landwirtschaftlichen Consumvereine und der südwestdeutschen landwirtschaftlichen Creditgenossenschaften, hrsg. v. d.z. Präsident beider Verbände, 9. Jg., Nr. 4, 1882, S. 39.

[2] *Ders.*, ebd., 9. Jg., Nr. 5, 1882, S. 52.

[3] *Ders.*, ebd., S. 53.

[4] *Ders.*, ebd., 9. Jg., Nr. 6, 1882, S. 64.

Bedeutung ist. Es ist daher die Aufgabe des Verbandes „das Gefühl der Zusammengehörigkeit der deutschen Landwirte zu beleben, ihre solidarische Verpflichtung zur gemeinsamen Förderung ihres für das ganze Vaterland so wichtigen Berufszweiges zur Erkenntnis zu bringen“[5].

(2) Jahrgang 1887

Der 14. Jahrgang des „Fortschritt“ von 1887 trägt folgenden Untertitel: „Central-Fachzeitung für landwirtschaftliches Genossenschaftswesen. Offizielles Organ der Vereinigung deutscher landwirtschaftlicher Genossenschaften sowie der Verbände der hessischen landwirtschaftlichen Consumvereine und der hessischen landwirtschaftlichen Creditgenossenschaften, begründet und herausgegeben von Wilhelm Haas.“ Nachdem 1883 die Vereinigung deutscher landwirtschaftlicher Genossenschaften in Hamburg gegründet worden war, wurde der „Fortschritt“ auch zum Organ des übergreifenden Verbandes.

In der Beilage zu Nummer 12 geht Haas auf den Bericht der Enquete-Kommission ein und kündigt eine baldige Reorganisierung des landwirtschaftlichen Vereinswesens an.

Ferner enthält „Der Fortschritt“ den Jahresbericht des Präsidiums des Verbandes der hessischen landwirtschaftlichen Konsumvereine für 1886, in dem Haas die Einführung einer neuen, kaufmännischen Grundsätzen genügenden Einkaufsmethode als „wichtigstes Moment im Verbandsleben des abgelaufenen Jahres“[6] bezeichnet.

ββ) „Deutsche landwirtschaftliche Genossenschaftspresse“ 1899 - 1913

Ab 1889 erscheint „Der Fortschritt“ unter dem neuen Namen „Deutsche landwirtschaftliche Genossenschaftspresse“. Für die Analyse standen lediglich die Jahrgänge 1899 - 1913 zur Verfügung.

Der 26. Jahrgang 1899 enthält keine für den vorliegenden Untersuchungsgegenstand relevanten Hinweise.

Im 27. Jahrgang von 1900 ist der Satzungsentwurf des Allgemeinen Verbandes abgedruckt.

In der Nummer 1 schildert Haas die Lage der Genossenschaften zur Jahrhundertwende:

---

[5] *Ders.*, ebd., S. 64.

[6] *Ders.*, Der Fortschritt, Central-Fachzeitung für landwirtschaftliches Genossenschaftswesen. Offizielles Organ der Vereinigung deutscher landwirtschaftlicher Genossenschaften sowie der Verbände der hessischen landwirtschaftlichen Consumvereine und der hessischen landwirtschaftlichen Creditgenossenschaften, begr. u. hrsg. v. Wilhelm Haas, 14. Jg., Beilage zu Nr. 12, Darmstadt 1887, S. 173.

„Wer in der landwirtschaftlichen Genossenschaftsbewegung der abgelaufenen Epoche tätig war und gesehen hat, ..., wieviel Gemeinsinn und uneigennütziges Wirken, ..., wieviel Ausdauer und Einsicht hier in großartiger Betätigung der Selbst- und Bruderhilfe oder in der idealen Hingabe an fremde, aber als gemeinnützig erkannte Interessen entfaltet wird ... Und wer den wirtschaftlichen Segen sieht, ..., wer insonderheit die erzieherischen und wirtschaftlichen Wirkungen unserer fast zehntausend ländlichen Darlehnskassen ... beobachtet, dem wird auch die wirtschaftliche Zukunft der deutschen Landwirtschaft nicht mehr so düster erscheinen[7]."

Aus diesem Absatz geht hervor, daß Haas die Leistungen der genossenschaftlichen Arbeit nicht auf das wirtschaftliche Gebiet beschränkt sieht, sondern auch die erzieherische Wirkung der Genossenschaften, die sich aus der Anwendung des Prinzips der solidarischen Selbsthilfe ergibt, hervorhebt. Schließlich sind die Landwirte nun auch in der Lage, sich gegen Handel und Industrie erfolgreich durchzusetzen.

Im 28. Jahrgang von 1901 ist die neue Satzung des Allgemeinen Verbandes der deutschen landwirtschaftlichen Genossenschaften e.V. abgedruckt.

In der Neujahrsansprache für 1902 mahnt Haas, sich weiterhin mit Besonnenheit für die Genossenschaften und deren Ausbreitung einzusetzen, um Rückschläge und Enttäuschungen zu vermeiden[8].

Die Nummer 24 desselben Jahrgangs enthält Haas' Wünsche zum neuen Jahr. In seinen Ausführungen wird erneut deutlich, welch hohen Stellenwert er dem sittlichen Moment im Genossenschaftswesen einräumt:

„Diese großen und herrlichen Erfolge sind in erster Linie nicht dem äußeren Mechanismus des Genossenschaftswesens, sondern nur den in ihm wirkenden lebendigen sittlichen Kräften zu verdanken. Sie sind das Ergebnis uneigennütziger, rastloser Arbeit, ruhiger, vorsichtiger Überlegung, zielbewußter, beharrlicher Tatkraft seitens der Organe der Genossenschaften, getragen und begleitet von dem Vertrauen, der Einsicht, der Ausdauer, der Opferwilligkeit der Mitglieder. Nur auf der Grundlage dieser ethischen Eigenschaften kann das ländliche Genossenschaftswesen innerlich gesund bleiben und weitere Erfolge erzielen. Die Erhaltung und Kräftigung dieses wahren, genossenschaftlichen

---

[7] *Ders.*, in: Deutsche landwirtschaftliche Genossenschaftspresse, Fachzeitschrift für das landwirtschaftliche Genossenschaftswesen, Organ des Allgemeinen Verbandes der deutschen landwirtschaftlichen Genossenschaften, 27. Jg., Nr. 1, 1900, S. 1.

[8] Vgl. *ders.*, ebd., 29. Jg., Nr. 1, 1902, S. 1.

Geistes bei allen Genossenschaften sei darum aufs Innigste erstrebt ...[9]."

In der Nummer 1 des 30. Jahrgangs von 1903 führt Haas aus, daß nicht nur die materiellen Produktionsfaktoren, sondern auch der lebende Produktionsfaktor, der Mensch, für die Wirtschaftsführung von Bedeutung ist. Um den Erwerb oder die Wirtschaft der Mitglieder zu fördern, bedarf es daher neben der Einwirkung auf die materiellen Produktionsfaktoren auch der Belehrung und Aufklärung der Genossenschafter, der Einwirkung in geistiger Beziehung[10].

Anläßlich des 20jährigen Bestehens des Allgemeinen Verbandes erscheint im Juli 1903 eine Sondernummer der „Deutschen landwirtschaftlichen Genossenschaftspresse", in der Haas nochmals auf die Grundlagen und Ziele der Genossenschaften sowie auf die Beweggründe zum Genossenschaftsbeitritt eingeht:

„Eine solche überraschend schnelle Entwicklung des ländlichen Genossenschaftswesens und unseres Allgemeinen Verbandes ist in letzter Linie darin begründet, daß das Genossenschaftswesen die tiefsten Wurzeln seiner Kraft nicht in den vergänglichen, materiellen Vorteilen, sondern im Gemeinsinn, in echter werktätiger, christlicher Nächstenliebe findet. Daher hat auch stets unser Allgemeiner Verband die sittlichen und geistigen Ziele des ländlichen Genossenschaftswesens den wirtschaftlichen zum mindesten als gleichwertig betrachtet. Nur auf dieser ethischen Grundlage gelang es ihm, die uneigennützige Mitarbeit vieler Tausender von begeisterten, schaffensfrohen Männern in unseren Verbänden und Genossenschaften zu gewinnen und zu erhalten[11]."

Haas stellt in dieser Passage klar, daß die sittlich-ethischen Ziele und die wirtschaftlichen zumindest gleichrangig sind und daß die Beweggründe, aus denen heraus sich viele Individuen zur Mitarbeit in den Genossenschaften veranlaßt fühlten, auf sittlich-ethischem Gebiet zu suchen sind.

Für die Zukunft wünscht Haas den Genossenschaften „die stete Lebendighaltung dieser alten genossenschaftlichen, von echt christlicher Nächstenliebe getragenen Gesinnung"[12].

Eine ähnliche Äußerung enthält auch das Erinnerungsblatt an das 20jährige Bestehen des Allgemeinen Verbandes. Dort heißt es:

„Höher indes als diese materiellen Leistungen stehen uns die sittlichen und geistigen Erfolge des Genossenschaftswesens — Betätigung

---

[9] *Ders.*, ebd., 29. Jg., Nr. 24, 1902, S. 317.

[10] Vgl. *ders.*, ebd., 30. Jg., Nr. 1, 1903, S. 215.

[11] *Ders.*, ebd., Sondernummer 1903, S. 215.

[12] *Ders.*, ebd., S. 215.

der werktätigen christlichen Liebe, Stärkung des Gemeinsinnes der Landbevölkerung, Belehrung und Aufklärung in tausenden wirtschaftlichen und technischen Fragen[13]."

Es folgen einige Ausführungen zum Darmstädter Programm vom 20. und 21. August 1890, aus denen hervorgeht, daß dieses Programm nicht dogmatisch festgeschrieben werden sollte.

Anschließend geht Haas nochmals auf das Verhältnis von ethischen Grundlagen der Genossenschaften und Anforderungen an die praktische Genossenschaftsarbeit ein:

„Im Genossenschaftswesen darf nur das Gesamtwohl, ... zur Geltung kommen, der Einzelne hat sich unterzuordnen und Personenkultus darf nicht gefördert werden. Auch hyperideale und sentimentale Anschauungen sind bei unseren wirtschaftlichen Bestrebungen nicht am Platze. Vielfach wird auf die Fahne von ebenfalls auf genossenschaftlichem Gebiet tätigen Korporationen geschrieben, es müßte alles auf der Grundlage der christlichen Nächstenliebe geschehen, auf dieser Basis könnte man allein ein gesundes wirtschaftliches Leben entwickeln. M. H., selbstredend ist das erste Erfordernis bei der genossenschaftlichen Arbeit die Liebe zum Nächsten. Ich erachte es aber nicht für notwendig, daß man bei jeder Gelegenheit diese selbstverständliche Voraussetzung betont. Wenn man sich nicht von so edlen Grundsätzen hätte leiten lassen, dann würde das deutsche genossenschaftliche Leben überhaupt nicht zu dieser Bedeutung gelangt sein, die es besitzt. Aber als Aushängemantel dürfen selbst hehre Motive nicht benutzt werden[14]."

Unter der Überschrift „Der Allgemeine Verband und die sittlicherzieherischen Ziele des Genossenschaftswesens" wird die doppelte Zielsetzung der Genossenschaften erneut abgehandelt sowie auf die Beweggründe zu genossenschaftlicher Betätigung eingegangen. Als Beweggrund für die genossenschaftliche Arbeit wird nicht ein wirtschaftlicher genannt, sondern die Überzeugung von der sittlich-erzieherischen Aufgabe des Genossenschaftswesens:

„Die Überzeugung von den hohen sittlich-erzieherischen Aufgaben des Genossenschaftswesens ist stets eine lebendige geblieben, hat unausgesetzt die Triebfeder für weitere ausdauernde Arbeit im Dienste der Genossenschaftssache gebildet[15]."

Abschließend sei noch die Resolution vom Genossenschaftstag in Stettin im Jahre 1896 zitiert, in der es heißt: „Die ethische und wirt-

---

[13] *Ders.*, ebd., Erinnerungsblatt, S. 4.

[14] *Ders.*, ebd., S. 5.

[15] *Ders.*, ebd., S. 6.

schaftliche Aufgabe des Genossenschaftswesens haben beide gleiche Berechtigung, die Bevorzung der einen auf Kosten der anderen ist eine Verirrung, die den Genossenschaften zum Schaden gereicht[16]."

In der Nummer 24 des 30. Jahrgangs von 1903 mahnt Haas zur Beachtung der Grundsätze, „in welchen die sittlichen und wirtschaftlichen Wurzeln des Genossenschaftswesens liegen. Gewissenhafte, rastlose Arbeit ... und warme, aus echt christlicher Nächstenliebe entspringende Begeisterung bei Allen"[17] wünscht er den Genossenschaften für das neue Jahr.

Die Nummer 24 von 1904 enthält Haas' Ansprache zum neuen Jahr, in der er der Hoffnung Ausdruck verleiht, daß sich die Genossenschaften weiterhin „zum Segen der wirtschaftlichen und sittlichen Gesundung unserer Landbevölkerung, wie unseres geliebten deutschen Vaterlandes"[18] entwickeln werden.

Im 32. Jahrgang von 1905 gibt Haas die Einigung des Reichsverbandes mit dem Generalverband ländlicher Genossenschaften für Deutschland bekannt und wiederholt seine in der Neujahrsansprache für 1905 geäußerte Hoffnung und Überzeugung, daß die Genossenschaften weiterhin zur allgemeinen Wohlfahrt beitragen werden[19].

Die Ausgabe der „Deutschen landwirtschaftlichen Genossenschaftspresse" für 1906 enthält kein für den vorliegenden Untersuchungsgegenstand interessantes Material.

In der Nummer 1 des 34. Jahrgangs von 1907 führt Haas aus:

„Große und bedeutsame Aufgaben warten auf ihre Lösung im neuen Jahr. ... Nicht minder bedeutsam und dringlich sind praktisch-geschäftliche Aufgaben ... Endlich fordern auch neben den wirtschaftlichen, die geistig-sittlichen Aufgaben des ländlichen Genossenschaftswesens eine verstärkte Berücksichtigung und muß daher eine gesteigerte Wirksamkeit auch auf dem Gebiet der ländlichen Wohlfahrtspflege entfaltet werden[20]." Das Genossenschaftswesen hat neben wirtschaftlichen auch geistig-sittliche Aufgaben zu erfüllen. Die Bewältigung der geistig-sittlichen Aufgaben soll aber nicht auf den Bereich der Genossenschaften und deren Mitglieder beschränkt bleiben, sondern die Genossenschaften sollen sich darüber hinaus auch unmittelbar an der ländlichen Wohlfahrtspflege beteiligen.

---

[16] *Ebd.*, S. 6.
[17] *Haas*, ebd., 30. Jg., Nr. 24, 1903, S. 355.
[18] *Ders.*, ebd., 31. Jg., Nr. 24, 1904, S. 435.
[19] Vgl. *ders.*, ebd., 32. Jg., Nr. 14, 1905, S. 273 f.
[20] *Ders.*, ebd., 34. Jg., Nr. 1, 1907, S. 1.

Seine Wünsche für das beginnende Jahr bringt er wie folgt zum Ausdruck: „In der Zuversicht, daß diese Voraussetzungen eines glücklichen Erfolges nicht fehlen werden, die landwirtschaftliche Genossenschaftsbewegung unaufhaltsam zum Segen der leiblichen, geistigen, sittlichen Wohlfahrt unserer geliebten deutschen Landwirtschaft sowie unseres teueren deutschen Vaterlandes fortschreiten wird[21].“

Im 35. Jahrgang von 1908 weist Haas nochmals auf die Notwendigkeit des wirtschaftlichen Zusammenschlusses hin. Ferner geht er auf die für allgemeine genossenschaftliche, wissenschaftliche und humanitäre Zwecke bestimmte Wilhelm-Haas-Stiftung ein, die er sehr begrüßt. Jedoch bedauert er zugleich die Bindung der Stiftung an seinen Namen[22].

Der 36. Jahrgang von 1909 enthält in der Nummer 20 zahlreiche Glückwünsche, die Haas anläßlich seines 70. Geburtstages übermittelt wurden sowie in der Nummer 21 die Danksagung von Haas.

Für 1910 beschwört Haas erneut „die alte Opferfreudigkeit, die selbstlose, werktätige Nächstenliebe, das Gefühl der Zusammengehörigkeit und der Eintracht auch in Zukunft in allen Kreisen unseres Reichsverbandes“[23].

In seiner Ansprache zum neuen Jahr 1911 kommt er nochmals auf die Bedeutung der „idealen Triebkräfte“ des Genossenschaftswesens zu sprechen: „Dem vorwärts gerichteten Blick erschließt sich die Erkenntnis von immer neuen, bedeutsamen Zielen und Aufgaben. Ihre Lösung wird gewiß erreichbar sein, wenn die großen idealen Triebfedern unseres Genossenschaftswesens jugendfrisch und kräftig erhalten bleiben. Der Genossenschaftsgedanke wird siegreich bleiben, solange seine Anhänger als Glieder eines großen Gemeinwesens sich fühlen und handeln. Wenn die Millionen deutscher Landwirte und Landbewohner — ... — in ihrem genossenschaftlichen Bund treu zusammenstehen, dann stellen sie eine Macht von unüberwindlicher Stärke dar. Nagen aber Selbstsucht, Mißtrauen, Neid, Gleichgültigkeit am Grundstein des stolzen Gebäudes, dann muß es wanken und stürzen[24].“

Die Genossenschaften und ihre Organisationen sind also nur in dem Maße lebensfähig wie es ihnen gelingt, ihrem sittlich-erzieherischen Anspruch gerecht zu werden. Haas sieht den Fortbestand und die weitere Entwicklung des Genossenschaftswesens auch vom Vorliegen einer bestimmten Art von Beweggründen, die sich im Handeln niederschlagen, abhängig.

---

[21] *Ders.*, ebd., S. 1.

[22] Vgl. *ders.*, ebd., 35. Jg., Nr. 14, 1908, S. 289.

[23] *Ders.*, ebd., 37. Jg., Nr. 1, 1910, S. 1.

[24] *Ders.*, ebd., 38. Jg., Nr. 1, 1911, S. 1.

In der Nummer 1 des 39. Jahrgangs von 1912 bezeichnet Haas die Genossenschaften als „Hort für die wirtschaftliche, geistige und sittliche Wohlfahrt“[25] der Landbevölkerung.

Die letzten öffentlichen Äußerungen von Haas zum Thema „Genossenschaften und genossenschaftliche Organisationen“ sind in der Nummer 1 des 40. Jahrgangs der „Deutschen landwirtschaftlichen Genossenschaftspresse“ von 1913 abgedruckt. Es heißt dort:

„In der Selbstbestimmung, der Selbstverwaltung, der Selbstverantwortung der Einzelnen ruhen die starken Wurzeln genossenschaftlicher Kraft, genossenschaftlicher Erfolge ... Wurzeln die Erfolge genossenschaftlicher Wirksamkeit in erster Linie in der uneigennützigen und sachkundigen Mitarbeit der Organe der einzelnen Genossenschaften, so bedarf es doch nicht minder der gewissenhaften Beobachtung der erprobten und bewährten genossenschaftlichen Grundsätze. ... Wo Unkenntnis, wo törichte Gewinn- und Großmannssucht, wo eigennützige persönliche Beweggründe von dieser Bahn abdrängten, ... wo Zurückhaltung, Vorsicht außer Acht gelassen wurden, da blieben überaus empfindliche Mißerfolge nicht aus. Möchten solche ungemein trüben Erfahrungen wenigstens das eine Gute zeitigen, daß man aus ihnen lernt, in Zukunft Beschränkung auf das nach gesunden, rechtlichen, wirtschaftlichen, technischen Grundsätzen den Genossenschaften zustehende Gebiet zu üben[26].“

Haas führt aus, daß unter anderem ein Handeln, das auf eigennützige persönliche Beweggründe zurückzuführen ist, für aufgetretene Mißerfolge bei der Verfolgung der Ziele der Genossenschaften und deren Organisationen verantwortlich zeichnet. Aus dieser Äußerung kann der Schluß gezogen werden, daß für Haas eigennützige persönliche Beweggründe als Anlaß für genossenschaftliche Tätigkeit denkbar ungeeignet sind. Mitglieder, die nur auf Grund von Eigennutzüberlegungen den Genossenschaften beigetreten sind, bilden Haas' Ausführungen zufolge eine Gefahr für die Genossenschaften und deren Organisationen.

γγ) „Das Hessenland“ 1909

Im 3. Jahrgang, Nummer 22 des „Hessenlandes“ von 1909 sagt Haas offiziell allen Gratulanten, die ihm zu seinem 70. Geburtstag beglückwünscht haben, Dank[27]. Aus der Danksagung konnten allerdings für

[25] *Ders.*, ebd., 39. Jg., Nr. 1, 1912, S. 1.

[26] *Ders.*, ebd., 40. Jg., Nr. 1, 1913, S. 2.

[27] Vgl., *ders.*, in: Das Hessenland, Zeitung für landwirtschaftliches Genossenschaftswesen. Organ des Verbandes der hessischen landwirtschaftlichen Genossenschaften, 3. Jg., Nr. 11, 1909, S. 83.

den vorliegenden Untersuchungsgegenstand keine weiteren Erkenntnisse gewonnen werden.

δ) Sonstige

aa) Gesuch um Versetzung in den Ruhestand 1900

Die beiden letzten vorliegenden persönlichen Dokumente in Form öffentlicher Archiv-Daten sind dem Manuskript von Krebs[1] entnommen. Zum einen handelt es sich um Haas' Gesuch um Versetzung in den Ruhestand aus dem Jahr 1900 und zum anderen um Auszüge aus seiner Danksagung anläßlich der erhaltenen Glückwünsche zu seinem 10jährigen Jubiläum als Erster Präsident des hessischen Landtages im Jahre 1907.

Den Antrag auf Versetzung in den Ruhestand begründet Haas mit seiner angegriffenen Gesundheit. Zugleich bittet er um die Genehmigung, weiterhin als Anwalt des Allgemeinen Verbandes arbeiten zu dürfen:

„Um nicht ganz untätig zu sein, beabsichtige ich für den Fall der Genehmigung meiner Bitte, die seit siebzehn Jahren bekleidete Funktion eines Anwalts des Allgemeinen Verbandes der landwirtschaftlichen Genossenschaften einem aus diesen Kreisen mir im Interesse des Zusammenhalts der Organisation ausgesprochenen Wunsche gemäß, beizubehalten, und ersuche Eure Königliche Hoheit mir die Genehmigung hierzu huldvollst zu erteilen geruhen zu wollen[2]."

ββ) Danksagung für die Wünsche zum 10jährigen Jubiläum als Präsident der Zweiten Kammer des hessischen Landtages

1897 war Haas zum Präsidenten der Zweiten Kammer des hessischen Landtages gewählt worden. In einem Festakt anläßlich seines 10jährigen Präsidentenjubiläums wird seine unparteiische und gerechte Geschäftsführung lobend hervorgehoben. In seiner Dankansprache bringt er die Schwierigkeiten zum Ausdruck, die mit der Wahrnehmung eines solchen Amtes verbunden sind: „Der Präsident eines Parlaments muß über den Parteien stehen. Diesen Satz machte ich mir in erster Linie zur Richtschnur. Er muß die größte Unparteilichkeit betätigen, er muß nach jeder Richtung zeigen, daß er vor allem in einem Abgeordneten den Menschen sieht, daß er ihm selbst und seiner Tätigkeit, dem Maße seiner Neigung, die Interessen des Landes zu fördern, Vertrauen entgegenbringt. ... Der Präsident eines Parlaments hat keine leichte Aufgabe[3]."

---

[1] Vgl. *Krebs*, Wilhelm Haas ..., S. 20, S. 29 f.

[2] *Haas*, in: *Krebs*, ebd., S. 20.

[3] *Ders.*, ebd., S. 30.

Die Übernahme dieser Funktion ist ihm seinen eigenen Angaben gemäß nicht gerade leicht gefallen:

„Aus der eigentlichen Abgeordnetenarbeit emporgehoben, überkam mich ein wehmütiges Gefühl, daß ich nicht mehr unmittelbar an dieser Arbeit in der bis dahin geübten Weise teilnehmen könne, daß es mir nicht mehr verstattet sei, so mitzutun, an den Verhandlungen durch Rede und Gegenrede teilzunehmen, wie es mir die fünfzehn Jahre hindurch vergönnt gewesen. Ich hatte in der Tat Freude an der parlamentarischen Tätigkeit gehabt und ich nahm gerne daran Anteil. Ich beteiligte mich gern an dem sachlichen Streit, da wo es notwendig war ...[4]."

Mit der Übernahme des Präsidentenamtes konnte Haas seine parlamentarische Tätigkeit nicht mehr primär im Dienste des Genossenschaftswesens ausüben. Er hatte vielmehr Neutralität zu wahren.

bb) Private Archiv-Daten

Nachdem die persönlichen Dokumente, die zu den öffentlichen Archiv-Daten zählen, analysiert worden sind, soll im folgenden der Frage nachgegangen werden, ob sich in den Dokumenten rein privaten Charakters Hinweise auf das Vorliegen der in den Hypothesen unterstellten Beweggründe finden lassen. Wie bereits im Zusammenhang mit der Auswahl des relevanten Textmaterials ausgeführt wurde, verlief die Suche nach privaten Archiv-Daten fast ergebnislos. Dies ist insbesondere deshalb um so bedauerlicher als gerade durch ein breit gestreutes Material, das sowohl in zeitlicher Hinsicht als auch im Hinblick auf den Adressatenkreis differiert, ein höheres Validitätsniveau für die Untersuchungsergebnisse hätte erreicht werden können.

α) Brief an Raiffeisen vom 24. März 1874

Während seiner Zeit als Kreisassessor in Friedberg schreibt Haas am 24. März 1874 einen Brief an Raiffeisen, in dem er um die Übersendung von Geschäftsberichten und anderen Formularen bittet. Er teilt Raiffeisen ferner mit, daß die Gründung von Darlehnskassen in Hessen Fortschritte macht und er der Gründung der Generalbank mit Interesse und Teilnahme entgegensieht[1].

Der Brief, soweit er von Seelmann-Eggebert abgedruckt ist, enthält keinerlei Hinweise auf mögliche Beweggründe von Haas.

---

[4] *Ders.*, ebd., S. 29.

[1] Vgl. *ders.*, in: *Seelmann-Eggebert*, S. 347 f.

β) Briefe an seine jüngste Tochter von 1904

Das gleiche gilt für den Brief, den Haas am 22. Juli 1904 an seine jüngste Tochter schreibt[2].

In einem Brief vom 4. August 1904 mahnt er seine Tochter: „Bedenke, daß das menschliche Leben nicht eine Kette von Zerstreuungen und Pläsierlichkeiten sein soll, sondern daß sein Ernst strenge Anforderungen an jeden erwachsenen Menschen stellt, und Pflichten erfüllt werden müssen[3]."

Hin und wieder berichtet er auch von seiner Arbeit in der Genossenschaftsorganisation[4]. Unter anderem schreibt er: „Der Reichsverband ist jetzt mit dem Neuwieder Verband vereinigt und zählt jetzt 16 000 Genossenschaften. Es war ein großes Werk, das mir Ruhm und Dank einbringt. Der preußische Innenminister hat das kürzlich im preußischen Abgeordnetenhaus mit schönen Worten anerkannt[5]."

Haas ist sich seiner großen Leistungen für das Genossenschaftswesen wohl bewußt. Aus der Aussage, daß ihm seine Arbeit Ruhm und Dank eingebracht hat, kann jedoch nicht gefolgert werden, daß Profilierungsstreben, Ruhmsucht oder ähnliches Beweggrund für seine Aktivitäten auf genossenschaftlichem Gebiet gewesen ist.

cc) Tabellarische Zusammenfassung der Ergebnisse

Bevor das Untersuchungsergebnis abschließend diskutiert und interpretiert wird, sollen die in den aufgestellten Hypothesen inhaltlich näher bestimmten Variablen Beweggrund, Ziel und Mittel und die persönlichen Dokumente, die in chronologischer Reihenfolge angeordnet sind, in tabellarischer Form dargestellt werden. Eine derartige Darstellung erleichtert zum einen die anschließende Diskusison der Ergebnisse und ermöglicht zum anderen eine Zusammenschau der zum Test der Hypothesen herangezogenen persönlichen Dokumente.

---

[2] Vgl. *ders.*, in: *Krebs*, Wilhelm Haas ..., S. 37.

[3] *Ders.*, ebd., S. 37.

[4] Vgl. *ders.*, ebd., S. 37 f.

[5] *Ders.*, ebd., S. 38.

Variablen d. Hypothesen / pers. Dokumente	Beweggründe		Ziele			Mittel		
	sachliches Interesse an Agrarpolitik	gesell.- u. wirt.-polit. Ansichten	Volkswohl	materiell; wirtschaftl.	ideal; sittlich-sozial	Genossenschaften u. Gen. organisation	landwirt. Vereine	Parlament
Brief an Raiffeisen, 1874						X		
"Fortschritt" 1882		S. 64		S. 39, 52 S. 64	S. 39,52	S. 64		
"Fortschritt" 1887							S. 165	
J.d.Verb.d. hess.landw. Gen.für 1892				S. 17	S. 17, S. 19 ff	S. 17		
J.d.Allg.Verb. für 1894						S. 9		
J.d.Allg.Verb. für 1895			S. 15			S. 12 S. 13 f S. 15		
J.d.Allg.Verb. für 1896						S. 11		
J.d.Allg.Verb. für 1897		S. 13						
J.d.Allg.Verb. für 1898						S. 11 S. 67		

Variablen d.Hypothesen / pers. Dokumente	Beweggründe		Ziele			Mittel		
	sachliches Interesse an Agrarpolitik	gesell.- u. wirt.-polit. Ansichten	Volkswohl	materiell; wirtschaftl.	ideal; sittlich-sozial	Genossenschaften u. Gen. organisation	landwirt. Vereine	Parlament
Festschrift für 1898	S. 6	S. 6		S. 6, 13	S. 5, 15	S. 6	S. 13	
J.d.Verb.d. hess.landw. Gen.für 1899/1900								
J.d.Allg.Verb. für 1899		S. 113	S. 113	S. 54	S. 54			
"Gen.presse" 1899								
Gesuch um Versetzung in Ruhestand,1900						X		
J.d.Allg.Verb. für 1900			S. 119		S. 53 f			
"Gen.presse" 1900				S. 1	S. 1			
J.d.Allg.Verb. für 1901			S. 134			S. 134		
"Gen.presse" 1901								

Variablen d.Hypothesen / pers. Dokumente	Beweggründe		Ziele			Mittel		
	sachliches Interesse an Agrarpolitik	gesell.- u. wirt.-polit. Ansichten	Volkswohl	materiell; wirtschaftl.	ideal; sittlich sozial	Genossenschaften u. Gen. organisation	landwirt. Vereine	Parlament
"Gen.presse" 1902					S. 317	S. 1		
J.d.Allg.Verb. für 1902			S. 148					
J.d.Verb.d. hess.landw. Gen.für 1903				S. 1	S. 1			
"Gen.presse" 1903				S. 2, 5 S. 6	S. 2 f, 5 Erinnerungsblatt S. 4, 6	Erinnerungsblatt S. 5		
J.d.Reichsverb.für 1903			S. 148			S. 81 ff		
J.d.Reichsverb.für 1904				S. 8	S. 8			
"Gen.presse" 1904			S. 435	S. 435	S. 435			
Brief an Tochter, 1904						X		
"Gen.presse" 1905			S. 273 f			S. 49 S. 273		

Variablen d.Hypothesen / pers. Dokumente	Beweggründe		Ziele			Mittel		
	sachliches Interesse an Agrarpolitik	gesell.- u. wirt.-polit. Ansichten	Volkswohl	materiell; wirtschaftl.	ideal; sittlich sozial	Genossenschaften u. Gen. organisation	landwirt. Vereine	Parlament
J.d.Reichsverb.für 1905				S. 31 S. 83	S. 31 S. 83	S. 83 S. 88		
J.d.Reichsverb.für 1906				S. 156	S. 156			
J.d.Verb.d. hess.landw. Gen.für 1906				S. 1	S. 1 S. 5	S. 4		
"Gen.presse" 1906								
"Gen.presse" 1907			S. 1	S. 1	S. 1			
Dank z.10jähr. Jubiläum, 1907								X
J.d.Verb.d. hess.landw. Gen.für 1907								
J.d.Reichsverb.für 1907			S. 85					
J.d.Reichsverb.für 1908		S. 91	S.83,90 S. 149	S.88,89 f S. 149	S. 89 f S.149,155	S. 90		

Variablen d. Hypothesen / pers. Dokumente	Beweggründe		Ziele			Mittel		
	sachliches Interesse an Agrarpolitik	gesell.- u.wirt.- polit. Ansichten	Volkswohl	materiell; wirtschaftl.	ideal; sittlich sozial	Genossenschaften u. Gen. organisation	landwirt. Vereine	Parlament
Festschrift für 1908			S. 57 S.208 f	S. 20	S. 57 S.298 f	S. 20		
"Gen.presse" 1908						S. 1		
J.d.Verb.d. hess.landw. Gen.für 1909						S. 7		
"Gen.presse" 1909								
"Hessenland" 1909								
"Gen.presse" 1910								
J.d.Verb.d. hess.landw. Gen.für 1910								
"Gen.presse" 1911					S. 1	S. 1		
"Gen.presse" 1912				S. 1	S. 1			

Variablen d. Hypothesen / pers. Dokumente	Beweggründe		Ziele			Mittel		
	sachliches Interesse an Agrarpolitik	gesell.- u. wirt.-polit. Ansichten	Volkswohl	materiell; wirtschaft.	ideal; sittlich sozial	Genossenschaften u. Gen. organisation	landwirt. Vereine	Parlament
J.d.Reichsverb.für 1912				S. 115	S. 115			
J.d.Verb.d. hess. landw. Gen.für 1912								
"Gen.presse" 1913						S. 2		

d) Hypothesenprüfung bzw. Interpretation

aa) Zur Überprüfung der aus dem second-hand-Material extrahierten Hypothesen

Ein Blick auf die Tabelle zeigt, daß sich einige Hinweise auf das Vorliegen der in den Hypothesen genannten Beweggründe finden lassen.

Die für die Überprüfung der Hypothesen verwendeten persönlichen Dokumente weisen auf einen weitgehend identischen Adressatenkreis hin. Die meisten persönlichen Dokumente sind primär an Genossenschafter und potentielle Mitglieder von Genossenschaften gerichtet. Es könnte also sein, daß Haas auf Grund strategischer Überlegungen den Genossenschaftern gegenüber nur auf bestimmte Beweggründe hingewiesen hat, die ihm zur Rechtfertigung seines Handelns dienten, ohne jedoch die tatsächlichen Beweggründe für sein Handeln gewesen zu sein. In einem Brief an seine Tochter äußerte er sich beispielsweise dahingehend, daß ihm die genossenschaftliche Einigung Ruhm und Dank eingebracht habe. Nun kann allerdings aus einem einzigen derartigen Hinweis nicht darauf geschlossen werden, daß die mehrfach den Genossenschaftern gegenüber angedeuteten Beweggründe lediglich eine Alibifunktion hatten. Aber an diesem Beispiel kann gezeigt werden, daß das Validitätsniveau für die Untersuchungsergebnisse um so höher ist, je weiter die analysierten persönlichen Dokumente in bezug auf den Adressatenkreis differieren.

Im Anschluß an diese mehr allgemeinen Bemerkungen soll im folgenden näher auf die zu testenden Hypothesen eingegangen werden.

α) Zur Hypothese über das Vorliegen eines sachlichen Interesses an Agrarpolitik als Beweggrund

Hinweise auf das Vorliegen sachlicher Interessen an Agrarpolitik als Beweggrund für die Mitbegründung des Friedberger Konsumvereins enthält nur die Festschrift von 1898, in der Haas ausführt, daß es das Verdienst von von Langsdorff gewesen sei, bei ihm wie bei anderen das Interesse an diesem Zweig praktischer volkswirtschaftlicher Arbeit geweckt zu haben.

Im Verlauf der Diskussion vorgenannter Hypothese ist darauf hingewiesen worden, daß sie für den Zeitpunkt t' als erklärungsrelevant anzusehen ist, während für den Zeitpunkt t'' einer anderen Hypothese Erklärungsrelevanz zukommt.

β) Zur Hypothese über das Vorliegen gesellschafts- und wirtschaftspolitischer Ansichten als Beweggrund

Die Hypothese für den Zeitpunkt t'' thematisiert die Haasschen Bemühungen um die Organisierung des deutschen landwirtschaftlichen Genossenschaftswesens. Mit der Hypothese wird dem Umstand Rechnung getragen, daß Haas sehr bald erkannt hatte, daß nur auf dem Wege der Bildung von Gegenmacht eine dauerhafte Verbesserung für die Landwirte erreichbar sein würde. Anlaß für die Organisierungsbemühungen war also weniger ein Wandel in den Beweggründen denn eine andere Perzeption der objektiven Situation.

Für die Existenz bestimmter gesellschafts- und wirtschaftspolitischer Ansichten als Beweggrund von Haas sprechen einige Passagen in den untersuchten persönlichen Dokumenten. Als wirtschaftspolitischer Beweggrund konnte seine Auffassung von der Notwendigkeit der Bildung von Marktmacht, der Etablierung von countervailing power, identifiziert werden und als mehr gesellschaftspolitischer Beweggrund seine Auffassung von der fundamentalen, gesellschaftstragenden und stabilisierenden Bedeutung der Landwirtschaft. Die Genossenschaften tragen nämlich, indem sie eine Verbesserung der Verhältnisse in der Landwirtschaft herbeiführen, zugleich zur Bestandssicherung der Gesellschaft und des Staates bei.

Haas erkannte also nicht nur die unmittelbare Bedeutung der Genossenschaften für die Genossenschaftsmitglieder, sondern auch die mittelbare Relevanz der Genossenschaften für das gesamte Volkswohl. Indem die Genossenschaften gruppenspezifische Interessen vertraten, trugen sie auch zur Steigerung des allgemeinen Volkswohls bei, und darin sah er eine nicht zu unterschätzende zusätzliche Bedeutung der Genossenschaften. Hinweise auf derartige Überlegungen sind in der Spalte „Volkswohl“ zusammengefaßt.

γ) Zur Hypothese von der geistig-sittlichen Zielsetzung

Aus den gleichen Beweggründen heraus soll Haas auch die Organisierung der Genossenschaften betrieben haben, um ein geistig-sittliches Ziel zu erreichen.

Bei der Extrahierung und Diskussion der Hypothese dieses Inhalts ist darauf aufmerksam gemacht worden, daß lediglich in den Äußerungen von Zeitgenossen von Haas auf die geistig-sittliche Zielsetzung hingewiesen wurde, wohingegen im überwiegenden Teil des neueren second-hand-Materials nur von der wirtschaftlichen Zielsetzung bei Haas die Rede ist. Dies ist um so erstaunlicher, wenn man die Analyse-Ergebnisse der persönlichen Dokumente heranzieht. Ein Blick auf die Tabelle zeigt, daß Haas ebenso häufig von idealen Zielen der Genossenschaften, von erzieherischen, sozialen, sittlichen und ethischen Zielen spricht wie von materiellen und wirtschaftlichen. Er betont mehrmals die Gleichrangigkeit von idealen und materiellen Zielen. Darüber hinaus kann auch auf Äußerungen verwiesen werden, in denen er die idealen Ziele den materiellen überordnet, so etwa in seinem Festbericht anläßlich des 25jährigen Bestehens des Verbandes der hessischen landwirtschaftlichen Genossenschaften 1898, oder in seinem Jahresbericht für 1892 auf dem XXXII Verbandstag der hessischen landwirtschaftlichen Genossenschaften zu Darmstadt im Jahre 1893.

Die Untersuchungsergebnisse legen die Annahme einer doppelten Zielsetzung bei Haas nahe. Mit Hilfe der Genossenschaften und deren Organisationen wollte er nicht nur die materiellen, sondern auch die geistig-sittlichen Verhältnisse in der Landwirtschaft positiv beeinflussen.

δ) Zur Hypothese über Haas' Auffassung von der Bedeutung der landwirtschaftlichen Vereine und der politisch-parlamentarischen Tätigkeit

Der Vollständigkeit halber sei noch auf die Ergebnisse des Tests der übrigen Hypothesen verwiesen, deren Explanandum nicht die Gründung bzw. Organisierung des Genossenschaftswesens ist.

Die Hypothese (4) nimmt Bezug auf die Arbeit in den landwirtschaftlichen Vereinen als Mittel zur Verbesserung der Lebenslage der Landwirte. Die Analyse der persönlichen Dokumente von Haas hat ergeben, daß er sich an zwei Stellen zu den landwirtschaftlichen Vereinen äußert, und zwar im „Fortschritt" von 1887, in dem er die Reorganisation des landwirtschaftlichen Vereinswesens ankündigt und in der Festschrift von 1898. In der Festschrift weist er darauf hin, daß die landwirtschaftlichen Vereine dasselbe Ziel verfolgen wie die Genossenschaften und daß sie auch ein geeignetes Mittel darstellen, um dieses gemeinsame Ziel erfolgreich zu verfolgen.

Auf seine parlamentarische Tätigkeit, die Explanandum der Hypothesen (5) und (6) ist, kommt er nur einmal zu sprechen, und zwar anläßlich seines 10jährigen Präsidentenjubiläums im Jahre 1907. Aus diesen Äußerungen geht allerdings nicht hervor, aus welchen Beweggründen heraus er sich zum parlamentarischen Engagement entschlossen hat.

ε) Ergebnis

Die Analyse der persönlichen Dokumente hat die Hypothesen vom Vorliegen eines zum Zeitpunkt t' mehr sachlichen und zum Zeitpunkt t'' eher gemeinwohlorientierten Interesses an Fragen der Gesellschafts-, Wirtschafts- und insonderheit Agrarpolitik als Beweggrund weitgehend gestützt. Obwohl die aufgefundenen Indikatoren in unmittelbarem Zusammenhang mit seinen genossenschaftlichen Aktivitäten stehen und daher den Schluß nahe legen, daß er nicht nur diese Beweggründe überhaupt hatte, sondern daß sie ihn auch zu seinen genossenschaftlichen Aktivitäten in Form der Mitbegründung des Friedberger Konsumvereins und der Organisierung der deutschen landwirtschaftlichen Genossenschaften veranlaßten, soll weiter unten versucht werden, den handlungsleitenden Einfluß seiner Beweggründe unter Anwendung einer Hilfsstrategie einer gesonderten Überprüfung zu unterziehen.

bb) *Extrahierung einer weiteren Hypothese als ein Ergebnis der Analyse der persönlichen Dokumente*

α) Zu Haas' Äußerungen über Beweggründe der Landwirte und anderer Genossenschaftsmitarbeiter

Bevor mit dem letzten Untersuchungsabschnitt begonnen wird, scheint es notwendig, auf ein weiteres Ergebnis der Analyse der persönlichen Dokumente einzugehen.

Ziel der Analyse der persönlichen Dokumente war es, die anhand von second-hand-Material gewonnenen Hypothesen über die Beweggründe von Haas zu testen. Die Analyse ergab, daß sich nicht nur Indikatoren für die in den Hypothesen behaupteten Beweggründe fanden, sondern auch Hinweise auf einen möglichen anderen Beweggrund.

In den persönlichen Dokumenten äußert sich Haas mehrere Male zu den Beweggründen, die die Landwirte und zahlreiche andere Mitarbeiter zur Genossenschaftsarbeit veranlaßt haben. Die genauen Quellen können der folgenden Tabelle entnommen werden:

Persönliche Dokumente	Äußerungen über Beweggründe der Landwirte u. a. Mitarbeiter
Festschrift v. 1898	S. 5 f.
Jahresbericht d. Dir. d. Verb. d. hess. landw. Gen., 1903	S. 1
„Deutsche landwirt. Gen.presse“, 1903	S. 215
Erinnerungsblatt	S. 5 f.
Jahrbuch d. Reichsverb., 1908	S. 88
„Deutsche landwirt. Gen.presse“, 1911	S. 1
„Deutsche landwirt. Gen.presse“, 1913	S. 2

Eine erste Äußerung dieser Art enthält die Festschrift von 1898. Haas führt aus, daß die Landwirte weniger auf Grund materieller Interessen als vielmehr aus Begeisterung für die ethische Idee in die Genossenschaften eingetreten sind und daß der genossenschaftlichen Vereinigung hehre Motive zugrunde liegen.

Ähnlich äußert er sich auf seinem Jahresbericht für 1903 auf dem Verbandstag der hessischen landwirtschaftlichen Genossenschaften zu Mainz, in dem er auch näher ausführt, was er unter den ethischen Zielen versteht.

Ethische Ziele sind für ihn Betätigung der Nächstenliebe, Hilfsbereitschaft für die Berufsgenossen, Pflege des Standesbewußtseins und des Gemeinsinns, Erziehung zur Selbsthilfe und Selbstverantwortlichkeit. Das Streben nach Verwirklichung dieser ethischen Ziele in Verbindung mit den materiellen Interessen in Form der genossenschaftlichen Selbsthilfe bildet für Haas den Beweggrund, auf dem sich die genossenschaftliche Arbeit gründet.

Im Jahrbuch des Reichsverbandes der deutschen landwirtschaftlichen Genossenschaften für 1908 nennt er die Nächstenliebe als genossenschaftliches Grundmotiv und an anderer Stelle als erstes Erfordernis bei der genossenschaftlichen Arbeit. Er verwahrt sich jedoch ganz entschieden dagegen, derartige hehre Motive als Aushängeschild zu benutzen.

In der „Deutschen landwirtschaftlichen Genossenschaftspresse" von 1911 bezeichnet er die Solidarität als ideale Triebfeder des Genossenschaftswesens. Von der Triebfeder zu weiterer genossenschaftlicher Arbeit ist auch im Erinnerungsblatt, abgedruckt in der „Deutschen landwirtschaftlichen Genossenschaftspresse" von 1903, die Rede. Dort heißt es, daß die Überzeugung von den hohen sittlich-erzieherischen Aufgaben des Genossenschaftswesens die Triebfeder für die Genossenschaftsarbeit bildet. In derselben Ausgabe spricht Haas davon, daß die Beweggründe auf sittlich-ethischem Gebiet liegen und weniger in den vergänglichen materiellen Vorteilen zu suchen sind. Nur auf der ethischen Grundlage sei es überhaupt möglich gewesen, Mitarbeiter für die Vereine zu finden und zu halten.

In der Ausgabe der „Deutschen landwirtschaftlichen Genossenschaftspresse" von 1913 macht er sogar das Vorherrschen eigennütziger persönlicher Beweggründe für potentielle Mißerfolge der Genossenschaften verantwortlich.

β) Die Hypothese vom Vertrauen in die Macht der solidarischen Selbsthilfe als Beweggrund

Aus allen diesen Äußerungen kann nun geschlossen werden, daß für Haas eine positive Entwicklung der Genossenschaften und damit die

Erreichung der materiellen und idealen Ziele nur dann möglich ist, wenn die Mehrzahl der Genossenschafter nicht nur aus eigennützigen persönlichen Beweggründen handelt.

An anderer Stelle hat Haas ausgeführt, daß genossenschaftlich Denken und Handeln solidarisch Denken und Handeln heißt. Die Überzeugung, auf dem Wege solidarischer Selbsthilfe eine Verbesserung in der Lage der Landwirtschaft herbeiführen zu können, m. a. W. das Vertrauen in die eigene Kraft, ist für viele und wohl auch für Haas ein Beweggrund, aus dem heraus genossenschaftliche Aktivitäten erfolgen.

Einer derartigen Interpretation kommen auch die Ausführungen von Maxeiner[1] entgegen. Er spricht davon, daß das Vertrauen in die eigene Kraft Haas veranlaßte, sich den genossenschaftlichen Auftrag selbst zu wählen.

Die Analyse der persönlichen Dokumente legt somit folgende zusätzliche Hypothese über die Beweggründe von Haas nahe:

(7) Auf Grund seines Vertrauens in die Macht der solidarischen Selbsthilfe hat Haas die Genossenschaften organisiert mit dem Ziel der Verbesserung der materiellen und geistig-sittlichen Lage der Landwirte.

3. Überprüfung des handlungsleitenden Einflusses der ermittelten Beweggründe

a) auf die Handlung: Mitbegründung des Friedberger Konsumvereins

aa) Transformation der Hypothese in die erweiterte Form des praktischen Syllogismus

Die in der Hypothese (1) enthaltene Handlungserklärung im Lichte der Beweggründe von Haas soll in die erweiterte Form des praktischen Syllogismus transformiert werden, um die einzelnen Stufen der Rekonstruktion der Handlungserklärung zu verdeutlichen; denn das gesuchte Verständnis einer Handlung besteht im Grunde genommen im Auffinden eines praktischen Syllogismus. Zugleich ermöglicht diese Form der Darstellung den Nachweis der formalen Korrektheit der Handlungserklärung.

Die in der Hypothese (1) gegebene Handlungserklärung beinhaltet folgende zwei Prämissen und Conclusio:

> Von jetzt an beabsichtigt Haas aus einem sachlichen Interesse an agrarpolitischen Fragen heraus, die materiellen Verhältnisse der Landbevölkerung zu verbessern.

---

[1] Vgl. *Maxeiner,* Vertrauen ...

Von jetzt an glaubt Haas, daß er die materiellen Verhältnisse der Landbevölkerung zum Zeitpunkt t nur dann verbessern kann, wenn er den Friedberger Konsumverein mit den Merkmalen $a_{x1} \ldots a_{xn}$ nicht später als zum Zeitpunkt t' mitbegründet.

Folglich macht sich Haas nicht später als zu dem Zeitpunkt daran, den Friedberger Konsumverein mit den Merkmalen $a_{x1} \ldots a_{xn}$ mitzubegründen, wo er glaubt, daß der Zeitpunkt t' gekommen ist — es sei denn, er vergißt diesen Zeitpunkt, oder er wird gehindert.

Da über die formale Korrektheit bereits an anderer Stelle ausführlich diskutiert worden ist, kann auf ein erneutes Eingehen auf diese Problematik verzichtet werden.

Für die materiale Korrektheit der Handlungserklärung ist entscheidend, welche aus den alternativen Mengen von Prämissen für die Conclusio akzeptiert wird.

Die im vorliegenden Fall ausgewählten Prämissen wurden anhand von second-hand-Material ermittelt und an first-hand-Material, den persönlichen Dokumenten von Haas, getestet. Da die persönlichen Dokumente Indikatoren enthielten, die sowohl auf das Vorliegen eines sachlichen Interesses an Agrarpolitik als Beweggrund hindeuteten als auch auf Haas' kognitive Einstellung bezüglich der Ziel-Mittel-Relation: Verbesserung der materiellen Lage der Landbevölkerung mittels Genossenschaftsgründung, scheint die materiale Korrektheit der Handlungserklärung ziemlich wahrscheinlich. Die zweite Prämisse, die primär auf die Ziel-Mittel-Relation abstellt, konnte mit Hilfe der Analyse der persönlichen Dokumente ausreichend bestätigt werden, wohingegen für die Korrektheit der ersten Prämisse, die darauf abstellt, daß Haas aus genanntem Beweggrund tatsächlich als Mitbegründer der Genossenschaft tätig war, nur ein Indikator gefunden werden konnte. Die Anwendung einer zusätzlichen Strategie erscheint daher empfehlenswert. Dies insbesondere auch deshalb, weil mit der Analyse der persönlichen Dokumente eigentlich überhaupt nur das Vorliegen der im second-hand-Material behaupteten Beweggründe überprüft werden sollte. Die Überprüfung des handlungsleitenden Einflusses der behaupteten Beweggründe auf die in Rede stehende Handlung bzw. Handlungsentwurf sollte durch die Anwendung einer Hilfsstrategie ermöglicht werden. Daß mit der Überprüfung des puren Vorliegens der Beweggründe in vielen Fällen zugleich der handlungsleitende Einfluß miterfaßt wurde, ist dem Umstand zuzuschreiben, daß die meisten Indikatoren für das Vorliegen der Beweggründe aus Äußerungen gewonnen wurden, die sich unmittelbar auf die fragliche Handlung bezogen.

bb) Anwendung einer Strategie zur Überprüfung des handlungsleitenden Einflusses des Beweggrundes

Die anzuwendende Strategie beruht auf der Überlegung, daß wenn Haas sachlich an Agrarpolitik interessiert war und ihn dieser Beweggrund auch zur Mitbegründung des Friedberger Konsumvereins veranlaßt hat und er dementsprechend gehandelt hat, es dann wahrscheinlich ist, daß der Konsumverein Merkmalsausprägungen aufweist, die auf seinen Beweggrund zurückverweisen. Dieser Überlegung liegt die Vorstellung zugrunde, daß die Beweggründe nicht nur Einfluß auf die Konstituierung des Handlungsentwurfs nehmen, sondern auch auf dessen konkrete Ausgestaltung.

Um die konkrete Ausgestaltung des Mittels „Friedberger Konsumverein“ zu untersuchen, empfiehlt sich eine Analyse der Satzung des Friedberger Konsumvereins. Sollte sich herausstellen, daß die Satzung Merkmalsausprägungen enthält, die auf ein sachliches Interesse an Agrarpolitik als Beweggrund zurückverweisen, so kann die materiale Korrektheit der angebotenen Handlungserklärung als zusätzlich gestützt angesehen werden.

Bedauerlicherweise war es aber nicht möglich, dieser Satzung oder zumindest Fragmente der Satzung habhaft zu werden, so daß die zusätzliche Überprüfung des handlungsleitenden Einflusses des sachlichen Interesses an Agrarpolitik auf die Handlung: Mitbegründung des Friedberger Konsumvereins unterbleiben muß.

cc) Ergebnis

Obwohl die materiale Korrektheit der im erweiterten Schema des praktischen Syllogismus gegebenen Handlungserklärung nicht der zusätzlichen Überprüfung durch die Anwendung der Strategie wegen Fehlens der erforderlichen Dokumente unterzogen werden konnte, kann sie doch als plausibel akzeptiert werden. Eine endgültige Bestätigung hätte auch bei Anwendbarkeit der Strategie nicht erreicht werden können; denn erstens sind Beweggründe, wie bereits an anderer Stelle ausgeführt, nicht bzw. noch nicht zwingend empirisch nachweisbar und zweitens ist der praktische Syllogismus kein empirisches Beweis-, sondern ein logisches Begründungsverfahren. Die logische Gültigkeit des praktischen Syllogismus bedeutet darüber hinaus auch nicht, daß aus den angenommenen Prämissen mit logischer Notwendigkeit die behauptete Conclusio folgt, sondern der praktische Syllogismus ist für den Fall, daß eine Handlung bereits vorliegt und zu ihrer Erklärung eine praktische Argumentation konstruiert werden soll, ein logisch schlüssiges und damit bindendes Begründungsverfahren.

Da im vorliegenden Fall die Handlung vorliegt, nämlich die in der Conclusio formulierte Mitbegründung des Friedberger Konsumvereins durch Haas, kann zu ihrer Begründung auch eine praktische Argumentation geführt werden. Für die materiale Korrektheit der gegebenen Handlungserklärung, d. h. für die Richtigkeit der in den Prämissen rekonstruierten Argumentation spricht die Bestätigung der aus dem second-hand-Material extrahierten Hypothese durch die Analyse der persönlichen Dokumente von Haas.

b) auf die Handlung: Organisierung der landwirtschaftlichen Genossenschaften in Verbänden

aa) Transformation der Hypothesen in die erweiterte Form des praktischen Syllogismus

Analog der weiteren Überprüfung der Hypothese (1) soll auch für die anderen, noch ausstehenden Hypothesen verfahren werden. Zunächst werden die Hypothesen mit dem Explanandum „Organisierung der landwirtschaftlichen Genossenschaften in Verbänden" durch Haas in das erweiterte Schema des praktischen Syllogismus transformiert und anschließend wird versucht, durch Anwendung der Strategie den handlungsleitenden Einfluß der Beweggründe auf die in der Conclusio formulierte Handlung aufzuzeigen.

Bei den in diesem Zusammenhang relevanten Hypothesen handelt es sich um die Hypothesen (2), (3) und (7). Die gemäß dem erweiterten Schema des praktischen Syllogismus rekonstruierten Handlungserklärungen lauten wie folgt:

(2) Von jetzt an beabsichtigt Haas auf Grund seiner gesellschafts- und wirtschaftspolitischen Ansichten, die materiellen Verhältnisse der Landbevölkerung zu verbessern.
Von jetzt an glaubt Haas, daß er die materiellen Verhältnisse der Landbevölkerung zum Zeitpunkt t nur dann verbessern kann, wenn er die Organisierung der landwirtschaftlichen Genossenschaften in Verbänden mit den Merkmalen $a_{x1} \ldots a_{xn}$ nicht später als zum Zeitpunkt t'' betreibt.
Folglich macht sich Haas nicht später als zu dem Zeitpunkt daran, die Organisierung der landwirtschaftlichen Genossenschaften in Verbänden mit den Merkmalen $a_{x1} \ldots a_{xn}$ zu betreiben, wo er glaubt, daß der Zeitpunkt t'' gekommen ist — es sei denn, er vergißt diesen Zeitpunkt, oder er wird gehindert.

(3) Von jetzt an beabsichtigt Haas auf Grund seiner gesellschafts- und wirtschaftspolitischen Ansichten, die geistig-sittlichen Verhältnisse der Landbevölkerung zu verbessern.

Von jetzt an glaubt Haas, daß er die geistig-sittlichen Verhältnisse der Landbevölkerung zum Zeitpunkt t nur dann verbessern kann, wenn er die Organisierung der landwirtschaftlichen Genossenschaften in Verbänden mit den Merkmalen $a_{y1} \dots a_{yn}$ nicht später als zum Zeitpunkt t'' betreibt.
Folglich macht sich Haas nicht später als zu dem Zeitpunkt daran, die Organisierung der landwirtschaftlichen Genossenschaften in Verbänden mit den Merkmalen $a_{y1} \dots a_{yn}$ zu betreiben, wo er glaubt, daß der Zeitpunkt t'' gekommen ist — es sei denn, er vergißt diesen Zeitpunkt, oder er wird gehindert.

(7) Von jetzt an beabsichtigt Haas auf Grund seines Vertrauens in die Macht der solidarischen Selbsthilfe, die materiellen und geistig-sittlichen Verhältnisse der Landbevölkerung zu verbessern.
Von jetzt an glaubt Haas, daß er die materiellen und geistig-sittlichen Verhältnisse der Landbevölkerung zum Zeitpunkt t nur dann verbessern kann, wenn er die Organisierung der landwirtschaftlichen Genossenschaften in Verbänden mit den Merkmalen $a_{z1} \dots a_{zn}$ nicht später als zum Zeitpunkt t'' betreibt.
Folglich macht sich Haas nicht später als zu dem Zeitpunkt daran, die Organisierung der landwirtschaftlichen Genossenschaften in Verbänden mit den Merkmalen $a_{z1} \dots a_{zn}$ zu betreiben, wo er glaubt, daß der Zeitpunkt t'' gekommen ist — es sei denn, er vergißt diesen Zeitpunkt, oder er wird gehindert.

Die Conclusio ist in allen drei Fällen prinzipiell dieselbe. Unterschiede bestehen jedoch hinsichtlich der konkreten Merkmalsausprägungen. Der Unterstellung der Möglichkeit einer unterschiedlichen Merkmalsprägung liegt die Annahme zugrunde, daß die konkrete Ausgestaltung des Mittels nicht nur von situativen Bedingungen abhängt, sondern auch vom anvisierten Ziel und den Beweggründen, die die Konstituierung der Ziel-Mittel-Relation mitbeeinflussen.

Für ein und dieselbe Handlung, nämlich die Organisierung der landwirtschaftlichen Genossenschaften in Verbänden, werden drei verschiedene Handlungserklärungen vorgeschlagen. Die angebotenen Prämissen differieren teils hinsichtlich des Handlungsentwurfs von Haas, d. h. seiner kognitiven Einstellung zur Ziel-Mittel-Relation und teils hinsichtlich der Beweggründe.

Die Prämissen der Hypothesen (2) und (3) unterscheiden sich in bezug auf das von Haas ins Auge gefaßte Ziel. Die Prämissen der Hypothese (7) beinhalten eine doppelte Zielsetzung bei Haas. Sie umschließen sowohl das in den Prämissen von (2) und (3) angegebene Ziel. Da die Analyse der persönlichen Dokumente sowohl das Vorliegen einer materiellen als auch einer geistig-sittlichen Zielsetzung bestätigte, kann im folgenden von der doppelten Zielsetzung bei Haas ausgegangen werden. Deshalb und weil in den Prämissen von (2) und (3) von demselben Beweggrund die Rede ist, können beide Handlungserklärungen zu einer zusammengefaßt werden, die wie folgt lautet:

(8) Von jetzt an beabsichtigt Haas auf Grund seiner gesellschafts- und wirtschaftspolitischen Ansichten, die materiellen und geistig-sittlichen Verhältnisse der Landbevölkerung zu verbessern.
Von jetzt an glaubt Haas, daß er die materiellen und geistig-sittlichen Verhältnisse der Landbevölkerung zum Zeitpunkt *t* nur dann verbessern kann, wenn er die Organisierung der landwirtschaftlichen Genossenschaften in Verbänden mit den Merkmalen $a_{x1} \ldots a_{xn}$, $a_{y1} \ldots a_{yn}$ nicht später als zum Zeitpunkt t'' betreibt.
Folglich macht sich Haas nicht später als zu dem Zeitpunkt daran, die Organisierung der landwirtschaftlichen Genossenschaften in Verbänden mit den Merkmalen $a_{x1} \ldots a_{xn}$, $a_{y1} \ldots a_{yn}$ zu betreiben, wo er glaubt, daß der Zeitpunkt t'' *gekommen* ist — es sei denn, er vergißt diesen Zeitpunkt, oder er wird gehindert.

Damit reduziert sich die Zahl der angebotenen Handlungserklärungen auf zwei, deren Prämissen sich hinsichtlich der handlungsleitenden Beweggründe unterscheiden. Die Analyse der persönlichen Dokumente hatte ergeben, daß sowohl Indikatoren für das Vorliegen bestimmter gesellschafts- und wirtschaftspolitischer Ansichten als Beweggrund existieren als auch Hinweise auf Haas' Überzeugung von der Macht der solidarischen Selbsthilfe. Im folgenden bleibt noch zu prüfen, inwiefern beiden Beweggründen ein handlungsleitender Einfluß für die Handlung: Organisierung der deutschen landwirtschaftlichen Genossenschaften in Verbänden zukommt.

bb) *Anwendung einer Strategie zur Überprüfung des handlungsleitenden Einflusses der Beweggründe*

α) Untersuchung der Merkmalsausprägungen der Satzungen der Verbände und Analyse des Darmstädter Programms

Die Anwendung einer Strategie zur Überprüfung des handlungsleitenden Einflusses der Beweggründe auf die Organisierung der landwirtschaftlichen Genossenschaften in Verbänden durch Haas besteht in der Untersuchung der Merkmalsausprägungen der von Haas gegründeten Verbände.

Da Organisationen, wie zum Beispiel die Verbände, im Zeitablauf eine gewisse Eigendynamik entwickeln und außerdem die Prozesse der

Verbandsgründung und -arbeit zu Lebzeiten von Haas keiner direkten Kontrolle mehr unterzogen werden können, sollen die Merkmalsausprägungen der Verbände, wie sie von Haas beabsichtigt waren, anhand seiner programmatischen Darlegungen untersucht werden. Zu den programmatischen Darlegungen zählen sowohl die Satzungen der Verbände als auch das Darmstädter Programm von 1890.

aa) Untersuchung der Merkmalsausprägungen der Satzungen der Verbände

Für die Analyse stehen Auszüge aus der Satzung des hessischen Verbandes der landwirtschaftlichen Konsumvereine zur Verfügung sowie die Satzung des Allgemeinen Verbandes der deutschen landwirtschaftlichen Genossenschaften und die Satzungen des Reichsverbandes der deutschen landwirtschaftlichen Genossenschaften von 1904 und 1905.

Die Auszüge aus der Satzung des hessischen Verbandes der landwirtschaftlichen Konsumvereine sind einer Abhandlung Tillmanns[1] über die Anfänge des deutschen Genossenschaftswesens entnommen, in der der Verfasser berichtet, daß er ein Exemplar der Satzung in einem Stadtarchiv gefunden habe.

Haas hatte den Satzungsentwurf bereits zur Gründungsversammlung mitgebracht und zur Beratung gestellt. In § 2 wurden die Aufgaben des hessischen Verbandes festgelegt: Besprechung und Vertretung gemeinschaftlicher[2] Interessen, Bewirkung und Herstellung gleichartiger Einrichtungen für die einzelnen Verbandsgenossenschaften, Anregung zur Bildung neuer Konsumvereine in allen Teilen des Landes und Ermittlung guter und gemeinschaftlicher Warenbezugsquellen.

In der Zwecksetzung spiegeln sich Haas' Beweggründe insoweit wider als sich in ihr seine Überzeugung von der Macht der solidarischen Selbsthilfe ebenso manifestiert wie seine wirtschaftspolitischen Ansichten von der Gegenmachtbildung.

Im § 3 wird allen beitretenden Genossenschaften Selbständigkeit zugesichert.

Die folgenden Paragraphen regeln die interne Organisation des Verbandes, die Rechte und Pflichten der Delegiertenversammlung, des Verbandsausschusses und des Verbandspräsidenten. Sie enthalten allerdings keine weiteren Hinweise auf die in Rede stehenden Beweggründe.

Im Jahrbuch des Allgemeinen Verbandes der deutschen landwirtschaftlichen Genossenschaften für 1900, Seite 120 - 124, und im Jahr-

---

[1] Vgl. *Tillmann*, Aus den Anfängen ..., S. 25 - 29.

[2] In der Festschrift von 1898 nennt *Haas* Vertretung „genossenschaftlicher" Interessen als Aufgabe, während bei *Tillmann* nach der aufgefundenen Satzung von Vertretung „gemeinschaftlicher" Interessen die Rede ist.

buch desselben Verbandes für 1901, Seite 17 - 21, ist die Satzung des Allgemeinen Verbandes der deutschen landwirtschaftlichen Genossenschaften e. V. abgedruckt.

In § 3 sind die Aufgaben des Verbandes fixiert:

1. Förderung und Ausbreitung des landwirtschaftlichen Genossenschaftswesens, 2. Wahrung und Vertretung gemeinsamer Interessen, insbesondere auf dem Gebiet der Gesetzgebung und Verwaltung und Ausbildung, 3. Befestigung und Vervollkommnung der genossenschaftlichen Verfassung und Einrichtung in allen ihren Verzweigungen, 4. Beratung und Förderung der zugehörigen Verbände und Genossenschaften in allen genossenschaftlichen, rechtlichen und wirtschaftlichen Fragen und schließlich 5. Veranstaltung und Bearbeitung der genossenschaftlichen Geschäftsstatistik[3].

Die unter 1., 2. und 4. genannten Aufgaben des Verbandes lassen darauf schließen, daß Haas von der solidarischen Selbsthilfe und der Notwendigkeit der Bildung von Gegenmacht überzeugt war.

Im § 4 wird den Genossenschaften und Verbänden die Selbständigkeit garantiert.

Die folgenden Paragraphen befassen sich mit der Mitgliedschaft und den Rechten und Pflichten der Mitglieder. Nach § 7 gehört es zu den Pflichten der Mitglieder, die Interessen des Allgemeinen Verbandes und seiner Glieder zu fördern und sich gegenseitig zu unterstützen.

Die gegenseitige Unterstützungspflicht kann als Indikator für Haas' Überzeugung von der Macht der solidarischen Selbsthilfe interpretiert werden.

Die §§ 8 - 11 behandeln den Beitritt, Austritt und Ausschluß. Den Organen des Allgemeinen Verbandes sind die §§ 12 - 33 gewidmet. Zu den Organen des Allgemeinen Verbandes gehören: der deutsche landwirtschaftliche Genossenschaftstag, der Gesamtausschuß, der Verwaltungsrat, die Sonderausschüsse und der Anwalt. Zu den Aufgaben des Anwalts zählt unter anderem die Einlösung der in § 3 festgestellten Verbandsaufgaben. Zusätzliche Hinweise auf den handlungsleitenden Einfluß der zur Diskussion stehenden Beweggründe konnten nicht festgestellt werden.

1903 ist der Allgemeine Verband der deutschen landwirtschaftlichen Genossenschaften in Reichsverband der deutschen landwirtschaftlichen Genossenschaften umbenannt worden. Die Satzung des Reichsverbandes von 1904 wurde im Jahrbuch des Reichsverbandes der deutschen

---

[3] Vgl. *Jahrbuch des Allgemeinen Verbandes* der deutschen landwirtschaftlichen Genossenschaften *für 1900*, S. 120 - 124; ebd., *für 1901*, S. 17 - 21.

landwirtschaftlichen Genossenschaften für 1904 auf den Seiten 26 - 30 veröffentlicht[4].

Gegenüber der Satzung des Allgemeinen Verbandes enthält die Satzung des Reichsverbandes statt 42 Paragraphen 47 Paragraphen. Dies ist darauf zurückzuführen, daß in die Satzung die Bestimmungen über die gesetzlich vorgeschriebene Revision aufgenommen wurden. Ansonsten besteht eine weitgehende Übereinstimmung der Satzungsbestimmungen. Lediglich der Aufgabenkatalog wurde um einen Posten verlängert, nämlich um die Durchführung der gesetzlichen Revision bei den dem Reichsverband nach § 5 Abs. 2 direkt angeschlossenen Zentralgeschäftsanstalten und Genossenschaften. Außerdem beschließt laut § 23 nicht mehr der Genossenschaftstag über den Ausschluß von Mitgliedern, sondern der Gesamtausschuß.

Auf Grund der weitgehenden inhaltlichen Übereinstimmung der beiden Satzungen gelten die Ergebnisse der Untersuchung der Merkmalsausprägungen der Satzung des Allgemeinen Verbandes im Hinblick auf Indikatoren für den handlungsleitenden Einfluß der Beweggründe analog für die Satzung des Reichsverbandes von 1904.

Nach dem formellen Zusammenschluß mit der Neuwieder Raiffeisenorganisation im Jahre 1905 wurden einige Satzungsänderungen vorgenommen, die im Jahrbuch des Reichsverbandes für 1905 öffentlich bekanntgegeben wurden[5].

Wesentliche Satzungsänderungen gegenüber der Satzung von 1904 sind allerdings nicht vorgenommen worden, so daß auch hier die Ergebnisse der Analyse der Merkmalsausprägungen der Satzung des Allgemeinen Verbandes analog zur Anwendung kommen.

ββ) Untersuchung der Merkmalsausprägungen des Darmstädter Programms

Das Darmstädter Programm von 1890 wurde auf dem VI. deutschen landwirtschaftlichen Genossenschaftstag verabschiedet. Die in das Darmstädter Programm aufgenommenen Grundsätze sind in Seelmann-Eggeberts[6] Abhandlung über Raiffeisen auf den Seiten 384 - 388 abgedruckt.

Im ersten Grundsatz werden die Genossenschaften als eines der vorzüglichsten unter den in der Selbsthilfe wurzelnden Mitteln gewürdigt. Dieser Grundsatz in Verbindung mit den Ausführungen über Grund-

---

[4] Vgl. *Jahrbuch des Reichsverbandes* der deutschen landwirtschaftlichen Genossenschaften *für 1904*, S. 26 - 30.

[5] Vgl. *Jahrbuch des Reichsverbandes* der deutschen landwirtschaftlichen Genossenschaften *für 1905*, S. 25 - 30.

[6] Vgl. *Seelmann-Eggebert*, S. 384 - 388.

lage und Vorbedingung erfolgreicher genossenschaftlicher Arbeit (Grundsatz 18) läßt darauf schließen, daß Haas auf Grund seiner Überzeugung von der Macht der solidarischen Selbsthilfe zur Genossenschaftsarbeit übergegangen ist. Haas nennt nämlich die Unterordnung des einzelnen unter die Gesamtheit, die unerschütterliche Treue der Genossen zur Genossenschaft, der letzteren zu ihrem Verband und seinen Einrichtungen, der Landes- und Provinzialverbände zum Reichsverband als unerläßliche Grundlage und Vorbedingung einer ersprießlichen genossenschaftlichen Arbeit. Alle der Landwirtschaft dienenden Genossenschaften sind in die Verbände aufzunehmen (Grundsatz 13), deren Mittelpunkt die Vereinigung der deutschen landwirtschaftlichen Genossenschaften bildet (Grundsatz 17). Haas vertritt die Ansicht, daß durch den Zusammenschluß der Genossenschaften in Verbänden eine bessere und ausreichendere Nutzbarmachung der genossenschaftlichen Arbeit erreicht werden kann (Grundsatz 9).

Auch diese Ausführungen enthalten einen Hinweis auf den handlungsleitenden Einfluß von Beweggründen. Haas hat offensichtlich die Organisierung der landwirtschaftlichen Genossenschaften in Verbänden auf Grund seiner wirtschaftspolitischen Ansichten über die Möglichkeit der Einflußnahme der Landwirte auf die Marktposition durch Etablierung von countervailing power betrieben.

β) Ergebnis

Die Analyse der Merkmalsausprägungen der Satzungen und des Darmstädter Programms hat ergeben, daß einige Ausprägungen auf die in Rede stehenden Beweggründe zurückverweisen. Dies gilt jedoch nicht für die Komponente „gesellschaftspolitische Ansichten" des Beweggrundes „gesellschafts- und wirtschaftspolitische Ansichten".

Außerdem ist einschränkend hinzuzufügen, daß die aufgefundenen Merkmalsausprägungen nicht notwendigerweise so interpretiert werden müssen, wie das im vorliegenden Fall geschehen ist. Obwohl andere Interpretationen nicht ausgeschlossen sind, scheint diese vor dem Hintergrund der Ergebnisse der Analyse der persönlichen Dokumente von Haas jedoch außerordentlich stichhaltig.

cc) Zur materialen Korrektheit der Handlungserklärung durch Rekurs auf

α) gesellschafts- und wirtschaftspolitische Ansichten als Beweggrund

Da die materiale Korrektheit der Handlungserklärung von der materialen Korrektheit der ausgewählten Prämissen abhängt, mußte geprüft werden, ob die in den Prämissen des praktischen Syllogismus behaupteten Beweggründe und kognitiven Einstellungen bezüglich der Ziel-Mittel-Relation vorlagen.

Zu diesem Zweck wurde sowohl eine Analyse der persönlichen Dokumente von Haas durchgeführt als auch eine Strategie zur Überprüfung des handlungsleitenden Einflusses der gesellschafts- und wirtschaftspolitischen Ansichten von Haas auf die Organisierung der landwirtschaftlichen Genossenschaften angewendet.

Die Analyse der persönlichen Dokumente bestätigte die in der Prämisse angenommene kognitive Einstellung von Haas, daß die Organisierung der landwirtschaftlichen Genossenschaften in Verbänden ein geeignetes Mittel darstellt, um die materiellen und geistig-sittlichen Verhältnisse der Landbevölkerung zu verbessern. Außerdem enthielten die persönlichen Dokumente Hinweise darauf, daß Haas tatsächlich bestimmte gesellschafts- und wirtschaftspolitische Ansichten vertrat, die in Zusammenhang mit seinen genossenschaftlichen Aktivitäten stehen. Um die Beziehung zwischen den gesellschafts- und wirtschaftspolitischen Ansichten und seinem Handeln als Genossenschaftsorganisator näher zu erfassen, d. h. um den handlungsleitenden Einfluß des fraglichen Beweggrundes auf seine Organisierungsbemühungen nachzuweisen, wurde eine Hilfsstrategie angewendet. Sie bestand in der Untersuchung der Merkmalsausprägungen der Satzungen der von Haas gegründeten Verbände sowie in einer Analyse des Darmstädter Programms. Der Strategie lag die Annahme zugrunde, daß wenn für Haas' Organisierungsarbeit gesellschafts- und wirtschaftspolitische Ansichten als Beweggrund verantwortlich waren, sich der Beweggrund auch in irgendeiner Form in der Ausgestaltung der Genossenschaftsverbände manifestiert. Ein direkter Rückgriff auf die Verbandsarbeit war aus den bereits genannten Gründen nicht möglich, so daß auf Haas' programmatische Darlegungen zurückgegriffen werden mußte. Vor dem Hintergrund der Ergebnisse der Analyse der persönlichen Dokumente konnten den programmatischen Äußerungen einige Indikatoren entnommen werden, die auf wirtschaftspolitische Ansichten als Beweggrund für sein Handeln zurückverweisen. Hinweise darauf, daß ihn bestimmte gesellschaftspolitische Ansichten wie etwa die fundamentale Bedeutung der Landwirtschaft für die Bestandssicherung der Gesellschaft und des Staates in seinem Handeln beeinflußt haben, konnten nicht ermittelt werden.

Die für die vorliegende Handlung: Organisierung der deutschen landwirtschaftlichen Genossenschaften in Verbänden angebotene Handlungserklärung kann als material korrekt akzeptiert werden, weil die Überprüfung der Prämissen ergab, daß mit hoher Wahrscheinlichkeit für Haas' Handeln gesellschafts-, insbesondere aber wirtschaftspolitische Ansichten als Beweggrund mitverantwortlich waren, d. h. daß er deshalb die Genossenschaften mit dem Ziel der Verbesserung der materiellen und geistig-sittlichen Verhältnisse der Landbevölkerung in Verbänden organisierte.

β) Vertrauen in die Macht der solidarischen Selbsthilfe als Beweggrund

Da die Rekonstruktion einer Handlung in Form einer praktischen Argumentation nicht nur eine Erklärung zuläßt, ist mit der Akzeptierung der Hypothese vom handlungsleitenden Einfluß der gesellschafts-, insbesondere aber der wirtschaftspolitischen Ansichten von Haas nicht zugleich die Ablehnung der Hypothese vom handlungsleitenden Einfluß der Überzeugung von der Macht und des Vertrauens in die Macht der solidarischen Selbsthilfe verbunden.

Die Verfahren zur Überprüfung der materialen Korrektheit der Prämissen, daß Haas auf Grund seines Vertrauens in die Macht der solidarischen Selbsthilfe beabsichtigte, die materiellen und geistig-sittlichen Verhältnisse der Landbevölkerung zu verbessern und daß er in der Organisierung der landwirtschaftlichen Genossenschaften in Verbänden ein geeignetes Mittel zur Erreichung dieses Ziels sah, waren dieselben wie bei der Überprüfung der vorgenannten Hypothese.

Die Untersuchungsergebnisse bestätigen die materiale Korrektheit der Prämissen. Es ist also nicht nur wahrscheinlich, daß Haas überhaupt an die Macht der solidarischen Selbsthilfe geglaubt hat, wie aus der Analyse seiner persönlichen Dokumente ersichtlich, sondern daß ihn dieser Glaube und dieses Vertrauen auch bei der Konstituierung seines Handlungsentwurfs mitbeeinflußt haben.

γ) Zusammenfassung

Abschließend kann festgestellt werden, daß Haas mit der Organisierung der landwirtschaftlichen Genossenschaften in Verbänden ein doppeltes Ziel verfolgte, nämlich sowohl die materielle als auch die geistig-sittliche Verbesserung der Verhältnisse der Landbevölkerung. Die Beweggründe, warum er diese Ziele mit diesem Mittel realisieren wollte, liegen zum einen in seinen gesellschafts- und insbesondere wirtschaftspolitischen Ansichten und zum anderen in seinem Vertrauen in die Macht der solidarischen Selbsthilfe.

Für die Erklärung der Handlung: Organisierung der landwirtschaftlichen Genossenschaften in Verbänden sind zwei praktische Schlüsse konstruiert worden, deren Prämissen lediglich im Hinblick auf die dem Handlungsentwurf vorgelagerten Beweggründe differieren. Hinweise auf die materiale Korrektheit weiterer Handlungserklärungen konnten dem vorliegenden Untersuchungsmaterial nicht entnommen werden.

Schlußbetrachtung

Die Untersuchung der Beweggründe von F. W. Raiffeisen und W. Haas ist als ein *Beitrag zur Erklärung der Entstehung von Genossenschaften im 19. Jahrhundert* zu verstehen. Um die Entstehung von Genossenschaften im 19. Jahrhundert zu erklären, sind verschiedene Ansatzpunkte möglich.

Im Unterschied zu neueren Ansätzen, die Entstehung von Genossenschaften in Anlehnung an die ökonomische Theorie der Politik bzw. die Logik kollektiven Handelns als Ergebnis einer rationalen Entscheidung der Wirtschaftssubjekte gemäß ökonomischen Vorteilhaftigkeitsüberlegungen zu erklären, stellt die vorliegende Arbeit die *Beweggründe der Gründerpersönlichkeiten in den Mittelpunkt* der Untersuchung.

Weitere Ansatzpunkte zur Erklärung der Entstehung von Genossenschaften sind die sozio-ökonomische Situation und die geistige Verwandtschaft der Genossenschaftsbewegung mit anderen sozialen Bewegungen des 19. Jahrhunderts. Die sozio-ökonomische Situation, die extreme Notlage, in der sich weite Teile der Bevölkerung befanden, stellt für die Erörterung der Beweggründe der Genossenschaftspioniere und -organisatoren eine Randbedingung dar. Zusätzlich zu der Analyse der sozio-ökonomischen Situation und des ideengeschichtlichen Hintergrundes der Genossenschaftsbewegung ist es notwendig, der Frage nachzugehen, warum sich die Gründerpersönlichkeiten zum Handeln entschlossen haben. Es gilt also ihre Handlung „Gründung bzw. Organisierung von Genossenschaften" genauer zu erklären. Die Einbeziehung von Beweggründen in ein empirisch-theoretisches Konzept der Erklärung der Entstehung von Genossenschaften erweist sich deshalb als sinnvoll, weil es für die Erklärung der Genossenschaftsentstehung nicht ausreicht, nur auf die Handlungsentwürfe der Gründerpersönlichkeiten zu rekurrieren, d. h. die Ziel-Mittel-Relation im Kontext einer bestimmten historischen Situation in den Blick zu nehmen. Es ist vielmehr auch die Frage zu stellen, was denn die Pioniere überhaupt zur Entwicklung ihrer Handlungsentwürfe veranlaßt hat. In diesem Zusammenhang sind die Beweggründe der Pioniere von zentraler Bedeutung. Sie beeinflussen nämlich nicht nur die Konstituierung der Handlungsentwürfe, sondern wirken sich auch auf deren konkrete Ausgestaltung aus. Eine Erweiterung der Trias: Ziel, Mittel, Situation um die Variable „Beweggrund" ermöglicht somit eine weitere Erhellung der fraglichen Handlung, die als Mittel im Sinnzusammenhang des Entwurfs steht.

Eine derartige Rekonstruktion der Handlung im Lichte ihrer Beweggründe stellt die erweiterte Form des praktischen Syllogismus dar. Mit Hilfe des erweiterten Schemas des praktischen Syllogismus ist es nicht nur möglich, die Handlungen der Genossenschaftspioniere teleologisch im Rahmen ihrer Handlungsentwürfe, seien es Leit- oder Weltbilder oder politische Konzeptionen, zu erklären, sondern darüber hinaus werden auch die Beweggründe mitberücksichtigt, die die Konstituierung der Handlungsentwürfe beeinflußt haben. Eine möglichst detaillierte Handlungserklärung kann vor den Beweggründen nicht haltmachen, weil sie die in den Handlungsentwürfen festgelegte Ziel-Mittel-Relation vorselegieren. Die Rede vom handlungsleitenden Einfluß der Beweggründe besagt nämlich, daß das „Um-zu" der Handlung, das in der teleologischen Erklärung zum Tragen kommt, von Beweggründen beeinflußt wird, die vor dem eigentlichen Handlungsentwurf liegen und in der Auswahl und Ausgestaltung des Handlungsentwurfs aus einer Vielzahl von Alternativen wirksam werden. Dadurch, daß sie den inneren Aspekt der Handlung „Gründung bzw. Organisierung von Genossenschaften" näher qualifizieren, tragen Beweggründe zu einer detaillierten Handlungserklärung bei.

Neben anderen Ansatzpunkten erweist sich die Berücksichtigung der Beweggründe als eine weitere *erklärungsrelevante Variable für die Theoriebildung* im Rahmen einer empirisch-theoretischen Genossenschaftsanalyse. Insbesondere im Hinblick auf die Erklärung der Entstehung von Genossenschaften im 19. Jahrhundert erscheint eine Konzeption, die sowohl auf die sozio-ökonomischen Bedingungen als auch auf eine Analyse der Beweggrund-Ziel-Mittel-Situations-Relation seitens der Genossenschaftspioniere Bezug nimmt, von größerer Erklärungsrelevanz als Ansätze, die auf der ökonomischen Theorie der Politik bzw. der Logik kollektiven Handelns beruhen, weil letztere nicht die Entstehung von Genossenschaften erklären können, sondern eher als Beiträge zu einer Theorie des Genossenschaftsbeitritts in bereits funktionierende Genossenschaften anzusehen sind.

Die Ergebnisse der vorliegenden Arbeit sind aber nicht nur für den Bereich der Theoriebildung im Genossenschaftswesen relevant.

Am Beispiel der Analyse der Beweggründe der Genossenschaftspioniere konnten die interdependenten Beziehungen zwischen den Variablen „Beweggrund", „Ziel", „Mittel" und „Situation" erhellt werden. Auf Grund der Interdependenz der Beziehungen zwischen den Variablen stellt sich die Frage, ob die Ausklammerung der Variable „Beweggrund" aus dem Objektbereich einer wissenschaftlichen Auseinandersetzung mit der den Bereich der Genossenschaften umschließenden Sozial- und Wirtschaftspolitik ohne Erkenntnisverluste möglich ist. Gerade in diesen Disziplinen glaubt man auf die Berücksichtigung von Beweggründen zugunsten einer Ziel-Mittel-Situations-Analyse verzichten zu können. Es wird sogar behauptet, daß eine Berücksichtigung von Beweggründen die Objektivität der zu erstellenden Theorien beeinträchtigen würde.

Wie am Beispiel der Untersuchung der Beweggründe mittelständischer Genossenschaftspioniere des landwirtschaftlichen Bereichs gezeigt werden konnte, beeinträchtigt die Berücksichtigung der Beweggründe nicht die Objektivität einer Theorie über die Entstehung von Genossenschaften im 19. Jahrhundert; denn die Variable „Beweggrund" gehört zum Gegenstandsbereich der Theorie und über sie wurde in intersubjektiv nachprüfbarer Weise ausgesagt. Die Integration von Beweggründen in den Objektbereich einer Disziplin zieht nicht die Objektivität einer in dieser Disziplin entwickelten Theorie in Zweifel, weil die Objektivität einer Theorie nicht von der Auswahl des Gegenstandsbereichs abhängt, sondern von dem Geltungsmodus der verwendeten Objektsprache. Unter Verwendung einer deskriptiven Objektsprache können Beweggründe als Teilgegenstand des Objektbereichs wissenschaftlicher Sozial- und Wirtschaftspolitik untersucht und mit ihrer Hilfe auch theoretische Ansätze entwickelt werden.

Der Verzicht auf die Berücksichtigung von Beweggründen schließt zugleich eine Einschränkung des Erkenntnisbereichs ein. So ist es beispielsweise nicht möglich, bei Ausklammerung der Beweggründe die Frage zu beantworten, warum es überhaupt zur Ausbildung sozialpolitischer Konzeptionen seitens bestimmter Personen kommt. Die Analyse der Ziel-Mittel-Situations-Relation kann diese Frage auf Grund der Nicht-Identität von Beweggrund und Ziel nicht beantworten. In der Regel sind nämlich die Ziele, die mit bestimmten sozialpolitischen Maßnahmen verfolgt werden, nicht mit den Beweggründen identisch, aus denen heraus der Beschluß gefaßt wurde, bestimmte sozialpolitische Konzeptionen, d. h. Ziel-Mittel-Relationen zu realisieren.

Die Integration der Beweggründe in die theoretische Auseinandersetzung mit der Sozial- und Wirtschaftspolitik trägt zu einer detaillierteren Erklärung der Entwicklung sozial- und/oder wirtschaftspolitischer Konzeptionen bei und eröffnet in diesem Zusammenhang die Möglichkeit zu interdisziplinärer Forschung, indem Ergebnisse psychologischer, sozialpsychologischer und soziologischer sowie politologischer Forschung in die Theoriebildung im Bereich der wissenschaftlichen Auseinandersetzung mit der Sozial- und Wirtschaftspolitik via Beweggrundanalyse Eingang finden.

Aus den vorgenannten Gründen sollte trotz bestehender Schwierigkeiten im Bereich der Empirie bei der Ermittlung von Beweggründen nicht von vornherein auf die Berücksichtigung der Beweggründe als erklärungsrelevante Variable im Rahmen der Theoriebildung verzichtet werden.

Literaturverzeichnis

Abel, Th., The operation called Verstehen, in: Readings in the philosophy of science, hrsg. v. Herbert Feigl u. May Brodbeck, New York 1953, S. 677 - 687.

Abraham, K., Schriften zur Theorie und Anwendung der Psychoanalyse. Eine Auswahl, hrsg. v. Johannes Cremerius, Frankfurt 1972.

Albert, H., Ökonomischer Essentialismus: Der moderne Methodenstreit und die Grenzen des Methodenpluralismus, in: Marktsoziologie und Entscheidungslogik. Ökonomische Probleme in soziologischer Perspektive, Neuwied u. Berlin 1967, S. 281 - 316.

— Anhang: Das Wertproblem in den Sozialwissenschaften, in: Marktsoziologie und Entscheidungslogik. Ökonomische Probleme in soziologischer Perspektive, Neuwied u. Berlin 1967, S. 131 - 139.

— Erkenntnis und Entscheidung, in: Traktat über kritische Vernunft, 2., unveränderte Aufl., Tübingen 1969, S. 55 - 79.

— Sinn und Wirklichkeit, in: Traktat über kritische Vernunft, 2., unveränderte Aufl., Tübingen 1969, S. 131 - 157.

— Theorie und Praxis. Max Weber und das Problem der Wertfreiheit und Rationalität, in: Werturteilsstreit, hrsg. v. dems. u. Ernst Topitsch, Darmstadt 1971, S. 200 - 236.

— Wissenschaft und Verantwortung, in: Plädoyer für kritischen Rationalismus, 3. Aufl., München 1971, S. 76 - 105.

— Theorie, Verstehen und Geschichte. Zur Kritik des methodologischen Autonomieanspruchs in den sogenannten Geisteswissenschaften, in: Zeitschrift für allgemeine Wissenschaftstheorie, Bd. 1, Wiesbaden 1970, S. 3 bis 23; wieder abgedruckt in: ders., Konstruktion und Kritik. Aufsätze zur Philosophie des kritischen Rationalismus, Hamburg 1972, S. 195 - 220.

— Theorien in den Sozialwissenschaften, in: Theorie und Realität. Ausgewählte Aufsätze zur Wissenschaftslehre der Sozialwissenschaften, hrsg. v. dems., 2., veränderte Aufl., Tübingen 1972, S. 3 - 25.

— Wertfreiheit als methodisches Prinzip. Zur Frage der Notwendigkeit einer normativen Sozialwissenschaft, in: Logik der Sozialwissenschaften, hrsg. v. Ernst Topitsch, Neue Wissenschaftliche Bibliothek 6 — Soziologie, 8. Aufl., Köln 1972, S. 181 - 210.

— Hermeneutik und Realwissenschaft. Die Sinnproblematik und die Frage der theoretischen Erkenntnis, in: Plädoyer für kritischen Rationalismus, 3. Aufl., München 1973, S. 106 - 150.

Albrecht, Ge., Schulze-Delitzschs Leben und Werk, in: Schulze-Delitzsch 1808/1958; Festschrift zur 150. Wiederkehr seines Geburtstages, hrsg. v. Deutscher Genossenschaftsverband e. V. Bonn, in Zusammenarbeit mit dem Institut für Genossenschaftswesen an der Universität Marburg, Wiesbaden 1958, S. 13 - 84.

— Die soziale Funktion des Genossenschaftswesens, Berlin 1965.

Albrecht, Gü., Zur Stellung historischer Forschungsmethoden und nichtreaktiver Methoden im System der empirischen Sozialforschung, in: KZfSS, Sonderheft 16, hrsg. v. Peter Christian Ludz, Opladen 1973, S. 242 bis 293.

— Nicht-reaktive Messung und Anwendung historischer Methoden, in: Techniken der empirischen Sozialforschung, hrsg. v. Jürgen van Koolwijk u. Maria Wieken-Mayser, Bd. 2, München 1975, S. 9 - 81.

— Vorüberlegungen zu einer „Theorie sozialer Probleme", in: KZfSS, Sonderheft 19 — Soziologie und Sozialpolitik, hrsg. v. Christian von Ferber u. Franz-Xaver Kaufmann, Opladen 1977, S. 143 - 185.

Adler, A., Praxis und Theorie der Individualpsychologie, München 1925.

Allport, G. W., The use of personal documents in psychological science, New York 1951.

— Die Natur des Vorurteils, hrsg. u. kommentiert v. Carl Friedrich Graumann, Köln 1971.

Angell, R., A critical review of the development of the personal document method in sociology, in: The use of personal documents in history, anthropology, and sociology, hrsg. v. Louis Gottschalk et al., New York 1947, S. 177 - 233.

Argyle, M., Soziale Interaktion, hrsg. u. mit einem Vorwort von Carl Friedrich Graumann, Köln 1972.

Aron, R., Hauptströmungen soziologischen Denkens, Bd. 2, Köln 1971.

Aschhoff, G., Die Geschichte der genossenschaftlichen Wirtschafts- und Marktverbände in Deutschland, in: Geschichte, Struktur und Politik der genossenschaftlichen Wirtschafts- und Marktverbände. Quellen und Studien des Instituts für Genossenschaftswesen der Universität Münster, hrsg. v. Erik Boettcher, Bd. XV, Karlsruhe 1965, S. 11 - 78.

— Die beiden großen Männer am Anfang, in: Raiffeisenrundschau, 25. Jg., 1973, S. 47.

Atteslander, P., Methoden der empirischen Sozialforschung, 4., erweiterte Aufl., Berlin—New York 1975.

Back, J. M., Genossenschaftsgeschichte, in: Handwörterbuch der BWL (2), 3. Aufl., Stuttgart 1958, Spalte 2196 - 2210.

Bayer, K., Sprechen und Situation — Methodologische Vorüberlegungen zu einer Theorie der sprachlichen Interaktion mit besonderer Berücksichtigung des Situationsbegriffs, Diss. 1974.

Beck, L. W., Bewußte und unbewußte Motive, in: Gründe und Ursachen gesellschaftlichen Handelns, hrsg. v. Jürgen Ritsert, Frankfurt 1975, S. 165 bis 195.

Becker, G., Die Idee Raiffeisens, in: F. W. Raiffeisen zum Gedächtnis, hrsg. v. d. Stiftungsgemeinschaft des Reichsverbandes der deutschen landwirtschaftlichen Genossenschaften — Raiffeisen e. V., in Gemeinschaft mit dem Institut für Genossenschaftswesen an der Johann Wolfgang Goethe-Universität Frankfurt, Neuwied 1938, S. 115 - 143.

— Um das ländliche Genossenschaftswesen, 1. Aufl., Neuwied 1953.

— „Heilig" und „Christlich", in: Raiffeisenrundschau, 25. Jg., 1973, S. 50.

Becker, H., The life history and the scientific mosaic, in: Sociological work. Method and substance, Chicago 1970, S. 63 - 75.

Beckermann, A., Handeln und Handlungserklärungen, in: Analytische Handlungstheorie, Bd. 2, Handlungserklärungen, hrsg. v. dems., 1. Aufl., Frankfurt 1977, S. 7 - 84.

Berger, P. L., Lebenslauf und Lebensläufe oder: Vergangenheit nach Maß und von der Stange, in: Symbolische Interaktion — Arbeiten zu einer reflexiven Soziologie, hrsg. v. Heinz Steinert, Stuttgart 1973, S. 197 - 207.

Bericht über die Verhandlungen des XXXII. Verbandstages der hessischen landwirtschaftlichen Genossenschaften zu Darmstadt am 16. November 1893 und Jahresbericht des Verbandsdirektors mit der Statistik für 1892, Darmstadt 1894.

Bernstein, A., Schulze-Delitzsch, Leben und Wirken, 4. Aufl., Berlin o. J. (1. Aufl. 1879).

Bittel, K., Eduard Pfeiffer und die deutsche Konsumgenossenschaftsbewegung, Schriften des Vereins für Socialpolitik, Bd. 151/1, München und Leipzig 1915.

— Eduard Pfeiffer, in: Internationales Handwörterbuch des Genossenschaftswesens, Bd. II, hrsg. v. Vahan Totomianz, Berlin 1928, S. 686 - 688.

Blätter für Genossenschaftswesen. Organ des Allgemeinen Verbandes deutscher Erwerbs- und Wirtschaftsgenossenschaften e. V., hrsg. v. d. Anwalt,
— 56. Jg., 1909.
— 60. Jg., 1913.
— 61. Jg., 1914.

Böhmert, V., *Schulze-Delitzsch* als Arbeiterfreund und Sozialreformer, in: Der Arbeiterfreund, Zeitschrift des Central-Vereins für das Wohl der arbeitenden Klassen, hrsg. v. dems. in Verbindung mit Rudolf Gneist, XXI. Jg., Berlin 1883, S. 161 - 181.

Boettcher, E., Kooperation und Demokratie in der Wirtschaft, Schriften zur Kooperationsforschung, A. Studien, Bd. 10, Tübingen 1974.

Bollack, J., Vom System der Geschichte zur Geschichte der Systeme, in: Geschichte — Ereignis und Erzählung; Poetik und Hermeneutik V, hrsg. v. Reinhart Koselleck u. Wolf-Dieter Stempel, München 1973, S. 11 - 28.

Brandt, R. u. *Kim,* J., Wünsche als Erklärungen von Handlungen, in: Analytische Handlungstheorie, Bd. 2, hrsg. v. Ansgar Beckermann, 1. Aufl., Frankfurt 1977, S. 259 - 274.

Brinkmann, C., Vilfredo *Pareto* — Allgemeine Soziologie; ausgewählt, eingeleitet u. übersetzt v. Carl Brinkmann, besorgt v. Hans Wolfram Gerhard, Tübingen 1955.

Brodbeck, M., Meaning and action, in: Readings in the philosophy of the social sciences, hrsg. v. ders., 6. Aufl., London 1971, S. 58 - 78.

Bruggemann, A. et al., Arbeitszufriedenheit, Bern—Stuttgart—Wien 1975.

Buchrucker, A., Die Vor- und Frühgeschichte der Raiffeisenschen Darlehnskassen-Vereine. Zum Gedächtnisse des 50. Todestages Vater Raiffeisens am 11. März 1937, unveröffentlichtes Manuskript, im Besitz des Archivs des deutschen Raiffeisenverbandes, Bonn.

Bühl, W. L., Die alte und die neue Verstehende Soziologie, in: Verstehende Soziologie. Grundzüge und Entwicklungstendenzen, hrsg. v. dems., München 1972, S. 7 - 76.

Bühler, K., Die Krise der Psychologie, 3. Aufl., Stuttgart 1965.

— Sprachtheorie. Die Darstellungsfunktion der Sprache, 2. Aufl., Stuttgart 1965.

Cahnman, W. J. u. *Boskoff*, A., Soziologie und Geschichte, in: Soziologie und Geschichte, hrsg. v. Hans-Ulrich Wehler, Neue Wissenschaftliche Bibliothek 53 — Geschichte, Köln 1976, S. 157 - 186.

Carnap, R., Induktive Logik und Wissenschaft, in: Erkenntnisprobleme der Naturwissenschaften — Texte zur Einführung in die Philosophie der Wissenschaft, hrsg. v. Lorenz Krüger, Neue Wissenschaftliche Bibliothek 38 — Philosophie, Köln 1970, S. 205 - 212.

— Statistische und induktive Wahrscheinlichkeit, in: Erkenntnisprobleme der Naturwissenschaften, hrsg. v. Lorenz Krüger, Neue Wissenschaftliche Bibliothek 38 — Philosophie, Köln 1970, S. 195 - 204.

Cassau, Th. O., Die Konsumvereinsbewegung in Großbritannien, Schriften des Vereins für Socialpolitik 150/1, München u. Leipzig 1915.

Churchland, P. M., Der logische Status von Handlungserklärungen, in: Analytische Handlungstheorie, Bd. 2, hrsg. v. Ansgar Beckermann, 1. Aufl., Frankfurt 1977, S. 304 - 331.

Cohen, M. F., Motives, causal necessity, and moral accountability, in: Australasian journal of philosophy 42, 1964, S. 322 - 334.

Cole, G. D. H., Die britische Genossenschaftsbewegung, Köln 1954.

Conze, W., Möglichkeiten und Grenzen der liberalen Arbeiterbewegung in Deutschland. Das Beispiel Schulze-Delitzschs, in: Sitzungsberichte der Heidelberger Akademie der Wissenschaften, Philosophisch-historische Klasse, 2. Abhandlung, Heidelberg 1965, S. 5 - 28.

Cremer, E., Die Bestrebungen F. W. Raiffeisens, des „Vaters der ländlichen Genossenschaften" und das Wesen seiner genossenschaftlichen Schöpfungen, Leipzig 1902.

Cunningham, F., Bemerkungen über das Verstehen in den Sozialwissenschaften, in: Theorie und Realität. Ausgewählte Aufsätze zur Wissenschaftslehre der Sozialwissenschaften, hrsg. v. Hans Albert, 2., veränderte Aufl., Tübingen 1972, S. 227 - 237.

Danto, A. C., Analytische Philosophie der Geschichte, 1. Aufl., Frankfurt 1974.

Darmstadt gedenkt eines großen Sohnes der Stadt, in: Das Hessenland, Zeitschrift des ländlichen Genossenschaftsverbandes Frankfurt/Main e. V., 44. Jg., Nr. 4, 1963, S. 74 f.

Davidson, D., Handlungen, Gründe und Ursachen, in: Gründe und Ursachen gesellschaftlichen Handelns, hrsg. v. Jürgen Ritsert, Frankfurt 1975, S. 108 - 128.

Denzin, N. K., The life history method, in: The research act in sociology. A theoretical introduction to sociological methods, London 1970, S. 219 bis 259.

Dettweiler, A., Rückblick auf eine 39jährige Tätigkeit im Genossenschaftswesen — gewidmet den deutschen landwirtschaftlichen Genossenschaften, Manuskript aus dem Familienarchiv der Winzerfamilie Dettweiler.

Diederichs, E. H. u. *Menzel*, B., Die Großhandels- und sonstigen Fachgenossenschaften des gewerblichen Mittelstandes, Wiesbaden 1957.

Diemer, A., Die Trias Beschreiben, Erklären, Verstehen in historischem und systematischem Zusammenhang, in: Der Methoden- und Theorienpluralismus in den Wissenschaften, Meisenheim am Glan 1971, S. 5 - 25.

Dilthey, W., Entstehung der Hermeneutik. Gesammelte Werke, Bd. 5, Stuttgart 1967.

Downs, A., Ökonomische Theorie der Demokratie, Tübingen 1968.

Draheim, G., Die Genossenschaft als Unternehmenstyp, 2. Aufl., Göttingen 1955.

Dray, W., Laws and explanation in history, Oxford 1957; Übersetzung des Kap. V, Abschnitt 1 - 5 unter dem Titel: Der Sinn von Handlungen, in: Analytische Handlungstheorie, Bd. 2, hrsg. v. Ansgar Beckermann, 1. Aufl., Frankfurt 1977, S. 275 - 303.

— „Explaining what" in history, in: Readings in the philosophy of the social sciences, hrsg. v. May Brodbeck, 6. Aufl., London 1971, S. 343 - 348.

Dreitzel, H. P., Sozialer Wandel — Zivilisation und Fortschritt als Kategorien der soziologischen Theorie — Problemgeschichtliche Einleitung, 2. Aufl., Neuwied u. Berlin 1972, S. 21 - 93.

— Nachwort: Über die historische Methode in der Soziologie, in: Sozialer Wandel — Zivilisation und Fortschritt als Kategorien der soziologischen Theorie, hrsg. v. dems., 2. Aufl., Neuwied u. Berlin 1972, S. 439 - 469.

— Theorielose Geschichte und geschichtslose Soziologie, in: Geschichte und Soziologie, hrsg. v. Hans-Ulrich Wehler, Neue Wissenschaftliche Bibliothek 53 — Geschichte, Köln 1976, S. 37 - 52.

Droysen, J. G., Historik. Vorlesungen über Enzyklopädie und Methodologie der Geschichte, 4. Aufl., München 1960.

Dülfer, E., Typencharakter und Größenentwicklung der gewerblichen Kreditgenossenschaften (in Westdeutschland), Marburg 1957.

Eisermann, G., Vilfredo Paretos System der allgemeinen Soziologie. Einleitung, Texte und Anmerkungen v. Gottfried Eisermann, Stuttgart 1962.

— Soziologie und Geschichte, in: Handbuch der empirischen Sozialforschung, Bd. 4, Komplexe Forschungsansätze, hrsg. v. René König, 3., umgearbeitete u. erweiterte Aufl., Stuttgart 1974, S. 340 - 404.

Elhardt, S., Tiefenpsychologie. Eine Einführung, 4. Aufl., Stuttgart—Berlin—Köln—Mainz 1975.

Elias, N., Soziologie und Geschichtswissenschaft, in: Geschichte und Soziologie, hrsg. v. Hans-Ulrich Wehler, Neue Wissenschaftliche Bibliothek 53 — Geschichte, Köln 1976, S. 53 - 77.

Elvers, R., Viktor Aimé Huber. Sein Werden und Wirken, 1. Teil, Bremen 1872.

Engelhardt, W. W., Zum 150. Geburtstag von Schulze-Delitzsch, in: Archiv für öffentliche und freigemeinwirtschaftliche Unternehmungen, Bd. IV, Göttingen 1958, S. 254 - 258.

— Utopien als Problem der Sozial- und Wirtschaftswissenschaften, in: ZfgSt, 125. Bd., 1969, S. 661 - 676.

— Robert Owen und die sozialen Reformbestrebungen seit Beginn der Industrialisierung, Bonn 1972.

— Utopien im Verhältnis zu Ideologien und politischen Konzeptionen. Zur kritischen Reflektion einiger Grundbegriffe der Sozial- und Wirtschaftswissenschaften, in: Die Mitarbeit, Zeitschrift für Gesellschafts- und Kulturpolitik, 22. Jg., Göttingen 1973, S. 108 - 125.

— Leitbilder und Zielsysteme in der Politik: Grundsätzliche Aspekte, in: Leitbilder und Zielsysteme der Sozialpolitik, hrsg. v. Horst Sanmann, Berlin 1973, S. 9 - 60.

— Möglichkeiten einer Wissenschaft von der Sozialpolitik, in: ZfgSt, 130. Bd., 1974, S. 545 - 564.

— Die Problematik „mittlerer Ordnungen" und „dritter Wege" in der Wirtschafts- und Gesellschaftspolitik in der neueren Diskussion, in: Die Mitarbeit, Zeitschrift für Gesellschafts- und Kulturpolitik, 24. Jg., Heft 2, Juni 1975, S. 97 - 124.

— Politische Ökonomie und Utopie, in: Kritischer Rationalismus und Sozialdemokratie II, hrsg. v. Georg Lührs et al., Berlin u. Bonn-Bad Godesberg 1975/76, S. 201 - 235.

— Geschichte und Grundlagen mittelständischer Genossenschaften als Ansatzpunkte theoretischer Kooperationsanalyse, in: ZfgG, hrsg. v. Eberhard Dülfer et al., Bd. 26, Heft 4, Göttingen 1976, S. 285 - 301.

— Theorie der Sozialpolitik, in: Handwörterbuch der Volkswirtschaft, hrsg. v. Werner Glastetter et al., 1977, S. 1182 - 1198.

— Zur Frage der Betrachtungsweisen und eines geeigneten Bezugsrahmens der Genossenschaftsforschung, in: ZfgG, hrsg. v. Eberhard Dülfer et al., Bd. 27, Heft 4, Göttingen 1977, S. 337 - 352.

— Sind Genossenschaften gemeinwirtschaftliche Unternehmen?, in: Schriftenreihe Gemeinwirtschaft, Nr. 29, August 1977/April 1978.

— Entscheidungslogische und empirisch-theoretische Kooperationsanalyse, in: WiSt, 7. Jg., Heft 3, März 1978, S. 104 - 109.

— Genossenschaftstheorie, in: Handwörterbuch des Genossenschaftswesens, hrsg. v. Eduard Mändle u. Hans-Werner Winter, Wiesbaden 1980.

— Ansatzpunkte systematischer Sozialpolitiklehre, in: Zeitschrift für Sozialreform, 24. Jg., 1978, S. 193 - 209.

Zur Erinnerung an Wilhelm Haas. Festgabe zum 37. deutschen landwirtschaftlichen Genossenschaftstag und zur Einweihung des Wilhelm Haas-Denkmals, Darmstadt, den 8. u. 9. Mai 1924.

Eschenburg, R., Ökonomische Theorie der genossenschaftlichen Zusammenarbeit, Schriften zur Kooperationsforschung, A. Studien, Bd. 1, Tübingen 1971.

— Konflikt- oder Harmonietheorie der Genossenschaften — Bemerkungen zur gleichnamigen Kritik Manfred Neumanns, in: ZfgG, hrsg. v. Eberhard Dülfer et al., Bd. 23, Göttingen 1973, S. 101 - 114.

von Eucken-Addenhausen, G., Die Raiffeisenschen Spar- und Darlehnskassen-Vereine, segensreiche Werkstätten christlicher Nächstenliebe, Raiffeisenbücherei, 4. Bd., 7. Aufl., Neuwied o. J.

Eulenberg, H., Schulze-Delitzsch. Festschrift überreicht in Köln 1927.

Falkenstein, L., Die Wilhelm Haas-Stiftung — Das Gedenken an einen großen Sohn muß lebendig bleiben, in: Das Hessenland 44. Jg., Nr. 5, 1963, S. 106 - 107.

Faßbender, M., F. W. Raiffeisen in seinem Leben, Denken und Wirken im Zusammenhange mit der Gesamtentwicklung des neuzeitlichen Genossenschaftswesens in Deutschland, Berlin 1902.

Faust, H., Schulze-Delitzsch und sein genossenschaftliches Werk, Marburg 1949.

— Viktor Aimé Huber. Ein Bahnbrecher der Genossenschaftsidee, Hamburg 1952.

— Raiffeisen — Christ und Genossenschaftspionier, in: Der Verbraucher, 11/1968, S. 11 - 12.

— Geschichte der Genossenschaftsbewegung — Ursprung und Aufbruch der Genossenschaftsbewegung in England, Frankreich und Deutschland sowie ihre weitere Entwicklung im deutschen Sprachraum, 3., überarbeitete u. stark erweiterte Aufl., Frankfurt 1977 (2. Aufl., Frankfurt 1965).

Feineisen, A., Über Wilhelm Haas, in: Das Hessenland, Zeitschrift des ländlichen Genossenschaftsverbandes Frankfurt/Main, 37. Jg., Nr. 11, 1956, S. 182 - 184.

— Wilhelm Haas — Gestalter einer großen Idee, Neuwied 1956.

Festschrift zum 25jährigen Bestehen des Reichsverbandes der deutschen landwirtschaftlichen Genossenschaften, 6. Juli 1883 - 6. Juli 1908, Darmstadt 1908.

Feuerstein, F., Ed. von Pfeiffer — Zum 80. Geburtstag am 23. November 1915, in: Konsumgenossenschaftliche Rundschau, 12. Jg., Nr. 47, Hamburg 1915, S. 813 ff.

Finck, R., Das Schulze-Delitzsch'sche Genossenschaftswesen und die modernen genossenschaftlichen Entwicklungstendenzen, Jena 1909.

Der Fortschritt, Zeitung für landwirthschaftliches Genossenschaftswesen und Volkswirtschaft. Organ für die Verbände der hessischen landwirthschaftlichen Consumvereine und der südwestdeutschen landwirthschaftlichen Creditgenossenschaften, hrsg. v. d. derzeitigen Präsidenten beider Verbände (W. Haas), 9. Jg., 1882.

Der Fortschritt, Central-Fachzeitung für landwirthschaftliches Genossenschaftswesen. Offizielles Organ der Vereinigung deutscher landwirthschaftlicher Genossenschaften sowie der Verbände der hessischen landwirthschaftlichen Consumvereine und der hessischen landwirthschaftlichen Creditgenossenschaften, begründet und hrsg. v. Wilhelm Haas, 14. Jg., Darmstadt 1887.

Freedman, J. L. et al., Social psychology, 2. Aufl., New York 1974.

Freud, S., Gesammelte Schriften, Leipzig—Wien—Zürich 1924.

Freyer, H., Soziologie und Geschichtswissenschaft, in: Geschichte und Soziologie, hrsg. v. Hans-Ulrich Wehler, Neue Wissenschaftliche Bibliothek 53 — Geschichte, Köln 1976, S. 78 - 84.

Gean, W. D., Gründe und Ursachen, in: Analytische Handlungstheorie, Bd. 2, hrsg. v. Ansgar Beckermann, 1. Aufl., Frankfurt 1977, S. 195 - 220.

Zum 100. Geburtstag von Geheimrat Wilhelm Haas, in: Genossenschaftliche Mitteilungen des ländlichen Genossenschaftsverbandes Rhein—Main—Neckar e. V. und der genossenschaftlichen Zentralgeschäftsanstalten für die Verwaltungsorgane und Rechner der Genossenschaften, 6. Jg., Nr. 15, Frankfurt 1939, S. 169.

Gellner, E., Der neue Idealismus — Ursache und Sinn in den Sozialwissenschaften, in: Theorie und Realität. Ausgewählte Aufsätze zur Wissenschaftslehre der Sozialwissenschaften, hrsg. v. Hans Albert, 2., veränderte Aufl., Tübingen 1972, S. 87 - 112.

Gennes, O., Wilhelm Haas und sein Werk. Vortrag, gehalten auf dem 37. deutschen landwirtschaftlichen Genossenschaftstag zu Darmstadt am 9. Mai 1924, in: Jahrbuch des Reichsverbandes der deutschen landwirtschaftlichen Genossenschaften für 1924, 30. Jg., Berlin 1924, S. 49 - 54.

— Das deutsche landwirtschaftliche Genossenschaftswesen, in: Die deutsche Wirtschaft und ihre Führer, Bd. 8, Die Genossenschaften, hrsg. v. Kurt Wiedenfeld, Gotha 1925, S. 7 - 96.

— Haas, in: Internationales Handwörterbuch des Genossenschaftswesens, Bd. II, hrsg. v. Vahan Totomianz, Berlin 1928, S. 434 - 437.

Landwirthschaftliches Genossenschaftsblatt, Neuwied,
— II Jg., 1880.
— III Jg., 1881.
— IV Jg., 1882.
— V Jg., 1883.
— IX Jg., 1887.
— X Jg., 1888.

Deutsche landwirtschaftliche Genossenschaftspresse. Fachzeitschrift für das landwirtschaftliche Genossenschaftswesen — Organ des Reichsverbandes der deutschen landwirthschaftlichen Genossenschaften, hrsg. v. d. Generalanwalt, Darmstadt,
— 26. Jg., 1899.
— 27. Jg., 1900.
— 28. Jg., 1901.
— 29. Jg., 1902.
— 30. Jg., 1903.
— 31. Jg., 1904.
— 32. Jg., 1905.
— 33. Jg., 1906.
— 34. Jg., 1907.
— 35. Jg., 1908.
— 36. Jg., 1909.
— 37. Jg., 1910.
— 38. Jg., 1911.
— 39. Jg., 1912.
— 40. Jg., 1913.
— Sondernummer 1913.

Das landwirtschaftliche Genossenschaftswesen im Großherzogtum. Hessen in den Jahren 1873 bis 1898. Festschrift aus Anlaß der 25jährigen Jubelfeier des Verbandes der hessischen landwirtschaftlichen Genossenschaften zu Mainz am 29. September 1898, Darmstadt 1899.

George, A. L. u. J. L., Psychoanalyse und historische Biographie, in: Geschichte und Psychoanalyse, hrsg. v. Hans-Ulrich Wehler, Köln 1971, S. 78 - 100.

Die Genossenschaft der Franziskanerbrüder zu St. Josefshaus bei Waldbreitbach. Von einem Mitglied der Genossenschaft, 1912.

100 Jahre deutscher Genossenschaftsverband, Festschrift zur 100 Jahrfeier, Wiesbaden o. J.

Goldstein, L. J., Daten und Ergebnisse in der Geschichte, in: Theorie und Realität. Ausgewählte Aufsätze zur Wissenschaftslehre der Sozialwissenschaften, hrsg. v. Hans Albert, 2., veränderte Aufl., Tübingen 1972, S. 263 bis 288.

— Theorien in der Geschichtsforschung, in: Theorie und Realität. Ausgewählte Aufsätze zur Wissenschaftslehre der Sozialwissenschaften, hrsg. v. Hans Albert, 2., veränderte Aufl., Tübingen 1972, S. 289 - 315.

Gomperz, H., Über Sinn und Sinngebilde. Verstehen und Erklären, Tübingen 1929.

Gottschalk, L., The historian and the historical document, in: The use of personal documents in history, sociology, and anthropology, hrsg. v. dems. et al., New York, S. 3 - 75.

Grünfeld, E., Das Genossenschaftswesen des städtischen Mittelstandes, in: Die deutsche Wirtschaft und ihre Führer, Bd. 8, Die Genossenschaften, hrsg. v. Kurt Wiedenfeld, Gotha 1925, S. 167 - 208.

— Das Genossenschaftswesen in der sozialökonomischen Theorie, in: Genossenschafts-Korrespondenz, hrsg. v. dems., 3. Jg., Heft 2, Halberstadt 1925, S. 33 - 53.

— Der Humanitätsgedanke als geistige Wurzel des Genossenschaftswesens, in: Genossenschafts-Korrespondenz, hrsg. v. dems., 3. Jg., Heft 5, Halberstadt 1925, S. 131 - 136.

— Die abgeleitete Ideologie des Genossenschaftswesens, in: Genossenschafts-Korrespondenz, hrsg. v. dems., 5. Jg., Heft 4, Halle 1928, S. 204 - 212.

— Das Genossenschaftswesen, volkswirtschaftlich und soziologisch betrachtet, in: Handbuch des Genossenschaftswesens, 1. Bd., hrsg. v. Prof. Dr. Julius Gierke u. Dr. Karl Hildebrand, Halberstadt 1928.

Gruhle, H. W., Ursache, Grund, Motiv, Auslösung, in: Die Motivation menschlichen Handelns, hrsg. v. Hans Thomae, Neue Wissenschaftliche Bibliothek 4 — Psychologie, Köln—Berlin 1965, S. 40 - 47.

Wilhelm Haas zum Gedenken, Der Organisator des deutschen landwirtschaftlichen Genossenschaftswesens, in: Hessische Landeszeitung, Darmstadt 1929.

Habermas, J., Theorie und Praxis. Sozialphilosophische Studien, 4., durchgesehene, erweiterte und neu eingeleitete Aufl., Frankfurt 1971.

— Erkenntnis und Interesse. Mit einem neuen Nachwort, Frankfurt 1973.

Habermas, J., Vorbereitende Bemerkungen zu einer Theorie der kommunikativen Kompetenz, in: Jürgen Habermas / Niklas Luhmann, Theorie der Gesellschaft oder Sozialtechnologie — Was leistet die Systemforschung?, Frankfurt 1974, S. 101 - 141.

Haferkamp, H., Von der alltagsweltlichen zur sozialwissenschaftlichen Begründung der Soziologie sozialer Probleme und sozialer Kontrolle. Entwicklung, Stand und Perspektive eines Forschungsansatzes, in: KZfSS, Sonderheft 19 — Soziologie und Sozialpolitik, hrsg. v. Christian von Ferber u. Franz-Xaver Kaufmann, Opladen 1977, S. 186 - 212.

Hamlyn, D. W., Verhalten, in: Analytische Handlungstheorie, Bd. 2, Handlungserklärungen, hrsg. v. Ansgar Beckermann, 1. Aufl., Frankfurt 1977, S. 85 - 105.

Hart, H. L. A. u. *Honoré*, A. M., Causation in law, Oxford 1959.

Haseloff, O. W., Zur Soziologie psychoanalytischen Wissens, in: KZfSS, 14. Jg., Köln—Opladen 1962, S. 39 - 58.

Hasselmann, E., Eduard Pfeiffer und seine Bedeutung für die deutsche Konsumgenossenschaftsbewegung, Hamburg 1954.

— Die genossenschaftliche Selbsthilfe der Verbraucher, 3. Aufl., Hamburg 1958.

— Und trug hundertfältige Frucht. Ein Jahrhundert konsumgenossenschaftliche Selbsthilfe, Stuttgart 1964.

— Die Rochdaler Grundsätze im Wandel der Zeit. Veröffentlichungen der deutschen Genossenschaftskasse, Zentralbank der Genossenschaften, Bd. 4, Frankfurt 1968.

— Geschichte der deutschen Konsumgenossenschaften, Frankfurt 1971.

Haverkamp, J. R., Raiffeisen: Vorbild und Auftrag, in: Raiffeisenrundschau, 25. Jg., 1973, S. 422 - 423.

Heimann, E., Soziale Theorie des Kapitalismus — Theorie der Sozialpolitik, Tübingen 1929.

Heiss, R., Utopie und Revolution — Ein Beitrag zur Geschichte des fortschrittlichen Denkens, München 1973.

Helberger, Ch., Marxismus als Methode. Wissenschaftstheoretische Untersuchungen zur Methode der marxistisch-politischen Ökonomie, Frankfurt 1974.

Held, A., Der Wucher auf dem Lande, Leipzig 1887.

Heller, P., Generalverband der deutschen Raiffeisen-Genossenschaften, in: 50 Jahre Raiffeisen 1877 - 1927, Neuwied 1927, S. 11 - 30.

Hempel, C. G., Aspects of scientific explanation, in: Aspects of scientific explanation and other essays in the philosophy of science, New York 1966, S. 331 - 489.

— Wissenschaftliche und historische Erklärungen, in: Theorie und Realität. Ausgewählte Aufsätze zur Wissenschaftslehre der Sozialwissenschaften, hrsg. v. Hans Albert, 2., veränderte Aufl., Tübingen 1972, S. 237 - 261.

— u. *Oppenheim*, P., Studies in the logic of explanation, in: Philosophy of science, Bd. 15, 1948.

Henning, F.-W., Die Industrialisierung in Deutschland 1800 - 1914, Paderborn 1973.

Herder-Dorneich, Ph., Politisches Modell zur Wirtschaftstheorie. Theorie der Bestimmungsfaktoren finanzwirtschaftlicher Staatstätigkeit, Freiburg 1959.

— Homo organisatoricus, in: Zur Verbandsökonomik. Aufsätze zu einer Theorie der Verbände, hrsg. v. dems., Berlin 1973, S. 13 - 25.

Herkner, W., Die Inhaltsanalyse, in: Techniken der empirischen Sozialforschung, Bd. 3, Erhebungsmethoden: Beobachtung und Analyse von Kommunikation, hrsg. v. Jürgen van Koolwijk u. Maria Wieken-Mayser, München 1974, S. 158 - 191.

Das Hessenland. Zeitung für landwirtschaftliches Genossenschaftswesen. Organ des Verbandes der hessischen landwirtschaftlichen Genossenschaften, 3. Jg., Nr. 11, 1909.

Heuss, Th., Schulze-Delitzsch — Leistung und Vermächtnis, Frankfurt 1948.

— Schulze-Delitzsch, in: HdSW, 9. Bd., 1956, S. 149 - 150.

— Hermann Schulze: Mehr als ein Stück deutsches 19. Jahrhundert, in: Raiffeisenrundschau, 25. Jg., 1973, S. 137 - 139.

Hillen, K. B., Lebenslageforschung in den Sozialwissenschaften, insbesondere in der Sozialpolitik: dargestellt am Beispiel der Lebenslage von Arbeitnehmern nach einem Arbeitsplatzverlust, Diss. Bochum 1975.

Hönekopp, J., Vom Wohltätigkeitsverein zur Genossenschaft — Ein Bürgermeister wird Genossenschaftsgründer (1845 - 1864), in: Freiheit und Ordnung, Festschrift für Theodor Sonnemann, hrsg. v. Präsidium des deutschen Raiffeisenverbandes, Bonn 1970, S. 81 - 97.

— 100 Jahre Raiffeisenverband 1877 - 1977, hrsg. v. Deutscher Raiffeisenverband e. V., Bonn, Neuwied 1971.

Hoffmann, S. O., Über den logischen Status der psychoanalytischen Theorie. Ist es nützlich, die Psychoanalyse als „historische" Wissenschaft zu betrachten?, in: Psyche, XXIII Jg., Heft 11, Stuttgart 1969, S. 838 - 841.

Hofmann, W., Ideengeschichte der sozialen Bewegung des 19. und 20. Jahrhunderts, unter Mitwirkung von W. Abendroth, 5., unveränderte Aufl., Berlin—New York 1974.

Hofstätter, P. R., Einführung in die Tiefenpsychologie, Wien 1948.

— Psychologie, Fischer-Lexikon, Bd. 16, Frankfurt 1957.

Hondrich, K. O., Bedürfnisorientierungen und soziale Konflikte. Zur theoretischen Begründung eines Forschungsprogramms, in: ZfS, 2. Jg., Heft 3, Juli 1973, S. 263 - 281.

— Soziologische Theorieansätze und ihre Relevanz für die Sozialpolitik. Der bedürfnistheoretische Ansatz, in: KZfSS, Sonderheft 19 — Soziologie und Sozialpolitik, hrsg. v. Christian von Ferber u. Franz-Xaver Kaufmann, Opladen 1977, S. 213 - 231.

Hopf, Ch., Die Pseudo-Exploration — Überlegungen zur Technik qualitativer Interviews in der Sozialforschung, in: ZfS, 7. Jg., Heft 2, April 1978, S. 97 bis 115.

Horlacher, H., Die überlieferten Ideale und harte Ökonomie, in: Raiffeisenrundschau, 25. Jg., 1973, S. 93 f.

Jäger, E., V. A. Huber, ein Vorkämpfer der sozialen Reform, in seinem Leben und seinen Bestrebungen, Berlin 1880.

Jäger, W., Das Organisationssystem im Genossenschaftswesen der Bundesrepublik Deutschland, in: Geschichte, Struktur und Politik der genossenschaftlichen Wirtschafts- und Marktverbände. Quellen und Studien des Instituts für Genossenschaftswesen der Universität Münster, hrsg. v. Erik Boettcher, Bd. XV, Karlsruhe 1965, S. 79 - 91.

Jahrbuch des Reichsverbandes der deutschen landwirtschaftlichen Genossenschaften für
— 1903.
— 1904.
— 1905.
— 1906.
— 1907.
— 1908.
— 1909.
— 1910.
— 1911.
— 1912.

Jahrbuch des Allgemeinen Verbandes der deutschen landwirtschaftlichen Genossenschaften für
— 1894.
— 1895.
— 1896.
— 1897.
— 1898.
— 1899.
— 1900.
— 1901.
— 1902.

50 Jahre Raiffeisen 1877 - 1927, Neuwied 1927.

60 Jahre Verband der hessischen landwirtschaftlichen Genossenschaften, Darmstadt 1873 - 1933.

75 Jahre ländlicher Genossenschaftsverband Frankfurt a. M. e. V.; Jubiläumsbericht des ländlichen Genossenschaftsverbandes, 1873 - 1948.

Jahresbericht des Direktors des Verbandes der hessischen landwirtschaftlichen Genossenschaften für
— 1899/1900.
— 1903.
— 1906.
— 1907.
— 1909.
— 1910.
— 1912.
— 1913.

Jakobi, U. et al., Triebmodelle der Aggression, in: Zur Aggression verdammt? Ein Überblick über die Psychologie der Aggression, hrsg. v. Herbert Selg, 4., überarbeitete u. erweiterte Aufl., Stuttgart—Berlin—Köln—Mainz 1975, S. 37 - 53.

Jarvie, J. C., Die Logik der Gesellschaft. Über den Zusammenhang von Denken und sozialem Wandel, München 1974.

Jung, C. G., Psychologische Typen, Zürich 1921.

— Die Beziehung zwischen dem Ich und dem Unbewußten, Zürich 1933.

— Über psychische Energetik und das Wesen der Träume, Zürich 1948.

Kaiser, C. W., Raiffeisen-Abende. Zwiegespräche über die ländlichen Darlehnskassen-Vereine nach dem System Raiffeisen, Neuwied 1891.

Kant, I., Kritik der reinen Vernunft, Bd. 2, Frankfurt 1974.

König, R., Einige Überlegungen zur Frage der „Werturteilsfreiheit" bei Max Weber, in: Werturteilsstreit, hrsg. v. Hans Albert u. Ernst Topitsch, Darmstadt 1971, S. 150 - 188.

Korthaus, K., Zeitbilder aus der Geschichte des deutschen Genossenschaftswesens, Berlin 1927.

Kraft, V., Geschichtsforschung als strenge Wissenschaft, in: Logik der Sozialwissenschaften, hrsg. v. Ernst Topitsch, Neue Wissenschaftliche Bibliothek 6 — Soziologie, 8. Aufl., Köln 1972, S. 72 - 82.

Krebs, W., Wilhelm Haas. Leben und Persönlichkeit, unveröffentlichtes Manuskript, Berlin o. J., im Besitz des Archivs des deutschen Raiffeisenverbandes, Bonn.

— Aus dem Leben Friedrich Wilhelm Raiffeisens, 1. Aufl., Neuwied 1918, 2. Aufl., Neuwied 1925.

— Raiffeisens Persönlichkeit und seine Bedeutung für das Landvolk, in: 50 Jahre Raiffeisen 1877 - 1927, Neuwied 1927, S. 1 - 9.

— Das Leben Friedrich Wilhelm Raiffeisens, in: F. W. Raiffeisen zum Gedächtnis, hrsg. v. d. Stiftungsgemeinschaft des Reichsverbandes der deutschen landwirtschaftlichen Genossenschaften — Raiffeisen e. V. in Gemeinschaft mit dem Institut für Genossenschaftswesen an der Johann Wolfgang Goethe-Universität Frankfurt, Neuwied 1938, S. 89 - 115.

— Fr. W. Raiffeisen. Ein Kapitel bäuerlicher Selbsthilfe, 3. Aufl., bearbeitet von Bruno Huguenin, Neuwied 1955.

Kunz, G., Motivforschung, in: Wörterbuch der Soziologie, hrsg. v. Wilhelm Bernsdorf, 2., neubearbeitete u. erweiterte Aufl., Stuttgart 1969, S. 721 bis 724.

— Interview, in: Wörterbuch der Soziologie, hrsg. v. Wilhelm Bernsdorf, 2., neubearbeitete u. erweiterte Aufl., Stuttgart 1969, S. 498 - 514.

Lazarsfeld, P. F., The art of asking why in marketing research, in: Nat. Mark. Rev., 1/1935.

Lemcke, E., Die Entwicklung der Raiffeisen-Organisation in der Neuzeit. — Ein Beitrag zur Geschichte des deutschen Genossenschaftswesens, Karlsruhe 1913.

Levison, A. B. u. *Thalberg*, I., Essentielle und kausale Handlungserklärungen, in: Gründe und Ursachen gesellschaftlichen Handelns, hrsg. v. Jürgen Ritsert, Frankfurt 1975, S. 152 - 164.

Lewis, D. K., Eine Argumentation für die Identitätstheorie, in: Analytische Handlungstheorie, Bd. 2, Handlungserklärungen, hrsg. v. Ansgar Beckermann, 1. Aufl., Frankfurt 1977, S. 398 - 411.

Liebermann, F., Zeuge Th. Heuss sagt aus über Raiffeisen und Schulze-Delitzsch, in: Raiffeisenrundschau, 25. Jg., 1973, S. 91.

Lindworsky, J., Zur Klärung des Begriffs Motiv, in: Die Motivation menschlichen Handelns, hrsg. v. Hans Thomae, Neue Wissenschaftliche Bibliothek 4 — Psychologie, Köln—Berlin 1965, S. 37 - 39.

Lipset, S. M., Bemerkungen zum Verhältnis von Soziologie und Geschichtswissenschaft, in: Logik der Sozialwissenschaften, hrsg. v. Ernst Topitsch, Neue Wissenschaftliche Bibliothek 6 — Soziologie, 8. Aufl., Köln 1972, S. 477 - 488.

— Geschichte und Soziologie, in: Geschichte und Soziologie, hrsg. v. Hans-Ulrich Wehler, Neue Wissenschaftliche Bibliothek 53 — Geschichte, Köln 1976, S. 132 - 156.

Löll, L., Die bäuerlichen Darlehnskassen-Vereine nach Raiffeisen und die gewerblichen Kreditvereine nach Schulze-Delitzsch, 2. Aufl., Würzburg 1889 (1. Aufl., 1878).

Lompe, K., Wissenschaftliche Beratung der Politik. Ein Beitrag zur Theorie anwendender Sozialwissenschaften, Wissenschaft und Gesellschaft 2, Göttingen 1966.

Ludz, P. Ch., Soziologie und Sozialgeschichte: Aspekte und Probleme, in: KZfSS, Sonderheft 16, hrsg. v. dems., Opladen 1973, S. 9 - 28.

Lüthje, A., Der Kern bleibt: Handeln aus dem Glauben, in: Raiffeisenrundschau, 25. Jg., 1973, S. 94 f.

Lukasczyk, K., Einstellungen, in: Wörterbuch der Soziologie, hrsg. v. Wilhelm Bernsdorf, 2., neubearbeitete u. erweiterte Aufl., Stuttgart 1969, S. 211 - 215.

Mac Intyre, A. C., Was dem Handeln vorhergeht, in: Analytische Handlungstheorie, Bd. 2, hrsg. v. Ansgar Beckermann, 1. Aufl., Frankfurt 1977, S. 168 - 194.

Mackenroth, G., Sinn und Ausdruck in der sozialen Formenwelt, Meisenheim am Glan 1952.

Mackscheidt, K., Zur Theorie des optimalen Budgets, Tübingen 1973.

Malcolm, N., Ist der Mechanismus vorstellbar?, in: Analytische Handlungstheorie, Bd. 2, hrsg. v. Ansgar Beckermann, 1. Aufl., Frankfurt 1977, S. 332 - 363.

Maslow, A. H., Motivation and personality, 2. Aufl., New York—Evanston—London 1970.

Maxeiner, R., Gedenken an einen Großen: Wilhelm Haas, in: Raiffeisenrundschau, 25. Jg., 1973, S. 97.

— Wilhelm Haas — ein Leben für das Landvolk, in: Raiffeisen-Kurier Rhein—Main, Zeitschrift des Raiffeisenverbandes Rhein—Main e. V. Frankfurt/Main, 54. Jg., Nr. 7, 1973, S. 277 - 278.

— Paul Wagner — ein Wegbereiter der modernen Düngung, in: Raiffeisen-Kurier Rhein—Main, Zeitschrift des Raiffeisenverbandes Rhein—Main e. V Frankfurt/Main, 54. Jg., Nr. 7, 1973, S. 283 - 287.

Maxeiner, R., Über Raum und Zeit. Die Geschichte des Raiffeisenverbandes Rhein—Main 1873 - 1973, hrsg. v. Raiffeisenverband Rhein—Main e. V. Frankfurt/Main anläßlich seines 100jährigen Bestehens am 30. Juni 1973, bearbeitet von Rudolf Maxeiner, Neuwied 1973.

— Vertrauen in die eigene Kraft. Wilhelm Haas. Sein Leben und Wirken, Wiesbaden 1976.

Mayntz, R., Soziologie in der Eremitage? Kritische Bemerkungen zum Vorwurf des Konservativismus der Soziologie, in: Logik der Sozialwissenschaften, hrsg. v. Ernst Topitsch, Neue Wissenschaftliche Bibliothek 6 — Soziologie, 8. Aufl., Köln 1972, S. 526 - 539.

— et al., Einführung in die Methoden der empirischen Soziologie, 2., erweiterte Aufl., Opladen 1971.

Mc Clelland, D. C., Die Leistungsgesellschaft. Psychologische Analyse der Voraussetzungen wirtschaftlicher Entwicklung, hrsg. v. Ingeborg Y. Wendt u. Gerd Fleischmann, Stuttgart—Berlin—Köln—Mainz 1966.

Mead, G. H., Geist, Identität und Gesellschaft — aus der Sicht des Sozialbehaviorismus. Mit einer Einleitung u. hrsg. v. Charles W. Morris, Frankfurt 1968.

Melden, A. I., Freie Handlungen, in: Analytische Handlungstheorie, Bd. 2, Handlungserklärungen, hrsg. v. Ansgar Beckermann, 1. Aufl., Frankfurt 1977, S. 120 - 167.

Merton, R. K., Die unvorhergesehenen Folgen zielgerichteter sozialer Handlung, in: Sozialer Wandel — Zivilisation und Fortschritt als Kategorien der soziologischen Theorie, hrsg. u. eingeleitet v. Hans Peter Dreitzel, 2. Aufl., Neuwied u. Berlin 1972, S. 169 - 183.

Meyenschein, A., Raiffeisens Leben. Vortrag, gehalten auf dem Rechnerkursus zu Kassel am 26. November 1902.

— Raiffeisen und das deutsche Dorf. Gesammelte Aufsätze und Vorträge von Adam Meyenschein i. A. des hessischen Verbandes ländlicher Genossenschaften, hrsg. v. Johannes Fenner, Berlin 1917.

Meyerholz, H., Raiffeisen-Genossenschaften. Die ländlichen Genossenschaften in der Bundesrepublik Deutschland, Neuwied 1964.

Milligan, D., Philosophie und Sozialwissenschaften, in: Gründe und Ursachen gesellschaftlichen Handelns, hrsg. v. Jürgen Ritsert, Frankfurt 1975, S. 129 - 151.

Mills, C. W., Vom Nutzen der Geschichte für die Sozialwissenschaften, in: Geschichte und Soziologie, hrsg. v. Hans-Ulrich Wehler, Neue Wissenschaftliche Bibliothek 53 — Geschichte, Köln 1976, S. 85 - 96.

Molitor, B., Bausteine einer Theorie der Sozialpolitik. Überblick über die Problemstellung anhand neuerer Veröffentlichungen, in: Hamburger Jahrbuch für Wirtschafts- und Gesellschaftspolitik, 2. Jahr, 1957, S. 152 bis 163.

— Theorie der Wirtschaftspolitik und Werturteil, in: Werturteilsstreit, hrsg. v. Hans Albert u. Ernst Topitsch, Darmstadt 1971, S. 261 - 293.

— Was ist Sozialpolitik?, in: Hamburger Jahrbuch für Wirtschafts- und Gesellschaftspolitik, 17. Jahr, Tübingen 1972, S. 184 - 198.

Müller, F., Die geschichtliche Entwicklung des landwirtschaftlichen Genossenschaftswesens in Deutschland von 1848/49 bis zur Gegenwart, in: Wirtschafts- und Verwaltungsstudien mit besonderer Berücksichtigung Bayerns, Bd. X, hrsg. v. Georg Schanz, Leipzig 1901.

Müller, H., Die Geburt der Genossenschaftsidee aus dem Geiste des Quäkertums, in: Genossenschafts-Korrespondenz, hrsg. v. Ernst Grünfeld, 3. Jg., Heft 3, Halberstadt 1925, S. 65 - 77.

— Geschichte der internationalen Genossenschaftsbewegung, Halberstadt 1924.

Müller, J. O., Utopie und Wirklichkeit der Genossenschaftsidee und des Gruppenkonzepts von Raiffeisen. Ihre Bedeutung für die Agrarentwicklung in der Dritten Welt, in: Zeitschrift für ausländische Landwirtschaft, 10. Jg., 1971, S. 135 - 161.

— Voraussetzungen und Verfahrensweisen bei der Errichtung von Genossenschaften in Europa vor 1900, Marburger Schriften zum Genossenschaftswesen, Reihe B/Bd. 11, 1976, Göttingen 1976.

Münch, R., Theorie sozialer Systeme. Eine Einführung in Grundbegriffe, Grundannahmen und logische Struktur, Opladen 1976.

Munding, K., V. A. Hubers ausgewählte Schriften über Sozialreform und Genossenschaftswesen. In freier Bearbeitung hrsg. v. Dr. K. Munding, Berlin 1894.

Myrdal, G., Das Zweck-Mittel-Denken in der Nationalökonomie, in: Das Wertproblem in der Sozialwissenschaft, Schriftenreihe des Forschungsinstituts der Fr.-Ebert-Stiftung, Kap. X, Hannover 1958, 1965, S. 213 - 233.

Nagel, E., Probleme der Begriffs- und Theoriebildung in den Sozialwissenschaften, in: Theorie und Realität. Ausgewählte Aufsätze zur Wissenschaftslehre der Sozialwissenschaften, hrsg. v. Hans Albert, 2., veränderte Aufl., Tübingen 1972, S. 67 - 85.

Neuberger, O., Theorien der Arbeitszufriedenheit, Stuttgart—Berlin—Köln—Mainz 1974.

Neumann, L. F., Die Bedeutung der kritischen Ethik für die Sozialwissenschaften, Vortragsmanuskript eines Vortrags vor dem Nelson-Symposion, 1977.

Neumann, M., Konflikt- oder Harmonietheorie der Genossenschaften, in: Zeitschrift für das gesamte Genossenschaftswesen, hrsg. v. Eberhard Dülfer et al., Bd. 23, 1973, S. 46 - 62.

Oberhauser, J., Das christliche Prinzip der Solidarität und die Genossenschaftsbewegung des Mittelstandes, Paderborn 1910.

Oels, Pfarrer, Raiffeisen. Ein ländlicher Sorgenbrecher und christlich sozialer Segenstifter, Raiffeisen-Bücherei, 6. Bd., 12. Aufl., Neuwied o. J.

Olson, M. jr., Die Logik kollektiven Handelns, Tübingen 1968.

Opp, K.-D., Methodologie der Sozialwissenschaften. Einführung in Probleme ihrer Theoriebildung, Hamburg 1970.

von Oppen, D., War denn etwa F. W. Raiffeisen ein „Heiliger“?, in: Raiffeisenrundschau, 25. Jg., 1973, S. 5 - 7.

Pannenberg, W., Wissenschaftstheorie und Theologie, Frankfurt 1973.

Paulsen, I., Viktor Aimé Huber als Sozialpolitiker, 2. Aufl., Berlin 1956.

Perrez, M., Bedarf die psychoanalytische Theorie eigener Kriterien der Wissenschaftlichkeit?, in: Psyche, XXIII Jg., Heft 11, Stuttgart 1969, S. 842 bis 849.

Peters, R. S., Typen der Erklärung in psychologischen Theorien, in: Analytische Handlungstheorie, Bd. 2, Handlungserklärungen, hrsg. v. Ansgar Beckermann, 1. Aufl., Frankfurt 1977, S. 106 - 119.

Pfeiffer, E., Über Genossenschaftswesen — Was ist der Arbeiterstand in der heutigen Gesellschaft? Und was kann er werden?, Leipzig 1863.

Pöhlmann, H., Kooperation, in: Handwörterbuch der Volkswirtschaft, hrsg. v. Werner Glastetter et al., 1977, S. 694 - 714.

Popper, K. R., Die offene Gesellschaft und ihre Feinde, Teil II, Falsche Propheten, Bern 1957/58, 4. Aufl., München 1975.

— Logik der Forschung, 2., vermehrte Aufl., Tübingen 1966, 3., vermehrte Aufl., Tübingen 1969.

— Naturgesetze und theoretische Systeme, in: Theorie und Realität. Ausgewählte Aufsätze zur Wissenschaftslehre der Sozialwissenschaften, hrsg. v. Hans Albert, 2., veränderte Aufl., Tübingen 1972, S. 43 - 58.

— Das Elend des Historizismus, 3., verbesserte Aufl., Tübingen 1971.

— Objektive Erkenntnis. Ein evolutionärer Entwurf, Hamburg 1973.

Protokollbuch des Heddesdorfer Wohltätigkeitsvereins vom 3. 10. 1854 - 6. 7. 1864.

Protokollbuch des Verwaltungsrates des Heddesdorfer Wohltätigkeitsvereins vom 22. 9. 1854 - 8. 10. 1865.

Protokollbuch des Heddesdorfer Darlehnskassen-Vereins vom 21. 9. 1864 bis 17. 6. 1883.

Raiffeisen, F. W., Motive zu dem Entwurfe der Statuten des Sparkassen- und Kreditvereins für den Kreis ..., April 1854.

— Briefe an den Fürsten zu Wied, Fürstlich-Wiedsche Akten 1863 - 1882, im Besitz des deutschen Raiffeisenverbandes, Bonn.

— Briefe an seine Kinder 1875 - 1883, im Besitz des Archivs des deutschen Raiffeisenverbandes, Bonn.

— Promemoria des Bürgermeisters Raiffeisen zu Heddesdorf, Vorsteher des Heddesdorfer Wohltätigkeitsvereins über Auflösung des letzteren, 9. Juli 1864.

— Die Darlehnskassen-Vereine als Mittel zur Abhilfe der Noth der ländlichen Bevölkerung, sowie auch der städtischen Handwerker und Arbeiter. Praktische Anleitung zur Bildung solcher Vereine, gestützt auf sechzehnjährige Erfahrung als Gründer derselben, von F. W. Raiffeisen, 1. Aufl., Neuwied 1866.

— Die Darlehnskassen-Vereine in Verbindung mit Consum-, Verkaufs-, Gant- etc. Genossenschaften als Mittel zur Abhilfe der Noth der ländlichen Bevölkerung, sowie auch der städtischen Arbeiter. Praktische Anleitung zur Bildung solcher Vereine, gestützt auf dreiundzwanzigjährige Erfahrung als Gründer derselben, von F. W. Raiffeisen, 2., vermehrte u. verbesserte Aufl., Neuwied 1872.

Raiffeisen, F. W., Die Darlehnskassen-Vereine in Verbindung mit Consum-, Verkaufs-, Winzer-, Molkerei-, Viehversicherungs- etc. Genossenschaften als Mittel zur Abhilfe der Noth der ländlichen Bevölkerung. Praktische Anleitung zur Gründung und Leitung solcher Genossenschaften von F. W. Raiffeisen, 3., vollständig umgearbeitete und bedeutend vermehrte Aufl., Neuwied 1881.

— Die Darlehnskassen-Vereine in Verbindung mit Consum-, Verkaufs-, Winzer-, Molkerei-, Viehversicherungs- etc. Genossenschaften als Mittel zur Abhilfe der Noth der ländlichen Bevölkerung. Praktische Anleitung zur Gründung und Leitung solcher Genossenschaften, 4., teilweise umgearbeitete u. verbesserte Aufl., Neuwied 1883.

— Die Darlehnskassen-Vereine in Verbindung mit Consum-, Verkaufs-, Winzer-, Molkerei-, Viehversicherungs- etc. Genossenschaften sowie den dazugehörigen Instruktionen als Mittel zur Abhilfe der Noth der ländlichen Bevölkerung. Praktische Anleitung zur Gründung und Leitung solcher Genossenschaften, von F. W. Raiffeisen, 5., teilweise umgearbeitete u. verbesserte Aufl., Neuwied 1887.

— Die Darlehnskassen-Vereine, 6. Aufl., unveränderter Abdruck der 5. Aufl. von 1887. Mit einem Geleitwort von Adam Meyenschein, hrsg. v. Generalverband der deutschen Raiffeisen-Genossenschaften e. V., Berlin, Neuwied 1923.

— Die Darlehnskassen-Vereine, mit einem Geleitwort von Reichsminister a. D. Dr. Dr. h. c. Andreas Hermes, Präsident des deutschen Raiffeisenverbandes. Einführung und Anmerkungen von Hugo Tillmann, Lehrbeauftragter für Genossenschaftswesen an der Freien Universität Berlin, 7. Aufl., unveränderter Neudruck der 5. Aufl. von 1887, Neuwied 1951.

Raiffeisen-Worte, Auszüge aus den Schriften, Reden und Briefen F. W. Raiffeisens, 2. Aufl., Neuwied 1922.

Rasser, R., Idealismus und Realismus bei Raiffeisen, in: Freiheit und Ordnung, Festschrift für Theodor Sonnemann, hrsg. v. Präsidium des deutschen Raiffeisenverbandes, Bonn 1970, S. 25 - 30.

Reichenbach, H., Die logischen Grundlagen des Wahrscheinlichkeitsbegriffs, in: Erkenntnisprobleme der Naturwissenschaften — Texte zur Einführung in die Philosophie der Wissenschaft, hrsg. v. Lorenz Krüger, Neue Wissenschaftliche Bibliothek 38 — Philosophie, Köln 1970, S. 174 - 192.

Reinhardt, R., Schulze-Delitzsch als Gestalter des Genossenschaftsrechts, in: Schulze-Delitzsch 1808/1958, Festschrift zur 150. Wiederkehr seines Geburtstages, hrsg. v. Deutscher Genossenschaftsverband e. V. Bonn in Zusammenarbeit mit dem Institut für Genossenschaftswesen an der Universität Marburg, Wiesbaden 1958, S. 85 - 113.

Richter, H., Friedrich Wilhelm Raiffeisen und die Entwicklung seiner Genossenschaftsidee, Diss. Erlangen—Nürnberg 1965, München 1966.

Ricoeur, P., Der Text als Modell: hermeneutisches Verstehen, in: Verstehende Soziologie. Grundzüge und Entwicklungstendenzen, hrsg. v. Walter L. Bühl, München 1972, S. 253 - 283.

Ritsert, J., Inhaltsanalyse und Ideologiekritik. Ein Versuch über kritische Sozialforschung, Frankfurt 1972, 1975.

— Handlungsgründe und Verhaltensursachen, in: Gründe und Ursachen gesellschaftlichen Handelns, hrsg. v. dems., Frankfurt 1975, S. 1 - 51.

Robbins, L., An essay on the nature and significance of economic science, 2. Aufl., Neudruck 1962.

Rosenkötter, L., Zu den Diskussionsbeiträgen von S. O. Hoffmann und M. Perrez, in: Psyche, XXIII Jg., Heft 11, Stuttgart 1969, S. 850 - 853.

— Über Kriterien der Wissenschaftlichkeit in der Psychoanalyse, in: Psyche, XXIII Jg., Heft 3, Stuttgart 1969, S. 161 - 169.

von Rosenstiel et al., Motivation des wirtschaftlichen Verhaltens, Stuttgart—Berlin—Köln—Mainz 1974.

Rüegg, W., Soziologie, Funkkolleg 6, Frankfurt 1969.

Ryan, A., Die Philosophie der Sozialwissenschaften, München 1973.

Sanmann, H., Sozialpolitik, in: Kompendium der Volkswirtschaftslehre, Bd. 2, hrsg. v. Werner Ehrlicher et al., 3., neubearbeitete Aufl., Göttingen 1972, S. 188 - 205.

— Leitbilder und Zielsysteme der praktischen Sozialpolitik als Problem der wissenschaftlichen Sozialpolitik, in: Leitbilder und Zielsysteme der Sozialpolitik, hrsg. v. dems., Berlin 1973, S. 61 - 75.

Schack, G., Raiffeisen in Deutschland. Idee und Organisation und gegenwärtiger Stand des ländlichen Genossenschaftswesens im Bundesgebiet, 4., überarbeitete Aufl., Neuwied 1963.

Scherer, A., Raiffeisen und die soziale Frage, 2. Aufl., Neuwied 1953.

Scheuch, E. K., Das Interview in der Sozialforschung, in: Handbuch der empirischen Sozialforschung, Bd. 2, Grundlegende Methoden und Techniken der empirischen Sozialforschung, 1. Teil, hrsg. v. René König, 3., umgearbeitete u. erweiterte Aufl., Stuttgart 1973, S. 66 - 190.

— u. *Roghmann*, K., Die Inhaltsanalyse, in: Wörterbuch der Soziologie, hrsg. v. Wilhelm Bernsdorf, 2., neubearbeitete u. erweiterte Aufl., Stuttgart 1969, S. 459 - 463.

Schieder, Th., Unterschiede zwischen historischer und sozialwissenschaftlicher Methode, in: Geschichte und Soziologie, hrsg. v. Hans-Ulrich Wehler, Neue Wissenschaftliche Bibliothek 53 — Geschichte, Köln 1976, S. 283 - 304.

Schloesser, R., Über die Beziehungen der Quäker zum Genossenschaftswesen, in: Genossenschafts-Korrespondenz, hrsg. v. Ernst Grünfeld, 3. Jg., Heft 4, Halberstadt 1925, S. 118 - 125.

— Holyoakes Geschichte der Rochdaler Pioniere, deutsch in neuer Bearbeitung von Robert Schloesser, Köln 1928.

Schluchter, W., Wertfreiheit und Verantwortungsethik. Zum Verhältnis von Wissenschaft und Politik bei Max Weber, Gesellschaft und Wissenschaft — 3 —, Tübingen 1971.

Schmid, J., Einführung in die Bevölkerungssoziologie, Hamburg 1976.

Schmitt, L., J. v. Liebig, P. Wagner u. W. Haas — eine Synthese zwischen Wissenschaft und Genossenschaften, in: Das Hessenland, Zeitschrift des ländlichen Genossenschaftsverbandes Frankfurt/Main e. V., 44. Jg., Nr. 8/9, 1963, S. 197 f.

von Schmoller, G., Hermann Schulze-Delitzsch, in: Genossenschaftliches Lesebuch; Zeugnisse aus hundert Jahren, zusammengestellt mit einem Vorwort u. mit Einführungen versehen v. Helmut Faust, Frankfurt 1967, S. 46 - 58.

Schneider, H. J., Die Bedeutung von Grundlagenfragen für die Wissenschaftssoziologie. Zu Georg Henrik von Wrights „Erklären und Verstehen“, in: Seminar: Angewandte Sozialforschung, Frankfurt 1976, S. 456 bis 465.

Schrader, A., Einführung in die empirische Sozialforschung. Ein Leitfaden für die Planung, Durchführung und Bewertung von nicht-experimentellen Forschungsprojekten, 2. Aufl., Stuttgart—Berlin—Köln—Mainz 1973, S. 75 bis 91.

Schürmann, A., Die Entwicklung der Raiffeisenbewegung in Deutschland 1846 - 1933, in: F. W. Raiffeisen zum Gedächtnis, hrsg. v. d. Stiftungsgemeinschaft des Reichsverbandes der deutschen landwirtschaftlichen Genossenschaften-Raiffeisen-e. V., in Gemeinschaft mit dem Institut für Genossenschaftswesen an der Johann Wolfgang Goethe-Universität Frankfurt, Neuwied 1938, S. 19 - 60.

Schütz, A., Der sinnhafte Aufbau der sozialen Welt. Eine Einleitung in die verstehende Soziologie, Frankfurt 1974.

— The social world and the theory of social action, in: Collected papers, Vol. 2: Studies in social theory, Den Haag 1964.

Seelmann-Eggebert, E. L., Friedrich Wilhelm Raiffeisen, Sein Lebensgang und sein genossenschaftliches Werk, Stuttgart 1928.

Seidenfuß, H. St., Inwieweit ist die verstehende Methode für die Konjunkturdiagnose nützlich oder unerläßlich? — Vervielfältigter Beitrag zur Arbeitstagung des Vereins für Socialpolitik, Garmisch 1961.

Seraphim, H.-J., Die genossenschaftliche Gesinnung und das moderne Genossenschaftswesen. Vorträge und Aufsätze des Instituts für Genossenschaftswesen an der Universität Münster, Heft 6, Karlsruhe 1956.

Silbermann, A., Systematische Inhaltsanalyse, in: Handbuch der empirischen Sozialforschung, Bd. 4, Komplexe Forschungsansätze, hrsg. v. René König, 3. umgearbeitete u. erweiterte Aufl., Stuttgart 1974, S. 253 - 339.

Simmel, G., Vom Wesen des historischen Verstehens, Berlin 1918.

Skinner, B. F., Kritik psychoanalytischer Begriffe und Theorien, in: Logik der Sozialwissenschaften, hrsg. v. Ernst Topitsch, Neue Wissenschaftliche Bibliothek 6 — Soziologie. 8. Aufl., Köln 1972, S. 454 - 463.

Sombart, W., Sinnverstehen — Sachverstehen — Seelverstehen, in: Verstehende Soziologie. Grundzüge und Entwicklungstendenzen, hrsg. v. Walter L. Bühl, München 1972, S. 171 - 187.

Sonnemann, Th., Raiffeisen, F. W., in: HdSW, Bd. 8, hrsg. v. Erwin Beckerath et. al., Tübingen 1964, S. 668 - 670.

Staudinger, F., Die Konsumgenossenschaft, Leipzig 1908.

Stearns, P. N., Die Herausbildung einer sozialen Gesinnung im Frühindustrialismus — Ein Vergleich der Auffassungen französischer, britischer und deutscher Unternehmer, in: KZfSS, Sonderheft 16 — Soziologie und Sozialgeschichte, hrsg. v. Peter Christian Ludz, Opladen 1973, S. 320 - 342.

Stegmüller, W., Wissenschaftliche Erklärung und Begründung. Probleme und Resultate der Wissenschaftstheorie und der analytischen Philosophie, Bd. 1, Berlin u. Heidelberg 1969.

Stelzig, Th., Gerhard Weissers Konzept einer normativen Sozialwissenschaft, in: KZfSS, Sonderheft 19 — Soziologie und Sozialpolitik, hrsg. v. Christian von Ferber u. Franz-Xaver Kaufmann, Opladen 1977, S. 260 - 289.

Stier, F., Viktor Aimé Hubers Auffassung von den sozialpolitischen Problemen seiner Zeit, in: Genossenschafts-Korrespondenz, hrsg. v. Ernst Grünfeld, 5. Jg., Nr. 2, Juli 1927; Nr. 3, Oktober 1927, S. 73 - 87; S. 154 - 164.

— V. A. Huber als Schöpfer eines eigenen Lösungsversuchs der sozialen Frage, in: Genossenschafts-Korrespondenz, hrsg. v. Ernst Grünfeld, 6. Jg., Nr. 2, Juli 1928; Nr. 3, Oktober 1928, S. 53 - 72, S. 116 - 122.

— V. A. Huber und die Genossenschaftsbewegung, in: Vierteljahresschrift für Genossenschaftswesen, hrsg. v. Ernst Grünfeld, 7. Jg., Halle a. d. Saale 1929/30, S. 104 - 121.

Stoutland, F., The logical connection argument, in: APQ 7, 1970.

Szczepanski, J., Die biographische Methode, in: Handbuch der empirischen Sozialforschung, Bd. 4, Komplexe Forschungsansätze, hrsg. v. René König, 3., umgearbeitete u. erweiterte Aufl., Stuttgart 1974, S. 226 - 252.

Taylor, D. M., Gründe, in: Gründe und Ursachen gesellschaftlichen Handelns, hrsg. v. Jürgen Ritsert, Frankfurt 1975, S. 52 - 72.

Thiemeyer, Th., Gemeinwirtschaftlichkeit als Ordnungsprinzip. Grundlegung einer Theorie gemeinnütziger Unternehmen, Volkswirtschaftliche Schriften, Heft 146, Berlin 1970.

— Wirtschaftslehre öffentlicher Betriebe, Hamburg 1975.

Thilmany, Darlehns-Kassen-Vereine für das platte Land, in: Zeitschrift des landwirtschaftlichen Vereins für Rheinpreußen, Nr. 5, Mai 1866.

Thomae, H., Der Begriff des „Antriebes", in: Die Motivation menschlichen Handelns, hrsg. v. dems., Neue Wissenschaftliche Bibliothek 4 — Psychologie, Köln u. Berlin 1965, S. 48 - 51.

— Die Motivation menschlichen Handelns, Einführung, hrsg. v. dems., Neue Wissenschaftliche Bibliothek 4 — Psychologie, Köln u. Berlin 1965, S. 13 bis 31.

Thomas, W. J. u. D. S., Die Definition der Situation, in: Symbolische Interaktion — Arbeiten zu einer reflexiven Soziologie, hrsg. v. Heinz Steinert, Stuttgart 1973, S. 333 - 335.

Thorwart, F., Hermann Schulze- Delitzschs Schriften und Reden, hrsg. im Auftrag des Allgemeinen Verbandes der auf Selbsthilfe beruhenden deutschen Erwerbs- und Wirtschaftsgenossenschaften e. V. von F. Thorwart, Bd. 1, Berlin 1909 u. Bd. 5, Berlin 1913.

Tillmann, H., Wilhelm Haas — Zum 50. Todestag eines verdienten Mannes, in: Das Hessenland, Zeitschrift des ländlichen Genossenschaftsverbandes Frankfurt/Main e. V., 44. Jg., Nr. 3, 1963, S. 50 - 51.

— Einer für alle und alle für einen, in: Raiffeisenrundschau, 25. Jg., 1973, S. 359 - 360.

— Das Büdinger Jahr des Wilhelm Haas. Ein Organisationstalent wird sichtbar, in: Büdinger Geschichtsblätter, Bd. VIII, 1974 - 1975, S. 183 - 189.

— Wilhelm Haas privat, in: Bayerischer Raiffeisenkalender 1976, S. 19 - 26.

— Wie Wilhelm Haas Genossenschafter wurde, in: Bayerischer Raiffeisenkalender 1977, S. 26 - 30.

Tillmann, H., Aus den Anfängen des deutschen Genossenschaftswesens. Der älteste Landesverband — nach den aufgefundenen Satzungen dargestellt, in: Bayerischer Raiffeisenkalender 1978, S. 25 - 29.

Totomianz, V., Die Weltanschauung von Friedrich Wilhelm Raiffeisen, in: Konsumgenossenschaftliche Rundschau, 24. Jg., Hamburg 1927, S. 373 - 374.

— u. *Würgler*, A., Rochdaler Pioniere und ihre Taten, in: Internationales Handwörterbuch des Genossenschaftswesens, Bd. II, hrsg. v. Vahan Totomianz, Berlin 1928, S. 750 - 754.

Toulmin, St., The logical status of psycho-analysis, in: Philosophy and analysis, hrsg. v. M. Mac Donald, Oxford 1954, S. 132 - 139.

— Gründe und Ursachen, in: Gründe und Ursachen gesellschaftlichen Handelns, hrsg. v. Jürgen Ritsert, Frankfurt 1975, S. 73 - 107.

Der Verband pfälzischer landwirtschaftlicher Genossenschaften e. V. zu Landau, Pfalz 1882 - 1932. Zum 50jährigen Bestehen des Verbandes pfälzischer landwirtschaftlicher Genossenschaften.

Vernon, M. D., Wahrnehmung und Erfahrung, Köln 1974.

Der „Vizegroßherzog" von Hessen. Menschliche Züge des Herrn Geheimrat Wilhelm Haas. Zu seinem 50. Todestag, in: Das Hessenland, Zeitschrift des ländlichen Genossenschaftsverbandes Frankfurt/Main e. V., 44. Jg., Heft 4, 1963.

Waisman, F., Language strata, in: Logic and language, hrsg. v. A. Flew, 2. Aufl., Oxford 1961, S. 11 - 31.

Watkins, J. W. N., Idealtypen und historische Erklärung, in: Theorie und Realität. Ausgewählte Aufsätze zur Wissenschaftslehre der Sozialwissenschaften, hrsg. v. Hans Albert, 2., veränderte Aufl., Tübingen 1972, S. 331 bis 359.

Webb, B., Die britische Genossenschaftsbewegung, hrsg. v. Lujo Brentano, Leipzig 1893.

Webb, S. u. B., Die Genossenschaftsbewegung der Konsumenten, Halberstadt 1924.

Weber, M., Wirtschaft und Gesellschaft. Grundriß der verstehenden Soziologie, 5., revidierte Aufl., besorgt v. Johannes Winckelmann, Studienausgabe, Tübingen 1972.

— Der Beruf zur Politik, in: Soziologie — Universalgeschichtliche Analysen — Politik, hrsg. u. erläutert v. Johannes Winckelmann, 5., überarbeitete Aufl., Stuttgart 1973, S. 167 - 185.

— Vom inneren Beruf zur Wissenschaft, in: Soziologie — Universalgeschichtliche Analysen — Politik, Stuttgart 1973, S. 311 - 339.

— Die „Objektivität" sozialwissenschaftlicher Erkenntnis, in: Soziologie — Universalgeschichtliche Analysen — Politik, Stuttgart 1973, S. 186 - 262.

— Über einige Kategorien der verstehenden Soziologie, in: Soziologie — Universalgeschichtliche Analysen — Politik, Stuttgart 1973, S. 97 - 150.

— Der Sinn der „Wertfreiheit" der Sozialwissenschaften, in: Soziologie — Universalgeschichtliche Analysen — Politik, Stuttgart 1973, S. 263 - 310.

Wehler, H.-U., Zum Verhältnis von Geschichtswissenschaft und Psychoanalyse, in: Geschichte und Psychoanalyse, hrsg. v. dems., Köln 1971, S. 9 - 30.

Wehler, H.-U., Soziologie und Geschichte aus der Sicht des Sozialhistorikers, in: KZfSS, Sonderheft 16 — Soziologie und Sozialgeschichte, hrsg. v. Peter Christian Ludz, Opladen 1973, S. 59 - 80.

— Geschichte und Soziologie — Einleitung, hrsg. v. dems., Neue Wissenschaftliche Bibliothek 53 — Geschichte, Köln 1976, S. 11 - 34.

Weingartner, R. H., The quarrel about historical explanation, in: Readings in the philosophy of social sciences, hrsg. v. May Brodbeck, 6. Aufl., London 1971, S. 349 - 362.

Weisser, G., Wirtschaftspolitik als Wissenschaft. Erkenntniskritische Grundfragen der praktischen Nationalökonomie, Stuttgart 1934.

— Sozialpolitik, in: Wörterbuch der Soziologie, hrsg. v. Wilhelm Bernsdorf, 2., neu bearbeitete u. erweiterte Aufl., Stuttgart 1969, S. 1039 - 1048.

Widmaier, H. P., Zur Theorie der Durchsetzbarkeit sozialer Bedürfnisse, in: KZfSS, Sonderheft 19 — Soziologie und Sozialpolitik, hrsg. v. Christian von Ferber u. Franz Xaver Kaufmann, Opladen 1977, S. 438 - 462.

Wilkinson, P., Soziale Bewegungen — Von Rousseau bis Castro, München 1974.

Winch, P. G., Understanding a primitive society, in: APQ I, 1964, S. 307 - 324.

— Die Idee der Sozialwissenschaft und ihr Verhältnis zur Philosophie, Frankfurt 1966.

Winter, H.-W., Genossenschaften und Genossenschaftspolitik, in: Handwörterbuch der Volkswirtschaft, hrsg. v. Werner Glastetter et al., 1977, S. 440 bis 458.

Wiswede, G., Motivforschung. Eine Analyse ihrer Erkenntnisgrenzen, Nürnberg 1962.

— Motivation und Verbraucherverhalten. Grundlagen der Motivforschung, 2., neubearbeitete Aufl., München u. Basel 1973.

von Wright, G. H., Erklären und Verstehen, Frankfurt 1974.

Wüstemeyer, M., Sozialgeschichte und Soziologie als soziologische Geschichte. Zur Raum — Zeit — Lehre der „Annales“, in: KZfSS, Sonderheft 16 — Soziologie und Sozialgeschichte, hrsg. v. Peter Christian Ludz, Opladen 1973, S. 566 - 583.

Zeidler, H., Geschichte des deutschen Genossenschaftswesens der Neuzeit, Leipzig 1893.

Ziegenfuß, W., Die Genossenschaften. Lebendige Soziologie; Schriften und Texte zum Studium der modernen Gesellschaft und der Gesellschaftslehre, Berlin 1948.

Zimmerman, L. J., Geschichte der theoretischen Volkswirtschaftslehre, Köln—Deutz 1954.

Zorn, W., Sozialer Wandel in Mitteleuropa 1780 - 1840. Eine vergleichende landesgeschichtliche Untersuchung, in: KZfSS, Sonderheft 16 — Soziologie und Sozialgeschichte, hrsg. v. Peter Christian Ludz, Opladen 1973, S. 343 bis 356.

FSC
www.fsc.org
MIX
Papier | Fördert
gute Waldnutzung
FSC® C083411

Kolibri 360 GmbH
Ferdinand-Jühlke-Straße 7
99095 Erfurt, Deutschland
produktsicherheit@kolibri360.de

Druck:
CPI Druckdienstleistungen GmbH
im Auftrag der
Kolibri 360 GmbH
Ferdinand-Jühlke-Str. 7
99095 Erfurt